IREUS SCHRIFTENREIHE BAND 1

COLIN GEE

EIN DYNAMISCHES MODELL FÜR DIE AUSWAHL VON INFRASTRUKTURINVESTITIONEN

HRSG. INSTITUT FÜR RAUMORDNUNG UND ENTWICKLUNGSPLANUNG
DER UNIVERSITÄT STUTTGART
DIREKTOR: PROF. DR. SC. POL. PETER TREUNER

Anschrift:

Institut für Raumordnung
und Entwicklungsplanung
der Universität Stuttgart
Pfaffenwaldring 07
Postfach 1140
7000 Stuttgart 80 (Vaihingen)

ISBN 3-921882-oo-1

Auslieferung durch das Institut

Gesamtherstellung: **aku** - Fotodruck GmbH, 8600 Bamberg

EIN DYNAMISCHES MODELL FÜR DIE AUSWAHL VON INFRASTRUKTURINVESTITIONEN

INHALTSVERZEICHNIS

Seite

1. Gegenstand der Untersuchung 1

2. Rahmen der Problematik 4
 2.1 Infrastruktur 4
 2.2 Die Wirkung infrastruktureller Investitionen 5
 2.3 Ausgabepraxis der Infrastruktur 16
 2.4 Methoden zur Infrastrukturbudgetallokation 20
  2.4.1 Kosten-Nutzen-Analyse und Nutzwertanalyse 21
  2.4.2 Methoden der mathematischen Programmierung 24
  2.4.3 Simulationsmethoden 25
  2.4.4 Organisatorische Methoden für Planung und Budgetierung 27
  2.4.5 Zusammenfassung von §2.4 29
 2.5 Ziele und Voraussetzungen des Modells 31
 2.6 Aufbau der Arbeit 37

3. Das Modell 38
 3.1 Ausgangspunkt für die Entwicklung des Modells 38
 3.2 Formale und allgemeine Modellbeschreibung 43
  3.2.1 Modellrahmen 43
  3.2.2 Formulierung der Zielfunktion 46
  3.2.3 Algorithmus - Projektbetrachtung 54
  3.2.4 Änderungen im Zielfunktionswert aufgrund eines betrachteten Projekts 55
  3.2.5 Die Kosten eines vorgeschlagenen Projekts 58
  3.2.6 Modellablauf und Allokationskriterien 63
 3.3 Infrastrukturquantifizierung 67
 3.4 Das Attraktivitätsmodell 82
 3.5 Das Bevölkerungs- und Wanderungsmodell 90
  3.5.1 Die allgemeine Betrachtung 90
  3.5.2 Das verwendete Wanderungsmodell 95
 3.6 Datenerfordernisse des beschriebenen Modells 108
 3.7 Schlußbemerkungen zu Kapitel 3 112

Seite

4. Beschreibung der numerischen Testbasis 115
4.1 Die verwendete Landschaft der 3 Regionen 115
4.2 Die gewählten Infrastrukturen 122
4.3 Allgemeine Bemerkungen 129
4.4 Die verwendeten sektoralen Quantifizierungen 131
4.4.1 Sektor "Sozialwohnungswesen" 131
4.4.2 Sektor "Kindergärten und Krippen" 136
4.4.3 Sektor "Straßennetz" 139
4.4.4 Sektor "Vorortbahn" 143
4.4.5 Sektor "Ökologie und Freizeit" 147
4.4.6 Die Attraktivitätsindikatoren und sektoralen Verknüpfungsdaten 154
4.5 Bevölkerungs-/Wanderungsmodelldaten 156
4.6 Verknüpfungsdaten für die Regionen 156
4.7 Finanzrahmendaten 156
4.7.1 Instandhaltung - Sozialwohnungswesen 157
4.7.2 Instandhaltung - Kindergärten und Krippen 158
4.7.3 Instandhaltung - Straßennetz 158
4.7.4 Instandhaltung - Vorortbahn 159
4.7.5 Instandhaltung - Ökologie 160
4.7.6 Allgemeine Bemerkungen 160
4.8 Daten für die vorgeschlagenen Projekte 161
4.8.1 Projekte für Sektor 1 - Sozialwohnungswesen 161
4.8.2 Projekte für Sektor 2 - Kindergärten 162
4.8.3 Projekte für den Sektor 3 - Straßennetz 163
4.8.4 Projekte für den Sektor 4 - Vorortbahn 164
4.8.5 Projekte für Sektor 5 - Ökologie und Freizeit 164
4.9 Wechselwirkungsdaten 165
4.10 Beschreibung des Modellbasislaufs 169
4.10.1 Erste Überlegungen 169
4.10.2 Die Wirkung der Allokation auf künftige Budgets 170
4.10.3 Allokationsmerkmale 174

	Seite
4.10.4 Bevölkerungsentwicklung	187
4.10.5 Verteilungscharakteristiken	191
5. Mit dem Modell durchgeführte Untersuchungen	201
5.1 Die Untersuchungsmöglichkeiten	201
5.2 Untersuchung 1 - Variation der regionalen Gewichtungen	202
5.3 Untersuchung 2 - Variation der sektoralen Gewichtungen	207
5.4 Untersuchung 3 - Variation der sektoralen Quantifizierung	212
5.5 Untersuchung 4 - Einführung eines Vorwahl-algorithmus	216
5.6 Untersuchung 5 - Variation der Diskontraten	223
5.7 Untersuchung 6 - Änderung des Betrachtungs-zeitraumes	226
5.8 Untersuchung 7 - Erhöhung der Zahl der Allo-kationsjahre	231
5.9 Untersuchung 8 - Der Einfluß des Attraktivi-tätsmodells	236
5.10 Untersuchung 9 - Der Einfluß des Bevölke-rungssubmodells	239
5.11 Untersuchung 10 - Die Einführung sektoraler Einkünfte	246
5.12 Zusammenfassende Bemerkungen zu §5	249
6. Die Möglichkeiten der praktischen Anwendung	253
7. Entwicklungsmöglichkeiten für das Modell	260
8. Zusammenfassung	264
Anhang A	1a - 28a
Literaturverzeichnis	I - III

VERZEICHNIS DER TABELLEN

Tabelle		Seite
3.1	Beispiel einer Verteilung des Zuwanderungspotentials EZ	97
3.2	Beispiel für die Abwanderungsverteilung EA	98
3.3	Beispiel für die Bestimmung der absoluten (potentiellen) Abwanderungszahlen bezüglich komplexinterner Wanderungen	100
3.4	Beispiel für den Prozeß der Verteilung der potentiellen internen Wanderungen	101
4.1	Sektorale und regionale Infrastruktursituation vor der Allokation	176
4.2	Sektorale und regionale Infrastruktursituation nach der Allokation im Jahr 1	177
4.3	Sektorale und regionale Infrastruktursituation nach der Allokation im Jahr 2	178
4.4	Projektallokationslisten - Basislauf	183
4.5	Regionale Bevölkerungsentwicklungen entsprechend des Allokationszustands	188
4.6	Sektorale und regionale Budgetverteilung	192
5.1	Veränderung der Allokationslisten aufgrund von variierenden sektoralen Gewichtungen	211
5.2	Regionalisierte sektorale Prioritätsordnungen	219
5.3	Allokationsliste aufgrund der Einführung eines Algorithmus, der sektorale Prioritäten festlegt	221
5.4	Allokationsliste für einen Fall ohne Diskontierung der "Projektnutzen"	225
5.5	Allokationsliste unter Betrachtung eines Zeitraums von 7 Jahren	228
5.6	Allokationslisten für die 4 Perioden der Untersuchung des §5.8	233

Tabelle | Seite

5.7 Allokationslisten nach einer Änderung einer Gewichtung innerhalb des Attraktivitätsmodells 238

5.8 Regionale Bevölkerungsentwicklung entsprechend des Allokationszustands 241

5.9 Sektorale und regionale Infrastruktursituation vor der Allokation 242

5.10 Allokationsliste für die Untersuchung des §5.10 244

5.11 Allokationsliste mit Berücksichtigung der Mieteinkünfte für den Sektor "Sozialwohnungswesen" 249

VERZEICHNIS DER ABBILDUNGEN

Abbildung		Seite
2.1	PPBS-Hauptkomponenten (-dokumente) und eine mögliche Verbindung mit einer Allokationsanalyse, Typus ALLIB	29
3.1	Flußdiagramm des "statischen" Allokationsmodells	39
3.2	Schematische Darstellung der Funktion des Allokationsmodells im Rahmen der Planung/Entscheidung	45
3.3	Schematische Darstellung der Modellkomponenten	46
3.4	Flußdiagramm des Modells	66
3.5	Graphische Darstellung der Änderung eines Verhältnisses zwischen politischen Gewichtsfaktoren	73
3.6	Variation eines Korrekturkoeffizienten mit dem Realisierungsgrad für Kapazität	74
3.7	Mögliche E_{irt}-Formen - Änderung gegenüber Kapazität	79
3.8	Mögliche E_{irt}-Formen in Abhängigkeit von der Standortqualität	81
3.9	Schematische Übersicht des Einflusses der Attraktivitätsüberlegungen auf die Zielfunktion	88
3.10	Darstellung der Bevölkerungs- und Wanderungseffekte auf Budgetallokation	91
3.11	Flußdiagramm des für numerische Demonstrationszwecke verwendeten Bevölkerungssubmodells	105
3.12	Darstellung der Rollen des Bevölkerungs- und Attraktivitätssubmodells im Allokationsprozeß	107
4.1	Landschaft der 3 Regionen	118
4.2	Symbolische Flächennutzung der drei Regionen	120

Abbildung | Seite

4.3 Quantifizierungsfunktion für den Sektor "Sozialwohnungswesen" - Änderungen nach dem Kapazitätsindikator und dem formbestimmenden Parameter po 132

4.4 Quantifizierungsfunktion für den Sektor "Straßennetz" - Änderung nach dem Kapazitätsindikator und dem formbestimmenden Parameter po 140

4.5 Quantifizierungsfunktion für den Sektor "Ökologie und Freizeit" - mögliche Variationsformen nach den Indikatorwerten a_e 148

4.6 Bildung des Ökologieindikators a_1 aus dem Realisierungsgrad a_{11} 150

4.7 Zeitliche Verteilung des Gesamtbudgets für Infrastruktur nach Allokationen in den Jahren 1 und 2 171

4.8 Verhalten von regionalem und Gesamtinfrastrukturausstattungsniveau nach der Zeit und dem Zustand der Allokation 175

4.9 Effizienz der Allokationen in den Jahren 1 und 2 182

4.10 Die Allokationscharakteristik des Basislaufs 184

4.11 Regionale Bevölkerungsentwicklungen entsprechend des Allokationszustands 189

4.12 Verteilung der Bevölkerung zum Zeitpunkt 1 193

4.13 Regionale Budgetverteilungen 194
(i) Budgetallokation im Jahr 1 - keine planmäßige Instandhaltung
(ii) Budgetallokation im Jahr 2 - keine planmäßige Instandhaltung
(iii) Budgetallokation in den Jahren 1 + 2 - keine geplante Instandhaltung

4.14 Sektorale Budgetverteilungen 195
(i) Budgetallokation im Jahr 1 - keine planmäßige Instandhaltung
(ii) Budgetallokation im Jahr 2 - keine planmäßige Instandhaltung

Abbildung | Seite

(iii) Budgetallokation in den Jahren 1 + 2 - keine geplante Instandhaltung 195

4.15 Regionale Budgetverteilungen 196

(i) Budgetallokation im Jahr 1 - mit planmäßiger Instandhaltung

(ii) Budgetallokation im Jahr 2 - mit planmäßiger Instandhaltung

(iii) Budgetallokation in den Jahren 1 + 2 - mit planmäßiger Instandhaltung

4.16 Sektorale Budgetverteilungen 197

(i) Budgetallokation im Jahr 1 - mit planmäßiger Instandhaltung

(ii) Budgetallokation im Jahr 2 - mit planmäßiger Instandhaltung

(iii) Budgetallokation in den Jahren 1 + 2 - mit planmäßiger Instandhaltung

5.1 Wirkung der Variation einer regionalen Gewichtung auf die regionalen und sektoralen Budgetverteilungen 204

5.2 Effekt der regionalen Gewichtung auf die regionale Budgetverteilung (Region1) 205

5.3 Wirkung der regionalen Gewichtung auf den Gesamtzustand der Infrastruktur 206

5.4 Auswirkung des sektoralen Gewichtsfaktors auf den sektoralen Budgetanteil (Sektor 3) 208

5.5 Auswirkung der sektoralen Gewichtung (Sektor 3) auf die regionalen Budgetanteile 209

5.6 Auswirkung der Variation des Parameters po auf sektorale Quantifizierungsformen (schematisch) 213

5.7 Auswirkung des Straßenquantifizierungsparameters po auf die Zielfunktion Z 216

Abbildung | Seite

5.8 Aus der Variation der Straßensektorquantifizierung resultierende sektorale und regionale Budgetverteilungen 217

5.9 Allokationscharakteristiken des Basislaufs und mit dem sektoralen Prioritätsalgorithmus 222

5.10 Sektorale und regionale Budgetverteilungen durch Änderung des Betrachtungszeitraums 230

5.11 Zeitliche Verteilung des Gesamtbudgets - Lauf mit 4 Allokationsjahren 232

5.12 Allokationscharakteristik für die 4 Perioden der Untersuchung des §5.8 234

5.13 Sektorale und regionale Budgetverteilungen, erhalten durch die Veränderung der Prognosen für das natürliche Bevölkerungswachstum 246

1. GEGENSTAND DER UNTERSUCHUNG

Die Bereitstellung von Diensten und materiellen Strukturen durch die öffentliche Hand für die Inanspruchnahme seitens der Wirtschaftssubjekte nimmt einen bisher ständig steigenden Anteil am Sozialprodukt der Bundesrepublik Deutschland in Anspruch, spielt eine zunehmend beherrschende Rolle im politischen und wirtschaftlichen Leben der Nation und beeinflußt das tägliche Leben des einzelnen Bürgers. Die Methoden jedoch, durch die der Entscheidungsträger entscheidet, wofür, wie, wo und wann die knappen öffentlichen Mittel in Anspruch genommen werden sollen, bleiben bestimmt durch gewöhnlich untereinander widersprüchliche und nicht in Einklang zu bringende qualitative Argumente mit starkem politischen Einschlag - bleiben im wesentlichen unberührt von den Vorteilen, die die moderne Computeranwendung und Quantifizierungstechnik bieten können.

Die vorliegende Arbeit ist ein Versuch, die Frage des Allokationsprozesses für denjenigen Teil der öffentlichen Ausgaben neu zu durchdenken, der der Bereitstellung von öffentlichen Einrichtungen ("Infrastruktur" in einem weiten und vorerst nicht näher definierten Sinn) dient, und ein computerorientiertes Allokationsmodell zu konstruieren, mit der Absicht, die Rolle des Entscheidungsträgers und die Verantwortung der Planungskompetenzen in diesem Gebiet zu rationalisieren bzw. zu verstärken. Es ist das Ziel, eine quantifizierte Entscheidungshilfe für Infrastrukturinvestitionen in einem Regionenkomplex vorzulegen, innerhalb dessen Koordinierung eine Notwendigkeit darstellt, aber für den zur Zeit keine praktisch anwendbare Methodologie existiert. Eine grundlegende Annahme ist die, daß öffentliche Planungsstellen und regionale (Planungs-) Körperschaften aller Art in genügend ausgearbeiteter Form mehr Ideen entwickeln, mehr Vorschäge unterbreiten und mehr Notwendigkeiten beweisen können, als die verfügbaren Finanzmittel auch nur annähernd befriedigen können, so daß Auswahlentscheidungen nötig sind.

Sicherlich findet eine gewisse intersektorale und interregionale Koordinierung bei der Bereitstellung von Infrastruktur statt ("koordinierte Planung" ist kein völlig unbekannter Ausdruck), und es sind numerische Methoden für die Beurteilung von einzelnen oder gebündelten Investitionsvorschlägen und der Standortwahl oder der Verteilung von materiellen Strukturen vorhanden. Wenige dieser Methoden ziehen jedoch Infrastrukturbündel in dem Maße in Betracht, daß sie als "komprehensiv" bezeichnet werden können, und die sogenannte koordinierte Planung ordnet wenige Prioritäten zu oder setzt voraus, daß die für die Durchführung notwendigen Finanzmittel vorhanden sind. So gut wie keine Methode berücksichtigt die wichtige Frage der Wechselwirkungen zwischen und unter den vorhandenen und neuen Einrichtungen, und diejenigen Methoden, die in der Lage sind, quantitativ die Entscheidungskonflikte aus der Konkurrenz um die verfügbaren Mittel zwischen verschiedenen Infrastrukturbereichen zu lösen (z.B. zwischen den technischen Strukturen, die für die regionale wirtschaftliche Entwicklung entstehen und den direkt sozialorientierten Strukturen, die für die Bedürfnisse des Individuums notwendig sind), sind bei der heutigen Komplexität der gesamten Problematik der Infrastrukturausgabepolitik ungeeignet.

Es ist ergänzend zu bemerken, daß jede Methode, die nicht die verschiedenen zeitabhängigen Aspekte des Problems berücksichtigt (z.B. die zeitliche Verteilung des Investitionspotentials, die zusätzlichen Unterhaltungskosten aus neuer Investition, den Verfall von materiellen Strukturen, die Verbindung zwischen der Bevölkerungsentwicklung und der Entwicklung anderer regionaler Merkmale durch Investition im Infrastrukturbereich, u.a.), nicht als zufriedenstellend angesehen werden kann.

Obwohl die Komplexität der Allokationsfragestellung längst allgemein bekannt ist, bleiben die von Politikern getroffenen Investitionsentscheidungen grundsätzlich qualitativer oder intuitiver Art. Der Politiker ist jedoch nicht imstande, ohne beträchtliche analytische Hilfsmittel auch nur einen annehmbaren Bruchteil der für die Entscheidung nötigen Informationen zu berücksichtigen. Das Modell dieser Arbeit bemüht sich, diese Hilfe für die sektoralen, räumlichen und zeitlichen Allokationsprobleme zu leisten, die zur Zeit ständig ohne adäquate numerische und analytische Informationsbasis gelöst werden.

Diese Tatsachen sind u.a. von Treuner[1] aufgezeigt worden, und in Zusammenarbeit mit dem Verfasser wurden die ersten analytischen Gedanken entwickelt [2], in dem auch für diese Arbeit geltenden Bewußtsein, daß eine vollständige Lösung der Zielfestlegungs-, der institutionellen und politischen, der methodischen und statistischen Probleme nicht ohne einen erheblichen Forschungsaufwand gefunden werden kann. Diese Arbeit stellt einen ersten Ansatz zu einer partiellen (obwohl durchaus praktisch anwendbaren) Lösung dar, durch die diese Probleme besser bekannt werden und zunehmend Aufmerksamkeit erregen könnten.

2. RAHMEN DER PROBLEMATIK

2.1 Infrastruktur

Vor der Behandlung der eigentlichen Probleme der Infrastrukturausgaben empfiehlt es sich, wenigstens kurz die Bedeutung des Ausdrucks "Infrastruktur" im Zusammenhang dieser Arbeit zu diskutieren. Jochimsens Definition von Infrastruktur der Marktwirtschaft [3] als "der Gesamtheit aller materiellen, institutionellen und personalen Anlagen, Einrichtungen und Gegebenheiten, die den Wirtschaftseinheiten im Rahmen der arbeitsteiligen Wirtschaft zur Verfügung stehen und die mit dazu beitragen, 1. die Entgelte für gleiche Leistung der Produktivkräfte auszugleichen und 2. zugleich die größte Zuwachsrate der Gesamtwirtschaft herbeizuführen", erlaubt (wie hier als wünschenswert angenommen) die Entwicklung eines genügend pragmatischen Begriffs.

Nach Tuchtfeldt [4] umfaßt "materielle Infrastruktur" alle diejenigen Teile des wirtschaftlichen Kapitalstocks, die die ökonomische Integration und Entwicklung fördern. In diese Kategorie fällt somit die "fixed asset"-Infrastruktur, für die ein gutes (und kostspieliges) Beispiel das Bundesautobahnnetz ist.

"Institutionelle Infrastruktur" umfaßt die "rechtlich-soziale Ordnung im Sinne der Gesamtheit aller Einrichtungen, Rechtsnormen, Traditionen und Gewohnheiten, die für die Koordination der Einzelpläne relevant sind (gesetzte und gewachsene Wirtschaftsordnung)" [4]. Institutionelle Infrastruktur ist nicht intensiv dem Charakter nach, wenn die begleitenden materiellen Strukturen, z.B. Gebäude, als zu der oben charakterisierten materiellen Kategorie zugehörig angesehen werden.

Die "personale Infrastruktur" umfaßt nach Jochimsen das "Fähigkeitskapital" einer Volkswirtschaft, nämlich die Quantität und das Ausbildungsniveau der Arbeitskräfte, ihren Gesundheitszustand, ihr technisches Wissen (z.B. aufgrund der Forschungstätigkeit) und die Bereitschaft oder Einstellung der Bevölkerung am Wirtschaftsprozess teilzunehmen. Diese Kategorie ist so umfassend, daß die explizite "soziale" Komponente und der "allgemeine Wohlstand" des Individuums darin enthalten sind. Auf dieser Basis sind hier Gesundheit und Bildung, Erholung und eine große Zahl anderer "auf die Person zugeschnittener" Dienstleistungen in der Kategorie eingeschlossen worden, gleichviel ob sie auf der Grundlage privater Initiative oder durch kommunale oder nationale Gebietskörperschaften bereitgestellt werden. Insoweit die Kosten für dies Kategorie dem Charakter nach nicht investiv sind (Anlagegüter zählen zur materiellen Infrastruktur), können sie als privater oder staatlicher Konsum klassifiziert werden.

Der Begriff "Infrastruktur", wie er hier verwendet wird, beruht auf der Definition Jochimsens und bezeichnet in pragmatischer Weise (wie Emanuel [5]) die Einrichtungen, sowohl materieller wie immaterieller Art, die eine Gesellschaft besitzt, um ihre Individuen, Organisationen und Unternehmen in den Stand zu setzen, ihre jeweiligen Tätigkeiten auszuführen und zu entwickeln. Sie umfaßt materielle Einrichtungen, Grundstücke, Gebäude, Maschinen und die Arbeitskraft, um sie zu betreiben. Sie kann zum Zweck der größeren Übersicht in andere Kategorien aufgeteilt werden, die zweckbestimmt sind, wie z.B. "soziale" Infrastruktur, die Gesundheits- und Bildungsdienste, Wohnraum und Erholungseinrichtungen bereitstellt, "ökonomische" Infrastruktur für Kommunikation, Energie, Wasser, Entwässerung und Bewässerung sowie die "administrative" Infrastruktur, die die Gesetzgebung und den Apparat für die Gesetzesdurchführung, die Verwaltung und Planung bereitstellt. Verteidigungseinrichtungen werden hier nicht als Infrastruktur angesehen. Obgleich Infrastruktur auf privater Basis bereitgestellt werden kann (unter öffentlicher Aufsicht oder ohne sie), wird in der vorliegenden Arbeit nur öffentlich gestellte oder subventionierte Infrastruktur behandelt, d.h. für die öffentliche Ausgaben notwendig sind.

2.2 Die Wirkung infrastruktureller Investitionen

Die Art und Verteilung und das Ausmaß der Versorgung mit Infrastruktur stellt einen der wichtigen Faktoren dar, die die gesamte wirtschaftliche Aktivität einer Nation und die "Lebensqualität" ihrer Bürger bestimmen. Die Versorgung mit Infrastruktur bildet daher einen wesentlichen Faktor bei der Formulierung der gesamtstaatlichen und regionalen Politik (s. Jochimsen [6] und Emanuel [7]). Die zunehmende Erkenntnis der Bedeutung von Infrastruktur ist bei den Infrastrukturausgaben der öffentlichen

Hand in den letzten 25 Jahren deutlich zu sehen, z.B. haben nach dem Statistischen Bundesamt [8] die gesamten öffentlichen Aufwendungen im Bereich der öffentlichen Sicherheit und Rechtsschutz, Schulwesen, Hochschulen und Forschung, Gesundheit, Sport und Erholung, Wohnungswesen, Raumordnung und anderer kommunaler Gemeinschaftsdienste und Verkehrs- und Nachrichtenwesen allein* von DM 8,9 Mrd. (DM 189,- je Einwohner) im Jahre 1950 und DM 35,9 Mrd. (DM 632,- /E) 1962 auf DM 99,9 Mrd. (DM 1620,- /E) 1972 zugenommen. 1972 betrugen die Ausgaben 15,6 % des Volkseinkommens und 40 % der gesamten Ausgaben der öffentlichen Haushalte.

Die angeführten Zahlen zeigen eine Steigerung um einen Faktor von etwa 10 über einen Zeitraum, in dem die Kostensteigerungen wesentlich geringer waren. Es ist daraus zu schließen, daß der reale Investitionsumfang und vielleicht auch die Qualität der neu bereitgestellten Einrichtungen und Dienste erheblich gestiegen sind. Bei der Höhe der öffentlichen Infrastrukturausgaben ist eine rationale Infrastrukturpolitik, die klare und koordinierte Ziele einschließen würde sowie eine volle Integration mit der allgemeinen Finanz-, Struktur-, Sozial- und Entwicklungspolitik, eine evidente Voraussetzung für die zunehmend notwendige Effizienz der Ausgaben. Folglich soll ein Budgetallokationsmodell, das sich mit dieser Effizienz befaßt, eine möglichst vollständige Analyse der verschiedenen Investitionseffekte einschließen. Wird die Nomenklatur und Gliederung von Buhr [9] verwendet, so können die Effekte der Infrastrukturinvestition wie folgt kategorisiert werden:

1. Finanzwirtschaftliche Effekte: Einzelne Infrastrukturinvestitionen verbrauchen Finanzmittel, die für andere Zwecke verwendet werden könnten, und dies gilt auch für die ständig

---

* die Kosten zahlreicher Sozialdienste, die in die Kategorie der personalen Infrastruktur fallen, sind hier nicht enthalten

anfallenden Unterhaltungs-, Betriebs- und Erneuerungskosten sogar noch nach dem Ablauf der Investitionsperiode.

2. Bodennutzungseffekte: Bei bestimmten Infrastrukturmaßnahmen (z.B. beim Straßenbau) ist der Flächenbedarf hoch. Falls die Investition erfolgt, verschwindet daher die Möglichkeit der Bodennutzung für einen anderen Zweck und auch durch die Standortfestlegung ein bestimmter Teil der Flexibilität, die noch für die Beeinflussung der regionalen Struktur verfügbar ist. Einmal geschaffene Infrastruktur ist für gewöhnlich nur unter großen Schwierigkeiten rückgängig zu machen oder auf einen anderen Standort zu bringen - sie erhält mit anderen Worten eine Permanenz, die später nicht immer erwünscht ist.

   Diese Kategorie kann ebenfalls auf "Umwelteffekte" ausgedehnt werden, die nicht nur den Verlust von Regenerationsflächen einschließen, sondern auch jene mit der Infrastruktur verbundenen Effekte. Im Fall des Straßenbaus z.B., würde dies Lärm, Boden- und Luftverschmutzung u.a. einschließen.

3. Einkommenseffekte: Für einige Arten der Infrastruktur werden die Investitions-, Betriebs- und Unterhaltungskosten durch direktes Einkommen aus den bereitgestellten Einrichtungen ausgeglichen. Zusätzlich hierzu können durch die Standorteffekte (unten behandelt), indirekte regionale Einkommenseffekte auftreten, z.B. aufgrund einer durch die Investition stimulierten Industrieansiedlung in der betroffenen Region.

4. Durch Investitionsmaßnahmen könnte die Entwicklung der Infrastruktur in einer Region entweder zusätzliche (noch nicht ausgenutzte) Kapazität schaffen oder die vorhandene in einem solchen Ausmaß steigern, daß der "Auslastungspunkt" als weit entfernt anzusehen wäre. Unter diesen Umständen würde eine Reserve an Infrastrukturkapazität für die potentielle Entwicklung des Raumes entstehen. Diese Gegebenheit wird von Buhr als "Entwicklungseffekt" bezeichnet.

   Wie weit eine zusätzliche Infrastrukturkapazität durch die individuellen Wirtschaftseinheiten z.B. durch Bevölkerungs- und Unternehmerzuwanderung) tatsächlich ausgeschöpft wird, hängt vom Niveau und der Kombination von den vorhandenen infrastrukturellen Möglichkeiten wie auch von anderen Faktoren wie dem Lohnniveau, dem Wohnungsmarkt, der Zusammensetzung der sekundären und tertiären ökonomischen Aktivitäten usw. ab. Der Beitrag zur regionalen "Attraktivität", der durch eine gegebene Infrastrukturinvestition oder ein Investitionsprogramm zustande kommt, kann als "Anreizeffekt" bezeichnet werden.

Es ist nicht einfach, das Ausmaß der "Anreizrolle" zu bestimmen, die Infrastrukturfaktoren allein bewirken. Es ist jedoch bekannt, daß die mobileren Elemente der Bevölkerung sensitiv auf relative Änderungen der Wohn-, und allgemeinen Umweltverhältnisse, wenigstens auf Gemeinde- und Kreisebene, reagieren, indem sie ein hohes Maß an Bereitschaft zeigen, auf der Suche nach besseren Bedingungen zu wandern [10]. Bevölkerungsbewegungen über größere Entfernungen (z.B. zwischen den BMV-Regionen*) scheinen stärker durch strukturelle Merkmale wie Siedlungsstruktur oder Urbanisationsgrad als durch Infrastrukturniveaus beeinflußt zu werden [11]. Jedoch deutet es sich an, daß die Ansiedlungsfrequenz von Industriebetrieben in Beziehung zu dem Infrastrukturausstattungsniveau an dem neuen Standort steht [12].

Wenn die auftretenden Anreizeffekte wirksam sind, ist das Ergebnis, daß "Struktureffekte" vorkommen, die die branchenmäßige Zusammensetzung der regionalen Industrie, die Komposition der Bevölkerung und Beschäftigung u.a. betreffen. Struktureffekte können jedoch nur als ein <u>langfristiges</u> Ziel spezifischer Infrastrukturinvestition angesehen werden, z.B. eines spezifischen regionalen Infrastrukturverbesserungsprogramms. Die vielen möglichen bisher weitgehend quantitativ unbestimmten und ohne Zweifel stark regionalspezifischen Gründe für Bevölkerungswanderungen und für die Auswahl der Standorte von industriellen und kommerziellen Unternehmungen, die mit der Infrastruktur auch zu strukturellen Änderungen

---

*das sind die 79 statistischen Gebietseinheiten des Bundesverkehrsministeriums

beitragen, brauchen hier nicht im einzelnen erörtert zu werden. Es sollte jedoch nicht vergessen werden, daß diese Gründe existieren, wichtig sind und daß jeder unternommene Versuch sie zu beeinflussen dieselben Probleme der Informationsverbreitung und Wirkungsverzögerung aufweisen würde, wie dies auch der Fall wäre bei einer Infrastrukturverbesserung in einer bestimmten Region. Hinsichtlich der Infrastruktur selbst ist es meistens der Fall, daß ein spezifisches Investitionsprogramm "zusätzlich" zu den Investitionen (sowohl privat als auch öffentlich) ist, die das Ergebnis von sich gegenseitig beeinflussenden und voneinander unabhängigen laufenden Entscheidungen sind und die, außer unter besonderen Umständen, den bei weitem größten Teil der gesamten Infrastrukturinvestitionsaktivität in einer Region ausmachen. Struktureffekte von spezifischen Investitionen, gleichviel wie gut gezielt, treten daher für gewöhnlich nur langsam in Erscheinung.

Letztlich drücken sich für die einzelnen Wirtschaftssubjekte die Anreizeffekte als "Nutzeneffekte" der Haushalte und möglicherweise als "Profiteffekte" der Betriebe aus.

5. Selbsterzeugungseffekt: Infrastrukturkapazität kann unter bestimmten Umständen auch ihr eigenes Wachstum fördern, - der Verkehrssektor liefert wiederum das deutlichste Beispiel. Es gibt ebenfalls eine Kopplung mit den Anreizeffekten nicht nur hinsichtlich ihrer Ergebnisse, (die dann zur Forderung nach mehr Kapazität führen), sondern auch hinsichtlich des "Wettbewerbszustandes" zwischen regionalen Einheiten, die bestrebt sind, "gute" (relativ gesehen) Versorgungsverhältnisse und eine hohe Attraktivität zu bewahren.

6. Verteilungseffekte: Die meisten der oben genannten Effekte haben Aspekte, die unter dieser Überschrift gruppiert werden können. Erstens rühren solche Effekte von der Standortwahl und bis zu einem gewissen Grad von den "finanzwirtschaftlichen Effekten" hinsichtlich der Verteilung des Niveaus und der Art der Versorgung her. Interregional gesehen, üben

zweitens die verschiedenen Standort- und Selbsterzeugungseffekte einen Einfluß auf die Verteilung der Bevölkerung und Arbeitsstätten und, entsprechend der jeweiligen regionalen Zusammensetzung der Wirtschaftstätigkeit, auf die Produktivität und ebenso auf das Einkommensniveau aus. Mit anderen Worten, unterschiedliche regionale Merkmale und ihre Zusammensetzung in Verbindung mit dem Charakter und dem Niveau der Infrastrukturausstattung (insgesamt gesehen) führen unvermeidlich zu einer differenzierten Verteilung des Entwicklungspotentials.

Diese Aufstellung gibt eine systematische Gliederung der Infrastrukturinvestitionseffekte, die jedoch stark miteinander verbunden sind und zusammen ohne ein ökonomisches und soziales interregionales Gesamtmodell kaum die Basis quantifizierter Analyse bilden können. Es würde, wenigstens zur Zeit, viel zu optimistisch sein, sich vorzustellen, daß ein solches Gesamtmodell kurzfristig geschaffen werden könnte. Für die Beurteilung von Infrastruktureffekten geht daher diese Arbeit so vor, daß ein "normatives" Modell konstruiert wird, d.h. ein Modell, das auf festgesetzten Zielgrößen basierende Indikatoren verwendet und gleichzeitig so viele der oben aufgeführten Aspekte 1 bis 6 berücksichtigt, wie es sinnvoll und vom Standpunkt der notwendigen Quantifizierung und Systematisierung grundsätzlich machbar erscheint. Die individuellen Ziele werden vom Modell als "richtig" betrachtet, könnten aber dennoch bei ihrer (partiellen) Realisierung kombiniert wirtschaftliche und strukturelle Effekte haben, die ohne Erfassung durch die Modellanalyse eine nicht erwünschte Entwicklung anzeigen. Der Gesamteffekt der gesetzten Ziele und daher auch die Ziele selbst sollten deshalb periodisch überprüft werden. Weil das Modell eine Budgetallokationsentscheidungshilfe darstellt (mit der Absicht, die Entscheidungen hinsichtlich der öffentlichen Ausgaben rationeller zu gestalten), sollte es periodisch eingesetzt werden, es gibt dann die Gelegenheit, es stellt sogar die Forderung, daß die bis heute erzielten Ergebnisse bewertet und daß die Ziele falls nötig revidiert werden sollten.

Diese vorgeschlagene Vereinfachung der Effektermittlung bewältigt jedoch noch nicht die Schwierigkeit, die darin besteht, daß genaue Infrastrukturausstattungsziele erforderlich sind. Auf einem beliebigen räumlichen Niveau sind diese in der Bundesrepublik nicht leicht verfügbar. Dazu gilt immer noch Jochimsen/ Simonis [13]:

"Angesichts der Bedeutung der Infrastruktur für die Wachstums-, Struktur- und Verteilungspolitik ist es mehr als überraschend, daß die Ermittlung und Artikulierung des Infrastrukturbedarfs und entsprechender Richtziffern bisher nur in wenigen Teilbereichen mit hinreichender Systematik und Intensität erfolgt ist,.... Dies ist eine Tatsache, und sie ist umso bedauerlicher, als nicht nur der Wirtschafts- und Gesellschaftspolitiker, sondern auch der Stadt- und Regionalplaner vom Ökonomen Hilfe bei der Bestimmung und Dimensionierung der erforderlichen Infrastruktureinrichtungen erwartet. Die Ermittlung des Bedarfs und die Bestimmung der Unter- bzw. Überversorgung von Bevölkerung und Wirtschaft mit Infrastruktur - und zwar sowohl hinsichtlich des Niveaus als auch der Zusammensetzung der Infrastruktur! - führt sehr schnell zu der Frage, ob wir bei der gegenwärtigen Organisation der Datenbestimmung und Datengewinnung über ausreichende Unterlagen aus dem sozioökonomischen Bereich und für die Infrastrukturplanung verfügen."

Das angesprochene Doppelproblem der Zielsetzung und der statistischen Grundlage für die Messung der Zielrealisierung tritt ebenfalls in dem Bereich der Zielforschung auf, z.B. Brösse [14]:

"Wenn dem Wissenschaftler regionalpolitische Ziele von den zuständigen politischen Institutionen verbindlich vorgegeben werden, so fehlen diesen "Zielvorstellungen" vielfach klare Definitionen und Meßvorschriften. Aufgabe der Zielforschung muß es daher sein, vorgegebene Ziele eindeutig zu definieren und die Problematik der Messung zu durchdenken. Die Regionalforschung stößt dabei auf die Schwierigkeit, daß Variable, die zur Umschreibung und zur Messung der Ziele erforderlich wären, statistisch gar nicht ermittelt werden. Die Zielforschung kann daher die zusätzliche nützliche Aufgabe unternehmen, dem Statistiker Hinweise zu geben, welche Größen benötigt werden."

In dieser Arbeit werden die oben gekennzeichneten beiden Probleme mit der Annahme umgangen, daß räumlich und bereichsspezifische Infrastrukturziele technisch oder politisch festgelegt worden sind und daß die nötigen statistischen Informationen zur Verfügung stehen.

Die angenommenen Infrastrukturziele werden in der Untersuchung bei der Definition des Begriffs "Infrastruktursektor" verwendet, so daß Investitionseffekte innerhalb eines multiregionalen, multisektoralen Rahmens (wo hier Sektor im Sinne Infrastruktursektor zu verstehen ist) ermittelt werden.

Wird angenommen, daß detaillierte und numerische Ziele für alle Aspekte der infrastrukturellen Entwicklung formuliert werden können und daß diese Ziele in sich schlüssig und hierarchisch organisiert sind, dann definiert eine funktionell zusammenhängende Bündelung von Zielen auf und unter einer bestimmten Ebene den Bereich der notwendigen, zielorientierten Charakteristiken, die einen "Infrastruktursektor" abgrenzen. So würden formulierte Ziele auf der untersten Ebene (z.B. Kapazität, Gruppengröße, Flächenbedarf usw.), die z.B. mit der funktionellen Aktivität "Kindergärten" zusammenhängen, einen gut und einfach abzugrenzenden Sektor "Kindergärten" (auf der räumlichen Ebene der Gemeinde) ausmachen. Ein Ziel, das vorsieht, daß die Bereitstellung von Kindergärten das Potential der halbtags beschäftigten weiblichen Arbeitskräfte um z.B. 1 % der Wohnbevölkerung erhöht, würde auf einer höheren, nicht von der Sektordefinition eingeschlossenen Ebene liegen. Infrastrukturelle Aktivitäten der öffentlichen Hand mit großen substitutionellen Effekten würden nicht so einfach zu definieren sein; die öffentliche Förderung des "Sports" oder der "Kultur" könnte nicht in so klarer Weise in Grundziele unterteilt werden, ohne zuerst die zahlreichen sich daraus ergebenden Substitutions- und Abhängigkeitsbeziehungen analytisch zu bewältigen. Des weiteren würde ein Sektor oder die Gruppe von Zielen und Charakteristiken, die ihn definieren, entsprechend der räumlichen Ebene variieren, auf welche die Definition zutreffen soll. So würde auf Länderebene die Erschließung der landesinneren Ballungsgebiete mit Autobahnen ein Ziel sein, das nicht in Verbindung mit einem Sektor "Straßen" auf Gemeindeebene in Erscheinung tritt. Ein Infrastruktursektor oder einfach ein Sektor im Sinne dieser Arbeit, umfaßt daher eine Reihe von verwandten Aktivitäten und Charakteristiken, die auf der räumlichen Ebene der Anwendung keine Elemente enthalten können, die irgendeinem anderen Sektor zuzuschreiben sind und deren Elemente insgesamt entweder zu dem betrachteten Allokationsbereich eindeutig gehören oder nicht gehören.

Das dargestellte Modell kann für beschränkte Bündel von Sektoren angewendet werden, wenn es einen gut definierten umfassenden verfügbaren Budgetrahmen für sie gibt. Das Sektorenkonzept, das in der Arbeit durchweg verwendet wird, stützt sich stark auf den Gehalt und die Organisation der Zielhierarchie, die jedoch nicht als ein Gegenstand der Betrachtung eingeschlossen wird. Jeder Sektor ist in einer Region definiert und umfaßt alle entsprechenden sektoralen Aktivitäten und Dienstleistungen in der Region, einschließlich ihrer Benutzung durch die Einwohner anderer Regionen.

Das räumliche System ist ein geschlossenes, es wird keine "Quasiregion" verwendet, die aus allen Gebieten außerhalb des betrachteten Komplexes besteht. Mit diesen beschriebenen Organisationen für die Ziele, Sektoren und Räume, ist der Betrachtungsrahmen des Systems der Budgetallokation gut definiert.

Vor diesem Hintergrund ist es der primäre Effekt einer Infrastrukturinvestition, die einem Sektor in einer gegebenen Region zuzuordnen ist, die Realisationsgrade der Ziele zu ändern, auf die sie unmittelbar einwirkt. In dieser Hinsicht sollte die Einwirkung der Investition auf mittelbar beteiligte Sektoren, die u.U. in anderen Regionen liegen, nicht übersehen werden. Klaasen [15] hat darauf aufmerksam gemacht, wie wichtig solche "Interaktionen" sein können, und Treuner [16] hat einen ersten Versuch gemacht, den Weg zur Entwicklung von breiten erklärenden und analytischen Methoden zu zeigen, um sie zu berücksichtigen. Die Interaktion von Investitionsmaßnahmen mit der Umwelt hat in den letzten 15 Jahren zunehmende Beachtung erfahren, zumeist in qualitativer oder nichtanalytischer Hinsicht, aber die Berücksichtigung von Investitionseffekten auf die Umwelt ist nur ein Beispiel in einer Kategorie von möglichen Interaktionseffekten. Wenn man Treuner folgt, so lassen sich solche Interaktionen wie folgt klassifizieren:

a) intraregionale, intrasektorale - z.B. wenn eine neue Abwasseranlage sich auf die Gesamtkosten der Anlagen für die Abwässerbeseitigung auswirkt und gleichzeitig die vorhandenen Kapazitäten in den Nachbaranlagen unterstützt und dort neue Kapazitäten freisetzt. Dies ist ein typischer "interner" Effekt der Art, die wahrscheinlich auch - wenigstens teilweise - im normalen Verlauf der sektoralen Planung berücksichtigt wird.
b) intraregionale, intersektorale - so z.B. vermindert ein Straßenverbesserungsplan die Qualität und den Wert der Wohnverhältnisse im Umkreis aufgrund der Zunahme des Lärms, der Abnahme der Güte der Luft und auch der Abnahme der lokalen Attraktivität. Dieser intersektorale Effekt darf nicht mit einem direkten Einfluß auf die Umwelt im allgemeinen verwechselt werden, er ist ein Beispiel eines Interaktionseffekts auf den Sektor "Wohnwesen".
c) interregionale, intrasektorale - so z.B. wenn, wie durchaus vorstellbar, eine neue Vierspurstraße in einer regionalen Einheit plötzlich mit der noch nicht ausgebauten zweispurigen Verbindungsstraße in der angrenzenden regionalen Einheit an der Grenze zu verbinden ist. Hier könnte das Fehlen einer Kontinuität zu einem Engpaß führen, welcher den Nutzen der neuen Straße fast völlig aufheben würde.
d) interregionale, intersektorale - so z.B. wie der Bau eines Park-and-Ride-Systems um und in einer zentral gelegenen Stadt sich auf jeden Fall auf die Anforderungen an den Autobusdienst aller benachbarten Kreise auswirkt.

Wenn "infrastrukturinterne" Wechselwirkungen (d.h. Wechselwirkungen, die innerhalb des Rahmens der betrachteten Sektoren und Regionen stattfinden) völlig berücksichtigt werden, dann wird vorausgesetzt, daß Zielverwirklichung als gültiges Kriterium gelten soll, eine beträchtliche Anzahl von "Investitionseffekten" (s. 1 bis 6 oben) ermittelt, z.B. die "Selbsterzeugungseffekte" praktisch vollständig.

Es verbleiben wenigstens zwei Problembereiche. Erstens sind die finanzwirtschaftlichen Effekte und Standorteffekte (Entwicklungs- und Anreizeffekte) einer Infrastrukturinvestition nur im Rahmen einer mittel- bis langfristigen Betrachtungsweise zu erkennen und zu ermitteln. Da ein Teil der Investitionen auf jeden Fall "zukunftsorientiert" ist (d.h. nicht ausschließlich auf die Befriedigung sofortiger Bedürfnisse oder auf die Beseitigung jetziger Kapazitätsengpässe gerichtet ist), kann gefolgert werden, daß es nötig ist, die "Effektanalyse" über einen mittel- bis langfristigen Zeitraum auszudehnen. Ein solches Verfahren würde dann auch den Ausdruck von zeitabhängigen Zielen erlauben, die Einbeziehung von Bau- und Bauvollendungszeiten in die Analyse und die Inbetrachtziehung der (unvermeidbaren) zeitlichen Verminderung der Qualität und Modernität der schon vorhandenen Infrastruktureinrichtungen - würde also Gesichtspunkte vorziehen, die in der Regel im Privatbereich zu Recht eine automatische Berücksichtigung erhalten.

Zweitens, und offensichtlich im Falle von Sektoren, bei denen einzelne Ziele unmittelbar von der Bevölkerungszahl abhängig sind, ist die Wirksamkeit der Infrastrukturmaßnahmen, die wenigstens zum Teil zukunftsorientiert sind, abhängig von Prognosen der erforderlichen künftigen Kapazitäten. Umgekehrt reguliert das Niveau der Versorgung mit Infrastruktur partiell die zukünftigen Erfordernisse (durch die Auswirkungen von Anreizeffekten). Diese Situation zeigt an, daß die Effekte einer Investition grundsätzlich nur in Verbindung mit einer Bevölkerungs- und Arbeitsplatzprognose abgeschätzt werden können, die wiederum von verschiedenen zeitabhängigen Infrastrukturindikatoren abhängt. D.h. es wäre unrealistisch, Angebot und Nachfrage für "öffentliche Güter" nicht in ein gegenseitig abhängiges Verhältnis zueinander zu bringen, wenigstens in Hinsicht auf die regionale Bevölkerungszahl. Im Idealfalle sollte dieses Prinzip auf alle regionalen Hauptcharakteristiken (Bevölkerungsstruktur, Beschäftigung, Siedlungsstruktur, Verkehrsaufkommen usw.) angewendet werden, aber es ist recht gewagt zu sagen, daß dies (bei einem vernünftigen Genauigkeitsgrad) für das Charakteristikum "Bevölkerung" möglich ist.

Was die anderen sich auf Infrastruktur auswirkenden Charakteristiken betrifft, so sollten die aufzudeckenden analytischen Verbindungen gleich welcher Art, sei es durch Infrastruktur- oder Bevölkerungsindikatoren, voll berücksichtigt und in die Analyse der Investitionseffekte einbezogen werden. Dies kann sehr wohl bedeuten, daß eine Kette von unabhängig entwickelten Modellen (z.B. für die Entwicklung des Wohnbereichs, des Verkehrsaufkommens usw.) in die Analyse einzubeziehen sind. Die Bedeutung der Infrastruktur für die "moderne" Gesellschaft rechtfertigt jedoch den Forschungsaufwand insbesondere, wenn das Volumen der Infrastrukturausgaben mit der gesamtwirtschaftlichen Leistung verglichen wird. Die vorhandenen Computersysteme sind dieser Aufgabe gewachsen. Sie können der erforderlichen Komplexität gerecht werden und ohne weiteres das notwendige Datenvolumen verarbeiten.

2.3 Ausgabepraxis der Infrastruktur

Vor 1967 unterlagen die öffentlichen Ausgaben in der Bundesrepublik der Kontrolle eines "traditionellen" Budgetierungssystems. Traditionelle Budgetierung ist weitgehend "incremental budgeting", das beschrieben worden ist als "ein System, mit dem bei Budgetüberprüfungen nur die Posten in Betracht gezogen werden, für die Steigerungen über das vorhergehende Jahr hinaus gefordert werden"* [17]. Bei Infrastrukturausgaben bedeutet traditionelle Budgetierung die Neigung, einen verfügbaren "Haushaltskuchen" nach den verschiedenen Sektoren in einem konstanten oder im besten Fall sich langsam ändernden Verhältnis "aufzuteilen", ohne die ständige Wiederholung und Neubeantwortung der Frage, ob dieses Verhältnis nach den gegebenen Umständen der Zeit und des Raumes wünschenswert und "richtig" ist. Es impliziert eine Betonung der Ausgabenseite, nicht der Ergebnisse, eine kurzfristige Perspektive (für gewöhnlich nur ein Jahr) und eine mit daraus resultierende unzureichende Förderung der Planung und der Informationsbasis für Planung und Entscheidungsfassung sowie

---

* "a system whereby budget reviews examine only those items for which increases over the previous year are requested"

Mängel bezüglich der Festlegung von Zielen und der Analyse von Bedürfnissen. Innerhalb eines solchen Systems sind die "finanzwirtschaftlichen Effekte" einer Infrastrukturinvestition, nämlich die Einengung von "policy options" wegen unzureichender Berücksichtigung der Folgekosten besonders ausgeprägt.

Der Beginn einer längerfristigen Finanzplanung erfolgte im Bundesministerium der Finanzen, wo einige Jahre vor der ersten öffentlichen Übersicht und Prognose im September 1964 [18] zielorientierte und differenzierte längerfristige Darstellungen vorbereitet und intern verwendet wurden [19]. Die Verabschiedung des Gesetzes zur Förderung der Stabilität und des Wachstums der Wirtschaft vom 8.6.1967, der Änderung des Art.109 des Grundgesetzes (13.6.1967) und des Gesetzes über die Grundsätze des Haushaltsrechts des Bundes und der Länder (Haushaltsgrundsätzegesetz) vom 19.8.1969 schuf eine koordinierte fünfjährige Finanzplanung für Bund und Länder. Durch eine weitere Ergänzung des Grundgesetzes (Art.91a) wurde das Institut der Gemeinschaftsaufgaben eingeführt, das, zusätzlich zum schon empfohlenen Zusammenwirken von Bund, Ländern und Gemeinden in der Finanzpolitik, für bestimmte Aufgaben der Infrastruktur- und Bildungspolitik eine gemeinsame Planung und Finanzierung von Bund und Ländern ermöglicht.

Wie effektiv ist also diese verbesserte Finanzplanung der Gebietskörperschaften zur Lösung der durch Wechselwirkungen und unterschiedliche Zeithorizonte in der Fachplanung verursachten Probleme? Daß sie nicht zur Lösung von Konflikten oder zu einer positiven Koordinierung und somit zur effizienten Ausgabepraxis beigetragen hat, wurde von Jochimsen [20] betont, der über Hindernisse bei der geplanten Koordinierung von vorgeschlagenen Maßnahmen Klage führte:

"Das Musterbeispiel dafür ist die mittelfristige Finanzplanung. Die strittigen Punkte betreffen immer das nächste Haushaltsjahr, selten dagegen das dritte oder vierte Jahr. Bis zum dritten oder vierten Jahr nach dem gerade laufenden vergeht ja noch sehr viel Zeit und die Konkretisierung der Vorhaben ist ohnedies noch nicht fortgeschritten. Aber das nächste Jahr war ja irgendwann das dritte oder vierte Jahr und man hätte von dorther angesetzt haben müssen, um jetzt eine Koordination erreichen zu können."

Wenn auf dem gehobenen Niveau der staatlichen Planung die mittelfristige Finanzplanung nicht gut funktioniert, kann kaum erwartet werden, daß die Konsequenzen oder die direkte finanzielle Planung für die nachgeordnete, abhängige Infrastrukturplanung, insbesondere auf Gemeindeebene, zu zufriedenstellenden Ergebnissen führen.

Bei der Herstellung eines Modells zur Allokation von Infrastrukturbudget kann daher erstens die Bedeutung der Aufnahme einer mittel- bis langfristigen und gut verknüpften Zeitperspektive nicht überschätzt werden. Die Implikation, daß in einem Modell ein "Effizienz-Prinzip" bei der Beurteilung von Ausgaben eingeführt wird, bedeutet zwar keine Herabsetzung der Infrastrukturausgaben, stellt jedoch sicher, daß die genehmigten Ausgaben sowohl auf die zeitbezogenen sektoralen Einzelziele als auch auf die allgemeineren strukturellen Ziele der Region ausgerichtet sind, alles in Übereinstimmung mit ausgedrückten politischen Präferenzen, wenn diese auch eingeführt werden. Dazu sollten, wenn die Wechselwirkungen weitgehend vorausgesehen und in effizienter Weise zusammengestellt werden können (d.h. wenn die notwendige Kooperation zwischen Sektoren und Regionen gut funktioniert), die Infrastrukturinvestitionen keine in der Zukunft liegenden unangenehmen (kostspieligen) "Überraschungen" in sich bergen. Des weiteren zeigt die Einbeziehung von Submodellen für Bevölkerung, Beschäftigung usw. als Versuch, Prognosen solcher regionalen Strukturen mit den vorgesehenen Infrastrukturinvestitionen zu verbinden, für den Entscheidungsträger nicht nur die infrastrukturellen Implikationen bestimmter Entscheidungen auf, sondern auch die möglicherweise daraus sich ergebenden künftigen Finanzverpflichtungen.

Zweitens kann angesichts der bei computerisierten Variantenanalysen gegebenen Möglichkeiten jedes Modell, das imstande ist, die Folgekosten (d.s. insgesamt die Instandhaltungs-, Wechselwirkungs- und die durch Strukturänderungen verursachten künftigen Kosten) vorgeschlagener Investitionen mit dem mittel- bis langfristigen gesamten Finanzbedarf zu verbinden und sie in die laufenden Entscheidungsprozesse einzugliedern, als positiver Beitrag nicht nur zur Infrastrukturplanung sondern auch zur mehrjährigen Finanzplanung selbst angesehen werden.

Als Konsequenz der steigenden Nachfrage nach Leistungen der öffentlichen Hand* in Verbindung mit konjunkturellen und strukturwandelbedingten Faktoren ist es nicht möglich gewesen, die Staatsfinanzen so zu handhaben, daß steigende Verschuldung vermieden wird. In dieser Hinsicht tritt ein starkes politisches Element in der Finanzpolitik auf; z.B. Walter Grund (1968) [22]:

"Bei der Frage der künftigen Finanzierung der notwendig steigenden öffentlichen Investitionen stehen wir grundsätzlich vor der Alternative: Staatsverschuldung oder noch höhere Steuern. Die mehrjährige Finanzplanung des Bundes geht davon aus, daß der Bund sich wesentlich stärker als bisher verschuldet."

Traf dies 1968 zu, so ist die heute davon abzuleitende Fragestellung noch relevanter. Es ist interessant, die Frage zu stellen, ob das Vorhandensein eines formalen Apparates für mehrjährige Finanzplanung bei nicht geeignetem Gebrauch tatsächlich das Bedürfnis für seine eigentliche wirksame Anwendung vergrößert hat. Wie dies auch sein mag, die Probleme sind eher gewachsen, als daß sie geringer wurden, und die Kritik an der "traditionellen" Budgetierung kann heute noch gelten, selbst wenn eine solche Budgetierung nominell nicht mehr praktiziert wird.

Der in der hier vorgelegten Arbeit entwickelte finanzielle Rahmen ist absichtlich nicht kompliziert. Es wird eine frei formulierte Projektion des "gesamten verfügbaren Budgets" (die wie eine wachstumsorientierte Prognose für das gebietskörperschaftliche Gesamteinkommen betrachtet werden kann) dargelegt, von der angenommen wird, daß sie nur drei Ausgabekategorien hat, nämlich für Infrastrukturinvestition mit Folgekosten, für geplan-

---

*die Weichmann [21] als eine Konsequenz der Tatsache sieht, daß "das Gleichheitsprinzip sich von der Forderung des Individuums auf Rechtsgleichheit gegenüber dem Staat zu einer Forderung zur Schicksalsgleichheit im Staat entwickelt hat."

te Instandhaltung der schon bestehenden Infrastruktur und für einen "Rest", der nominell für keinen der ersten beiden genannten Zwecke zur Verfügung steht. Es versteht sich von selbst, daß die aufgeführten einfachen Ausgabekategorien in der Praxis nicht leicht zu bilden sind, selbst wenn es faktisch möglich wäre, genaue Gesamteinkommensprognosen überhaupt zu machen. Die vielfache Verästelung des öffentlichen Finanzwesens (einschließlich der Möglichkeiten zur Verschuldung) sind jedoch nicht der Gegenstand dieser Arbeit. Der Hauptnachdruck des zu entwickelnden Modells liegt grundsätzlich auf den Konzeptionen der Infrastrukturinvestitionseffekte, die in §2.2 eingeführt wurden, und nicht auf der Genauigkeit der Darstellung der tatsächlich herrschenden Finanzbedingungen. Die tatsächlich gestellten Probleme der Infrastrukturinvestitionseffekte sollten im Zusammenhang mit den sehr wichtigen mittel- bis langfristigen finanziellen Erwägungen besser zuerst aufgegriffen und gelöst werden, als daß der Versuch unternommen wird, mit einem Mal alle Probleme der Infrastrukturbudgetallokation zu lösen, was nicht nur komplizierte finanzielle Überlegungen zur Folge haben würde, sondern weil auch institutionelle, organisatorische und andere komplexe, politisch oder traditionell fixierte Faktoren zu berücksichtigen wären. Wenn jedoch die hier betrachteten Probleme in befriedigender Weise gelöst werden könnten, sollte es möglich sein, die entwickelten Konzeptionen in der Richtung eines realistischeren und detaillierten Finanzrahmens auszudehnen.

2.4 Methoden zur Infrastrukturbudgetallokation

Zwei Aspekte des Problems der Infrastrukturbudgetallokation sind nun behandelt worden: Einerseits die Infrastruktur, ihre Ziele und Investitionseffekte, andererseits die Ausgaben, ihre zeitliche Perspektive und ihr Einfluß auf die Infrastrukturplanung. Dieser §2.4 befaßt sich mit der Interaktion der beiden Aspekte, nämlich damit, nach welchen Regeln oder Methoden Mittel an Infrastrukturmaßnahmen zugeteilt werden können. Zunächst werden hier andere in der Praxis und Literatur zu findende Methoden betrachtet.

2.4.1 Kosten-Nutzen-Analyse und Nutzwertanalyse

Eine Auffassung von dem, was unter "Effizienz" einer öffentlichen Ausgabe zu verstehen ist, wenn man sie im weitesten Sinne als Prinzip "sorgfältiger und effektiver" Verwendung von öffentlichen Mitteln betrachtet, wird von der gut bekannten Vorschrift der Bundeshaushaltsordnung über "Wirtschaftlichkeit und Sparsamkeit" vertreten, die "bei der Aufstellung und Ausführung des Haushaltsplans" in der Praxis beachtet werden sollen [23]. Diese Grundsätze sollen u.a. wie folgt gelten: "für geeignete Maßnahmen von erheblicher finanzieller Bedeutung sind Kosten-Nutzen-Untersuchungen anzustellen". Eine ausführliche Interpretierung von "Kosten-Nutzen-Untersuchungen" (ein übergeordneter Begriff für Kosten-Nutzen-Analysen (KNA) wie Kostenwirksamkeitsanalysen (KWA)), in der methodische Schritte und die auftretenden Schwierigkeiten behandelt werden, ist vom Bundesminister der Finanzen herausgegeben worden [24]. Somit sind KNA und KWA in ausdrücklicher Weise festgelegte, empfohlene und u.U. vorgeschriebene Methoden für die Beurteilung von vorgeschlagenen Infrastrukturmaßnahmen, die von der öffentlichen Hand in der Praxis anzuwenden sind.

Der Grundsatz einer KNA von Investitionsmaßnahmen ist der Vergleich der Nutzen und Kosten in Geldeinheiten, wobei Gesamtkosten und -nutzen abgeschätzt und über einen gegebenen Zeitraum diskontiert werden. Dies Merkmal des Diskontierens tritt auch in dieser Arbeit auf. Eine detaillierte Analyse der dadurch möglicherweise zu beobachtenden Ähnlichkeiten wird in §3.2.5 durchgeführt, sowie das Modell formal dargestellt worden ist. Obwohl eine Kritik an dem KNA-Verfahren auf breiter wie auch auf detaillierter Basis angesetzt werden kann (s. z.B. Recktenwald [25]), ist es hier nur erforderlich, einen Punkt zu behandeln, nämlich die Anwendbarkeit der Methode auf das Infrastrukturallokationsproblem. Der "Wettbewerb" zwischen verschiedenen Ausgabenvorschlägen für die zur Verfügung stehenden Finanzmittel bedingt, daß eine ganze Reihe von Projekten, nicht nur kleine und große, sondern auch dem Charakter nach grundsätzlich unterschiedliche, analytisch in einer Prioritätenrangfolge gesetzt werden müssen.*

Angenommen also, daß eine KNA für jeden in einer typischen Vorschlagsliste zu findenden Ausgabenposten vom Gesichtspunkt der Analysenkosten aus, gerechtfertigt wäre, würden die Ergebnisse (z.B. in der Form eines N/K Quotienten) im allgemeinen in wohl definierte Kategorien fallen, entsprechend dem Sektor, dem das Projekt zuzuordnen ist, und dem Projektziel innerhalb des Sektors. Z.B. könnten Projekte gleicher "Qualität" in verschiedenen Bereichen (etwa Sozialwohnungs- und Straßenbau) sehr unterschiedliche Ergebnismerkmale aufweisen, trotz aller Bemühungen, die Analysen vergleichbar zu machen. Abgesehen von den Schwierigkeiten der Zusammenstellung einer "gerechten" und vergleichbaren Liste der Kosten- und Nutzenkategorien, die für alle Sektoren und Projekte gilt, macht diese Tatsache allein die KNA zu einem zweifelhaften Werkzeug für einen Entscheidungsprozeß, in dem, einfach ausgedrückt, intersektorale Entscheidungen gefällt werden müssen. Weiterhin machen die vorkommenden grundsätzlichen Unterschiede zwischen den Analysen für verschiedenartige Projekte eine Zusammensetzung von politisch festgelegten Gewichtungen und dem von der KNA entwickelten "Entscheidungsindikatoren" auch problematisch, so daß es, zumindest numerisch gesehen, keine vertretbare Möglichkeit zu geben scheint, einen Ausdruck politischer (sektoraler und regionaler) Prioritäten in ein KNA-orientiertes Entscheidungsvorgehen zu bekommen.

Dies alles heißt nicht, daß für vollständige Programme oder für individuelle Maßnahmen von erheblichem Finanzbedarf (so daß die Analysenkosten selbst relativ gesehen gering sind) eine KNA als Test der "Wirtschaftlichkeit", wenn dies Merkmal als notwendig angesehen wird, nicht nützlich sein kann. Wird sie aber angewendet, so sollte dies mit der Absicht geschehen, Maßnahmen oder deren Alternativen für eine Vorschlagsliste auszuwählen, und nicht als Entscheidungshilfe für die endgültige Genehmigung.

---

*Diese Rangfolgeforderung ist zwar eine Vereinfachung bezüglich eines beliebigen Allokationsendprozesses, der eine Zeitreihe von oberen Finanzgrenzen zu berücksichtigen hat, bietet aber für Diskussionszwecke an dieser Stelle eine genügend klare Analogie.

Die KWA, eine Methode, die [26] "den Entscheidungsträger in den Stand setzen kann, die relevanten Alternativen und die Schlüsselinteraktionen zu verstehen, indem sie ihm eine Schätzung der Kosten, Risiken und des möglichen Nutzens gibt, die mit jeder Entscheidung verbunden sind"*, hat eine starke Zielorientierung. Für gewöhnlich wird ein Präferenz- oder Gewichtungssystem eingeführt, so daß eine Zielfunktion entsteht, wobei immer die Möglichkeit des Vergleichs mit den auftretenden Kosten gewahrt wird. Der Begriff KWA ohne nähere Erläuterung könnte viele Arten des analytischen Vorgehens bedeuten. Normalerweise jedoch basieren sogenannte Schätzungen der "Wirksamkeit" auf intuitiv oder numerisch abgeleiteten "Punktskalen", die auf den gesetzten Zielen beruhen, wobei mögliche Wechselwirkungen zwischen ihnen nicht explizit berücksichtigt werden, wie z.B. bei der Nutzwertanalyse (eine KWA ohne Kosten) Turowskis [27]. Auch differenzierte Prognosen der verschiedenen regionalen Struktureffekte vorgeschlagener Alternativinvestitionen (sofern sie nicht, wie es allerdings selten geschieht, bis zu einem gewissen Grade in der Zielstruktur eingeschlossen sind) werden nicht in die Analyse eingebracht. Weiterhin werden, wie bei Turowski, die drei Hauptkomponenten, nämlich Ziele, ihre Realisierungsmerkmale und Präferenzen in der einfachsten linearen Weise kombiniert, so daß wiederum kompliziertere gegenseitige Beziehungen zwischen Realisierungsgraden (z.B. Substitutionseffekte) keinen Ausdruck finden können. In Anbetracht dessen, daß größere Investitionen nicht nur erhebliche sektorale sondern auch regionale Auswirkungen haben können, ist das Fehlen einer Zukunfts- bzw. einer zeitlich abgestimmten Entwicklungsorientierung zusammen mit den oben genannten Aspekten in der Methode sehr kritisch zu betrachten.

Beide Typen (KNA und KWA) der Analyse des "Wertes" einer Investitionsmaßnahme können durch die Einbeziehung von Unbestimmtheits- oder Risikofaktoren realistischer gestaltet werden. Der-

---

*"can help a decision taker to understand the relevant alternatives and the key interactions by giving him an estimate of the costs, risks and possible payoffs associated with each course of action"

artig orientierte Methoden drücken zukünftige Zustände mit der Hilfe der Wahrscheinlichkeitsrechnung aus, s. z.B. Massé [28]. Die Vielfalt der Investitions- und Instandhaltungsausgaben seitens der öffentlichen Hand, besonders der großen Gebietskörperschaften, läßt die Anwendung von "optimal strategy" oder stochastischer Verfahren zur Abschätzung ihres Wertes legitim erscheinen. Auf dem Gebiet des Problems der öffentlichen Ausgaben für heterogen gebündelte Infrastrukturmaßnahmen mit begleitenden finanziellen und anderen Randbedingungen ist dem Verfasser keine solche passende Entscheidungshilfe bekannt.

2.4.2 Methoden der mathematischen Programmierung

Wenn die Möglichkeit (oder Praktikabilität) kontinuierlicher "flexibler" Investitionsmaßnahmen (d.h. von Maßnahmen, die in kontinuierlich veränderlichem Umfang durchgeführt werden können) als zulässig angesehen werden kann, dann ist es möglich, mit einem adäquaten Satz von Grenzbedingungen eine Allokation von Finanzmitteln (Budget) an eine Anzahl vorgeschlagener Ausgaben unter Anwendung der gewöhnlichen linearen Programmiertechnik vorzunehmen - es könnte sogar eine räumliche und zeitliche Budgetmittelverteilung erfolgen. Eine grundlegende Voraussetzung dafür ist ein regional differenziertes "Bewertungsschema" für die Maßnahmen, das dann die Bildung einer zu maximierenden Zielfunktion ermöglicht, mit dem Grundsatz einer maximal effektiven Verwendung der Gesamtzuteilungssumme.

Dies Konzept ist von Seppälä/Tervola [29] benutzt worden, um Budgetallokation an vorgeschlagene und politisch gewichtete strukturelle Rationalisierungs- und Sanierungsmaßnahmen für regional verteilte land- und forstwirtschaftliche Flächen in Verbindung mit Straßenbauvorhaben vorzunehmen. Die vorgeschlagenen Maßnahmen, deren Kosten pro Flächen- bzw. Längeneinheit geschätzt werden, können zumindest theoretisch einen kontinuierlich veränderlichen Umfang haben. Diese vom Standpunkt der Einfachheit der Formulierung und Durchführung aus attraktive Ansatzform hat ein beachtliches Anwendungs- und Entwicklungspotential innerhalb der allgemeinen Problematik (obwohl sie notwendigerweise nur partielle Lösungen ergibt). Z.B. fügten die Verfasser ohne Schwierigkeit in ihr einfaches Modell Bedingungsketten für die Projektreihenfolge ein (z.B. soll das Ausbauprogramm für die Sekundärstraßen in der Region r vor demjenigen für Primärstraßen in der Region s ausgeführt sein).

Die Arbeit von Seiler [30] ist bedeutend (sowohl bezüglich der gegebenen Übersicht wie auch der Entwicklung der Thematik) und unmittelbar relevant. In ihr ist unter Anwendung von durch den Gemeinderat festgelegten Präferenzfunktionen in Verbindung mit ganzzahlig linearer Programmierung eine Anzahl von Entscheidungsproblemen für Infrastrukturbudgetallokation formelmäßig erfaßt und zur Erläuterung numerisch gelöst. Das Ziel der Seilerschen Arbeit, deren finanzieller Rahmen ausgedehnter ist als der für die vorliegende Arbeit vorgeschlagene (§2.3), ist anders orientiert. Der Verzicht auf Interaktionsfähigkeit und spezifische Zielorientierung, wodurch er in den Stand gesetzt wird, die Probleme exakt und mathematisch zu formulieren, beschränken die Arbeit, wie der Titel besagt, auf die Gemeinde- oder kommunale Ebene. Die zeitliche Perspektive ist nur verhältnismäßig wenig entwickelt, und jede räumliche Verteilungssignifikanz fehlt. Dagegen ist jedoch die Methode attraktiv vom Gesichtspunkt ihrer Kompaktheit und der Einfachheit ihres Datenbedarfs. Es ist interessant festzustellen, daß der interaktive Lernprozeß zwischen Entscheidungsträger und Modell als eine Voraussetzung für die rationale Entscheidungshilfe angesehen wird.

2.4.3 Simulationsmethoden

Es könnte erwartet werden, daß vollständigere Lösungen durch Simulationsverfahren zu finden sind, die die komplexen und interpendenten Verhältnisse zwischen Allokation und ihren Zielen in adäquater Weise darzustellen gestatten. Jedoch ist dem Verfasser kein relevantes Simulationsverfahren bekannt, das unmittelbar die Problematik der Infrastrukturbudgetallokation betrifft.

Es existiert aber das verwandte Simulationsmodell SIARSSY-74*
[31], das eine Weiterentwicklung des ORL-MOD** [32] ist; dies
ist seinerseits ein Modell des Lowry-Typs [33]. Das ORL-MOD
arbeitet mit einer Annahme über die regionale Beschäftigungs-
verteilung im "basic sector", um die Verteilung von Wohnraum
und "non-basic employment" und somit die Pendelverhältnisse wie
auch die Inanspruchnahme der betrachteten Infrastruktureinrichtungen zu prognostizieren. SIARSSY-74 rückt nach einer Zwischen-
stufe der Entwicklung den Infrastrukturbereich stärker in den
Vordergrund, indem es normative Werte für den Infrastrukturbedarf einschließt und die unterstellte Belastung der Infrastruktur berücksichtigt. Dem Verkehrssektor und den ökologischen und
Umweltbedingungen werden eine große Bedeutung zugemessen. Die
simulativ prognostizierten Entwicklungen sind mit Voraussagen
von Kosten und entsprechender Analyse der Finanzierungsmöglichkeiten verbunden. Eine ganze Reihe von Infrastruktureinrichtungen von Straßen bis zu Friedhöfen, Schwimmbädern, Kindergärten, Schulen usw. kann erfaßt werden. Das Modell ist daher ein
strukturelles Prognosemodell, das Entwicklungen unter der Annahme gegebener Planungskonzepte (z.B. in Hinsicht auf die Wohn-
bevölkerungsdichte) voraussagt, wobei die Implikationen für
Infrastruktur, Umwelt und insbesondere den Verkehrssektor ebenso
wie die Struktur der Beschäftigung auf einer interregionalen
und "dynamischen" Grundlage in zusammenhängender Weise vorausgesagt werden.

SIARSSY-74 berührt als ein umfassendes Planungsmodell viele
der hier bereits herausgegriffenen Fragestellungen. In einem
interregionalen Planungsprozeß verwendet, könnte es als eine
Methode angesehen werden, um Infrastrukturvorschläge zu machen,
die theoretisch aufgrund des Finanzierungssubmodells wenigstens
teilweise zum Zeitpunkt einer berechtigten Inanspruchnahme vorhanden sein sollten. Wenn die Finanzierung voll zur Verfügung
steht, ist dem Bedürfnis nach einer Allokationsentscheidung
oder sogar der politischen Aktivität im Bereich der Infrastruk-

---

* simulative Analyse regionaler und städtischer Systeme (Stand 1974)

** Modell des Instituts für Orts- Regional- und Landesplanung der
ETH, Zürich

tur deutlich begegnet! Dies Konzept verdiente eine großzügige Beurteilung; jedoch läßt sich nicht vorstellen, daß eine Entwicklung so genau simuliert werden kann, daß am Ende, d.h. in der letzten Stufe, auf der Abweichungen zwischen Modell und der Realität auftreten können, keine Allokationsentscheidungen nötig sind. Dies ist zu erwarten, da kein praktisch voll einsetzbares Gesamtmodell konstruiert werden kann, weil viele Teilprozesse auf jeden Fall unbekannt bleiben werden. Das Allokationsproblem bleibt offenbar erhalten, und SIARSSYs Funktion kann als eine komplementäre und nützliche bei Entwicklungsprognosen und als Richtlinie für realistische, zukunftsorientierte Infrastrukturvorschläge angesehen werden, die dann faktisch für die verfügbaren oder sicherzustellenden Finanzmittel konkurrieren müssen. Des weiteren ist zu sagen, daß seine Anwendung außerhalb des Bereichs der Stadtplanung mit einiger Vorsicht zu betrachten ist.

2.4.4 Organisatorische Methoden für Planung und Budgetierung

Werden die bisher ausgedrückten Ziele in Hinsicht auf Infrastrukturbudgetallokation mit den verallgemeinerten Bestrebungen der meisten Planungs-, Programmierungs-, Budgetierungssysteme (PPBS) verglichen, die in den USA seit 1965 im Entscheidungsbereich und in der Kontrolle des öffentlichen Ausgabewesens angewendet wurden, so zeichnen sich sofort Ähnlichkeiten ab. Wenn der Zweck des PPBS (s. US-Senat [34]) in Hinsicht auf die Infrastrukturproblematik wie folgt gekennzeichnet wird, so ist die Übereinstimmung zu erkennen:

a) Die Festlegung von präzisen Infrastrukturzielen in einem kontinuierlich verlaufenden Prozeß.

b) Die Auswahl der Ziele, die am dringlichsten sind, d.h. die ausdrückliche Gewichtung der Einzelziele.

c) Die Ausarbeitung alternativer Programme und Maßnahmen, diese Ziele wirksam mit den geringsten Kosten (oder mit den vorhandenen Mitteln) zu erreichen.

d) Der Erhalt von Information nicht nur über die Kosten der existierenden oder schon genehmigten Programme im nächsten Jahr, sondern über die im zweiten, dritten und in darauffolgenden Jahren.

e) Die Ermittlung der Leistung von Programmen zur Sicherstellung des besten Ertrages der investierten Finanzmittel.*

Wenn dann angenommen wird, daß die Erreichung der Ziele die Berücksichtigung aller Output-Effekte von Investitionen in dem in §2.2 erörterten Sinn einschließt (was vernünftig erscheint, weil die Erreichung von Zielen automatisch eine starke Output-Orientierung impliziert), dann ist, wörtlich genommen, die oben ausgeführte Liste eine gute wenn auch zu gedrängte Zusammenfassung der hier dargelegten Prinzipien für Infrastrukturausgaben und -budgetplanung. Die Verbindung der vorliegenden Arbeit mit PPBS ist daher hergestellt. PPB-Systeme sind jedoch administrativ oder organisatorisch zyklische Systeme für die Planung und Budgetierung von "staatlichen" Programmen. Sie stellen daher eine systematisierte Ablaufkontrolle der notwendigen Schritte zur Erreichung der gleichzeitigen Berücksichtigung von Zielsetzungen und Prioritätenfestlegung, der Koordination, Zeitperspektive, der Beibehaltung von "policy options" und Outputorientierung wie auch der Analyse während des Entscheidungs- und Allokationsprozesses dar. Obwohl hier eine sich rasch entwickelnde "Wissenschaft" vorliegt (wie aus ihrer Verbindung mit einer seit 10 Jahren tatsächlich angewendeten "Systemanalyse" zu erwarten ist), haben die strukturellen Bestandteile einer "grundlegenden" PPBS weitgehend fixierte Begriffe und anerkannte Funktionen entwickelt. Die Bestandteile in ihrem jährlichen Ablauf sind zusammen mit einer möglichen Festlegung der Funktion eines in §2.1 bis §2.3 begründeten und daher zu entwickelnden Budgetallokationsverfahrens in Abb. 2.1 (s. Böhret [35]) dargestellt.

Die geschilderte Allokationsanalyse (die auch als "Analytische Spezialstudie" betrachtet werden könnte), bezieht im Idealfall das ganze Spektrum der möglichen Ausgaben ein, hat als Entscheidungshilfe Implikationen für die "Programmhauptpunkte" und fun-

---

* um "a dollar's worth of service for each dollar spent" sicherzustellen

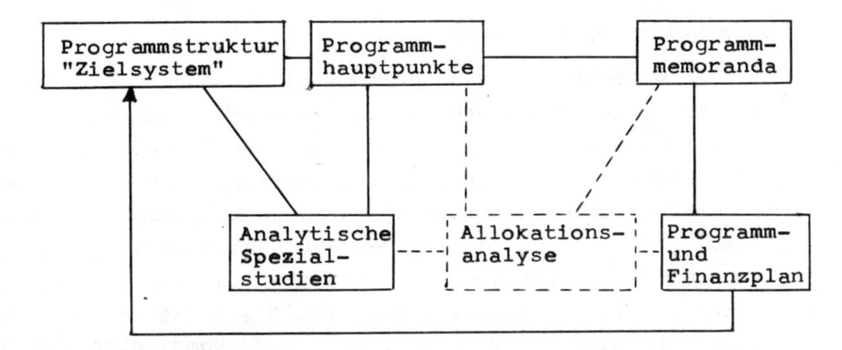

Abb. 2.1 PPBS-Hauptkomponenten (-dokumente) und eine mögliche Verbindung mit einer Allokationsanalyse, Typus ALLIB *

giert als ein Feedbackmechanismus zwischen den "Programmemoranda" und dem Finanzplan. Die Einbeziehung von ALLIB ist in dieser Weise nur möglich, wenn angenommen wird, daß die beiden Systeme übereinstimmende Ziele haben und ein Mindestmaß an Kompatibilität aufweisen.

PPB-Systeme werfen ihre eigenen Probleme auf, wenn eine Anwendung innerhalb eines bestehenden politischen Rahmens erwogen wird, besonders in der aus 11 Ländern bestehenden Bundesrepublik. Mit dieser Einschränkung ist es jedoch möglich zu sagen, daß die bereits umrissenen Konzepte eines Allokationsverfahrens und die des PPBS komplementär sind: Wenn sie auf Infrastrukturplanung und Budgetallokation angewendet werden, läßt sich das eine so betrachten, daß es das administrative System und die Kontinuität liefert, die die analytische Fähigkeit des anderen fordert.

2.4.5 Zusammenfassung von §2.4

Kosten-Nutzen- und Kosten-Wirksamkeits-Analysen stellen eine Möglichkeit dar, Infrastrukturmaßnahmen zum Vorschlag auszuwählen, sind aber nicht so weit entwickelt, daß sie zugleich und genügend tiefgreifend einen ganzen Bereich verschiedenartiger Maßnahmen berücksichtigen könnten, um Budgetallokations-

* Abkürzung für die Allokation von Infrastrukturbudgets

entscheidungen zu ermöglichen.

Wenn eine einzige und wohldefinierte Zielfunktion in Zusammenhang mit einem nichtinteraktiven Satz von Randbedingungen genügt, in gewissen Fällen das Problem der Budgetallokation für öffentliche Infrastruktur zu beschreiben, liefert die Anwendung mathematischer Programmierungsmethoden zufriedenstellende Lösungen. Ein vollständiges System der Ausgabewechselwirkungen kann jedoch nicht einbezogen werden; interaktive Projectbewertung, in der die Ziele bevölkerungsabhängig und die Bevölkerung abhängig von der Zielverwirklichung sind, kommt nicht in Frage. Trotzdem ist der Bereich des Entscheidungsproblems, der in Angriff genommen werden kann, überraschend groß und die Anforderungen bezüglich der Daten und des technischen Modellaufbaus nicht erheblich. Diese Methoden haben ganz entschieden ihren Platz in der Praxis der Entscheidungshilfe für einzelne Infrastrukturinvestitionen, z.B. wenn kurzfristige Richtlinien schnell gebraucht werden, dort, wo dynamische und interaktive Aspekte der Problematik als unwichtig anzusehen sind oder wo unisektorale oder uniregionale Bedingungen auftreten, nämlich unter Bedingungen, die sich denen der betriebswirtschaftlichen Allokationsproblematik annähern, d.h. in dem am besten bekannten (ökonomischen) Anwendungsgebiet der exakten Programmierungsmethoden.

Simulationsverfahren mit unmittelbarer Anwendung auf das Gebiet dieser Arbeit gibt es bisher nicht. Obwohl die Ziele jedes Regionalmodells, das die Infrastruktur (zum Teil oder gänzlich) einbezieht und den Versorgungsbedarf mit den gegebenen Finanzierungsmöglichkeiten in Übereinstimmung bringt, ohne Zweifel zweckmäßig gewählt sind, läßt sich in der Realität nicht vorstellen, daß schließlich das Problem der Zuteilung der jeweiligen vorhandenen Finanzen nicht vorkommt. "Regional modelling" macht daher die Problematik dieser Arbeit durchaus nicht irrelevant, wahrscheinlich ist die Wirkung gerade umgekehrt.

Die Klasse der administrativen Modelle Typus PPBS liefert gleichfalls ergänzenden Hintergrund, der für die praktische Anwendung eines umfassenden Entscheidungsmodells, auf einer regulären (periodischen) Basis betrieben, wesentlich ist.

2.5 Ziele und Voraussetzungen des Modells

Aus der vorangegangenen Erörterung des §2 ist herzuleiten, daß eine Anzahl komplexer Erwägungen in das vorgesehene Modell einzubeziehen sind. In der Realität, d.h. für eine tatsächliche Anwendung mit der Absicht, praktisch verwendbare Resultate zu erhalten, sind als Voraussetzung für die Konstruktion des Gesamtmodells vorbereitende Untersuchungen in einem bedeutenden Ausmaß erforderlich, z.B. in jeder berücksichtigten Region auf detailliertem Infrastrukturniveau, über die Struktur der Wohn- und Arbeitsbevölkerung und deren Entwicklung, über die ins einzelne gehenden finanziellen und infrastrukturellen Planungsziele und -bedingungen usw. Die vorliegende Arbeit kann sich nicht auf diese Einzelheiten erstrecken. Es ist jedoch beabsichtigt, einen fundierten theoretischen Ansatz zu machen und die Anwendung unter dem Einsatz von wirklichkeitsnahen, wenn auch hypothetischen Daten zu demonstrieren. Es ist also das Ziel, ein System zu schaffen, dessen allgemeine Grundsätze unter Voraussetzung der notwendigen Untersuchungen und der statistischen Basis in der Praxis angewendet werden könnten. Als Beispiel dieses Vorgehens wird ein Wanderungssubmodell in dem Modell eingebaut, dessen Konstruktion und Daten für die abschließende numerische Arbeit hypothetisch sind. Wichtig ist nicht die Frage, ob dieses Submodell (oder seine Daten) "genau" sind, sondern die Beurteilung des Prinzips, seiner Einbeziehung und der Wirkung einer solchen Komponente innerhalb des hier für die Budgetallokation entwickelten Gesamtsystems.

Einige der aufgeführten Feststellungen unter Einschluß einiger wesentlicher neuer werden jetzt zusammengefaßt: Das Modell wird "normativ" sein, wobei alle Quantifizierungen darauf gerichtet sind, festzustellen, in welchem Ausmaß konkret vorgeschlagene

Infrastrukturmaßnahmen sich auf eine Reihe von regionalisierten infrastrukturellen und anderen Zielen auswirken (z.B. der Bevölkerungs- und Beschäftigungsstruktur). Zu diesem Zweck werden die Ziele als bekannt vorausgesetzt, und "Infrastruktur" soll sowohl sektoralisiert wie auch regionalisiert sein. Es werden sektorale Submodelle für die Infrastrukturausstattung entworfen, die im Idealfall für jede räumliche Einheit identisch sein sollten, aber die eine gewisse Heterogenität einräumen, wenn dies durch die regionalen Bedingungen (z.B. unterschiedliche geographische Gegebenheiten) erforderlich ist. Das System der Infrastrukturquantifizierung soll durch ein sekundäres System gestützt werden, das Wechselwirkungseffekte zwischen und unter den Infrastruktursektoren und den für sie vorgesehenen Investitionen in Betracht zieht und so die Nachteile der für gewöhnlich in mathematischen Programmierungsmethoden implizit enthaltenen Annahme der Additivität für Infrastrukturmaßnahmen überwindet. Dieses sekundäre System sollte genügend flexibel sein, um Maßnahmen gerecht zu werden, die als multisektoral oder multiregional bezeichnet werden können, die Alternativen darstellen oder für welche die Erfüllung von Vorbedingungen notwendig ist.

Innerhalb dieses Rahmens sollte es auf normativer Basis möglich sein, alle "infrastrukturinternen" Effekte von vorgeschlagenen Ausgaben zu bewerten.

Der zu verwendende finanzielle Rahmen wird einfach sein. Er berücksichtigt im wesentlichen eine Zeitreihe der für Infrastrukturausgaben verfügbaren Mittel, deren Allokation zum gegenwärtigen Zeitpunkt erfolgen soll. Der angewendete Zeithorizont sollte wenigstens eine mittelfristige, wenn nicht sogar eine langfristige Perspektive einräumen. Daraus folgt, daß alle in das Modell einbezogenen Merkmale (d.h. nicht nur die die Finanzierung betreffenden) über die vorgesehene Zeitspanne prognostiziert werden sollten. Dies bedeutet, daß Prognosedaten (z.B. für jedes berücksichtigte Infrastrukturziel) eine Rolle in dem

Allokationsprozeß spielen, und dies wiederum bedingt in der Praxis vorbereitende Untersuchungen. Die Einführung einer mehr als nur kurzfristigen Zeitperspektive gestattet die Genehmigung von Projekten zu anderen Zeitpunkten als dem unmittelbar bevorstehenden, eine Koordinierung der mehrjährigen Finanzplanung mit der Infrastrukturplanung und als wichtigstes die Bewertung von "dynamischen" regionalen strukturellen Faktoren (wie Bevölkerungsentwicklung) in dem gegenwärtigen Entscheidungsprozeß. Es steht also der Rahmen bereit für den Einschluß von Prognosen derjenigen Infrastruktureffekte (z.B. "Struktureffekte") in diesem Prozeß, die sich grundsätzlich langsam entwickeln und nicht "infrastrukturintern" sind.

In dieser Arbeit wird das Gebot der Nonaffektation (nach §8 der Bundeshaushaltsordnung BHO) beachtet in der Annahme, daß das Infrastrukturbudget für alle Sektoren in gleicher Weise voll zur Verfügung steht. Von Einkommen aus Investitionen in Einrichtungen, deren Dienste der Öffentlichkeit nicht unentgeltlich angeboten werden, wird angenommen, daß es in den allgemeinen "Topf" zurückfließt und daher denselben Allokationskriterien unterliegt, die grundsätzlich angewendet werden. Dies Gebot wird auch auf die räumliche Ebene ausgedehnt, so daß es theoretisch möglich ist, entsprechend der Zielfunktion und allen anderen angeschlossenen Grenzbedingungen, daß eine einzige schlecht ausgestattete oder "bedürftige" Region das ganze verfügbare Investitionspotential erhalten würde, das für die Verteilung auf alle betrachteten räumlichen Einheiten nominell zur Verfügung steht. Somit kann bis zu einem gewissen Grade (es darf angenommen werden, daß ein beträchtlicher Prozentsatz der laufenden Kosten der vorhandenen Infrastruktur, insbesondere Personalkosten, einem Allokationsprozeß nicht unterliegen können), die Tendenz einer traditionsorientierten Budgetierung das verfügbare Budget in gleichbleibende oder bestenfalls sich langsam ändernde regionale und sektorale Anteile aufzuteilen, nicht auftreten, da sie durch eine Zuteilung ersetzt wird, die stärker nach der "Bedürftigkeit" und "Effizienz" orientiert ist.

Eine Allokationsentscheidung findet im wesentlichen auf der politischen Ebene statt. Es ist daher nicht vorstellbar, daß ein Allokationsmodell realistische Entscheidungshilfe leisten kann, ohne eine weitreichende Möglichkeit zum Ausdruck von Akzenten und Präferenzen von seiten des Entscheidungsträgers zu enthalten. Diese Möglichkeit (auf bestimmten Ebenen sowohl von Seppälä wie auch von Seiler (s. §2.4.2) vorgesehen) sollte sich wenigstens bis auf die Ebene der unterstellten regionalen und sektoralen Gliederung ausdehnen und sehr wahrscheinlich auch bis zu subsektoralen Indikatoren und Zielverwirklichungsgraden. Auch hier könnten zweckgerichtete Untersuchungen einige der anzuwendenden relativen Gewichtungen hervorbringen oder doch wenigstens Empfehlungen hinsichtlich einiger dieser, aber auch dann können ohne den Einsatz eines universellen Modells nicht alle bestimmt werden. Selbst wenn dies möglich wäre, würde das Endresultat des Allokationsmodells eine feste, unflexible Empfehlung für die Verteilung des Infrastrukturbudgets sein und somit eine Leistung darstellen, die kaum als Entscheidungshilfe auf der politischen Ebene verwendet werden könnte. Insbesondere für Infrastrukturentscheidungen soll der Politiker die Möglichkeit haben, Gewichtungen (als Ausdruck von "Wichtigkeit") auf verschiedenen Ebenen zu setzen, z.B. "Kindergärten sind doppelt so wichtig wie Altersheime" oder "in unserer gegenwärtigen Lage ist Kindergartenkapazität doppelt so wichtig wie ihre Erreichbarkeit", um die Konsequenzen seiner Präferenzen zu erkennen und um als Resultat eines "Lernprozesses" zu Gewichtungen zu gelangen, die für ihn annehmbar sind und im normalen demokratischen Prozeß vertreten und, wenn nötig, modifiziert werden können. Das Gewichtungsverfahren würde das völlig unmögliche aber implizit unvermeidliche Vorgehen bei der Beurteilung sektoraler Bedeutung durch das numerische Volumen der sektoralen Kosten ersetzen. Die Interaktion des Entscheidungsträgers mit dem Modell, das ihm helfen soll, Entscheidungen zu treffen, wird ein wichtiger Bestandteil dieser Arbeit sein.

Das grundlegende Allokationsprinzip wird das der "Effizienz" sein. Dies besagt, daß die verfügbaren Budgetmittel zur Erzielung des größtmöglichen kombinierten Zielrealisationsgrades ausgegeben werden sollten, der mit Rücksicht auf die Wechselwirkungseffekte, die Bevölkerungsentwicklung und andere unten erörterte Grenzbedingungen erzielbar ist. Diese Nebenbedingungen bestimmen die hervorgebrachte Lösung, ändern aber nicht das leitende Grundprinzip der Suche nach der größtmöglichen Zielverwirklichung mit den zeitlich verteilten verfügbaren Geldbeträgen. Zu diesem Zweck wird eine Zielfunktion entwickelt und gemäß allen geltenden Bedingungen unter Verwendung eines Suchalgorithmus maximiert.

Zusätzlich zum "Effizienzprinzip" und der unmittelbar einsichtigen Zeitreihe der gesetzten oberen Grenzen für die Gesamtausgaben ist aus verschiedenen Gründen eine weitere Reihe von finanziellen sektor- und regionalbezogenen Bedingungen erforderlich. Erstens ist die politische Realität so beschaffen, daß selbst wenn das oben erörterte System der politischen Gewichtungen angewendet wird, nicht erwartet werden kann, daß alle seitens des Modells empfohlenen Allokationsentscheidungen akzeptabel wären. Somit können Ausgaben in einer bestimmten Region oder für einen bestimmten Sektor zu einem gegebenen Zeitpunkt sehr leicht oberen oder unteren Begrenzungen oder gewissen Beziehungsbandbreiten unterliegen, die durch den uneingeschränkten Allokationsprozeß nicht automatisch eingehalten würden. Zweitens könnte politische Priorität oder die durch eine besondere schwere Versorgungslücke auferlegte Priorität bedeuten, daß gewisse Vorhaben ohne Rücksicht auf ihre wirkliche "Effizienz" durchzuführen sind, wenn auch eine höhere Priorität für schlecht ausgestattete Sektoren zu einem gewissen Grad implizit in die sektoralen Quantifizierungssubmodelle programmiert werden kann. Da die vorgeschlagenen Ausgaben nicht "gewichtet" werden, sollen diese Prioritäten als Grenzbedingungen ausgedrückt werden.

Drittens können technische Gründe dafür vorhanden sein, Ausstattungsniveaus innerhalb oder zwischen zusammenhängenden jedoch getrennt definierten Sektoren (z.B. Wasserversorgung und Abwasserbeseitigung) in enger Beziehung zueinander zu halten. Ähnliche Grundsätze könnten auf interregionaler Basis und unabhängig von finanziellen Überlegungen zutreffen - auch hier wieder vielleicht mit einem politischen Anstrich. Zuletzt und vielleicht am bedeutsamsten könnten die strukturellen Konsequenzen einer "effizienten" Investition Allokationsbedingungen nach sich ziehen (z.B. bezüglich der Standortbestimmung), die sonst nicht eingehalten würden. Somit sollte die Fähigkeit des Allokationsmodells, auferlegte Nebenbedingungen dieser Art zu beachten, ebenfalls in dem Modell eingeschlossen werden.

Die langfristigen strukturellen Konsequenzen von Infrastrukturstandort, -ausmaß und -zusammensetzung sind in dem realistisch größtmöglichen Umfang im Allokationsprozeß zu berücksichtigen. Die Einbeziehung eines Bevölkerungs- und Wanderungssubmodells wurde bereits erörtert, sie bildet ein konkretes Erfordernis. Zur Darstellung weiterer struktureller Konsequenzen wird ein "Attraktivitätssubmodell" postuliert, das als typisches zusätzliches "interaktives" System innerhalb des Modells anzusehen ist. Ein Submodell zur Berücksichtigung der Struktur des regionalen Arbeits- oder Wohnungsmarkts würde diesem Zweck gleich gut entsprochen haben. In der Praxis sollten jedoch alle regionalen Strukturen, die mit dem Angebot von öffentlicher Infrastruktur verbunden werden können (und folglich auch mit ihrer Veränderung oder Ausdehnung), mit eingeschlossen werden. Hier wird eine Verbindung mit den in §2.4.3 betrachteten Simulationsmethoden erkennbar, in denen die Entwicklung von Infrastrukturbedarf unter Anwendung regionaler Modelle der Bevölkerungs-, Beschäftigungs- und Siedlungsstruktur prognostiziert wird.

Für den Zweck der Erläuterung dürfte das bereits formulierte "Attraktivitätssubmodell" zusätzlich zum Bevölkerungssubmodell ausreichen, die Art und das Ausmaß der Verbindungen zu demonstrieren, die zwischen wichtigen regionalen Strukturmerkmalen, die zwar mit dem Infrastrukturbereich verknüpft sind, aber eine grundsätzlich "infrastrukturexterne" Stellung haben, und den Entscheidungsprozessen bestehen, die bei der Budgetallokation für Infrastrukturausgaben ablaufen.

2.6 Aufbau der Arbeit

In §3.1 und 3.2.1 wird die Konstruktion des vorgeschlagenen Modells mit den oben erwähnten Zielen und Komponenten einschließlich seiner (kurz gefaßten) historischen Entwicklung beschrieben. In §3.2.2 bis 3.2.6 erfolgt eine vollständige formale (mathematische) und erläuternde Darlegung aller Modellkomponenten, wobei für die drei Submodelle für die sektorale Infrastrukturquantifizierung, Bevölkerung/Wanderung sowie regionale "Attraktivität" eine stärker ins einzelne gehende Erörterung in §3.3 bis 3.5 vorgenommen wird.

Zur numerischen Demonstration der vollständigen Modellstruktur werden hypothetische, jedoch realistisch orientierte Daten für 5 Sektoren in 3 Regionen angenommen und der Umfang, die Struktur und Überlegungen, die bei der Datenwahl maßgebend waren, im §4 dargelegt, der mit einer ausführlichen Behandlung der Ergebnisse eines Grundlaufs unter Verwendung einer Vorschlagsliste von 57 Ausgaben abschließt (§4.10). Diese Ergebnisse werden in §5 als Hintergrund einer Serie von Verhaltens- und Sensitivitätstests verwendet, in denen einzelne Parameter (z.B. regionale Gewichtungen oder Bevölkerungsprognosedaten) variiert und die Auswirkungen auf die resultierende Budgetallokation analysiert und kommentiert werden.

Die abschließenden Bemerkungen der §§6,7,8 gehen von der numerischen Arbeit aus und geben eine Zusammenfassung der Anwendbarkeit und des Entwicklungspotentials der herausgearbeiteten Methode sowie eine kurzgefaßte Übersicht und Kritik der gesamten Arbeit.

3. DAS MODELL

3.1 Ausgangspunkt für die Entwicklung des Modells

Das Modell in seiner vorgelegten Form entstammt früherer Arbeit (Gee/Treuner - [2]), in der die Grundlagen der hier angewendeten Methoden für die Infrastrukturausstattungsquantifizierung und für die Berücksichtigung von Investitionswechselwirkungen entstanden. Die Arbeit berücksichtigte jedoch keine zeitbedingten Abhängigkeiten und damit auch nicht die Bevölkerungsentwicklung. Im Vergleich mit der gegenwärtigen Arbeit könnte sie somit als ein "statisches" Modell bezeichnet werden - für das in Abb. 3.1 ein Flußdiagramm gegeben wird. Wie zu erkennen ist, lieferte dieser Vorgänger des jetzigen Modells die "Genehmigung" für die Elemente einer Inputprojektliste, entsprechend dem Verhältnis des Gesamtnutzens zu den Gesamtkosten (d.h. entsprechend der "Effizienz") der individuellen Projekte einschließlich ihrer Wechselwirkungseffekte, veranschlagt auf intersektoraler und interregionaler Basis. Obgleich sie nur eine Budgetperiode berücksichtigte, waren die hier relevanten Konsequenzen die folgenden:

(a) Die behandelten Infrastruktursektoren mußten in irgendeiner Weise hinsichtlich ihrer Effektivität oder ihres Ausstattungsniveaus quantifiziert werden. Dieser Prozeß erforderte, daß sektorale und subsektorale Ziele formuliert und in die Quantifizierung einbezogen werden mußten.

(b) "Wechselwirkungen" wurden definiert als jene Effekte (zusammen mit ihren Begleitkosten), die eine vorgesehene sektorale Maßnahme in anderen, u.U. auch in anderen Regionen befindlichen Sektoren verursachen würde. Das für die Computeranwendung entwickelte Verfahren der Berücksichtigung von Wechselwirkungen wurde dann so erweitert, daß es Fälle einschloß, in denen eine Wechselwirkung in demselben Sektor der erfaßten Region vorlag (bei Nichtadditivität der sektoralen Vorhaben), was die Anwendung von Booleschen Aussagen über den "Allokationsstand" erforderte. Dieses System wurde dann auf alle Wechselwirkungen ausgedehnt.

Abb. 3.1 : Flußdiagramm des "statischen" Allokationsmodells

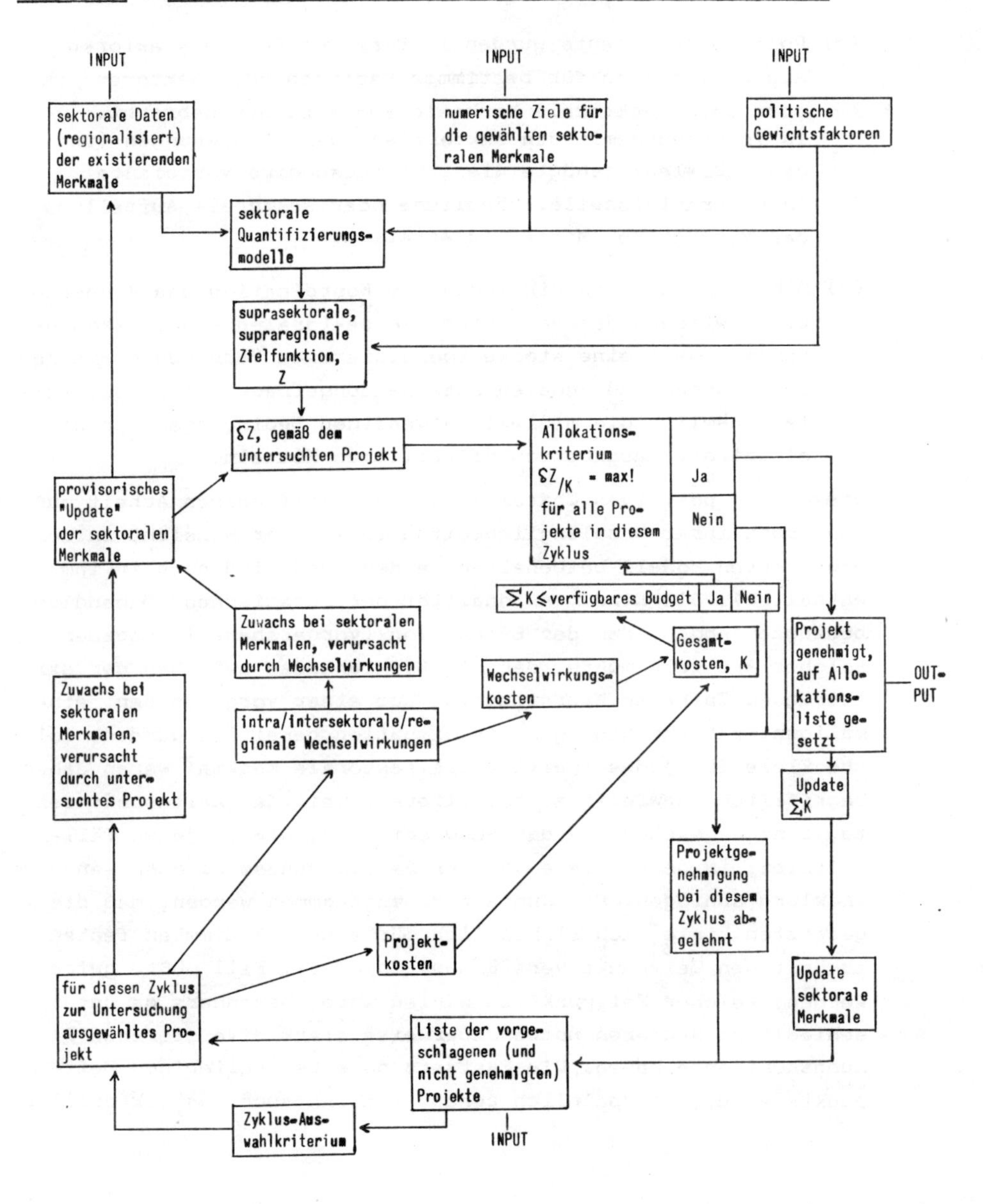

(c) Politische Akzente wurden in Form von Gewichtsfaktoren als Präferenzen für bestimmte Regionen oder Sektoren oder sogar sektorale Merkmale zum Ausdruck gebracht. In Verbindung mit den sektoralen Quantifizierungen (und daher Zielen) genügte dies, um irgendeine vorgefaßte (d.h. traditionelle) räumliche oder sektorale Aufteilung der verfügbaren Mittel zu ersetzen.

(d) Die gewählte Methodik verlangte Koordination und Kooperation zwischen den verschiedenen sektoralen Planungskompetenzen sowie eine starke koordinierende Verbindung mit den politischen und anderen entscheidungstragenden Schaltstellen, nämlich die minimal notwendigen Bedingungen für die effiziente Ausgabe von öffentlichen Mitteln.

Diese vier positiven Charakteristiken der früheren Arbeit mußten trotz ihrer Unzulänglichkeiten in anderer Hinsicht in dem erweiterten Modell beibehalten werden (und sind noch in ihm enthalten). Die Eindimensionalität der "statischen" Behandlung bedingte jedoch, daß der Effekt von (vorgesehenen) Ausgaben solcher Art sein mußte, daß die Diskrepanzen zwischen der existierenden Infrastruktursituation und einer vorgegebenen, einmaligen, zeitunabhängigen Zielsituation beseitigt wurden. Solche Ziele für jedes individuelle sektorale Merkmal waren daher begrifflich schwierig zu formulieren, weil der Zeitaspekt fehlte, ganz abgesehen von der Schwierigkeit, die in jenen Fällen auftritt, in denen Ziele von der Bevölkerungszahl oder -entwicklung abhingen. Es könnte z.B. angenommen werden, daß die gesetzten Ziele sich einheitlich für einen bestimmten festen zukünftigen Zeitpunkt verstünden. In diesem Fall müßte gefragt werden, welcher Zeitpunkt zu wählen wäre, besonders da unterschiedliche Sektoren notwendigerweise stark divergierende Planungshorizonte haben. Die Festsetzung eines beliebigen Zeitpunkts würde, so "peinlich genau" man ihn auch aus sektoreller

Sicht abschätzte, sich sofort im Konflikt mit der (grob gesagt) doppelten Funktion von Infrastrukturinvestitionen befinden, die erstens unmittelbare Bedürfnisse befriedigen oder laufende Disparitäten ausgleichen und zweitens für die Zukunft Vorsorge treffen müssen, welche beiden Ziele nicht unbedingt gleichzeitig oder effizient mit einer einzigen Investitionsmaßnahme zu erreichen sind.

Der Mangel der Zeitperspektive erlegt nicht nur schwere Restriktionen hinsichtlich der Zielsetzung auf, sondern ebenso hinsichtlich der Beschreibung der existierenden Einrichtungen. Einrichtungen unterschiedlicher Natur unterliegen sogar innerhalb des gleichen Sektors in unterschiedlicher Weise der Abnutzung, entsprechend der Art der Einrichtung. Diese hat daher, unabhängig von den Anschaffungs- oder Ersatzkosten, unterschiedliche innere "Werte". Ohne Zeitperspektive ist es unmöglich, diesen wichtigen Aspekt in die Betrachtung einzubeziehen.

Das statische Modell galt für nur eine Budgetperiode und hatte deshalb keine Möglichkeit, Aussagen über Investitionsfolgeerscheinungen zu machen, über die mögliche Ergänzung von bestehenden Infrastruktureinrichtungen oder die Wirkung eines radikalen Wechsels in der Versorgungspolitik eines bestimmten Sektors. Es gab keine Möglichkeit, Ausgaben effektiv zu beurteilen, bei denen die Bau- oder Abrechnungszeit die Dauer der betrachteten Budgetperiode überschritt. Dieser Mängel wegen konnte das Modell auch nicht gebraucht werden, um ein Urteil über vorgeschlagene Projekte bei langfristigen intrastrukturellen Zielen zu erhalten oder Budgetallokationen für eine weitere Budgetperiode (oder weiter voraus) vorzunehmen - ein Verstoß gegen die Praxis der Budgetallokation. Des weiteren berücksichtigte das Modell keine Verbindungen zwischen den betrachteten Sektoren und ihrer "Außenwelt" und eignete sich deshalb nicht für die vollständige Beurteilung von Maßnahmen, die sich auf die regionale Entwicklung im allgemeinen auswirken könnten, d.h. z.B. auf das Ausmaß der Bevölkerungswanderung oder auf die Attraktivität für Industrieansiedlung.

Schließlich enthielt das statische Modell kein Verfahren für den Ausdruck und die Berücksichtigung einer Reihe von zusätzlichen Grenzbedingungen, die zusammen mit den Allokationskriterien beachtet werden müssen. Die Möglichkeit, solche Bedingungen, z.B. Vergleiche hinsichtlich der Finanzgegebenheiten auf sektoraler oder regionaler Ebene anzustellen (z.B. daß die Gesamtausgaben in der Region 5 die in Region 3 nicht übersteigen) muß gegeben sein, wenn die politischen Realitäten der Allokationssituation auch nur halbwegs Ausdruck finden sollen.

Die Ziele für Verbesserungen bei der Konstruktion eines erweiterten Modells auf der Grundlage der fertiggestellten "statischen" Arbeit sind daher die folgenden:

1. Die finanzielle und infrastrukturelle Forderung, vorhandene sektorale Einrichtungen und Systeme instand zu halten, wie auch die Auswirkung der Instandhaltung, wenn Einrichtungen neu erstellt, erweitert oder ersetzt werden, sollte im gegenwärtigen Entscheidungsprozeß ihren Ausdruck finden.

2. Die gegenwärtige Infrastrukturbudgetverteilung (auf Sektoren oder Regionen) sollte nicht nur durch den vorliegenden Bedarf beeinflußt werden sondern auch durch den vorausgesagten zukünftigen Bedarf, wie "Bedarf" auch immer festgelegt sein mag.

3. Das Modell sollte ein "Bindeglied" mit der "äußeren", nichtsektoralen Welt durch ein Programmelement oder Submodell haben, das die regionale "Attraktivität" berücksichtigt und so erlaubt, daß die langfristigen strukturellen Ziele die laufende Budgetallokation beeinflussen.

4. Das Modell sollte ein interaktives Bevölkerungssubmodell haben, das gestattet, daß die über einen Zeitraum wirksamen Einflüsse von gegebenen Infrastrukturausstättungsniveaus auf die regionale Bevölkerung bzw. Bevölkerungsstruktur ebenso wie auf die betrachteten Attraktivitätsfaktoren berücksichtigt werden. Gleichzeitig wird dies Modell Informationen für diejenigen sektoralen Ziele liefern, die bevölke-

rungsabhängig sind.

5. Vorsehen der Möglichkeit, wenigstens für die ersten zwei Budgetperioden Allokationen vornehmen zu können.
6. Vorsehen der Möglichkeit zur Erfassung einer Reihe von allgemeinen Grenzbedingungen, die, falls notwendig, auf allen Aspekten der finanziellen, regionalen, sektoralen und zeitabhängigen Informationen basieren, die im untersuchten Bereich des Modells enthalten sind.

Ein Modell, das die unter 1 bis 6 oben erwähnten zusätzlichen Systeme enthält (und auch die früher umrissenen Charakteristiken (a) bis (d) beibehält), wird Möglichkeiten eröffnen, die über die einer statischen Version weit hinausgehen. Es wird eben Systeme von simulativer oder "dynamischer" Natur aufweisen (daher die Aufnahme dieses Wortes in den Titel der Arbeit), die, wie in den folgenden Kapiteln aufgezeigt wird, weitgehend in realistischer Weise den in §1 und 2 dargelegten Zielen der Infrastrukturbudgetallokation gerecht wird.

3.2 Formale und allgemeine Modellbeschreibung

3.2.1 Modellrahmen

Um die in §1 und 2 dargelegten Ziele zu erreichen, wird das Modell auf einer multiregionalen, multisektoralen Basis angelegt und nimmt Budgetallokation für eine Anzahl von Budgetperioden vor, unter Berücksichtigung von Prognosen der insgesamt verfügbaren Budgetmittel und aller sektoralen Merkmale wenigstens über den Zeitraum der Investitionstätigkeit, besser aber für eine noch längere Zeitdauer. In dieses Schema werden diejenigen nichtsektoralen Merkmale eingebracht, die für die Festlegung der miterfaßten Attraktivitätsfaktoren und für die Abschätzung und Prognose der regionalen Bevölkerung nötig sind. Überdies wird eine Reihe von Grenzbedingungen in Betracht gezogen, die als extern (d.h. politisch) definiert angesehen werden können. Das Modell erhält als Input eine Aufstellung von vorgeschlagenen Ausgaben (oder Projekten), die jeweils zu einem spezifischen Sektor und einer Region zugeordnet werden, und unter Berücksichtigung der obigen Aspekte werden sie genehmigt (oder nicht).

Als Ursprung der vorgeschlagenen Ausgaben werden vorläufig die üblichen sektoralen, regionalen oder administrativen Planungskörperschaften angenommen. Sie reagieren auf interne und externe Reize, die zu Vorschlägen führen, sei es im Ablauf ihrer normalen Planungsaktivitäten, sei es als Reaktion auf politische Einflüsse, durch Bürgerinitiativen oder durch die Massenmedien: Das Modell geht auf die Inputvorschläge ein, indem es sie genehmigt, entsprechend ihrer Effizienz und den verfügbaren Mitteln. Es kann somit nicht im eigentlichen Sinne bestimmen, für welche Zwecke Budgetallokation vorgenommen wird, d.h. die Inputvorschläge werden nach ihrer Effizienz sortiert, da sie nicht modellintern gestellt oder modifiziert sind, um Effizienz zu erzeugen. Es kann jedoch nicht angenommen werden, daß keine Rückkopplungsmechanismen auftreten, denn wenn einmal die Annahme gemacht wird, daß die Allokation nicht "manuell" festgelegt werden soll (ein Grundprinzip dieser Arbeit), dann ist die unvermeidliche und logische Folge, daß für die Aufstellung, nach der die Auswahl vorgenommen werden soll, der gleiche Grad der Ungewißheit gilt wie für den "manuellen" Auswahlprozeß selbst. Obgleich also die Prioritäten für z.B. eine Reihe von Vorschlägen für den Bau von Straßen, Kanalisationen und Altersheimen von dem Modell festgesetzt (oder angeraten) werden, schließt dies nicht die Möglichkeit aus, daß eine bestimmte Erweiterung des Stadtbahnnetzes oder der Bau einer zusätzlichen Schwimmhalle "besser" sein würde, selbst wenn diese Vorhaben ursprünglich nicht im vorgeschlagenen Input enthalten sind.

In der formalen, zumeist technischen Beschreibung des Modells, die in diesem Kapitel erfolgt, ist dies ein leicht in Vergessenheit geratener Umstand. Er stellt jedoch einen ebenso wichtigen Anwendungsbereich dar wie bei der offensichtlicheren Allokationsfunktion. Wenn hier deshalb angenommen wird, daß die Fachplanung (sektorale Planung) genügend breit (und dazu intelligent und ausreichend mit Geldmitteln ausgestattet) angelegt ist, daß sie in der Aufstellung von Vorschlägen alle realistisch denkbaren sektoralen Aspekte einschließt und wenn gewisse Aspekte (sei dies überraschend oder nicht) dann hohe Priorität aufweisen, so würde eine Rückkopplung (Feedback) zur

Projektliste als Ergebnis der Entscheidungshilfe erfolgen, nämlich in der Form einer Steigerung der Zahl der Projekttypen, die im ersten Kreis eine Vorzugsstellung einnahmen.

Die folgende wichtige Planungskonsequenz liegt deshalb zwar außerhalb des strengen Modellrahmens, wohl aber in der Modelldenkart: Wenn einmal traditionelle Methoden der Prioritätensetzung fragwürdig werden, dann müssen auch traditionelle Planungsverfahren zur Befriedigung geforderter oder erwarteter Bedürfnisse zugunsten eines viel umfassenderen, rationelleren und iterativen Prozesses aufgegeben werden. Eine Bewegung in diese Richtung würde zwangsläufig durch die regelmäßige praktische Anwendung des Modells in der in Abb. 3.2 angedeuteten Weise geschehen.

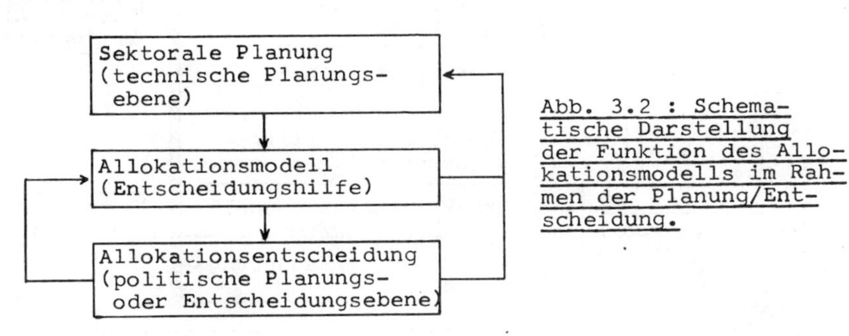

Abb. 3.2 : Schematische Darstellung der Funktion des Allokationsmodells im Rahmen der Planung/Entscheidung.

In der Abbildung stellt die mittlere senkrecht nach unten weisende Spur eine strenge "one-off" Modellanwendung von einer Projektvorschlagsaufstellung zu einer Budgetallokationsentscheidung dar, wobei die Setzung der politischen Gewichte bereits vorgenommen worden ist. Die Rückkopplung links zwischen Ebenen der Entscheidung und des Modells entspricht der Modellinteraktion auf der Entscheidungsebene allein, wobei zu erwarten ist, daß verschiedene Präferenz- und Zielkombinationen bezüglich ihrer Wirkung auf die endgültige Allokation untersucht werden. Die Rückkopplungen rechts geben Interaktionen von den Ebenen des Modells und der Entscheidung zurück bis hin zur Planungsebene in dem soeben erörterten Sinne, daß nämlich die Modellanwendung nicht nur direkt zugewiesene Prioritäten sondern auch den faktischen Gehalt der zu erreichenden Effekte beeinflussen sollte.

Als Folge dieser Überlegungen besteht das technische Modell aus einem Algorithmus, der die Reihenfolge bestimmt, in der Projekte zuerst betrachtet werden sollen, einem Budgetallokationsprozeß (einschließlich der Rahmen für die Finanz- und Allokationskriterien), Submodellen für die Quantifizierung in jedem Sektor, einem Attraktivitätssubmodell, einem Bevölkerungs- bzw. Wanderungssubmodell sowie einer Einheit zur Kontrolle des Datenflusses, ausdrücklich eingebaut, um "Multiläufe" (z.B. Iterationsserien) mit einem Minimum an zusätzlichem Input zu ermöglichen. Schematisch:

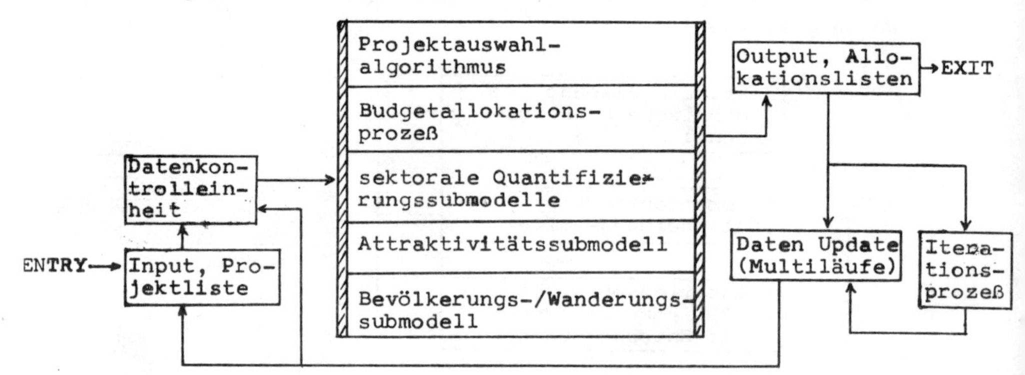

Abb. 3.3 : Schematische Darstellung der Modellhauptkomponenten

Abb. 3.3 stellt einen Rahmen des Modells an der ersten Ebene dar, ohne Verbindungen zwischen den Hauptarbeitskomponenten. Die folgenden Abschnitte von §3.2 setzen einen formalen Rahmen für das Modell, setzen den Auswahlalgorithmus auseinander und stellen die Verbindungen zwischen Modellhauptkomponenten her. Die sektoralen Quantifizierungen, Attraktivitäts- und Bevölkerungssubmodelle, obwohl sie auf dieser Stufe eingeführt werden, werden im einzelnen im §3.3, §3.4 bzw. §3.5 erklärt. Symbole werden im Text beim Auftreten festgelegt.

3.2.2 Formulierung der Zielfunktion

"Infrastruktur" im betrachteten Regionalkomplex soll so quantifiziert werden, daß das Niveau der Infrastrukturausstattung als eine einzige Funktion (Indikator) ausgedrückt werden kann, deren Komponenten von dem Niveau der (regionalisierten) Ausstattung, den sektoralen Zielen, der regionalen Bevölkerung und Attraktivität abhängen sowie von einer Reihe von politischen Akzenten. Die Forderung, daß eine einzige Zielfunktion entsteht, ist nicht streng, da es durchaus denkbar und ausführbar ist, daß eine (begrenzte) Anzahl solcher Funktionen oder Indikatoren formuliert werden, z.B. für Bündel von Infrastruktursektoren, deren interaktive Anlagen gering sind. Dies würde zu einer vielleicht realistisch orientierten Komplikation der Allokationskriterien (§3.2.6) führen, würde aber innerhalb des allgemeinen und formalen Rahmens des Modells bleiben. Es ist jedoch einzusehen, daß selbst wenn separate sektorale Bündel für diesen Zweck formuliert werden, die regionale Attraktivität und die Wanderungseigenschaften auf jeden Fall von ihrer vereinheitlichten Wirkung abhängen werden. Deshalb ist die Komplikation einer strukturierten oder fragmentierten Zielfunktion in die vorliegende Arbeit nicht eingebracht worden. Folgende Symbole werden zunächst Verwendung finden:

i - Sektor (Infrastruktur) innerhalb einer Region, $i = 1,2....j,...n$

r - Region, $r = 1,2..s,..m$

t - Zeitpunkt oder Budgetallokationsperiode, $t = 1,....\ T+1$ bzw. $t = 1,...T$

T - Anzahl der Budgetallokationsperioden, über die die sektoralen Prognosen erfaßt werden; der "Betrachtungszeitraum" der Allokation

p - identifiziert sektorale Merkmale

I_{irpt} - das p. Merkmal im Sektor i, der Region r, berechnet zum Zeitpunkt t. Ein "Merkmal" ist in diesem Zusammenhang sowohl als ein Meßwert des Ist-Zustandes als auch als ein Zielwert zu verstehen.

E_{irt} - sektorales Ausstattungsniveau, $0 \leq E_{irt} \leq 1$

B_{rt} - regionale Bevölkerung zum Zeitpunkt t

Die Berechnung des sektoralen Ausstattungsniveaus für eine Region, E_{irt}, ist die Funktion des Quantifizierungssubmodells für den Sektor i. Im Idealfall sind diese Quantifizierungen für jede Region identisch, obwohl besondere Umstände zum Auftreten von Abweichungen führen könnten, jedoch nicht von grundlegenden Unterschieden. E_{irt} ist eine dimensionslose Kardinalzahl im Intervall [0,1] und repräsentiert das Ausstattungsniveau im Sektor. Dasselbe Intervall ist für jeden Sektor erforderlich, damit ein direkter intersektoraler Vergleich gemacht werden kann und somit politische Gewichtungen oder Akzentsetzungen auf einer streng dimensionslosen und numerisch direkt vergleichbaren Grundlage vorgenommen werden können. Die notwendige Kompatibilität wird erreicht durch den Vergleich von sektoralen Merkmalen mit ihren gesetzten Zielen, aus dem subsektorale Indikatoren in Form von Realisierungsgraden für die Ziele resultieren. Daraus folgt:

(3-1) $E_{irt} \equiv E_{irt}(I_{irpt}, B_{rt})$

wo die I_{irpt} gemessene oder vorausgesagte sektorale Merkmale und ihre Ziele sowie politisch oder technisch gesetzte Gewichtsfaktoren einschließen. Die Erwähnung der regionalen Bevölkerung ist wichtig, da viele Ziele auf der Bevölkerung basieren müssen (z.B. die erforderliche Kindergartenkapazität) - das Vorhandensein von B_{rt} stellt also eine unmittelbare Verbindung mit dem Bevölkerungs-/Wanderungssubmodell dar. Diese kurze Beschreibung erledigt natürlich nicht die vielen Fragen, die sich aus einer solchen Vorstellung der sektoralen Quantifizierung erheben. Sie werden im einzelnen in §3.3 behandelt, und die tatsächlichen Quantifizierungen in der später dargelegten numerischen Arbeit werden im §4.4 beschrieben.

Nachdem Ausstattungsniveaus für die Sektoren in jeder Region aufgestellt wurden, sollen diese zu regionalen Ausstattungsniveaus zusammengefaßt werden. Da das regionale Ausstattungsniveau eine der Inputgrößen für das Bevölkerungsmodell ist, kann es nicht als Zusammensetzung aus den sektoralen Ausstattungsniveaus allein angesehen werden, es sollen darin auch jene (nichtsektoralen) Merkmale eingebracht werden, die eine Signifikanz für die Wanderungsbewegungen haben (z.B. die Struktur des Angebots an Arbeitsplätzen), und für die Umsiedlung von Firmen in den sekundären und tertiären Bereichen (z.B. regionale oder konjunkturelle Wirtschaftsfaktoren), die hier unter dem Titel "Attraktivitätsmerkmale" zusammengefaßt sind. Der Aufbau eines solchen weitreichenden regionalen Indikators erfordert große Sorgfalt. Auf der einen Seite sollte die Zusammensetzung genügend einfach sein, so daß für Budgetallokationszwecke der Entscheidungsträger Gewichte auf besondere Sektoren oder besondere Attraktivitätsmerkmale in einer (für ihn) verständlichen Weise setzen kann, und dies kann nur eine lineare oder sonstige einfache funktionale Kombination von zusammenzusetzenden Indikatoren bedeuten. Andererseits bestehen auf jeden Fall komplexe Beziehungen zwischen den sektoralen Ausstattungsniveaus und Attraktivitätsindikatoren (z.B. zwischen dem Angebot von Kindergartenplätzen und der Verfügbarkeit von weiblichen Industriearbeitskräften), die zu berücksichtigen sind und daher eine modellähnliche Lösung des Problems der Zusammensetzung andeuten. Es kann jedoch nicht angenommen werden, daß ein solches universelles Modell (d.h. eines, das ökonomische, ökologische, infrastrukturelle und soziale Faktoren enthält), in zuverlässiger Weise konstruiert werden kann; es ist in der Tat gewagt genug anzunehmen, daß ein zuverlässiges Bevölkerungsmodell möglich ist. Wird das kombinierte regionale Ausstattungsniveau formal ausgedrückt durch

(3-2) $Z_{rt} \equiv Z_{rt}\,(E_{irt}, g_{irt}, A_{vrt}, g_{vrt}),\ i = 1,\ldots n,\ v = 1,\ldots c$

wo v – der identifizierende Index für regionale Attraktivitätsindikatoren ist,

Z_{rt} – das regionale Ausstattungsniveau, $0 \leq Z_{rt} \leq 1$,

g_{irt} – politisch-technische Gewichtungen für die sektoralen Ausstattungsniveaus, E_{irt},

A_{vrt} – Attraktivitätsindikator v (Region r, Zeitpunkt t), $0 \leq A_{vrt} \leq 1$,

g_{vrt} – politisch-technische Gewichtungen für die A_{vrt},

dann werden beide Auffassungen formal befriedigt. Der Verfasser zieht jedoch die erste Lösung, und zwar diejenige, die die einfachste, d.h. lineare Kombination der verschiedenen Sektor- und Attraktivitätsindikatoren darstellt unter der Annahme vor, daß der Entscheidungsträger, falls er ein wie hier beschriebenes Mo-

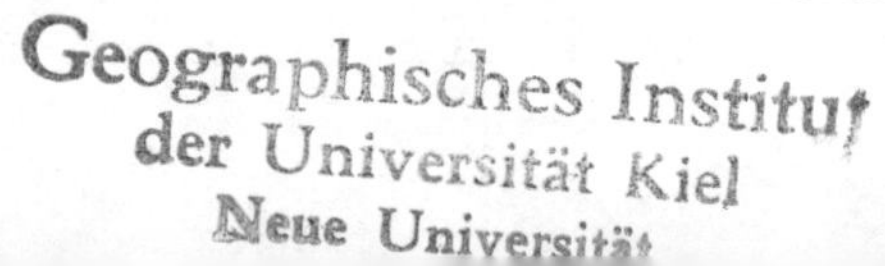

dell als Hilfe bei der Budgetallokation zur Verfügung hat, in einfacher und vernünftiger Weise zu verstehen imstande sein muß, wie eine Manipulation der sektoralen Ziele und Gewichtsfaktoren die Allokation beeinflußt. Deshalb würde auf dieser Quantifizierungsebene jeder Grad der Nichtlinearität verwirrend sein. Dies soll durchaus nicht besagen, daß das Modell ein lineares Modell ist - das Vorhandensein von Wechselwirkungen führt zumeist zur Nichtlinearität und es ist zu erwarten, daß die sektoralen Ausstattungsniveaus in Hinsicht auf wenigstens einige der Merkmale I nichtlinear quantifiziert werden und die Simulation der Bevölkerungsentwicklung kann auch nichtlineares Verhalten mit sich bringen. Die vorzuziehende Form der Gleichung (3-2) ist daher

$$(3\text{-}3) \quad Z_{rt} = \frac{\sum_I g_{irt}E_{irt} + \sum_V g_{vrt}A_{vrt}}{\sum_I g_{irt} + \sum_V g_{vrt}}$$

nämlich die Form, die in der numerischen Arbeit zu Illustrationszwecken, wie in §4.10 und §5 dargelegt, verwendet worden ist. Da E_{irt}, $A_{vrt} \in [0,1]$, folgt $Z \in [0,1]$ und daß die Gewichte g keinerlei Beschränkungen unterliegen. Die Attraktivitätsindikatoren, A_{vrt}, möglicherweise aus sowohl infrastrukturellen wie nichtinfrastrukturellen Merkmalen gebildet, sollen der Form nach ebenso wie die E_{irt} als "Verwirklichungsgrade" für ihre benannten Ziele angesehen werden. Die additive Verbindung der Realisationsgrade zwischen den und innerhalb der Infrastruktur- und Attraktivitätsbereiche erlaubt separate politische Gewichtung auf gleicher Basis für jede Komponente, selbst wenn einige davon voneinander abhängig gebildet werden. Dies kann eine Kopplung von Gewichtsfaktoren zur Beibehaltung technischer Konsequenz bedeuten, aber dies würde nur eine Option sein, die nicht notwendigerweise auf der grundsätzlich politischen Entscheidungsebene in Anspruch genommen zu werden brauchte, zu deren Nutzen die Einfachheit von (3-3) empfohlen wird. Daß

$$(3\text{-}4) \quad A_{vrt} \equiv A_{vrt}(Q_{vrt}, B_{rt}),$$

wo Q die analogen Quantitäten zu I in der Formulierung von E sind, sollte auch augenfällig sein. Es ist zu sehen, daß A_{vrt}

auch bevölkerungsabhängig sein kann (und eine Verbindung mit dem Bevölkerungsmodell darstellt), wie zu erkennen ist, wenn z.B. ein Attraktivitätsmerkmal "Bevölkerungsdichte" in Erwägung gebracht werden sollte. Die Frage nach der Notwendigkeit und Formulierung solcher Indikatoren wird noch genauer in §3.4 diskutiert. Das "Attraktivitätsmodell" als solches besteht aus den Gleichungen (3-4), $v = 1,2...c$, in Zusammenhang mit der Verbindung dieser Indikatoren in Gleichung (3-2).

Verwendet werden die regionalen Ausstattungsniveaus in Zusammenhang mit den Bevölkerungsprognosedaten, die feststellbar sind (z.B. Sterberaten), und anderen infrage kommenden bevölkerungsbestimmenden Daten, um die regionalen Bevölkerungszahlen iterativ von Zeitpunkt zu Zeitpunkt festzustellen:

(3-5) $B_{rt} \equiv B_{rt}(Z_{rt-1}, M_{qrt}, B_{rt-1})$,

wo M_{qrt} das q. Bevölkerungs-/Wanderungsmerkmal ist, Region r, Zeitpunkt t. Die Wahl dieser besonderen Form des Bevölkerungsmodells (und seine für die durchgeführten numerischen Illustrationsläufe bestimmenden Merkmale und Prognosen) wird in §3.5 ausführlicher erklärt. Die Verbindung mit dem Attraktivitätsmodell durch die Gleichungen (3-4) und (3-2) liegen jedoch auf der Hand. Das Vorhandensein eines Abschätzungsprozesses für die Bevölkerung, verbunden mit Budgetallokation ist eine Notwendigkeit nach Gleichung (3-1), in der die Versorgungsniveaus von der Bevölkerung abhängig sind; die Rückkopplung, dargestellt durch die Folge von Gleichungen (3-5), (3-2), (3-4) und (3-1), macht deutlich, daß umgekehrt Bevölkerungsänderungen von den Ausstattungsniveaus und der regionalen Attraktivität (in dem hier definierten Sinne) abhängig sind.

Aus den regionalen Ausstattungsniveaus wird dann ein supraregionaler Indikator Z_t ebenfalls durch die Bindung mit einem Satz von Gewichtsfaktoren gebildet:

(3-6) $Z_t \equiv Z_t(Z_{rt}, w_{rt}), \quad 0 \leq Z_t \leq 1$,

wo Z_t - Ausstattungsniveau für den regionalen Komplex, Zeitpunkt t

w_{rt} - politisch-technische Gewichtung für die Region r.

Die gleichen Bemerkungen, die für die Synthese der Ausstattungsniveaus Z_{rt} aus ihren Bestandteilen gemacht wurden, gelten auch hier, nämlich daß die Existenz von sektoralen und wirtschaftlichen Abhängigkeiten zwischen Regionen eine modell-ähnliche Bildung für Z_t angezeigt erscheinen läßt, daß aber wiederum für eine Allokationsentscheidungshilfe die "Wichtigkeit" einer Region ein Faktor ist, der für den Entscheidungsträger einfach zu verstehen und zu handhaben sein sollte. Es wird sich daher wiederum empfehlen, eine lineare Kombination

$$(3\text{-}7) \quad Z_t = \sum_{r=1}^{m} w_{rt} Z_{rt} / \sum_{r=1}^{m} w_{rt}$$

zu verwenden. Die Nichtlinearitäten der sektoralen Quantifizierungen, der interregionalen Abhängigkeiten auf sowohl sektoraler wie Attraktivitätsebene und der Effekte von Bevölkerungsveränderungen (Bevölkerungsmodell) werden auf jeden Fall automatisch aktiviert, ohne daß ein weiteres "Modellniveau" eingeführt wird. Die Gewichtungen w_{rt} sind erkennbar nicht unabhängig von den regionalen Merkmalen - es würde z.B. einer besonderen Rechtfertigung bedürfen, um Regionen mit sehr unterschiedlichen Bevölkerungszahlen gleich zu gewichten - obgleich die w_{rt} nicht gänzlich bevölkerungsabhängig sein sollten. Andere Faktoren, z.B. die interregionale Verteilung der Arbeitsplätze oder Steuereinnahmen könnten und sollten zusammen mit den existierenden regionalen Ausstattungsniveaus (Z_{rt}) berücksichtigt werden. Die Gewichte sollten am besten als das Ergebnis der Berücksichtigung dieser und auch anderer Gesichtspunkte aufgefaßt und mit Beratungshilfe von Experten in dem Prozeß des politischen Aushandelns bestimmt werden.

Es sollte beachtet werden, daß die Z_t Zeitpunktwerte sind und daß daher ein Prozeß zur Gewinnung eines repräsentativen Wertes Z_t^* für eine Budgetperiode stattfinden muß. Es ist klar, daß ohne erhebliche statistische Komplikationen eine einfache Regel wie die der Bildung des arithmetischen Mittels zwischen den beiden Endwerten der Periode praktisch unvermeidbar ist. Formal liefert

$$(3\text{-}8) \quad Z_t^* \equiv Z_t^*(Z_t,\ Z_{t+1})$$

einen Indikator für das Infrastrukturausstattungsniveau des regionalen Komplexes während der Budgetperiode t.

Die endgültige Zielfunktion ergibt sich als eine zeitbedingte Synthese der Z_t^*. Hier wird (ähnlich wie bei der KNA) ein Verfahren benutzt, in welchem "Nutzen", in diesem Fall die Zeitreihe der Infrastrukturausstattungsniveaus, Z_t^*, mit einem Prozentsatz zu einem einzigen formalen Wert für die Infrastrukturausstattung diskontiert wird, wobei dieser Wert nicht nur die laufende Situation repräsentiert, sondern auch die künftige Entwicklung berücksichtigt. Der zu wählende Diskontsatz (als Parallele gesehen zu der "social rate of time preference" in Kosten-Nutzen-Analysen), ohnehin einer der am meisten infrage gestellten und kritisierten Punkte solcher Analysen, ist nicht der Gegenstand irgendwelcher Empfehlungen in dieser Arbeit. Es genüge zu sagen, daß ein Investitionsprogramm in einem Infrastrukturbereich, welches die gegenwärtig auftretenden Probleme und Engpässe zugunsten einer langfristigen allgemeinen Lösung vernachlässigt, genau so unbefriedigend ist wie die umgekehrte Situation, in der die gegenwärtigen Probleme auf kurzfristiger Basis behandelt werden und Rücksichtnahme auf die Zukunft vernachlässigt wird. Formal wird der Diskontierungsprozeß wie folgt ausgedrückt

$$(3\text{-}9) \quad Z = \sum_{t=1}^{T} D_b(Z_t^*) \Big/ \sum_{t=1}^{T} D_b(1) \quad , \quad 0 \leq Z \leq 1,$$

wobei Z die endgültige Zielfunktion ist und

$$D_b(Z_t^*) = \frac{Z_t^*}{(1+b)^{t-1}}$$, wenn b die "klassische"

Diskontrate ist und der Nenner (der Maximalwert, den Z über T Budgetperioden annehmen kann) ein Normalisierungsfaktor ist, um Z im Einheitsintervall zu halten, d.h. vereinbar mit allen anderen Quantifizierungen, E, A und Z.

Weitere Infrastruktur (in Form von einem vorgeschlagenen Projekt), in diesem System eingeführt, bewirkt, daß die sektoralen Merkmale, I, eine Veränderung erfahren, und zwar unmittelbar im Sektor und in der Region des Projekts bzw. in anderen Sektoren und Regionen jeweils durch Wechselwirkungen. Durch die Gleichungen (3-1), (3-2), (3-4) und (3-5) wird auch die Verteilung der regionalen Bevölkerung geändert. Diese beiden Effekte ändern die sektoralen Ausstattungsniveaus (Gleichung (3-1)), die regionalen Ausstattungsniveaus (Gleichungen (3-2) und (3-4) und schließlich die Zielfunktion (Gleichungen (3-7), (3-8) und (3-9)). Diese Änderung in der Zielfunktion, die später formal ausgedrückt wird, ist der gesamte Investitionseffekt auf die Infrastruktur in dem ganzen regionalen Komplex, gemessen an den sektoralen und Attraktivitätszielen in dem betrachteten Zeitraum, t = 1,...T + 1.

3.2.3 Algorithmus - Projektbetrachtung

Die vorgeschlagenen Projekte stehen zunächst undifferenziert auf der Inputliste (Abb. 3.3). Drei Überlegungen machen eine mögliche Differenzierung innerhalb dieser Liste wünschenswert. Erstens gibt es eine Forderung, daß miteinander verbundene Projekte in einem Sektor eine vorgeplante Durchführungs- oder Konstruktionsfolge beibehalten sollten. Eine Reihenfolge in dieser Hinsicht könnte aus politischen und sozialen Gründen sich ergeben oder es könnte ein großes Projekt in aufeinanderfolgende Stufen aufgeteilt werden, von denen einige die Genehmigung erhalten würden - während das Gesamtprojekt, als ein einziges Projekt dargeboten, keine Mittelzuteilungen erhält.

Zweitens sollte das Modell die Möglichkeit einräumen, Alternativprojekte zu beurteilen - entweder alternativ in ihrer Gesamtheit oder mit nur einigen Alternativcharakteristiken - z.B. dem "Qualitätsniveau" oder dem Standort.

Drittens werden irgendwelche Beschränkungen in der Betrachtung der gelisteten Projekte als ein auf jeder Stufe der Allokation vollständiger Satz von Alternativen für die verfügbaren Finanzmittel Computerzeit sparen. Inwieweit die Computerzeit wichtig ist, wird später aufgenommen.

Daher wird das Modell mit zwei Einschränkungen bei der Projektbetrachtung konstruiert - eine davon ist ein Algorithmus für die erste Stufe der Projektbetrachtung, die andere ein Satz von interaktiven Projekt-Genehmigungsbedingungen, die als Projektdaten erscheinen.

Formal ausgedrückt ist

$\mathcal{A}\{P_k\}$ ein Algorithmus, der eine Teilmenge, $\{P_k\}_{ct^*} \subset \{P_k\}$ liefert, die als Elemente die einzigen Projekte hat, die beim Zyklus c' im Allokationsprozeß für die Budgetperiode $t^* = 1,...T^*$ berücksichtigt werden soll,

wo $T^* \leq T$ die Anzahl der Budgetperioden ist, für die die Allokation erfolgen darf,

P_k ist der k. Posten auf der vorgeschlagenen Ausgabenliste und

$\mathcal{A}$ der Operator (für die vorgeschlagene Ausgabenmenge), der den Algorithmus bezeichnet.

$\mathcal{S}P_k$ ist eine logische Aussage, die den notwendigen Zustand der Genehmigung (d.h. bereits genehmigt oder nicht) von Teilmengen von $\{P_k\}$ bei der Berücksichtigung des individuellen Projekts P_k abwägt.

In dem Modell kann $\mathcal{A}$ jede gewünschte programmierbare Form annehmen von der Darstellung einer rein politischen Gruppierung von Projekten zur Berücksichtigung auf einer gleichen Prioritätsebene bis zu einem systematischen Ordnen von vorgeschlagenen Investitionen innerhalb eines Sektors oder einer Region. Die für das Projekt P_k zutreffende Aussage $\mathcal{S}P_k$ gestattet P_k in Betracht zu ziehen, je nachdem ob andere genannte Projekte die Genehmigung schon erhalten haben oder nicht. $\mathcal{S}$ ist daher eine Boolesche Aussage. $\mathcal{A}$ kann wie gewünscht eingeschaltet werden, und wenn nicht, dann werden alle noch nicht genehmigten Projekte auf gleicher Basis berücksichtigt, vorbehaltlich der Bedingungen $\mathcal{S}$.

Die Aufgabe von $\mathcal{A}$ und $\mathcal{S}$ bei nacheinander zu betrachtenden Projekten ist identisch - ist aber zeitsparender durch $\mathcal{A}$. Nur $\mathcal{S}$ kann verwendet werden, um Alternativinvestitionen zu berücksichtigen. $\mathcal{A}$ kann jedoch gebraucht werden, um Bedingungen über die Reihenfolge der Projektbetrachtung zu setzen.

3.2.4 Änderungen im Zielfunktionswert aufgrund eines betrachteten Projekts

Alle Projekte (vorgeschlagenen Ausgaben) sind mit einem Sektor in einer bestimmten Region verbunden. Diese Kopplung kann, obgleich im Modell eine Notwendigkeit, im Fall eines unteilbaren suprasektoralen oder supraregionalen Projekts auf einer rein formalen Basis gemacht werden, wobei die vollständigen Auswirkungen der Ausgabe auf andere Sektoren und Regionen durch das Wechselwirkungssystem zum Ausdruck gebracht werden. Der Gesamteffekt einer gegebenen Ausgabe wird daher in zwei Teilen ausgedrückt, erstens als der "direkte" Effekt auf den Sektor in der Region, der die Ausgabe zugeordnet ist und zweitens als eine Reihe von "indirekten" oder Wechselwirkungseffekten auf andere Sektoren und Regionen. Wechselwirkungseffekte können auch innerhalb des zugeordneten Sektors auftreten, wenn das in Frage stehende Projekt in Verbindung mit anderen gleicher Zuordnung nichtadditiv ist. Wenn dann beachtet wird, daß Wechselwirkungseffekte ebenfalls eine Boolesche Bedingungsaussage mit sich führen, d.h. eine Aussage, die sich auf den Zustand der Genehmigung der anderen aufgeführten Projekte bezieht, dann ist einzusehen, daß ein äußerst flexibler Rahmen für die Beschreibung des Projektgesamteffekts errichtet worden ist.

Mit den folgenden Definitionen,

$\delta_k I_{irpt}$ - Veränderung im sektoralen Merkmal I_{irpt} zum Zeitpunkt t aufgrund des zum Sektor i in der Region r zugeordneten Projekts, P_k; der "direkte" Effekt von P_k

$\delta_k^{ir} I_{jspt}$ - Veränderung im sektoralen Merkmal I_{jspt} (Sektor j, Region s) zum Zeitpunkt t aufgrund des zum Sektor i in der Region r zugeordneten Projekts, P_k; ein "indirekter" Effekt von P_k

W_{kjs} - Bezeichnung für die Wechselwirkung von Projekt P_k auf den Sektor j in der Region s

$\mathcal{S} W_{kjs}$ - eine Boolesche (wenn nötig, zusammengesetzte) Aussage über die Anwendbarkeit von W_{kjs}, bestimmt entsprechend dem Genehmigungszustand der Elemente von $\{P_k\}$

$\delta_k Q_{vrt}$ - eine zu $\delta_k I_{irpt}$ analoge Veränderung des Attraktivitätsmerkmals Q_{vrt}

$\delta_k Z$ - die gesamte Veränderung in der Zielfunktion aufgrund von P_k

o - ein Index, der den Wert aller Merkmale und Funktionen in der Allokation vor der laufenden Berücksichtigung von P_k kennzeichnet.

n' - ein Index, der den Wert aller Merkmale und Funktionen in der Allokation einschließlich der vorliegend berücksichtigten P_k kennzeichnet, stellt die iterative Sequenz,

$$
(3\text{-}10)\quad
\begin{cases}
I^{n'}_{irpt} = I^{o}_{irpt} + \delta_k I_{irpt} + \sum\limits_{W_{kir}} \delta^{ir}_{k} I_{irpt}, & W_{kir} \varepsilon \left\{W_{kir} \middle| \mathcal{S} W_{kir}\right\} \\
I^{n'}_{jspt} = I^{o}_{jspt} + \sum\limits_{W_{kjs}} \delta^{ir}_{k} I_{jspt}, & W_{kjs} \varepsilon \left\{W_{kjs} \middle| \mathcal{S} W_{kjs}\right\}, \quad j \neq i,\ s \neq r \\
Q^{n'}_{vrt} = Q^{o}_{vrt} + \delta_k Q_{vrt} \\
E^{n'}_{irt} \equiv E_{irt}(I^{n'}_{irpt}, B^{n'}_{rt}), & i = 1,..j,..n,\ r = 1,..s,..m \\
Z^{n'}_{rt} \equiv Z_{rt}(E^{n'}_{irt}, g_{irt}, A^{n'}_{vrt}, g_{vrt}) \\
A^{n'}_{vrt} \equiv A_{vrt}(Q^{n'}_{vrt}, B^{n'}_{rt}) \\
B^{n'}_{rt} \equiv B_{rt}(Z^{n'}_{rt-1}, M_{qrt}, B^{n'}_{rt-1}) \\
Z^{n'}_{t} \equiv Z_t(Z^{n'}_{rt}, w_{rt}) \\
Z^{*n'}_{t} \equiv Z^{*}_{t}(Z^{n'}_{t}, Z^{n'}_{t+1}) \\
Z^{n'} = \sum\limits_{t=1}^{T} D_b(Z^{*n'}_{t}) / \sum\limits_{t=1}^{T} D_b(1),
\end{cases}
$$

nämlich die Beziehungen von §3.2.2 mit "updated" aktivierenden Parametern den neuen Wert der Zielfunktion $Z^{n'}$ dar. $\delta_k Z$ erhält man dann aus

$$(3\text{-}11)\quad \delta_k Z = Z^{n'} - Z^{o}.$$

Dieser "Gesamteffekt" des Projekts P_k (das dem Sektor i in der Region r zugeordnet ist) auf die Zielfunktion (d.h. auf das Ausstattungsniveau aller betrachteten Sektoren und Regionen gemessen an den subsektoralen und Attraktivitätszielen und über den betrachteten Zeitraum diskontiert), braucht durchaus nicht positiv zu sein. Dies kann in verschiedener Weise vorkommen. Es sei z.B. angenommen, daß alle "direkten Effekte", $\delta_k I_{irpt}$, positiv sind, d.h. die entsprechenden Zielverwirklichungsgrade steigern ; wäre dies nicht der Fall, würde das Projekt wahrscheinlich nicht vorgeschlagen worden sein. Es könnte dann vorkommen, daß die Wechselwirkungseffekte in anderen Sektoren und Regionen so negativ sind, daß der Nutzen aufgehoben wird oder daß das Projekt eine genügend große Wanderungsbewegung auslöst und damit eine Reihe von sektoralen Merkmalen verschlechtert wird, so daß kein positiver Nutzen verbleibt. Eine andere Möglichkeit ist die, daß obgleich die direkten (additiven) Effekte des Projekts positiv sind, das Projekt für eine sektorale Situation vorgeschlagen wird, in der es überflüssig ist, d.h. für eine sektorale Situation in der die meisten Ziele bereits erreicht sind, eine Tatsache, die am Beginn der Allokation vielleicht nicht zu erkennen war.

Natürlich können die entgegengesetzten Effekte eintreten, es können nämlich positive Wechselwirkungen und ein "günstiger" Trend in dem Wanderungsverhalten verbunden mit einem bedürftigen sektoralen Zustand und die Begünstigung durch politische Gewichtung $\delta_k Z$ viel größer machen als zuerst angenommen. Zwischen diesen extremen Situationen liegt der offenkundige Bereich von mittleren und alternativen Möglichkeiten.

3.2.5 Die Kosten eines vorgeschlagenen Projekts

Die Betrachtung eines direkt zugeordneten Sektors in Zusammenhang mit anderen interaktiven Sektoren, die zur Abschätzung des Effekts eines Projekts angewendet wird, wird in dem Aufbau der damit verbundenen Kostenstruktur vorgenommen. Eine weitere Differenzierung der Kostenstruktur erfolgt jedoch darin, daß, wenigstens formal, Investitions- und Unterhaltungskosten (einschließlich des geplanten Ersatzes von materiellen Einheiten) getrennt aufgeführt werden. Dies geschieht, um in dem Modell die Flexibilität zu wahren, daß die Verhältnisse zwischen Investitions und Unterhaltungskosten untersucht werden können, insbesondere die Notwendigkeit oder Ratsamkeit, vorhandene (u.U. alte) Strukturen oder Systeme beizubehalten im Gegensatz zur Investition in neuen. Somit sind die "direkten" Kosten eines vorgeschlagenen Projekts P_k, sowohl für Investition wie Unterhaltung, diejenigen Kosten, die der zugeteilten Infrastruktur zum Zeitpunkt t die direkten Änderungen $\delta_k I_{irpt}$ verursachen. "Indirekte" Kosten, sowohl für Investition wie Unterhaltung, sind die notwendig gewordenen (oder von den betreffenden sektoralen Behörden für notwendig gehaltenen) Kosten aufgrund des Auftretens von Wechselwirkungsänderungen $\delta_k^{ir} I_{jspt}$; aufgrund der Änderungen $\delta_k Q_{vrt}$ der Attraktivitätsmerkmale sind P_k keine Kosten zuzuschreiben. Wenn Wechselwirkungskosten zwar für erwünscht jedoch nicht für dringend erforderlich gehalten werden, so können diese Kosten und ihre anschließenden direkten und indirekten (in diesem Fall auf der zweiten Ebene) Effekte als getrenntes Projekt auf der Inputliste hinzugefügt werden jedoch mit dem Berücksichtigungsvorbehalt bezüglich der Genehmigung von P_k. Von diesem Punkt in der Allokation ab wird diese Wechselwirkung freigestellter Art mit allen anderen Ausgaben auf der Vorschlagsliste den gleichen Status haben.

Es sollte vermerkt werden, daß alle direkten Kosten und notwendigen Wechselwirkungskosten (ob sie nun in anderen Sektoren oder Regionen auftreten oder nicht) dem betrachteten Projekt zuzuschreiben sind und daher, mittelbar und vielleicht nur formal, der Region und dem Sektor, denen das Projekt zugeordnet ist. Dies ist nicht so ungerechtfertigt, wie es zunächst den Anschein hat, da, obgleich Kosten verursachende Wechselwirkungen doch fast immer negativer Art sind, ein positiver Effekt für gewöhnlich erzielt werden kann, sofern die unterstellte Investition oder Unterhaltung vorgesehen ist, wenn die Ausführung auf die Ziele des betreffenden Sektors hin ausgerichtet ist. Freigestellte Wechselwirkungskosten und ihre Effekte, die als getrenntes Projekt formuliert werden, werden für sich geschätzt und nicht der kausalen Ausgabe zugeschlagen.

Da das verfügbare Budget den berücksichtigten Sektoren in allen Regionen gemeinsam ist, ist dieser Prozeß der Kostenzuordnung an Sektoren oder Regionen für sich nicht wichtig, denn Budgetallokation erfolgt wegen ihrer Nutzeneffekte in dem regionalen Komplex als ganzes. Diese Tatsache sollte beachtet werden, wenn regionale und sektorale Verteilungen von Mitteln aus der Allokation dargelegt werden (z.B. wie in §4.10).

Es muß noch einmal betont werden, daß sowohl Investitions- und Unterhaltungskosten für ein gegebenes Projekt Input darstellen, und zwar als Zeitreihen. Dies bedingt, daß die Bauzeit ein ebenso fester Bestandteil der Kostenstruktur ist wie der Nutzenstruktur; somit können z.B. Kosten in die erste Budgetperiode fallen ohne eine entsprechende kompensierende Steigerung des Infrastrukturniveaus, einfach weil der Bau nicht abgeschlossen ist. Im formalen Ausdruck ist

G_{kirt} das Investitionskostenprofil für das Projekt P_k - wie alle Kostenprofile hat es seinen Ursprung zum Zeitpunkt t = 1,

M'_{irt} das Kostenprofil für die Unterhaltung und den Ersatz von materiellen Einheiten der vorhandenen sektoralen Einrichtungen (Sektor i, Region r),

$\delta_k M'_{irt}$ die Steigerung der Unterhaltungs- und Ersatzkosten im Sektor i und in der Region r aufgrund von P_k; "direkte" Unterhaltungskosten,

$\delta^{ir} G_{kjst}$ der Zuwachs an Investitionskosten durch W_{kjs} zum Zeitpunkt t verursacht,

$\delta_k^{ir} M'_{jst}$ der Zuwachs an Unterhaltungs- und Ersatzkosten durch W_{kjs} zum Zeitpunkt t verursacht.

Die Gesamtkosten, die dem Projekt P_k (dem Sektor i und der Region r zugeordnet) zuzuschreiben sind, belaufen sich zum Zeitpunkt t auf

$$(3\text{-}12) \quad K^t_{P_k} = G_{kirt} + \delta_k M'_{irt} + \sum_{W_{kjs}} (\delta^{ir} G_{kjst} + \delta_k^{ir} M'_{jst}),$$

wo die Summation über alle gültigen Wechselwirkungen W_{kjs} erfolgt, d.h. über alle $W_{kjs} \in \{W_{kjs} \mid \mathfrak{S} W_{kjs}\}$

Ist das Kostenprofil $K^t_{P_k}$ einmal bekannt, so kann ein "gegenwärtiger Wert" (d.h. zum Allokationstag) der gesamten vorgesehenen Ausgaben durch die Anwendung eines Diskontierungsprozesses berechnet werden. Dies wird durch K_{P_k} ausgedrückt, wo

$$(3\text{-}13) \quad K_{P_k} = \sum_{t=1}^{T} D_C(K^t_{P_k}) = \sum_{t=1}^{T} \frac{K^t_{P_k}}{(1+C)^{t-1}}$$

ist, wobei C den Diskontsatz vertritt. Das Ausmaß zukünftiger öffentlicher Investition oder realistisch vorhersehbarer Unterhaltungskosten durch die Anwendung eines Diskontsatzes zu verringern, ist jedoch ein Prozeß, der, obgleich in der Praxis angewendet, nicht leicht zu rechtfertigen ist. Hier wird kein Versuch unternommen, diese Frage zu lösen. Wenn aus irgendeinem Grund Diskontierung als wünschenswert angesehen wird, so wird das System in dem Modell aufgenommen, wenn nicht, erfolgt der Ausschluß, indem C = 0 gesetzt wird.

Ob Diskontierung tatsächlich erfolgt oder nicht, die Gleichungen (3-10) bis (3-13) geben einen Hinweis auf mögliche Ähnlichkeiten der Modellprozesse mit derjenigen der Kosten-Nutzen-Analyse. Die Unterschiede sind jedoch bedeutsam:

Erstens wird der "Nutzen" einer Ausgabe als ein Zuwachs der Zielverwirklichung ausgedrückt, so daß Nutzen aufgrund von von den Zielen nicht eingeschlossenen oder zugehörigen Größen nicht erfaßt wird. Auf diese Weise werden "dubiose" Quellen von Nutzen und Nutzenbewertung ausgeschlossen, deren bestes Beispiel vielleicht das der "Zeitersparnisse" ist aufgrund von z.B. einer Investition in einer Verkehrsnetzkomponente. Gewiß könnten Fahrzeiten als Merkmal in dem Quantifizierungsmodell für das Verkehrsnetz eingeschlossen werden, aber es ist nicht nötig, die eingesparte Zeit in Kosten anzusetzen - nur um eine Verwirklichungsgradfunktion für das Zeitziel zu setzen, was ein weit flexiblerer und realistischerer Prozeß als der Kostenansatz ist. Dasselbe Argument kann auch in der Bewertung von positiven oder negativen "externals" vorgebracht werden. Es gäbe keinen Anlaß, z.B. Umweltverschmutzungseffekte in Kostenansatz zu bringen, denn wenn diese Effekte als existent und als wichtig genug erkannt sind, um in die Bewertung eingeschlossen zu werden, dann sollen Ziele gesetzt und Verwirklichungsgradfunktionen für sie entwickelt werden - ein Prozeß, der beträchtlich außerhalb des recht abstrakten ökonometrischen Bewertungsprozesses des Kostenansatzes für solche externen Faktoren liegt.

Zweitens hat das Modell einen "dynamischen" oder simulativen Charakter durch den Einschluß eines Bevölkerungssubmodells. Dem Verständnis dient am besten wieder ein Beispiel. Als eine mögliche Parallele zu dem dazugehörenden Wanderungssubmodell in einer Kosten-Nutzen-Analyse könnten die üblichen Prognosen vom

Zuwachs an Arbeitsplätzen dienen, der von einer Investition herrührt. Diese werden jedoch stets als positive Effekte aufgefaßt, da der Analysenrahmen nur bis zum ersten Wechselwirkungsniveau ausgedehnt werden kann.und nicht weiter, und auch dann immer in unsicherer Weise. Aufgrund des multisektoralen, multiregionalen Charakters des hier dargestellten Allokationsprozesses werden die Wechselwirkungen, sowohl intersektoral, interregional und zeitlich, ebenfalls erfaßt. Das daher rührende Gesamtergebnis löst infolgedessen kein Bedürfnis aus, einen positiven Impuls in das System einzubringen.

Drittens sind keine Einkommenskomponenten in der Kostenschätzung der Gleichung (3-12) formal enthalten. Somit ist keine vorkonzipierte Preispolitik in der Kostenstruktur und folglich auch nicht in der Bewertung eines Projekts eingeschlossen. Da die Preispolitik mit dem politischen und konjunkturellen Klima und auch mit dem sich stets verändernden Ausgabenverhalten der privaten Haushalte (z.T. ist dies ein Spiegelbild struktureller Änderungen in oder zwischen den primären, sekundären und tertiären Produktionssektoren, z.T. ist es ihre Folge) schwankt, sind Voranschläge für die zukünftige Preisbildung, die wiederum eine sehr wichtige Rolle in einer Kosten-Nutzen-Analyse spielen, langfristig gesehen nicht zuverlässig. Es wird daher als vorteilhaft angesehen, Einkommensbetrachtungen aus dem Modell auszuschließen. Folglich wird Einkommen als Teil des gesamten Budgetvoranschlags angesehen, was eine Flexibilität in der Allokation erlaubt, ohne direkt die einzelnen Ausgabeentscheidungen zu beeinflussen. Durch welche Mittel möglicherweise zusätzliche Einkommen erzielt werden sollen, wird offengelassen, d.h. die Erschließung von Einkommensquellen kann dann, falls notwendig, sorgfältig überlegt werden. Tatsächlich ist die Möglichkeit, Einkommenseffekte anschaulich darzustellen, in dem Modell auf einer wahlweisen Basis eingebaut, was natürlich, wie gezeigt (§5.11) sich immer zugunsten derjenigen öffentlichen Ausgaben auswirkt, die Einkommen erzeugen.

Viertens sind die räumliche und sektorale Verteilung von Kosten und Nutzen, deren mangelhafte Berücksichtigung bei den üblichen Kosten-Nutzen-Prozessen zu kritisieren ist, in dem Modell fest vorgesehen und berücksichtigt. Dies geschieht durch die Möglichkeit, daß Sektoren und Regionen und sogar subsektorale Merkmale (unter gewissen Umständen) individuell politisch gewichtet werden können und daher die entsprechende beschreibende und zielsetzende Aufmekrsamkeit erhalten müssen. Gewichtungsänderungen können untersucht (§5.2 und 5.3) und die resultierenden regionalen und sektoralen Verteilungen (von "Nutzen") daher zwar nicht nach Wunsch wohl aber in sich schlüssig unterschiedlich orientiert werden.

Schließlich können KNA-Methoden bei einem sehr weiten Bereich von möglichen Investitionen nur in bedenklicher Weise vergleichend angewendet werden, während das Modell dieser Arbeit spezifisch zur Lösung genau dieses Problems entworfen wurde.

Obgleich somit ein "Nutzen- und Kostensystem" mit Diskontierung integrierte Bestandteile des Modells sind, bestehen große qualitative Unterschiede zwischen ihm und der Kosten-Nutzen-Analyse, welche Unterschiede obwohl sie nicht eine Klassifizierung des Modells in die "Kosten-Nutzen-Kategorien" völlig ausschließen, diese Klassifizierung ohne die gehörigen einschränkenden Vorbehalte ausschließen.

3.2.6 Modellablauf und Allokationskriterien

Unter Festlegung der Symbole

U_t für das verfügbare (verfügbar werdende) Gesamtbudget in der Budgetperiode t, t = 1,2,...T,

R_t für den Teil des nicht für irgendeinen Typ der Infrastrukturausgabenzuteilung (Unterhaltung von vorhandenen oder neuen Einrichtungen, Ersatz von materiellen Einheiten, Investition für neue Einrichtungen usw.) verfügbaren Budgets in der Budgetperiode t,

$\mathcal{R}_u$ für allgemeine Grenzbedingungen, u = 1,2,...y

erfolgt die Genehmigung des Projekts P_k in dem c' Allokationszyklus,

(i) wenn $P_k \varepsilon \mathcal{A}\{P_k\} = \{P_k\}_{c't}$. ist. Dies ist die Bedingung dafür, daß das Projekt P_k in diesem Allokationszyklus aufgenommen wird; der Ausschluß kann durch den Algorithmus erfolgen oder aufgrund der Tatsache, daß das Projekt schon genehmigt wurde,

(ii) wenn $\mathcal{S} P_k$ gilt, d.h. daß die mit P_k verbundenen Bedingungen den Wert "wahr" bei dem jeweiligen Stand der Allokation haben müssen,

(iii) wenn $\delta_k Z/K_{P_k}$ = max! für alle $P_k \varepsilon \{P_k\}_{c't}$. ist; dies ist das erste der beiden Allokationshauptkriterien, daß nämlich das Verhältnis des gesamten diskontierten Nutzens $\delta_k Z$ (Gleichung (3-11)) zu den gesamten diskontierten Kosten K_{P_k} (Gleichung (3-13)) für alle in diesem Zyklus betrachteten Projekte ein Maximum sein sollte.

(iv) wenn $\sum_x K^t_{P_x} + K^t_{P_k} \leq U_t - R_t - \sum_{i,r} M'_{irt}$, für alle t ist, wo x der Index für ein schon genehmigtes Projekt ist. Dies ist die Budgetbedingung (das zweite Hauptkriterium), die die Gesamtkosten der Unterhaltung der vorhandenen Infrastruktur zuzüglich den schon zugeteilten Investitionskosten zusammen mit ihren Wechselwirkungskosten und den damit jeweils verbundenen Unterhaltungskosten mit dem insgesamt zur Verfügung stehenden Budget vergleicht und (wenigstens) den vorgegebenen Anteil R_t zurückhält, der nicht für die Allokation zum Zeitpunkt t verfügbar ist.

(v) wenn $\mathbb{R}_u$, u = 1,2,...y, ist, d.h. die allgemeinen Grenzbedingungen, welche Ausdruck politischer Realitäten sind, die nicht durch die verschiedenen Gewichtungen erfaßt werden, müssen eingehalten werden. Diese Bedingungen, die verschiedenartige Formen haben können , von der rein finanziellen (z.B. nach oben begrenzte Ausgaben für einen bestimmten Sektor) bis zur detailliert vergleichenden (z.B. Kindergartenkapazitäten in den Regionen 1 und 2 sollen gleich gehalten werden), können Gründe für die Ablehnung eines Projekts abgeben, das die Voraussetzungen (i) bis (iv) schon befriedigt hat.

Bei der Genehmigung eines Projekts P_k werden alle budgetären und allgemeinen Grenzbedingungen ebenso wie die Infrastrukturmerkmale I auf den neuesten Stand gebracht - die ersteren in offensichtlicher Weise, die letzteren durch die Gleichungen (3-10) - der Algorithmus wird wieder aufgenommen und der ganze Prozeß wiederholt. Wenn die Bedingungen (ii) bis (v) nicht verletzt wurden aber $\{P_k\}_{c't^*}$ leer wird, wird ein neuer Zyklus c' durch $\mathcal{A}$ bestimmt. Wenn alle verbleibenden Projekte in $\{P_k\}_{c't^*}$ eine oder mehrere der Bedingungen in (ii), (iv) und (v) nicht befriedigen, so wird entweder ein neuer Zyklus c' bestimmt, oder die nächste Allokationsperiode $t^* + 1$ in Betracht gezogen, unter der Voraussetzung von $t^* + 1 \leq T^*$ - trifft dies nicht zu, endet die Allokation.

Es sollte beachtet werden, daß die Bedingung (iii) nur dann streng in der angegebenen Form gilt, sofern Zähler und Nenner positiv bleiben. Da sowohl negativer Nutzen $\delta_k Z$ und negative Kosten K_{P_k} vorkommen können, müssen besondere Maßnahmen für die sich ergebenden Möglichkeiten getroffen werden - diese sind hier nicht zum Ausdruck gebracht, aber es ist klar zu erkennen, daß ein Projekt, das einen positiven Nutzen bei negativen Kosten ergibt, eine sehr hohe Priorität in dem laufenden Zyklus erhalten muß. Entsprechend ist Bedingung (iv) aus dem gleichen Grund kein offensichtliches Kriterium, nach dem ein Projekt in einer bestimmten Zeitperiode t einfach "zu teuer" wird, da das nächste genehmigte Projekt eine finanziell günstige Wechselwirkung auslösen könnte, die das ursprünglich zu teuere Projekt wieder möglich erscheinen lassen könnte. Die Tiefe, bis zu der dieser Prozeß sich erstrecken kann, hängt von dem aufgewendeten Maß an Sorgfalt ab, wenn Projekte P_k, ihre Bedingungen $\mathcal{S}_{P_k}$, ihre Wechselwirkungen W_{kjs} und Bedingungen $\mathcal{S}_{W_{kjs}}$ zusammengesetzt werden, d.h. sie hängt von der Qualität des Planungsprozesses selbst und von seiner Koordination mit dem zur Modellanwendung eingerichteten "Verwaltungssystem" ab (s. §6).

Die Allokation hört auf, wenn entweder alle zutreffenden Projekte Genehmigung erhielten oder alle zutreffenden Projekte (vgl. Bedingungen (i), (ii) und (v)) zu teuer sind oder wenn $t^* > T^*$, d.h. eine Allokationsperiode erreicht wird, in der keine Mittelzuteilung (außer für Instandhaltung) vorgenommen werden soll.

Abb. 3.4 zeigt den grundlegenden Fluß innerhalb des Gesamtmodells, wobei aus Gründen der Einfachheit zu beachten ist, daß alle Datenrückkopplungswege und die Schaffung und Freigabe von notwen-

Abb.3.4: Flußdiagramm des Modells

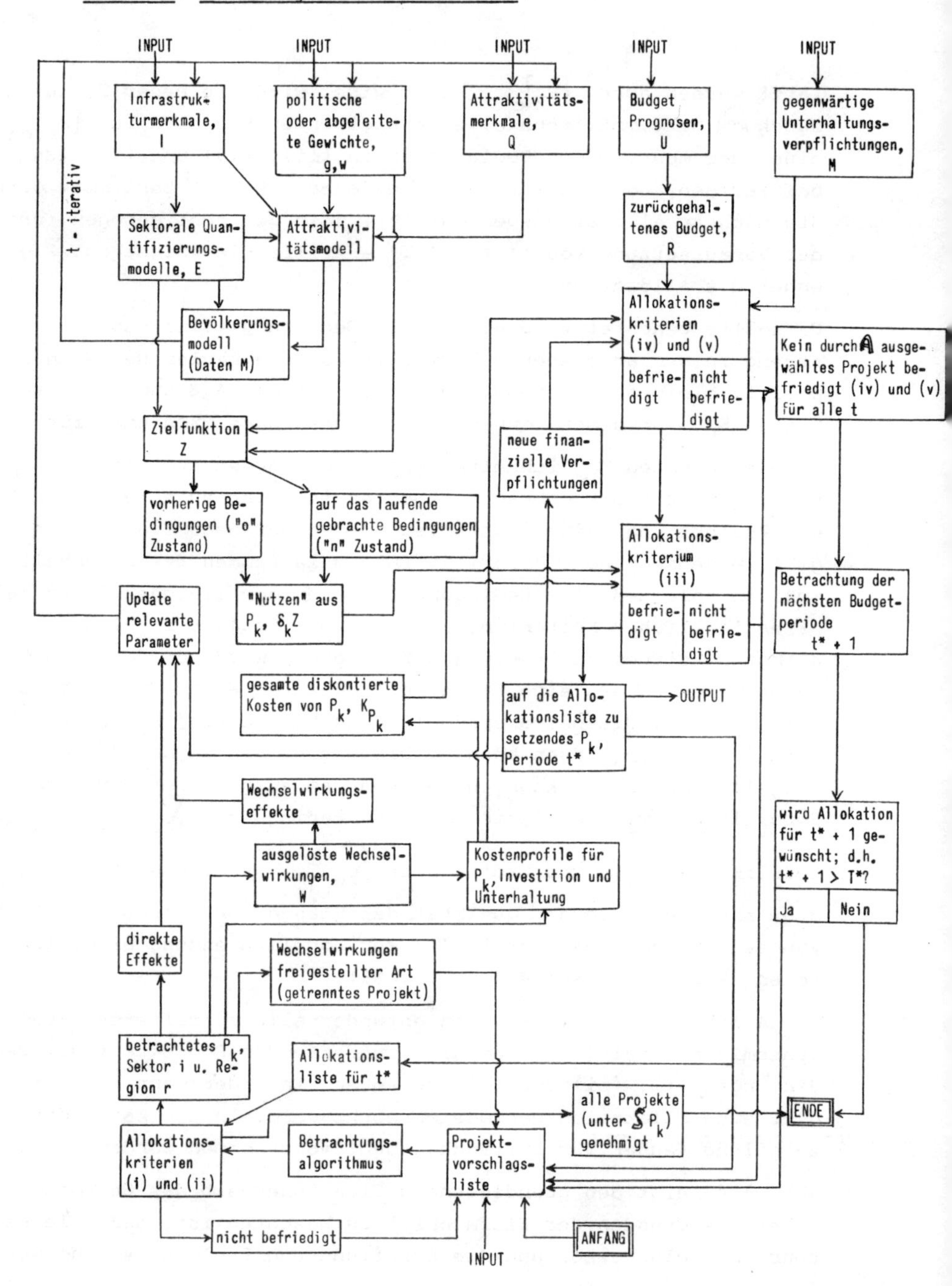

digen aber vorübergehenden Speicherplätzen nicht angedeutet sind. Die Iterationslogik, wie in Abb. 3.3 angegeben, ist ebenfalls nicht enthalten.

Die Verbindungen und der Ablauf des Modells sind nun beschrieben und ein formaler Apparat festgelegt. Eine viel weitergehende Erläuterung der Grundgedanken und Praxis der drei Hauptquantifizierungskomponenten, nämlich der sektoralen Quantifizierungen, des Attraktivitätsmodells und des Bevölkerungssubmodells ist jedoch erforderlich. Diese Erläuterungen folgen in §§ 3.3, 3.4 und 3.5, eine kurze Übersicht über die Datenerfordernisse des Modells und ein Kommentar dazu folgen in §3.6.

3.3 Infrastrukturquantifizierung

Die zentrale Frage in einem Entwicklungsprozeß, der im Endergebnis knappe Mittel auf eine Anzahl von technisch sehr unterschiedlichen wie auch (dem Zweck nach) verschiedartig orientierten Sektoren verteilen muß, ist traditionell die der Bestimmung von "Prioritäten" und des Abstimmens der Prioritäten - entweder gleichzeitig oder in einem besonderen "Nachverfahren" - mit den individuellen Finanzanforderungen die in Verbindung mit den verfügbaren Finanzmitteln auftreten.

Die obige Darstellung erfaßt in angenäherter Weise den Kernteil des Problems, für welches das Budgetallokationsmodell als systematische Entscheidungshilfe entwickelt worden ist. In diesem Abschnitt wird jedoch ein Teilaspekt, der der notwendigen sektoralen Quantifizierung, für eine genauere Betrachtung herausgegriffen.

Die erste Aufgabe einer solchen Quantifizierung ist die, einen dimensionslosen Indikator dafür aufzustellen, wie gut ein Sektor ausgestattet ist (oder seine Funktionen ausführt), gemessen an seinem angestrebten oder idealen Ausstattungsniveau (oder seiner erwünschten funktionellen Leistung). Diese Abschätzung des "Ist-Zustandes" liefert z.T. die Informationen, die bei der oben erwähnten Bestimmung der "Prioritäten" einen Beitrag liefern können. Zweitens kann sich eine Quantifizierung nicht auf eine Einpunktabschätzung (des Ist-Zustandes) beschränken - sie sollte auch das Verhalten der Infrastrukturausstattungsniveaus gegenüber allen den Parametern ergeben, die für die Quantifizierung ausgewählt und deshalb für wichtig gehalten werden. Kurz gesagt, sie soll als eine explizite oder implizite nichtdimensionalisierte mathematische Funktion aller sektoralen Merkmale aufgefaßt werden, sowohl die der Ziele wie auch tatsächlich gemessener, deren Einschluß für notwendig gehalten wird. Somit ergibt

$$E_{irt} \equiv E_{irt}(I_{irpt}, B_{rt}) \qquad \text{(s. Gleichung (3-1))}$$

nicht nur eine Punktabschätzung von E_{irt} für eine beliebige $\{I_{irpt}\}$ zu einem gegebenen Zeitpunkt t sondern auch, entweder durch eine explizite funktionale Beziehung oder durch eine implizite, z.B. durch ein Modell abgeschätzte, das Verhalten des Ausstattungsniveaus E_{irt} bei jedem I_{irpt}. Nur durch die Befriedigung beider Forderungen kann eine sektorale Quantifizierung als geeignet zur Herstellung eines Quantifizierungsrahmens für den gewollten Zweck von Budgetallokation angesehen werden – und dies ohne Einschluß irgendwelcher finanzieller oder explizit ausgedrückter politischer Aspekte. Eine solche Quantifizierung ergibt den Kern der Informationen nicht nur zum Zweck der Beurteilung oder der Verteilung von Prioritäten für vorgesehene Ausgaben , sondern soll auch umgekehrt die Grundlage für die Formulierung der vorgesehenen Ausgaben liefern.

Die Forderung der Nichtdimensionalität ist vor allen Dingen wichtig, da sie die Durchführung des intersektoralen Vergleichs ebenso wie die der intersektoralen Vereinheitlichung ermöglicht. Ihre Erfüllung ist weitgehend von der Verfügbarkeit einer Zielgröße für jedes in der Quantifizierung eingeschlossene Merkmal abhängig. Dies könnte eine unangenehme Situation für den sektoralen Planer oder die für die Entscheidung verantwortlichen Politiker sein, besonders wenn Merkmale eingeschlossen sind, die nicht weitgehend unabhängig sind bzw. wenn Ziele für diese Merkmale in ungenügender Weise festgelegt werden oder sogar unbekannt sind. Für die Vollständigkeit sektoralen Denkens ist es jedoch eine erwünschte Konsequenz, daß jeder sektorale Aspekt in seine Abhängigkeitshierarchie gestellt wird und sein Ziel hat. Es läßt sich in der Tat sagen, daß diese Forderungen eine Grund-

lage der sektoralen Planung darstellen, ob nun eine Entscheidungshilfe entwickelt wird oder nicht. Weiter ist zu bedenken, daß das Modell auch erfordert, daß alle Merkmale einschließlich der Ziele über eine Anzahl von Budgetperioden prognostiziert werden müssen, so daß eine gewisse Flexibilität vorhanden ist, "außergewöhnlichen" Situationen in bestimmten Jahren gerecht zu werden.
Mit einem Merkmalwert I_{irmt} (d.h. p = m, siehe Definition auf S. 47) und einer Zielgröße I_{irzt} (d.h. p = z) steht ein symbolisches, dimensionsloses "Zielerfüllungsniveau" I_{irmt}/I_{irzt} für das Merkmal m zum Zeitpunkt t für Sektor i in der Region r zur Verfügung. Dieser Quotient ist in dem Sinne symbolisch, daß jede Funktion $f(I_{irmt}/I_{irzt})$ dimensionslos bleibt und eine solche Funktion in besserer Weise als der einfache Quotient einen Realisierungsgrad für ein gegebenes Merkmal ausdrücken könnte.

Ein weiteres Erfordernis ist, daß der Realisierungsgrad für ein Merkmal zwischen 0 und 1 liegen sollte, d.h. in irgendeinem festgelegten geschlosssenen Intervall, das für alle Merkmale in allen Sektoren und Regionen gleich ist. Dies bietet keine großen Schwierigkeiten, da I_{irmt}/I_{irzt} für gewöhnlich positiv ist und vorausgesetzt wird, daß ein Maximalwert als "cut-off-Wert" auf der Basis annehmbar ist, daß Übererfüllung eines Zieles nicht mehr bedeutet als eine exakte Realisierung. Die Funktion f kann, falls erforderlich, entweder $f(I_{irmt}/I_{irzt})$ in inhärenter Weise auf das angegebene Intervall beschränken oder unter der Voraussetzung, daß eine klare sachliche Interpretation für sie gegeben werden kann, auch externen Beschränkungen unterliegen, um den f-Wert in dem gewünschten Einheitsintervall zu halten.

Beispiele für die obigen Prozesse könnten sein:

i) I_{irmt} ist die gemessene vorhandene Sozialwohnungskapazität (Menschen) und I_{irzt} ist der Prozentsatz der Gesamtbevölkerung, der als Zielgröße für diese Kapazität dient. Ein Realisierungsgrad

$$G = \frac{I_{irmt}}{I_{irzt}/100 \cdot B_{rt}} \quad , \quad o \leq G \leq 1$$

würde dann ein (linearer) Indikator für das Merkmal m, "Kapazität", im Sektor i, soziales Wohnungswesen, in der

Region r sein.

ii) I_{irmt} ist das Produkt aus der Bevölkerung (Individuen) mit ihrer Gehzeit von einem staatlichen Kindergarten. I_{irzt} ist die Zielzeit für jeden Einwohner. Ein Realisierungsgrad

$$G = \frac{I_{irzt} \cdot B_{rt}}{I_{irmt}} , \qquad 0 \leq G \leq 1$$

würde dann ein nicht linear (durch die Anwendung einer nichtlinearen Funktion f von I_{irmt}/I_{irzt}) angelegter Indikator für das Merkmal m, Erreichbarkeit, in einem Sektor i, Kindergärten, in der Region r sein.

Die Auswahl von sektoralen Merkmalen, die so oder in ähnlicher Weise gehandhabt werden sollen, ist eine Angelegenheit, die unmittelbar mit der sektoralen Definition und der verbundenen räumlichen Ebene zusammenhängt, für welche das Modell angewendet werden soll. Für Regionen, die aus einer oder einer kleinen Anzahl von Gemeinden bestehen, und für eng abgegrenzte Sektoren wäre die Vorstellung möglich, daß Statistiken auf Gemeindeebene, ob nun in erhobener Form oder anders, für den Indikatorbau angewendet werden könnten, da die erforderliche Mühe zur Zusammentragung und Erarbeitung der Daten erstens im unmittelbaren Interesse der Sektoren selbst wäre und zweitens keinen unverhältnismäßigen Aufwand darstellen würde. Auf einer "höheren" räumlichen Ebene (Land- oder Stadtkreis oder Land) würde nicht nur die Sektorfestlegung notwendigerweise unterschiedlich sein, sondern auch die Merkmale, die gewählt werden könnten, würden höchstwahrscheinlich entsprechend auf das veröffentlichte und unveröffentlichte aber leicht zugängliche Datenmaterial beschränkt werden müssen, z.B. auf Informationen, die unmittelbar in einer regionalen Datenbank zugänglich gemacht werden könnten. Im allgemeinen über spezifische Merkmale oder charakteristische Merkmaltypen zu spekulieren, die dann auf die meisten Sektordefinitionen und räumlichen Ebenen zu übertragen wären, ist daher eine nicht lohnende Aufgabe.

Für die das Modell erläuternde numerische Arbeit (§4.10 und §5) sind Quantifizierungen (wie in §4.4 beschrieben) auf Gemeindeebene mit sektoralen Merkmalen verwendet worden, die sich aus der folgenden Aufstellung zusammensetzen:

a) Kapazität
b) Altersstruktur
c) Standort (oder Erreichbarkeit)
d) Qualität oder Modernität
e) Instandhaltungsniveau

Jedes aufgeführte Merkmal kann selbst aus weiteren Komponenten bestehen (z.B. unter a) Kapazität verschiedener Art). Wenn das Merkmal nicht zutrifft (wie z.B. beim Merkmal "Qualität" in Verbindung mit dem in §4 betrachteten Sektor "Straßenwesen"), wird es nicht verwendet. Ohne Rücksicht auf die Details des weiter unten folgenden numerischen Teils der Arbeit, so gut durchdacht sie auch sein mag, diese Aufstellung ist nicht als eine konkrete Empfehlung für die Wahl von Merkmalen beabsichtigt, nicht einmal auf der angewendeten räumlichen Ebene der Gemeinde. Die tatsächliche Wahl der in einer beliebigen sektoralen Quantifizierung zu berücksichtigenden Merkmale, die für die praktische Anwendung entwickelt wurden, wird Aufgabe der sektoralen Planer sein, die, wie anzunehmen ist, in der Lage sind, nicht nur den Wert der hier verwendeten Quantifizierungen zu beurteilen, sondern die auch die erforderliche Sachkenntnis für die Aufgabe des Quantifizierungsentwurfs mitbringen sollten. Dies grenzt jedoch an die Aspekte der Anwendung des Modells und wird unten im Zusammenhang wiederaufgenommen werden (§6).

Es sei daher vorläufig angenommen, daß eine erforderliche und ausreichende Aufstellung von sektoralen Merkmalen und ihrer Ziele ausgewählt worden sei, so daß alle wichtigen Aspekte des definierten Infrastruktursektors berücksichtigt werden. Es kann ebenfalls angenommen werden, daß es ausreichende technische Gründe für die Wahl von Funktionen f gibt, so daß für jedes ausgesuchte Merkmal ein Indikator "Realisierungsgrad" berechenbar ist. Das unmittelbare Problem ist das, diese Realisierungsgrade zu einer einzigen Zahl zu kombinieren, die das Ausstattungsniveau (in der Region) für den betreffenden Sektor angibt. Das sektorale Ausstattungsniveau soll nun aus den bereits gewonnenen Indikatoren abgeleitet werden - das vertraute Problem der Kombination von Indikatoren.

Deutlich erkennbar unabhängige sektorale Indikatoren (Realisierungsgrade) können durch die Anwendung von Gewichtsfaktoren linear gekoppelt werden. Diese Faktoren sind entweder technisch vorbestimmt oder, falls dies nicht möglich ist, politisch festgesetzt. Z.B. hat in einem Sektor "Wasser und Abwasser" das Volumen des zu behandelnden Abwassers ein bestimmtes Verhältnis zu dem gelieferten Wasser; in einem Sektor "Altersheime" scheint das Verhältnis zwischen der Modernität und der Standortqualität irgendeiner Kapazität nicht so offenkundig zu sein und würde wahrscheinlich "politisch" festgelegt werden müssen. Es ist mit Bestimmtheit voraussagen, daß sektorale Forschungen falls sie mit diesem Ziel erfolgten, Empfehlungen für viele Gewichtsfaktoren hervorbringen würde, die Realisierungsgrade miteinander verbinden. Diese könnten dann, falls politisch akzeptabel, angewendet werden.

Für Merkmale, deren Realisierungsgrade nicht unabhängig oder die ganz offensichtlich nicht linear zu koppeln sind, ergibt die Zusammensetzung von Realisierungsgraden ein ernsteres Problem. In der numerischen Arbeit, dargelegt in §§4 und 5, hat z.B. das Merkmal "Kapazität" die unterstellte Eigenschaft, daß offensichtlich unzureichende Kapazität, ohne Rücksicht darauf, wie modern die Infrastruktureinrichtungen sind, wie hoch ihre Qualität oder wie günstig ihr Standort, die Quantifizierung (zum schlechteren) dominiert und daher unmöglich mit den anderen Merkmalen linear gekoppelt werden kann. Das Verhältnis des Realisierungsgrades dieses Merkmals mit den anderen soll eine besondere, nichtlineare Form annehmen. Existieren mehr als ein solcher Faktor, wird eine einfache , meistens lineare Kopplung der signifikanten Aspekte eines Sektors sehr unwahrscheinlich, und das Problem wird auf den Bau eines Modells zurückgeführt, das das Ausstattungsniveau ergibt oder eine Anzahl von zusammengesetzten Indikatoren, die dann in einfacher Weise zur Angabe des Ausstattungsniveaus kombiniert werden können. Abgesehen von den Grundsätzen hinter der numerischen Arbeit, die lediglich zur Erläuterung dient, werden hier keine weiteren Hinweise zur Durchführung sektoraler Quantifizierung gegeben. Die Wahrscheinlichkeit, daß sich, im Gegensatz zu einer expliziten Funktion, aus einer gründlichen Untersuchung einer sektoralen Quantifzierung ein Modell ergibt, ist jedoch sehr hoch, besonders wenn die Frage der politischen Gewichtsfaktoren und ihrer Implikationen berücksichtigt wird. Zur Verdeutlichung seien die Merkmale "Kapazität" und "Qualität" eines gewissen Sektors betrachtet, die durch ausschließlich politisch gesetzte Gewichtsfaktoren gekoppelt sind. Selbstverständlich ist es möglich, daß in dem durch den Allokationsprozeß betrachteten Zeitraum ein festes, konstantes Verhältnis für die beiden Gewichtungen, z.B. 3:1, festgesetzt werden könnte. Es ist jedoch wahrscheinlicher, daß ein solches einfaches Verhältnis, sogar wenn es intuitiv festgesetzt wird, nicht auftritt; Gewichtungen werden auf einer mit dem Modell zustandekommenden "Lernerfahrungsgrundlage" entwickelt und dies sollte, aus spezifischen politischen Rücksichten, zu einer zeitlichen Änderung der Gewichtungen und vielleicht auch zu einer verständlichen Änderung hinsichtlich des ziemlich fundamentalen Merkmals "Kapazität" führen.

Graphisch dürfte dies wie folgt aussehen:

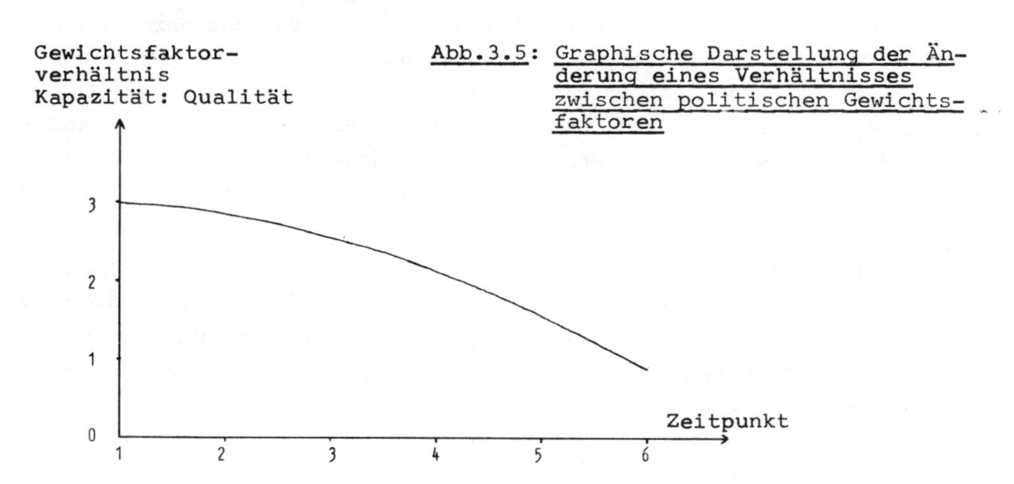

Abb.3.5: Graphische Darstellung der Änderung eines Verhältnisses zwischen politischen Gewichtsfaktoren

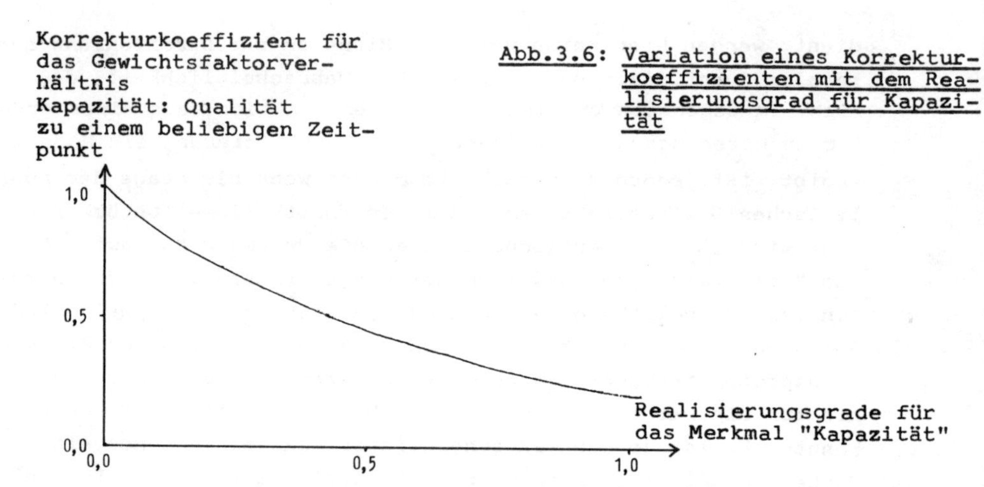

Abb.3.6: Variation eines Korrekturkoeffizienten mit dem Realisierungsgrad für Kapazität

Die beiden hier erläuterten vorstellbaren Effekte sind:

(i) Mit der Zeit sollte es die allgemeine Investitions-(und Instandhaltungs)politik sein, mehr Akzent auf "Qualität" und weniger auf "Kapazität" zu legen. Ist zum Zeitpunkt 1 das Verhältnis 3:1 zugunsten von Kapazität, so fällt es zum Zeitpunkt 6 auf 1:1.

(ii) Entsprechend dem Realisierungsgrad für das Merkmal "Kapazität" wird ein Korrekturfaktor für das obige Verhältnis mit der Absicht eingeführt, den Akzent auf Qualität umso mehr zu verstärken, je näher das Kapazitätsziel erreicht wird. Entsprechend ist dieser Faktor (s. Abb.3.6) 0,44 für einen Realisierungsgrad von 0,5. Dies ergibt ein Gewichtungsverhältnis Kapazität:Qualität von 2,55 . 0,44 : 1 = 1,12:1 zum Zeitpunkt 3.

Beide dargelegten Tendenzen dürften realistischerweise zu erwarten sein. Die Kurven brauchen keinen mathematischen Formeln zu entsprechen (es ist wenig sinnvoll zu erwarten, daß der Entscheidungsträger in mathematischen Formeln denken könnte oder sollte), aber es ist doch klar, daß es nur weniger solcher Kopplungsverhältnisse bedarf, um eine (vermeintlich) technisch problemlose sektorale Quantifizierung so zu komplizieren, daß eine modellähnliche Konstruktion eine unumgängliche Notwendigkeit wird. Es gibt kein Zögern in dieser Arbeit bei der Annahme, daß Sektorexperten in der Lage sind, vielleicht in Verbindung mit den Entscheidungsträgern, sektorale Ausstattungsniveaus E_{irt} hervorzubringen, die sorgfältig durchdachte Widerspiegelungen des Zustandes des Sektors sind, entsprechend den an ihn gestellten Anforderungen. Die Quantifizierungen können sehr einfach oder äußerst kompliziert sein - in dieser Hinsicht gibt es keine Beschränkung mit der möglichen Ausnahme bezüglich Computerkapazität und -zeit. Betreffs der für mehrere Sektoren berechneten Punktwerte für das Ausstattungsniveau treten jedoch die unmittelbaren und wichtigen Fragen auf bezüglich erstens Genauigkeit und zweitens des intersektoralen Vergleichs.

Eine implizite Annahme der formalen Modellbeschreibung (§3.2) ist, daß alle in Funktionsform ausgedrückten Größen auf einer Kardinalskala beruhen - insbesondere für sektorale Quantifizierungen die E_{irt} der Gleichung (3-1). Eine Kardinalskala ist (im Gegensatz zu den anderen in Frage kommenden Nominal- oder Ordinalskalen) eine unbedingte Notwendigkeit, da Investitionen Prioritäten zugeordnet werden entsprechend ihren Kosten und ihrem "Nutzen", gemessen durch die verursachten Unterschiede in den Infrastrukturquantifizierungen. In Verbindung mit den beiden vorliegenden Fragen und den früher gemachten Hinweisen zur Bildung von sektoralen Quantifizierungen durch Experten ist es relevant, Strassert/Turowski zur Bildung von Kardinalskalen anzuführen, was allerdings zum Zwecke der Nutzenweranalyse ausgesprochen wurde aber hier trotzdem einen unmittelbaren Bezug hat [36]:

"Bewertungsskalen sind nicht vorgesehen, sondern werden erst mit Hilfe von Testpersonen aufgestellt. Durch Verwendung von Verfahren aus der Psychophysik und Psychometrie, die teilweise auf wahrscheinlichkeitstheoretischen Ansätzen beruhen, lassen sich Skalierungen ermitteln, die Kardinalskalen schon sehr nahe kommen. Allerdings ist der Aufwand relativ groß, insbesondere werden Geduld und Urteilskraft der Testpersonen stark beansprucht. In Anbetracht der strategischen Bedeutung der Skalierung für die Nutzwertanalyse scheint ein diesbezüglich hoher Aufwand jedoch gerechtfertigt."

Wenn hier "sektoraler Experte" für "Testperson" und "sektorales Ausstattungsniveau" für "Nutzwertanalyse" ausgewechselt werden und berücksichtigt wird, daß der angeführte Prozeß an jeder kritischen Stufe in dem Aufbau einer Quantifizierung stattfindet, so wird ein Eindruck von den Abstimmungsprozessen sowohl innerhalb des Sektors wie auch sehr wahrscheinlich innerhalb der entscheidungstragenden Körperschaft vermittelt, die notwendig sind, den Indikator E_{irt} zu bilden.

Die Frage der Genauigkeit wird hier implizit berücksichtigt. In jedem Teilbereich, z.B. für jedes Dezil der [0,1]-Skala für E_{irt}, werden die Implikationen und Gründe für die Bewertung und die Bewertungen selbst durch Diskussion ermittelt, durch einen Prozeß von Versuch und Abstimmung der sektoralen Experten untereinander. Da das Modell multiregional ist, soll diese Abstimmung soweit technisch möglich* ebenfalls multiregional sein, da es eine Forderung des Modells ist, daß dieselbe sektorale Quantifizierungsfunktion (Modell) in jeder Region angewendet wird. Die unterstellte Genauigkeit ist daher abhängig davon, wie viel "Geduld und Urteilskraft" aufgewendet wurde. Es ist im Grunde nicht möglich von einer Irrtumswahrscheinlichkeit von 1,5% oder 10% zu schreiben, da die Wahrheit in den obigen kaum quantifizierbaren Qualitäten liegt, d.h. von der professionellen Meinung der beteiligten Experten geprägt wird. Es ist jedoch anzunehmen, daß Irrtumswahrscheinlichkeiten von 5% und weniger erreichbar sind und daß mit relativ geringem Zeit- und Kostenaufwand auch 5% bis 10% schnell erzielt werden, wenn einmal die Merkmale und Merkmalziele eines Sektors gemessen bzw. bekannt wurden. Wird eine "Genauigkeit" dieser Größenordnung dann auf die Aufstellung der Investitionsallokation selbst übertragen, und zwar in selbstver-

---

*Technische Gründe könnten zu unterschiedlichen Quantifizierungen für einen Sektor in verschiedenen Regionen führen. Z.B. führten in der in §4.4 dargelegten Quantifizierungsarbeit die unterschiedlichen geographischen Bedingungen in den 3 Regionen zu unterschiedlichen Quantifizierungen für den Sektor "Ökologie".

ständlicher Übereinstimmung mit allen anderen Prämissen dieser Arbeit, dann würde ohne Zweifel ein großer Fortschritt in der Infrastrukturbudgetallokation erzielt werden. Eine Sensitivitätsanalyse in dieser Hinsicht ist jedoch nicht in einfacher Weise außer durch die Erprobung von Quantifizierungsvarianten durchzuführen. Dies wird in §5.4 versucht.

Das Problem der Validität des intersektoralen Vergleichs ist daher auch zum Teil beantwortet.

Da die "Wahrheiten" in den Bereichen $E_{irt}, E_{jst} \in (0,1)$, wo $i \neq j$, definitiv nicht erkennbar sind, muß angenommen werden, daß $E_{irt} = 0{,}5$ (ein geschätztes Ausstattungsniveau von 50%) mit $E_{jst} = 0{,}5$ direkt vergleichbar ist, obgleich die Sektoren und vielleicht auch die Regionen gänzlich verschieden sind. Wenn derselbe Grad von wissenschaftlicher "Geduld und Urteilskraft" für jede sektorale Bewertung aufgebracht wurde, gibt es keinen Grund, die unterstellte Äquivalenz zu bezweifeln. Zu beachten ist, daß die Endpunktwerte $E_{irt} = 0$ (was sektoral vollständige Nichtfunktionalität bedeutet) und $E_{irt} = 1$ (was die 100%ige Erfüllung der angegebenen Ziele heißt) von dieser Erörterung ausgeschlossen sind, da hier die "Wahrheit" für alle Sektoren und Regionen definitiv festliegt. Vergleiche von E_{irt} und E_{ist} bei $r \neq s$ sind ebenfalls angeschlossen, da dieselbe Quantifizierungsmethode für einen gegebenen Sektor, wenn auch in verschiedenen Regionen, angewendet werden sollte.

Es verbleibt, in diesem Abschnitt die möglichen Formen zu diskutieren, die ein funktionell oder auf Modellgrundlage hervorgebrachtes Ausstattungsniveau E_{irt} annehmen kann. Da

$$E_{irt} \equiv E_{irt}(I_{irpt}, B_{rt})$$

ist, d.h. da das Ausstattungsniveau eine Funktion vieler Variable ist, wird die Diskussion auf eine Betrachtung der Form von E_{irt} gegenüber einem der Merkmale I beschränkt, hauptsächlich dem ohne Zweifel wichtigen Merkmal "Kapazität".

Es ist $0 \leq E_{irt} \leq 1$, und innerhalb dieses Bereichs ist es sicher, daß ein korrekt konstruiertes E_{irt} eine mit jedem Merkmal I_{irpt}

zunehmende Funktion ist, solange das Merkmal als eine nützliche sektorale Qualität angesehen wird. Wird die Diskussion auf das Verhalten von E_{irt} mit zunehmender Kapazität vorläufig beschränkt (wie diese auch immer definiert wird), so wird E_{irt} immer eine zunehmende Funktion sein mit einem Maximum bei dem Kapazitätswert entsprechend der Zielkapazität. Dieser Maximumwert braucht nicht $E_{irt} = 1$ zu sein, denn obwohl die Zielkapazität erreicht wurde, brauchen andere Merkmale (z.B. Zugänglichkeit) ihre Zielwerte nicht erreicht zu haben.

Bei der Kapazität Null ist jede denkbare Funktionalität nicht existent, und deshalb ist der Ursprung ein Punkt auf jeder möglichen Form. Die Kapazität Null muß jedoch durchaus nicht immer allein $E_{irt} = 0$ kennzeichnen, denn es sind sehr wohl Situationen denkbar, in welchen wenigstens eine gewisse Minimalkapazität vorhanden sein muß, um irgendeine positive Funktionalität für den Sektor zu gewährleisten.

Zwischen dem Anfangspunkt und dem Endpunkt braucht E_{irt} keine lineare Form anzunehmen und tut dies auch wahrscheinlich nicht. Konvexe (oder "soziale") Formen sind möglich, die eine Situation ausdrücken, bei der Kapazitätszunahmen bei niedriger Kapazität wertvoller erscheinen als dieselben Zunahmen auf einem höheren Niveau. Umgekehrt kann es Situationen geben, in denen eine Kapazitätszunahme von einem höheren Niveau aus wirksamer ist, was zu einer (wenigstens teilweisen) konkaven Funktionsform für E_{irt} führt. Verschiedene mögliche Formen sind in Abb.3.7 dargestellt. Für den Zweck der Klarstellung enden alle Funktionen in demselben Endpunkt, in dem keine weitere Zunahme an Kapazität für E_{irt} erfolgen kann, ohne das Ziel zu ändern.

Die lineare Form (1) benötigt wenig Erklärung außer der Bemerkung, daß eine lineare Form insbesondere bezüglich der Kapazität eine ziemlich unwahrscheinliche Quantifizierungslösung ist angesichts des speziellen Verhältnisses der Kapazität zu den anderen Merkmalen des Sektors und insbesondere, wie bereits dargelegt, in Verbindung mit den Gewichtungen, die in der Quantifizierung zu setzen sind.

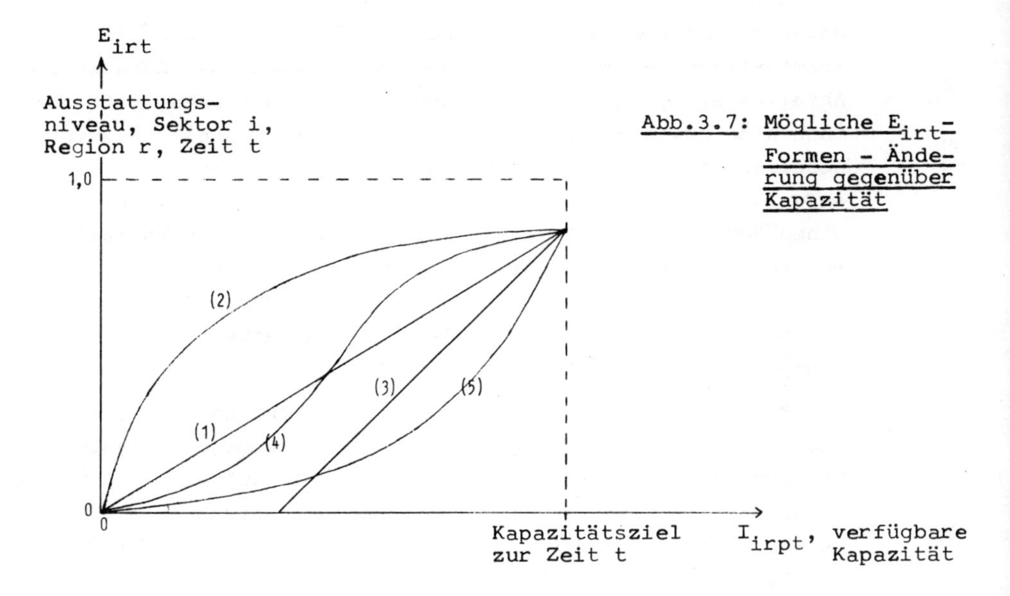

Abb.3.7: Mögliche E_{irt}-Formen - Änderung gegenüber Kapazität

Die konvexe Form (2) stellt eine Situation dar, etwa in einem Sozialbereich, in der eine schnelle Steigerung des Ausstattungsniveaus als Reaktion auf (Kapazitäts)Investition eintritt, wenn verglichen mit dem Ziel tatsächlich nur eine geringe Kapazität existiert. Diese schnelle Steigerung mit einer Zunahme an Kapazität von einem niedrigen Ausgangsniveau könnte für eine Anzahl von Sektoren zutreffen (Altersheime, Kindergärten, post- und pränatalen Kliniken, Sozialwohnungen usw.), bei denen eine deutliche soziale Verpflichtung vorliegt aber keine absolute Notwendigkeit erkennbar ist. In diesen Sektoren gibt es sowohl privat organisierte Alternativen oder Strukturen, oder es könnte sie geben, und der Gewinn aus weiterer Kapazität im Sektor (gegenüber dem Gewinn aus der Verbesserung anderer sektoraler Merkmale) erscheint umso weniger bedeutsam, weniger dringend, je mehr Kapazität bereits vorhanden ist.

Als vollständiges Gegenteil zu dieser Situation stellt die Form (3) ein absolutes Minimum an Kapazität (ohne Rücksicht auf andere Merkmale) dar, das selbst für ein Minimum an Funktionalität notwendig ist. Denkbare Sektoren in dieser Kategorie sind die Kriminalitätsbekämpfung oder Verkehrslenkung, das Straßennetz, Abfallbeseitigung, Wasserversorgung usw., Sektoren, bei denen ohne eine gewisse Minimalkapazität der strukturelle Rahmen der Gesellschaft, der gegenwärtig wünschenswert erscheint, sich aufzulösen beginnen würde. Ähnliche Formen sind ebenfalls für einen Sektor "Umwelt" vorstellbar, in dem (in diesem Fall) maximal zu tolerierende Größen vorkommen. Die Kurve (3) ist von ihrem Schnittpunkt mit der x-Achse linear dargestellt, sie könnte aber eine beliebige andere der dargestellten Formen annehmen, je nach dem betrachteten Sektor.

Die Formen (4) und (5) stellen Infrastrukturquantifizierungen dar, bei denen die Anfangskapazität einen weniger bedeutsamen Einfluß auf das Ausstattungsniveau hat als später bereitgestellte Kapazität. Dies ist eine typische "Netzsituation", bei der je nach dem Ausmaß des betrachteten Sektors die die Lücke zwischen tatsächlicher und angestrebter Kapazität füllenden Investitionen im mittleren (Form 4) und Endbereich (Form 5) am stärksten auf das Ausstattungsniveau einwirken. Diese Formen sind daher für Sektoren mit Netzcharakter wie Wasserversorgung, Straßen, Eisenbahnen, Nachrichtenwesen oder Energieversorgung vorstellbar.

Für andere Merkmale als "Kapazität", z.B. die der Standortqualität oder Erreichbarkeit (für Sektoren wie öffentliche Büchereien, Schulen, Feuerwehr usw.) nimmt der Verlauf von E_{irt} mit dem Realisierungsgrad eine von den in Abb.3.7 dargestellten Funktionen unterschiedliche Form an. Einige (linearisierte) Möglichkeiten sind in Abb.3.8 dargestellt, in der der Endpunkt wiederum gemeinsam ist und lineares Verhalten nur zum Zweck der Einfachheit der Darstellung angenommen wurde.

Es ist sofort zu erkennen, daß diese Kurven nicht im Koordinatenursprung beginnen müssen, d.h. daß in manchen Sektoren sehr schlechte Standortqualität eine gewisse Funktionalität nicht ausschließt. Form (1) z.B. könnte auf die Infrastruktur "Schulen" zutreffen, da hier Standortqualität keinen beherrschenden Einfluß auf die Effizienz dieses Sektors ausübt. Wo die Inanspruchnahme eine größere Freiheit läßt, z.B. bei öffentlichen

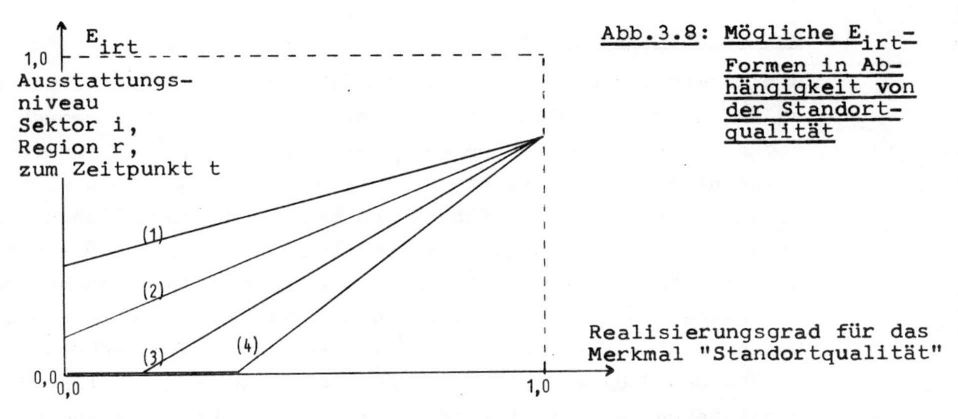

Abb.3.8: Mögliche E_{irt}-Formen in Abhängigkeit von der Standortqualität

Büchereien, ist der Standorteffekt wichtiger, und Form (2) würde angemessener sein. Die Formen (3) und (4) stellen Situationen (z.B. für den Feuerlöschdienst) dar, bei denen ein Minimalniveau der Standortqualität unerläßlich ist. Um es zu wiederholen, die linearen Formen könnten je nach dem Sektor durch deutlich nichtlineare mit einer sachlich gleich guten Interpretation ersetzt werden, die schon für die nichtlinearen Formen in Abb.3.7 gegeben wurde.

In der durchgeführten numerischen Arbeit (§§4 und 5) sind die Formen (1), (2), (3) und (5) der Abb.3.7 und die Formen 3.8 für Demonstrationszwecke angewendet worden. Zusätzlich wurden in §5.4 Quantifizierungsvarianten für die konvexe und konkave Form der Abb.3.7 erprobt sowie die Auswirkungen auf die Allokation untersucht.

Es ist am Schluß dieses Abschnitts nur zu wiederholen, daß eine sektorale Quantifizierung in dem hier behandelten Sinn keine unmögliche Aufgabe sondern vielmehr einen vernünftigen und absolut notwendigen Teil von sowohl dem Planungs- wie auch Allokationsprozeß darstellt. Komplexität und der Mangel an Genauigkeit, verbunden mit der Notwendigkeit intuitive Urteile in einem Quantifizierungsprozeß anzuwenden, können keine Entschuldigung dafür sein, solche Quantifizierungen zu erproben.

3.4 Das Attraktivitätsmodell

Die Auswirkungen öffentlicher Ausgaben können nicht gänzlich an den in dem Bereich der materiellen Infrastruktur gemachten Fortschritten gemessen werden - eine Landschaft von modernen Altersheimen, durchkreuzt von breiten, leistungsfähigen Straßen, die belebte Geschäftszentren mit umweltfreundlichen Industriegebieten verbinden, alles von Regenerationsfläche für die landwirtschaftliche und Freizeitnutzung umgeben, braucht durchaus keine Landschaft zu sein, in der der Mensch leben und arbeiten möchte. Der regionale Charakter und damit verbunden ein Gefühl des Stolzes oder der Tradition sind Bestandteile, die möglicherweise auch ohne adäquate Infrastruktur vorhanden sein können aber selbst dann wesentlich sind, wenn alle Infrastrukturziele erreicht wurden. In Verbindung mit den zwei Funktionen Wohnen und Arbeiten sollte eine Region angemessene städtische Siedlungsgebiete und vor allem ein quantitativ und qualitativ ausreichendes Angebot an Arbeitsplätzen haben, Aspekte, die nicht unmittelbar durch öffentliche Infrastrukturausgaben zu beeinflussen sind, da hier der private Bereich normalerweise eine beherrschende Rolle spielt. Das Fehlen von einer oder mehreren der vier Komponenten Infrastruktur, regionaler Charakter, attraktive Lebens- und Arbeitsmöglichkeiten kann nicht nur zu einer Abwanderung der Bevölkerung sondern auch zu einer Verschlechterung der Bevölkerungs- und Qualifikationsstruktur, d.h. zu einer beunruhigenden oder sogar instabilen Lage führen. Die Abwanderung aus den deutschen Großstädten während der letzten 10 Jahre in die umgehenden Gemeinden (in denen ein Gewinn an Wohnwert zu verzeichnen ist) oder die einhundertjährige Auswanderung aus allen Gebieten Irlands (wo Mangel an Arbeit und praktisch nichtvorhandener Infrastruktur die nationale Bevölkerung in dieser Zeit halbiert haben), belegen diese wahrscheinlich sehr einleuchtende Feststellung.

Das Allokationsmodell enthält, wie in §3.2 dargelegt, ein Wanderungssubmodell. Wie oben umrissen sind Wanderungsbewegungen nicht durch Unterschiede in der Infrastruktur allein zu erklären, andere Bestandteile aus anderen wichtigen regionalen Strukturbetrachtungen sollen ebenfalls erfaßt werden. Diese Bestandteile wurden in §3.2 als "Attraktivität" bezeichnet. Zusammengefügt werden ihre Komponenten, Merkmale und Indikatoren "das Attraktivitätsmodell" genannt.

Gewiß ist ein Gefühl regionaler Tradition oder des regionalen Charakters schwierig zu quantifizieren, die anderen oben erwähnten Attraktivitätskomponenten sollten aber, wenn einmal gut definiert, durch gezielte Forschung herauszuarbeiten sein - jedenfalls bis zu einem gewissen Grad der Genauigkeit.

Es sei angenommen, daß "Attraktivität" zwei Hauptimplikationen hat: eine Region soll attraktiv sein erstens für die Einwohner, sie soll "Wohnwert" haben, zweitens für den Unternehmer, sie soll "Standortgunst" haben[37]. Diese beiden Größen sind natürlich relativ und dies auf verschiedenen Ebenen. Unter den betrachteten Regionen könnte eine in diesem Sinn "attraktiver" sein als andere; der regionale Komplex kann insgesamt eine positive Attraktivität im Vergleich mit den unmittelbaren Nachbarn haben; schließlich können die Regionen positive (oder negative) Attraktivität im Vergleich mit nationalen Normen für Regionen des gleichen Typs haben.

Es darf nicht angenommen werden, daß ein ständig steigendes "Attraktivitätsniveau" ein ideales Ziel darstellt. In dieser Hinsicht sollten Ziele entsprechend den Absichten z.B. bezüglich des Wanderungssaldos oder bezüglich der Zahl und Struktur der vorhandenen Arbeitsplätze ausgedrückt werden. Die einzelnen Indikatoren für die betrachteten Attraktivitätsmerkmale, ob nun für Wohnwert oder Standortgunst, können dann so angelegt werden, daß sie den strukturellen Wohn- und Beschäftigungszielen entsprechen - wobei dieser Prozeß wahrscheinlich nicht auf einer rein analytischen Ebene verläuft, sondern das Ergebnis einer durch vergleichende Analysen wie auch iterativ gewonnene Erfahrung in den einzelnen Regionen darstellt. Es ist hier nicht die Absicht Empfehlungen für die Anwendung spezifischer Indikatoren der "Attraktivität" oder deren angenommenen beiden

Hauptfaktoren, nämlich Wohnwert und Standortgunst, bereitzustellen, eine kurze Aufzählung der grundlegenden Anforderungen an diese Faktoren ist jedoch vielleicht angebracht.

"Wohnwert", in vorteilhaftem Ausmaß vorhanden, bedeutet, daß eine Region städtische Siedlungsgebiete aufweist, wo qualitativ gute Wohnmöglichkeiten bei (marktentsprechend) nicht unzumutbaren Kosten vorhanden sind, daß es ein vielfältiges Angebot für Freizeitgestaltung innerhalb vertretbarer Entfernungen gibt, daß Luft- und Bodenverschmutzung sowie die Lärmbelästigung innerhalb Grenzen liegen, bei denen körperliche und geistige Gesundheit nicht gefährdet werden, und daß die öffentliche Versorgungsinfrastruktur, einschließlich Bildung und Kultur, in ausreichendem Maße vorhanden ist. Des weiteren ist ein entwickelter tertiärer Sektor mit genügender wenn nicht sogar guter Zugänglichkeit ein Lebenserfordernis, das immer mehr verlangt oder von allen akzeptiert wird. Schließlich soll eine starke regionale Wirtschaft vorhanden sein, die eine Vielzahl und Vielfalt von sicheren Arbeitsplätzen aufweist - eine ausreichend tragfähige Wirtschaft, die strukturelle Änderungen verträgt und genügend flexibel ist, um Hochkonjunkturen im Wirtschaftsablauf voll auszunutzen.

Andererseits erfordert "Standortgunst" (für den Unternehmer), daß Industriefläche (oder die für den tertiären Sektor) und dessen Entwicklungsmöglichkeiten vorhanden und die benötigten öffentlichen und privaten Versorgungssysteme gut vertreten sind, daß die örtlich zur Verfügung stehenden Transport- und Bildungseinrichtungen den gewünschten Anforderungen entsprechen und letztlich, daß ein quantitativ und qualitativ ausreichendes Arbeitskräftepotential innerhalb einer attraktiven Pendelentfernung zur Verfügung steht. Für einige Branchen insbesondere für den tertiären Sektor ist das Vorhandensein eines ausreichenden lokalen Absatzmarktes auch wichtig.

Diese zwei Forderungskategorien passen eng zueinander, haben parallele Züge und stellen parallellaufende wenn auch nicht identische Anforderungen an die öffentliche Hand. Es handelt sich, wie bereits gesagt, um relative Forderungen, die Bedeutung nur im Vergleich mit anderen räumlichen Einheiten gewinnen. Die Forderungen betreffen zumeist entweder direkt oder grenzen an die Frage des Niveaus, der Qualität und Struktur von räumlichen Gegebenheiten, die durch öffentliche Ausgaben beeinflußt oder durch öffentliche Planungsentscheidungen gestaltet werden, z.B. gilt dies für die Transportwege oder hinsichtlich des Flächennutzungsplanes.

Die vollständige Einbeziehung der oben dargelegten Auffassung der "Attraktivität" in einem Budgetallokationsprozeß in genau quantifizierter Weise ist jedoch eine Aufgabe, vor der selbst der größte Optimist verzagen muß. Trotzdem ist es eine Aufgabe, die in verschiedenen formalen, wenn nicht sogar der Wirklichkeit entsprechenden Ansätzen partiell zu lösen ist:

(i) Unter Verwendung von modellinternen und -externen Informationen werden Attraktivitätsindikatoren A_{vrt} (Region r, Zeitpunkt t, Indikator v) in der gleichen Art wie die in §3.3 auf Infrastruktur bezogenen Realisierungsgradindikatoren gebildet (d.h. unter Verwendung tatsächlicher oder vorausgesagter Parameter und Zielparameter, wenn nötig unter Verwendung einer Umwandlungsfunktion f und normalisiert, so daß $0 \leq A_{vrt} \leq 1$ ist). Diese Indikatoren werden dann mit den E_{irt} (und wenn nötig mit der regionalen Bevölkerung B_{rt} - da sie ebenso wahrscheinlich wie die E_{irt} bevölkerungsabhängig sind) zu einer Abschätzung des regionalen Ausstattungsniveaus kombiniert:

$$Z_{rt} \equiv Z_{rt}(E_{irt}, g_{irt}, A_{vrt}, g_{vrt}) \quad \text{(nämlich Gleichung (3-2))}$$

Wie die sektoralen Ausstattungsniveaus E_{irt} können auch die Attraktivitätsniveaus technische oder politische Gewichtungen g_{vrt} erhalten. Die Zielgrößen in der Formulierung der A_{vrt} befinden sich in Übereinstimmung mit den grundsätzlichen strukturellen Zielen des Wohnens und Arbeitens (bzw. Wohnwert und Standortgunst) auf regionaler Ebene und werden wahrscheinlich auch so gewählt, daß das notwendige Gleichgewicht (d.h. mit komplex internen Regionen, anderen benachbarten Regionen oder sogar auf nationaler Vergleichsbasis) erreicht wird.

Da das Bevölkerungsmodell die regionale Bevölkerung regelt oder prognostiziert entsprechend

$B_{rt} \equiv B_{rt}(Z_{rt-1}, M_{qrt}, B_{rt-1})$, (nämlich Gleichung (3-5)),

erhalten die Attraktivitätsindikatoren formal den Status von selbständigen "Infrastrukturen" nicht nur in der Berechnung des regionalen Ausstattungsniveaus sondern auch in ihrem geschätzten Einfluß auf die Bevölkerungsbewegung.

(ii) In einer Parallelformulierung zu (i) würde es möglich sein, von Anfang an "Sektoren" festzulegen, die Attraktivitätsindikatoren oder Bündel davon enthalten (z.B. Verteilung und Struktur von Industriearbeitsplätzen), ihr "Ausstattungs"- oder Realisierungsniveau (gemessen an den Zielen) ebenfalls E_{irt} zu nennen und die A_{vrt} Schreibweise aufzugeben. Die Interpretierung von Gleichung (3-2) bliebe die gleiche. Das System würde jedoch den Nachteil einer gespaltenen "sektoralen" Definition haben und wurde deshalb nicht gewählt, d.h. die Begriffe "Infrastruktur" (das direkte Medium, für das die in dieser Untersuchung betrachteten öffentlichen Mittel angefordert werden) und "Attraktivität" (mit einer geringeren Verbindung mit den entsprechenden öffentlichen Ausgaben) wurden formal getrennt gehalten.

(iii) Die Attraktivitätsindikatoren treten nicht in den regionalen Ausstattungsfunktionen auf, so daß diese jetzt als regionale Infrastrukturindikatoren ohne "infrastrukturexterne" Komponenten wie

(3-2a) $Z_{rt} \equiv Z_{rt}(E_{irt}, g_{irt})$

erscheinen. Sie werden vielmehr einzeln in das Bevölkerungssubmodell aufgenommen, so daß

(3-5a) $B_{rt} \equiv B_{rt}(Z_{rt-1}, M_{qrt}, A_{vrt-1}, B_{rt-1})$

ist. Dieser Ansatz ist deswegen realistisch, weil er der Rolle der Attraktivitätsindikatoren größere Flexibilität bei der Schätzung von Wanderungen verleiht (z.B. konjunkturelle Parameter könnten in vorstellbarer Weise eingeschlossen werden). Er hat den Nachteil, daß das regionale Ausstattungsniveau (Gleichung (3-2a)) dann eine nicht korrigierte Zusammensetzung der sektoralen Ausstattungsniveaus (mit ihren Gewichtungen) ist, die grundsätzlich auf der Wohnbevölkerung basiert. Dies wird nicht als eine völlig erwünschte Eigenschaft für Z_{rt} angesehen, insbesondere wenn die Verteilung der innerhalb des regionalen Komplexes wohnenden und arbeitenden Bevölkerung stark divergiert.

Der formalen Darlegung der numerischen Arbeit in §§4 und 5 liegt die Lösung (i) zugrunde. Zweifellos sind andere Lösungen möglich entweder durch Kombination oder mit höherer Komplexität, aber es sollte beachtet werden, daß die Absicht nicht bestand, exemplarisch ein universelles Modell zu konstruieren (so wünschenswert dies von einem theoretischen Standpunkt sein mag), sondern ein System, mit dessen Hilfe eine Budgetallokation vorgenommen werden kann, wobei in möglichst einfacher Weise so viele relevante Infrastrukturinvestitionseffekte berücksichtigt werden können, wie mit praktischen Forderungen bezüglich Computerzeit zu vereinbaren ist.

Die drei obigen Auffassungen über die Rolle der "Attraktivität" führen unmittelbar nichtsektorale Parameter entweder in die regionalen Ausstattungsniveaus oder in das Bevölkerungssubmodell ein oder in beides. Eine vorgeschlagene Investition ist immer mit einem regionalisierten Sektor verbunden (oder durch das Wechselwirkungssystem vielleicht mit mehreren), und das Attraktivitätssubmodell ist so aufgebaut, daß Wechselwirkungen zwischen vorgeschlagener Investition und Attraktivitätsindikatoren ebenfalls stattfinden können. Die Funktion der "Attraktivitäts"-betrachtung (Version (i)) innerhalb des gesamten Modells ist in Abb.3.9 dargestellt, in der insbesondere die Rolle dieser

Überlegungen in dem Einfluß einer vorgeschlagenen Ausgabe auf die Zielfunktion schematisch gezeigt wird. Es ist zu sehen, daß die Attraktivitätsermittlung direkt mit den regionalen Ausstattungsniveaus und dem Wanderungs- oder Bevölkerungssubmodell verknüpft ist. Diese Verbindungen werden in einem Budgetallokationssystem, auch wenn das Konzept der regionalen Attraktivität sehr unterschiedliche Formen annehmen kann, als genügend flexibel angesehen, um einen weiten Spielraum von Gesichtspunkten und Einflußfaktoren zu erfassen.

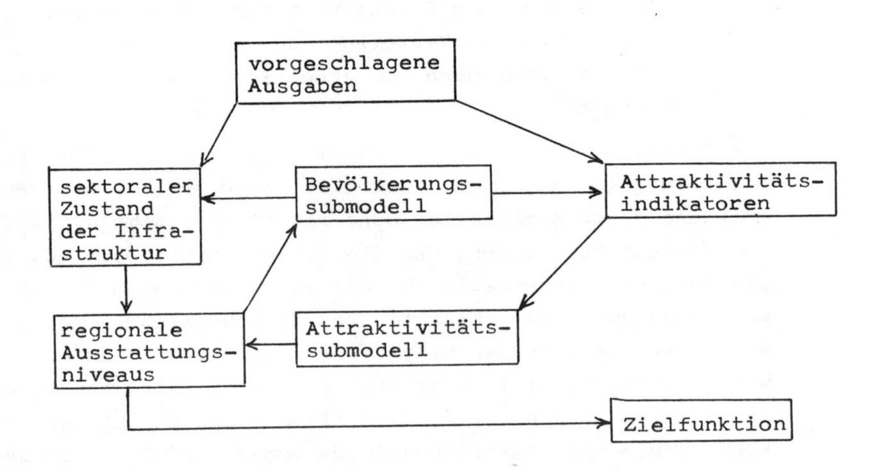

Abb.3.9: Schematische Übersicht des Einflusses der Attraktivitätsüberlegungen auf die Zielfunktion

In der numerischen Arbeit des §4.10 werden nur drei Attraktivitätsindikatoren eingeführt, die aus sektoralen oder Bevölkerungsdaten zusammengestellt werden, d.h. es wird für Beispielszwecke nicht als notwendig angesehen, eine größere Anzahl von spezifischen und zusätzlichen Daten einzuführen (z.B. vom Umfang und der Struktur der Industrie). Alle drei Indikatoren sind regionalisiert und durch die Rückkopplungsverbindungen mit den Bevölkerungs- und sektoralen Submodellen über den betrachteten Zeithorizont iterativ projiziert; sie sind entworfen

(i) als eine lineare Kombination der sektoralen Ausstattungsniveaus in jeder Region. Diese Kombination gibt den berücksichtigten "sozialeren" Sektoren (Sozialwohnungswesen, Kindergärten und "Umwelt") einen stärkeren Akzent, als ihnen in den ähnlich zusammengesetzten regionalen Ausstattungsniveaus E_{irt} gegeben wurde. Hier liegt die Absicht vor, einen mehr für den "Wohnwert" repräsentativen Indikator zu simulieren.

(ii) als ein Verhältnis (mit dem Maximalwert Eins) von leer stehenden (und daher für Kauf oder Miete verfügbaren) Wohneinheiten zu einem Zielwert, der sowohl für Mieter wie auch Vermieter (Käufer und Verkäufer) in der Region als "gesund" anzusehen ist. Dieser "Wohnungsmarktindikator" für den privaten Sektor (durch das Wanderungsmodell wird angenommen, daß Sozialwohnraum voll besetzt ist), obwohl im wesentlichen ein Nebenprodukt des Bevölkerungsmodells (die Zielwerte sind spezifisch für Attraktivitätszwecke eingegeben), stellt erstens das Beispiel eines nichtsektoralen Indikators dar, da der Wohnungssektor, als eine Infrastruktur eingeschlossen, Sozial- und nicht privaten Wohnraum betrifft, und ist zweitens ein Indikator mit sowohl sozialen wie geschäftlichen Implikationen. Daher würde ein niedriger Wert dieses gewiß viel zu einfach entworfenen Indikators eine unattraktive und wahrscheinlich kostspielige Situation für den Zuwanderer wie auch eine träge Reaktion von seiten des Bausektors darstellen. Ein hoher Wert zeigt eine nominal gute Situation für den Mieter an (obgleich nicht notwendigerweise als ein allgemein hoher "Wohnwertfaktor" auszulegen) und eine lebhaft konkurrierende und aktive Situation in der Wohnungsbaubranche.

(iii) als ein Verhältnis von nicht bebauter Fläche zu einer Bezugsfläche (an einem bestimmten Datum) als Ausdruck von sowohl der regionalen Bevölkerungsdichte als auch der räumlichen Bevölkerungsverteilung. Obwohl auch dies wieder sehr einfach entworfen ist, sind die sozialen, ökologischen und damit die "Wohnwertimplikationen" klar.

Diese Indikatoren werden mittels ihrer Bestandteile in der numerischen Studie variiert und die entsprechenden Änderungen zu der Budgetallokation diskutiert (§5.9). Auch hier würden in der Praxis mehr und ihrer Art nach besser angelegte Indikatoren verwendet werden müssen, um die notwendigen suprasektoralen und extrasektoralen Implikationen öffentlicher Infrastrukturausgaben beim Budgetallokationsprozeß zu berücksichtigen.

3.5 Das Bevölkerungs- und Wanderungsmodell

3.5.1 Die allgemeine Betrachtung

Bei vielen infrastrukturellen Sektoren in einer Region hängt das Ausmaß der Versorgung mit materiellen Einrichtungen ebenso wie ihre Verteilung, ihr Organisationstyp und u.U. sehr wohl auch ihr Vorhandensein selbst von der regionalen Bevölkerungszahl und -struktur ab. Es ist daher wünschenswert, daß Budgetallokation für Infrastruktur in Verbindung mit einer Bevölkerungsprognose vorgenommen wird. Bei einer kurzfristigen Perspektive bereitet dies keine Schwierigkeiten. In diesem Fall liefert eine (von dem Allokationsprozeß unabhängige) Bevölkerungsprognose die nötigen Informationen. Eine kurzfristige Betrachtungsweise beim Budgetallokationsprozeß ist jedoch nicht Ziel dieser Arbeit, das Gegenteil ist beabsichtigt; es wird die Ansicht vertreten, daß eine mittel- bis langfristige Zeitspanne, etwa 6 bis 15 Jahre, in Betracht gezogen werden sollte, wenn eine Allokation öffentlicher Mittel für Infrastruktur erfolgen soll, da in diese Zeitspanne (als geringste) die Lebensdauer der vorgesehenen Investitionen und somit die Instandhaltungsverpflichtungen für materielle Strukturen fallen. Bei einem solchen Zeithorizont können jedoch Wanderungssalden und damit Gesamtbevölkerungszahlen nicht als unabhängig von den Infrastrukturniveaus (auf die im Sinne dieser Arbeit Bezug ge-

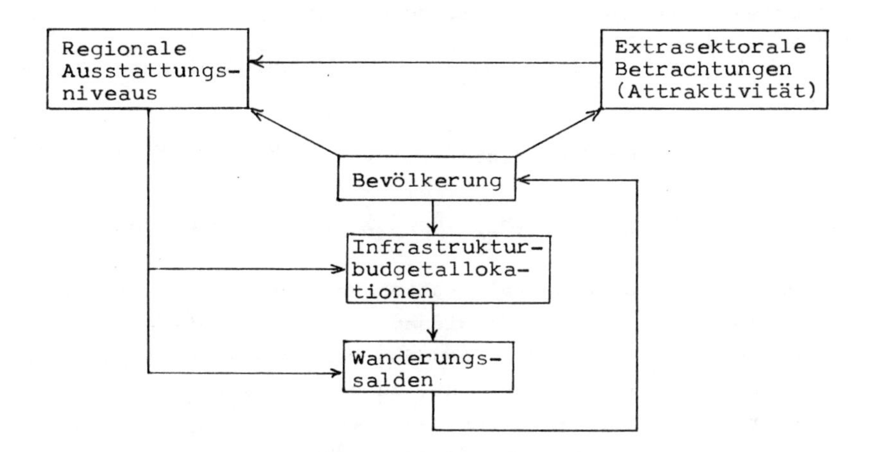

Abb.3.10: Darstellung der Bevölkerungs- und Wanderungseffekte auf Budgetallokation

nommen wird, d.h. als in Hinsicht auf subsektorale und sektorale Ziele normalisierte Indikatoren) angesehen werden und entschieden nicht unabhängig von konjunkturellen Schwankungen, Änderungen in der Industriestruktur, steigender Umweltbelastung und anderen Änderungen der Merkmale, die hier zusammengefaßt als "regionale Attraktivität" bezeichnet wurden. Die Berücksichtigung eines Rückkopplungsmechanismus zwischen der Budgetallokation (die in größerem oder geringerem Maß alle Attraktivitätsmerkmale berührt) und der Bevölkerungsprognose ist daher nicht zu umgehen. Die Abb.3.10 veranschaulicht diese Situation zumindest symbolisch, wegen der Schwierigkeit diese grundsätzlich "dynamische" Beziehung einfach darzustellen.

Da der Entwurf eines wirklichkeitsnahen Bevölkerungsmodells (d.h. für wirkliche räumliche Einheiten konstruiert) nicht in den Rahmen dieser Arbeit fiel, stand ein System von wirklichkeitsnahen Verbindungen zwischen Bevölkerungsänderungen und Infrastruktur- und Attraktivitätsindikatoren nicht zur Verfügung. Es wurde daher das folgende formal gefaßte Verbindungssystem verwendet, zwar auf hypothetischer jedoch realistisch orientierter Grundlage beruhend:

$$E_{irt} \equiv E_{irt}(I_{irpt}, B_{rt}) \quad , \quad \text{(d.h. Gleichung (3-1))}$$

$$Z_{rt} \equiv Z_{rt}(E_{irt}, g_{irt}, A_{vrt}, g_{vrt}), \quad \text{(d.h. Gleichung (3-2))}$$

$$B_{rt} \equiv B_{rt}(Z_{rt-1}, M_{qrt}, B_{rt-1}) \quad , \quad \text{(d.h. Gleichung (3-5))}$$

wo die Z_{rt} zur budgetallokationsverwendenden Zielfunktion zusammengefaßt werden. In diesem System sind wieder die funktionalen Verbindungen zwischen den verschiedenen Komponenten, wie in Abb.3.10 veranschaulicht, zu sehen. Diese besondere formale Lösung, nicht zuletzt für das numerische Demonstrationsbeispiel gebildet, hat deutliche Vorteile für die Programmierung, indem sie gestattet, das bevölkerungsbestimmende und Wanderungssubmodell in sich abgeschlossen mit seinen internen Parametern M_{qrt} als leicht modifizierbaren, austauschbaren oder sogar entbehrlichen "schwarzen Kasten" innerhalb des Berechnungsrahmens für die Zielfunktion Z zu konstruieren.

Eine wichtige Funktion des Bevölkerungs- und Wanderungssubmodells sollte sein, eine "dämpfende" Wirkung auf irgendeine mögliche, mit zu starkem Akzent versehene oder einseitige Tendenz der regionalen Infrastrukturinvestition auszuüben. Es sei als einfaches Beispiel angenommen, daß die Infrastruktursituation in einem regionalen Komplex derart ist, daß bei einer kurzfristigen Sicht (d.h. einer Sicht, bei der die wesentlich von der Bevölkerungsentwicklung ausgehenden Wirkungen fehlen) die Region r in berechtigter Weise einen großen Anteil des verfügbaren Investitionspotentials an sich zieht. Dann würde die Region r relativ gut eingerichtet werden (ihre sektoralen Ausstattungsniveaus steigen) und, so sei angenommen, attraktiver. Bei einer langfristigen Sicht würde der vergleichbare Bevölkerungszuwachs durch Zuwanderung aus komplexinterner und -externer Herkunft bedeutsam sein - doch dies seinerseits reduziert die Effektivität der meisten Sektoren und auch die regionale Attraktivität (z.B. wenn Wohnraum und Arbeitsplätze knapp werden). Damit vermindert sich der Zuwanderungstrend für die Region r oder er kehrt sich sogar um. Bei der Analyse dieses Zyklus durch die Gleichungen (3-1), (3-2) und (3-5) werden die anfänglichen positiven Wirkungen der Investition in der Region r durch die späteren negativeren Entwicklungen vermindert oder sogar ausgeglichen. Der "Wert" der Investition in der Region r ist daher reduziert, d.h. eine durch die Anwendung eines Bevölkerungsmodells "dämpfende" Investitionstendenz tritt ein.

Natürlich gibt die obige Erläuterung nur ein Beispiel der möglichen Wirkung der Verknüpfung des Bevölkerungssubmodells mit dem Allokationsprozeß. Die hieraus zu ziehende hauptsächliche Schlußfolgerung ist daß, wie formuliert, diese Verbindung ein interaktives (simulatives) System ergibt, das die Bevölkerungsentwicklung mit der Abschätzung und Prioritätsordnung der zum Allokationszeitpunkt vorgeschlagenen Investitionen verknüpft.

Vor dem Eintritt in eine eingehende Beschreibung des Bevölkerungs- und Wanderungssubmodells, so wie es in dieser Arbeit entwickelt und numerisch angewendet wurde, verbleibt nur zu sagen, daß die Konstruktion für die Praxis relevanter Modelle mit den funktionellen Verbindungen wie in Abb.3.10 dargelegt (oder durch die Gleichungen (3-1), (3-2) und (3-5) beschrieben) zur gegenwärtigen Zeit kaum gewährleistet werden kann, auch nicht mit sehr bescheidenem Genauigkeitsanspruch. Hier sind aber einige Gesichtspunkte zu berücksichtigen.

Erstens findet eine lebhafte Forschungsaktivität in diesem wichtigen Gebiet statt, und es ist eine durchaus legitime Forschungs- oder Entwicklungstechnik, das Vorhandensein von Methoden und Materialien (sogar statistischen Unterlagen) für die Zukunft anzunehmen, die es im Augenblick noch nicht gibt. In diesem Zusammenhang ist es interessant zu bemerken, daß das in dieser Arbeit beschriebene Modell, das für einen Durchlauf

200 bis 500 CDC 6600 Systemsekunden in Anspruch nimmt, vor zehn Jahren einige Computerstunden benötigt hätte, eine Tatsache, die seine Entwicklung (an einer Universität) unmöglich gemacht hätte.

Zweitens brauchen nicht alle erwähnten Verbindungen vorhanden zu sein - die Struktur eines Bevölkerungsmodells und seine verwendeten und bestimmenden Merkmale hängen von der räumlichen Ebene ab, auf der die Entscheidungshilfe benötigt wird, ebenso wie von dem betrachteten Raumtyp (Ballungsgebiet, ländliche Zone usw.); ebenso zeigen spezifische Regionen sogar eines gegebenen Typs differenziertes Wanderungsverhalten aufgrund ihrer geographischen Lage, der klimatischen Bedingungen oder anderer, ausschließlich regional spezifischer Merkmale, d.h. daß die Liste der wanderungsbestimmenden Merkmale, die hier verwendet oder erwähnt werden, keine spezifische Empfehlung für die Konstruktion solcher Modelle bildet.

Drittens ist es bekannt, daß Wanderungsmerkmale stark zeitabhängig sein können, daß eine z.B. während der nächsten fünf Jahre ablaufende Entwicklung in den folgenden fünf Jahren erheblich nachlassen oder sogar entgegengesetzt verlaufen kann. Diesem besonderen Aspekt der Unzuverlässigkeit oder Ungewißheit (der Begriff "Ungenauigkeit" würde in diesem Zusammenhang falsch angewendet sein, obgleich die folgenden Bemerkungen sich auch auf Ungenauigkeit beziehen) wirkt das Modell durch zwei Prozesse entgegen:

(i) Das Diskontierungssystem für sowohl zukünftige Gewinne im Ausstattungsniveau wie auch, falls gewünscht, für ihre Kosten, legt automatisch zukünftigen, vor allem weit in der Zukunft liegenden Zeitperioden sukzessiv weniger Bedeutung bei. Es hängt von den gewählten Diskontierungsraten ab, die grundsätzlich politisch entschieden werden, wie groß diese Bedeutung sein soll.

(ii) Budgetallokation erfolgt in der Tat in jedem Jahr, obwohl vielleicht Projekte an bestimmte Teile zukünftiger Haushalte verwiesen werden. Dieses Verfahren gestattet es, nicht nur sektorale Merkmale auf den neuesten Stand zu bringen sondern auch Ursachen und Umfang der Wanderungsströme jährlich zu erheben und neu zu prognostizieren.

Mit diesem Hintergrund, der für das Verständnis der später (§§4,5) vorgetragenen numerischen Arbeit wichtig ist, erfolgt nun eine Beschreibung des dort tatsächlich verwendeten Wanderungsmodells.

3.5.2 Das verwendete Wanderungsmodell

Mit der Aufgabe, einen "schwarzen Wanderungskasten" zu konstruieren, um für Demonstrations- und Testzwecke eine zwar hypothetische trotzdem aber realistische Bevölkerungssimulation und -reaktion auf sektorale Investition zu entwickeln, sah sich der Verfasser vor widersprüchlichen Forderungen bezüglich der Einfachheit und der wirklichkeitsorientierten Komplexität.

Einerseits schien wenig Sinn darin zu liegen, eine äußerst komplizierte (und Computerzeit verschwendende) Struktur zu entwerfen, die eine große Menge von realistisch orientierten, d.h. wahrscheinlich sehr detaillierten, Daten erforderte, obwohl keine faktische Basis vorlag. Andererseits zeigen die Gleichungen (3-1), (3-2) und (3-5) die funktionellen Verbindungen, die für den Zweck einer adäquaten Demonstration aufzustellen waren, die alle ein stabiles und schlüssiges Verhalten zeigen sollten, so daß eine überaus einfache Struktur nicht möglich war. Die folgende Lösung wurde gewählt:

(3-14) $$B_{rt+1} = B_{rt} + NW_{rt} + EZ_{rt} - EA_{rt} + IWS_{rt}$$

wo die regionale Bevölkerung zur Zeit t+1 zahlenmäßig aus der vorherigen Bevölkerung, dem natürlichen Zuwachs NW, der Wanderung in die Region aus Gebieten außerhalb des betrachteten regionalen Komplexes EZ, der entsprechenden Wanderung aus dem regionalen Komplex EA und dem komplexintern sich ergebenden regionalen Wanderungssaldo IWS zusammengesetzt wird. Für diese Größen gelten die folgenden Definitionen, Abhängigkeiten und

Operationsmerkmale:

(3-15) $NW_{rt} \equiv NW_{rt}(B_{rt}, M_{1rt})$

ist der natürliche Bevölkerungszuwachs in der Zeitperiode t (d.h. zwischen den Zeitpunkten t und t+1), wo M_{1rt} die natürliche Zuwachsrate (Region r, Periode t) ist, die als Daten eingegeben wird. Es wird damit implizit angenommen, daß zwar die natürliche Zuwachsrate regional und zeitspezifisch ist (abhängig von der Fruchtbarkeit, Alters- und Geschlechtsstruktur, Nationalitätenstruktur, usw.), es aber keine Wechselwirkung dieser Rate mit sektoraler Investition gibt, d.h. (und dies stellt eine große vereinfachende Annahme dar), daß die Rate ebenfalls für die jährliche neu gebildete Bevölkerung gilt, die sowohl aus dem natürlichen Zuwachs (inhärent in der Prognose) als auch aus dem regionalen Wanderungssaldo resultiert. Die einzugebenden Daten M_{1rt} sind (für Testzwecke) hypothetisch konzipiert.

(3-16) $EZ_{rt} \equiv EZ_{rt}(B_{rt}, Z_{rt}, M_{2rt}, M_{3rt})$

ist der potentielle Zuwanderungsstrom von außerhalb des regionalen Komplexes, der in die Region r während der Periode t einfließt; B_{rt}, r = 1,2....m, sind die regionalen Bevölkerungszahlen zum Zeitpunkt t; Z_{rt}, r = 1,2....m, sind die regionalen Infrastrukturausstattungsniveaus (s. Gleichung (3-1)) zum Zeitpunkt t; $M_{2rt} = M_{2t}$ ist die Prognose bezüglich des Zuwanderungspotentials (Prozentrate) für den ganzen Komplex (zeitabhängig aber regionunabhängig) aus Gebieten außerhalb des Komplexes, die als (hypothetische) Daten zum Submodell eingegeben wird; $M_{3rt} = M_3$ ist eine einzugebende funktionbestimmende Konstante für EZ, die von t und r unabhängig ist.

Es sei M_{2t}, das Zuwanderungspotential, gleich 1% bei einer gesamten Komplexbevölkerung von 100 000 und $M_3 = 1$, dann zeigt die folgende Tabelle 3.1 ein Beispiel der Verteilung des potentiellen Zuwanderungsstroms unter 3 Regionen mit den angegebenen Merkmalen. Die Verteilung (während der Periode t) folgt:

$$EZ_{rt} = \frac{B_{rt}(M_3+Z_{rt})}{\sum_r B_{rt}(M_3+Z_{rt})} M_{2t} \sum_r B_{rt}$$

Region r	1	2	3	$\sum$
Bevölkerung B_{rt}	2o.ooo	35.ooo	45.ooo	1oo.ooo
Infrastruktur-niveau Z_{rt}	o,6	o,8	o,4	-
Zuwanderung EZ_{rt}	2o3	399	399	1.ooo

Tabelle 3.1: Beispiel einer Verteilung des Zuwanderungspotentials EZ

Die Verteilung ist proportional den existierenden Bevölkerungen, gewichtet durch eine Funktion des regionalen Infrastrukturausstattungsniveaus, die sich nur dann bemerkbar macht, wenn Unterschiede in den Niveaus zwischen den Regionen vorhanden sind.

Es ist darauf hinzuweisen, daß die resultierende Zuwanderungszahl eine potentielle ist, dessen Verwirklichung von anderen Bedingungen abhängig ist (s.u.), und die bestimmende Funktion $(M_3 + Z_{rt})\ B_{rt}$ zeichnet sich durch ihre Einfachheit aus, behält ihre Variabilität jedoch durch die Konstante M_3.

(3-17) $EA_{rt} \equiv EA_{rt}\ (B_{rt},\ Z_{rt},\ M_{4rt},\ M_{5rt})$

ist die Abwanderungskomponente aus der Region r in Gebiete außerhalb des regionalen Komplexes während der Periode t.

Die in diesem Fall ausgelösten Wanderungen sind nicht potentieller Natur, da angenommen wird, daß es keine Beschränkungen gibt, Bewegungen aus den drei betrachteten Regionen zu behindern. $M_{4rt} = M_{4t}$ ist eine einzugebende prognostizierte Abwanderungsprozentrate für den ganzen regionalen Komplex (zeit-, aber nicht regionsabhängig), $M_{5rt} = M_5$ ist eine funktionsbestimmende Inputkonstante für EA, die von t und r unabhängig ist.

Ein Beispiel: Wird M_{4t} als 1% für die Bevölkerung eines regionalen Komplexes von 1oo.ooo angenommen, ergeben sich für $M_5 = 1$ die in der Tabelle 3.2 enthaltenen Verteilungen. In diesem Fall wird die Verteilung durch

$$EA_{rt} = \frac{B_{rt}(M_5+Z_{rt}^{-1})}{\sum_r B_{rt}(M_5+Z_{rt}^{-1})} M_{4t} \sum_r B_{rt}$$

ermittelt.

Region r	1	2	3	$\sum$
Bevölkerung B_{rt}	2o.ooo	35.ooo	45.ooo	1oo.ooo
Infrastrukturniveau Z_{rt}	o,6	o,8	o,4	-
Abwanderung EA	184	272	544	1.ooo

Tabelle 3.2: Beispiel für die Abwanderungsverteilung EA

Diese Verteilung berücksichtigt die Infrastrukturbedingungen kritischer als die Zuwanderungsverteilung, wobei die Wirkung beim Vergleich mit Tabelle 3.1 erkennbar ist. Dies dürfte realistisch sein, da die potentielle zuwandernde Bevölkerung, insbesondere die von außerhalb des Komplexes stammende, weniger Kenntnis von den herrschenden regionalen und "Wohnwert"bedingungen hat und zu ihnen, oft aus Notwendigkeit, weniger kritisch eingestellt sein wird als die schon eingesessene Bevölkerung, von der das Abwanderungspotential stammt.

(3-18) $IWS_{rt} \equiv IWS_{rt}(B_{rt}, Z_{rt}, M_{6rt}, M_{7rt})$

ist der komplexinterne Saldo der potentiellen Wanderung für die Region r und Zeitperiode t. Potentielle Salden werden erzeugt, welche nur vorbehaltlich den unten aufgeführten Beschränkungen realisiert werden. B_{rt}, Z_{rt}, $r = 1,2 \ldots m$, behalten ihre bisherige Bedeutung bei, $M_{6rt} = M_{6r}$ und $M_{7rt} = M_{7r}$ sind zeitunabhängige einzugebende Parameter, die den internen Wanderungsprozeß wie folgt bestimmen.

Die maßgebenden Merkmale für komplexinterne Wanderungen sind die Differenzen zwischen den regionalen Ausstattungsniveaus $Z_{st} - Z_{rt}$, $r \neq s$, die (s. Gleichung(3-2)) nicht nur aus den sektoralen Ausstattungsniveaus, sondern auch aus den ausgewählten Attraktivitätsindikatoren zusammengestellt sind.

Die schiefsymmetrische Matrix $[Z_{st} - Z_{rt}]$ wird berechnet in dem Sinne, daß die Tendenz zur Bewegung von der Zeilenregion r zur Spaltenregion s durch eine positive Differenz angegeben wird. Es wird daher eine Reihenregion geben, für die die Summe $\sum_s (Z_{st} - Z_{rt})$ alle negativen Komponenten hat (die Region mit dem höchsten Ausstattungsniveau), und eine, deren Summe alle positiven Komponenten hat. Der ersteren wird eine minimale Abwanderungsrate beigelegt, M_{6r}, der letzteren eine ähnliche Rate, die gleich der Summe von M_{6r} und einer Komponente ist, die aus der Differenz zwischen dem Maximal- (M_{7r}) und dem Minimalwert besteht, modifiziert durch einen Faktor $\sum_s (Z_{st} - Z_{rt}^{min})/(m-1)$. Diese Modifizierung erfolgt, weil der Maximalwert von $\sum_s (Z_{st} - Z_{rt}^{min})$ gleich m-1 ist und das Konzept der definierten "maximalen Abwanderungsrate" (M_{7r}) diesem extremen Fall entspricht. Für Regionen, deren $\sum_s (Z_{st} - Z_{rt})$ zwischen dem Maximal- und dem Minimalwert liegt, ergibt sich ein Inkrement (zuzüglich zum gegebenen Minimalwert) auf der Basis einer linearen Interpolation. Weiter reduzieren sich die prozentualen Zuwachsraten um einen Faktor $\sqrt{1-Z_{rt}^2}$, einen "Inhibitions"-faktor, der die Tendenz ausdrückt, Wanderungen aus einer gut ausgestatteten Region (in ein wenig besser ausgestattete Regionen) zu verhindern und relativ gesehen die Wanderung aus einer schlecht ausgestatteten Region heraus zu fördern.

Die zwei bestimmenden Raten M_{6r} und M_{7r} sind sich, obgleich sie in ihrem Konzept recht gekünstelt erscheinen, als empirisch begründet vorzustellen, wobei durch das Minimalniveau anerkannt wird, daß eine gewisse unvermeidbare Abwanderung selbst aus den best ausgestatteten Regionen vor sich geht, während mit dem Maximalniveau eine obere Grenze gesetzt wird, die in einem Jahr oder einer Budgetperiode auftreten kann, selbst unter den ungünstigsten sektoralen und Attraktivitätsbedingungen. Diese beiden Raten liefern ein einfaches und dem Verhalten nach logisches Mittel, die komplexinterne Wanderungssituation für den Zweck einer Sensitivitätsanalyse zu dämpfen oder zu stimulieren.

Nach der Festlegung der potentiellen Abwanderungsraten ergibt sich die potentielle Abwanderung (während der betrachteten Periode) in absoluten Zahlen durch die Multiplikation mit der regionalen Bevölkerungszahl am Anfang der Periode. Dieser ganze Prozeß wird in der Tabelle 3.3 dargestellt mit M_{6r} = 0,8 % (minimale Prozentrate) und M_{7r} = 2,5 % (maximale Rate).

B_{rt}	Z_{rt}	Region r	s 1 2 3 $[Z_{st} - Z_{rt}]$ Matrix	$\sum_s (Z_{st}-Z_{rt})$		MIN %	δ %	Inhibitionsfaktor %	Potentielle Abwanderung %	Potentielle Abwanderung, absolut
20.000	0,5	1	0 0,3 -0,1	0,2	-	0,8	0,51	0,8660	1,242	248
35.000	0,8	2	-0,3 0 -0,4	-0,7	MIN	0,8	0	0,6000	0,800	280
40.000	0,4	3	0,1 0,4 0	0,5	MAX	0,8	0,68	0,9165	1,423	569

Tabelle 3.3: Beispiel für die Bestimmung der absoluten (potentiellen) Abwanderungszahlen bezüglich komplexinterner Wanderungen

Es verbleibt, für eine gegebene Region ihre potentielle Abwanderung unter den anderen Regionen zu verteilen. Da die $[Z_{st}-Z_{rt}]$Matrix sowohl positive wie negative Elemente enthält, ist ein direkt z.B. linear auf den $Z_{st}-Z_{rt}$ beruhendes Verteilungssystem nicht möglich - und es muß wieder hinzugefügt werden, daß Binnenwanderungen nicht nur von schlechter zu besser ausgestatteten Regionen stattfinden. Um diesen Tatsachen zu entsprechen, werden den $Z_{st}-Z_{rt}$Werten Punktzahlen beigelegt, durch welche für eine gegebene Reihe der Minimalwert die Punktzahl 1 erhält; andere Werte, die nicht auf der Diagonalen liegen, erhalten die Punktzahl $(1+1o.(Z_{st}-Z_{rt}^{min}))$. Die bereits berechnete potentielle Abwanderung wird dann entsprechend den in jeder Reihe angesammelten Punkten aufgeteilt. Für die Daten der Tabelle 3.3 ist dieser Prozeß in Tabelle 3.4 dargelegt.

Das soweit dargebotene Modell betrifft potentielle Zuwanderungen und interne Wanderungssalden. Die Realisierung dieser Potentiale ist so ausgewählt, daß sie von der Verfügbarkeit von Wohngelegenheiten auf einer regionalen Basis abhängt. Es wäre möglich gewesen, dieselbe Bedingung bezüglich der Verfügbarkeit von Arbeitsplätzen zu machen, aber interregionales Pendeln zum Arbeitsplatz ist auf Gemeindeebene fast die Regel, und mit der Ausnutzung des Wohnungsmarktes wird eine starke interaktive Verbindung

Reg.	1	2	3
1	-	0,3	-0,1
2	-0,3	-	-0,4
3	0,1	0,4	-

$[Z_{st}-Z_{rt}]$Matrix

→

Reg.	1	2	3	Σ
1	-	5	1	6
2	2	-	1	3
3	1	4	-	5

Matrix der beigelegten "Punktzahlen"

→

Reg.	1	2	3	Σ
1	-	207	41	248
2	187	-	93	280
3	114	455	-	569
Σ	301	662	134	1097

Matrix der potentiellen Wanderungen

Region	1	2	3
Wanderungssalden	+53	+382	-435
Saldo, % d. Bev.	+0,27	+1,09	-1,09

Zusammenfassung

Tabelle 3.4: Beispiel für den Prozeß der Verteilung der potentiellen internen Wanderungen

zwischen dem behandelten Sektor "Sozialwohnungswesen" und dessen Investitionen und dem Bevölkerungsmodell hergestellt. Daher werden zur Vervollständigung des Submodells zwei weitere Beziehungen benötigt:

(3-19) $R_{1rt}(EZ_{rt}, NW_{rt}, M_{qrt}, B_{rt})$, $q = 8,\dots 13$

beschränkt wenn nötig den Wert von EZ_{rt} von seinem Potential auf einen "wirklichen" regionalen Wert entsprechend der Verfügbarkeit von Wohnungen innerhalb der Region.

Die notwendigen Parameter M_{qrt} sind:

M_{8rt} - die Zahl der leerstehenden Wohneinheiten zum Zeitpunkt t,

M_{9rt} - die Zahl der zur Zeit t fertigzustellenden Sozialwohnungen wie von dem gegenwärtig betrachteten Projekt vorgeschlagen - hier ist die Verbindung mit dem Sektor "Sozialwohnungswesen". Es wird angenommen, daß die Sozialwohnungen zu genügend attraktiven Mieten angeboten werden, um sicherzustellen, daß sie immer voll besetzt sind.

M_{10rt}- ($= M_{10r}$) die maximale Kapazität des örtlichen (Wohnungs)Bauwesens, basierend auf der regionalen Bevölkerung, womit auch M_{9rt} Berücksichtigung findet.

M_{11rt}- die Zahl der privaten Wohneinheiten, für die in der Periode t und der Region r die Baugenehmigung erteilt oder erteilt werden wird.

M_{12rt}- ($= M_{12r}$) und $M_{13rt} = M_{13r}$, Mittelwerte für die Bewohnerdichte in privaten bzw. sozialen Wohneinheiten.

Die Beschränkung drückt aus, daß die erste Priorität im Submodell die Unterbringung des externen Wanderungssaldopotentials und des natürlichen Bevölkerungszuwachses (bzw. der -abnahme) im potentiell verfügbaren Wohnraum ist. Wenn dies auch bei dem Bau von Wohnungen während der Periode t bei maximaler Auslastung des Bausektors nicht möglich ist, wird der "Überschuß" unter den anderen Regionen entsprechend ihrer Bevölkerungen und Infrastrukturniveaus nach Art der Beziehung (3-19) aufgeteilt. Ist dies wiederum möglich, verbleibt eine potentielle Wohnkapazität zur Verfügung für einen vorkommenden positiven komplexinternen Wanderungssaldo.

Daß der "komplexexterne" Wanderungssaldo zusammen mit der natürlichen Bevölkerungszunahme für die verfügbaren Wohngelegenheiten auf regionaler Ebene (und, wenn nötig, in dem ganzen Komplex) vor einem möglichen positiven "komplexinternen" Wanderungssaldo bevorzugt wird, ist eine vereinfachende Annahme, die es vermeidet, stärker detaillierte und mehrere Annahmen, z.B. über die Verteilung von neuen Wohnungen zwischen der auf natürlichem Wege gewachsenen Bevölkerung und dem internen und externen Wanderungspotential, zu machen. Wenn die einzugebenden Daten jedoch innerhalb eines realistischen Rahmens gehalten wird, kann eine maximale Zahl von neuen Wohneinheiten in der Größenordnung von 10 auf 1000 Einwohner angesetzt werden. Dies kennzeichnet die Möglichkeit, einen Bevölkerungszuwachs von 2 bis 3% unterzubringen, was für gewöhnlich mehr als genügend ist, die Anwendung der Beschränkung R_{1rt} zu verhindern.

(3-20) $R_{2rt}(R_{1rt}, IWS_{rt}, M_{qrt}, B_{rt})$, $q = 8,...13$

ist eine R_{1rt} untergeordnete Beschränkung, die die potentiellen internen Bevölkerungsbewegungen IWS_{rt} auf tatsächliche Werte entsprechend dem verbleibenden maximal verfügbaren Wohnraum abstimmt. Dies erfolgt durch die Lösung eines linearen Gleichungssystems, das für die Regionen formuliert wird, in denen die potentielle Zuwanderung nicht untergebracht werden kann, wobei der Prozeß iterativ fortgesetzt wird, bis das Problem in keiner weiteren Region auftaucht.

Die Beziehungen:

$$
(3\text{-}21)\quad
\begin{cases}
B_{rt+1} = B_{rt} + NW_{rt} + EZ_{rt} - EA_{rt} + IWS_{rt} \\
NW_{rt} \equiv NW_{rt}(B_{rt}, M_{1rt}) \\
EZ_{rt} \equiv EZ_{rt}(B_{rt}, Z_{rt}, M_{2rt}, M_{3rt}) \\
EA_{rt} \equiv EA_{rt}(B_{rt}, Z_{rt}, M_{4rt}, M_{5rt}) \\
IWS_{rt} \equiv IWS_{rt}(B_{rt}, Z_{rt}, M_{6rt}, M_{7rt}) \\
R_{1rt}(EZ_{rt}, EA_{rt}, NW_{rt}, M_{qrt}, B_{rt}) \;,\; q = 8,....13, \\
R_{2rt}(R_{1rt}, IWS_{rt}, M_{qrt}, B_{rt}) \;,\; q = 8,....13,
\end{cases}
$$

nämlich die Beziehungen (3-14) bis (3-20), bilden das Bevölkerungssubmodell, das eine Ausgabe $[B_{rt+1}]$ aus einem Input von $[B_{rt}]$ und $[Z_{rt}]$ mit Hilfe der Bevölkerungsprognose- und Wohnungsdaten $[M_{qrt}]$, q = 1,...13 leistet. Die Matrix $[M_{8rt}]$ wird durch jede Bevölkerungsmodellanwendung auf den neuesten Stand gebracht und kann, da die Werte von einem Attraktivitätsindikator aufgenommen werden, auch als eine Modellausgabe angesehen werden. In diesem Zusammenhang erfolgt der Hinweis, daß auch eine Minimalbaurate für private Wohnungen angenommen wird (s. M_{10rt}), die realistischerweise in der Größenordnung von 2 bis 4 Einheiten je 1000 Einwohner liegt, so daß Wohnungsüberschüsse auftreten und akkumulieren können. Durch die Eingabe von weiteren Parametern $M_{14rt} = M_{14r}$ (d.h. zeitunabhängig), die Schätzungen der im Durchschnitt für eine private Wohneinheit benötigten Fläche darstellen (für das Sozialwohnungswesen ist der Flächenbedarf als Wechselwirkung zum Sektor "Ökologie" eingeschlosssen), wird eine weitere Verbindung sowohl mit dem Attraktivitätsmodell wie auch mit den sektoralen Quantifizierungen hergestellt. Die Gesamtfläche der neu geschaffenen Privatwohnungen ist daher ebenfalls eine Modellausgabe.

Das Submodell ist als Flußdiagramm in der Abb. 3.11 dargestellt, wo die Eingaben, submodellinterne Informationen, Ausgaben und Flußstruktur besser als aus den Gleichungen (3-21) erkennbar ist.

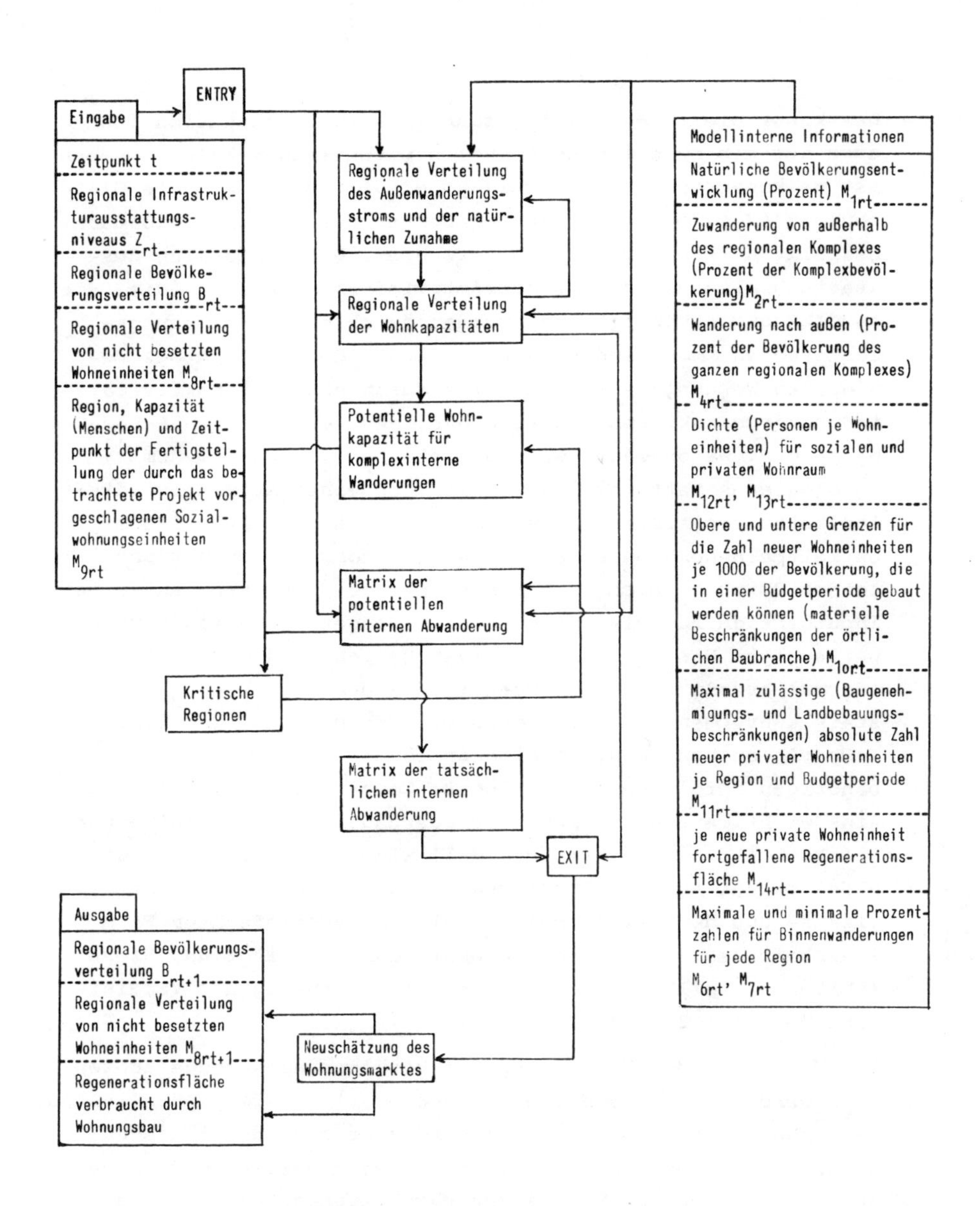

Abb. 3.11: Flußdiagramm des für numerische Demonstrationszwecke verwendeten Bevölkerungssubmodells

Das konstruierte Modell ist zwar in seiner Konzeption (und auch auf der numerischen Ebene) hypothetischer Natur, jedoch ist es konvergent und stabil und erfüllt die durch die Gleichungen (3-1) bis (3-5) ausgedrückten und in Abb. 3.10 dargestellten Verbindungsvoraussetzungen. Die sektoralen Ausstattungsniveaus und die Attraktivitätsindikatoren (die, die bevölkerungsabhängig sind) werden durch die Bevölkerungsschätzungen immer indirekt beeinflußt; der Zustand des regionalen Wohnungsmarkts ist eine durch einen Attraktivitätsindikator direkt behandelte Größe; der Verbrauch an Acker-, Wald- oder Weidefläche wird unmittelbar von sowohl dem "Ökologieausstattungsniveau" wie auch einem Attraktivitätsindikator registriert. Das Modell ist "simulativ", indem es Zeitreihenprognosen als interne Informationen hat und seinen Outputbereich entweder direkt oder indirekt an seinen Inputbereich für die nächste Zeit (Budgetallokationsperiode) weitergibt. Die beiden iterativen Zyklen in dem Modell (formal erfaßt in Gleichungen (3-21) durch R_1 und R_2) sind stark konvergent, da sie höchstens m (die Zahl der Regionen) Iterationen brauchen, um eine Endlösung zu erreichen, und benötigen infolgedessen geringste Computerzeiten. Dies ist eine wichtige (Entwicklungs-)Forderung, da im Verlauf einer Allokation das Bevölkerungsmodell wiederholt abgerufen wird. Dies ist aus Abb. 3.12 zu ersehen, wo die Rollen des Attraktivitäts- und des Bevölkerungsmodells in vereinfachter Form innerhalb des Allokationsprozesses dargestellt sind. Diese Abbildung stellt ein modellorientiertes Analog der Vereinigung der Abb. 3.9 und 3.10 dar.

Die Wirkungen der Variierung der Bevölkerungssubmodelldaten M_{qrt} werden in §5.10 dargelegt und erörtert. Die abschließende Bemerkung in diesem Abschnitt wird jedoch zu der Tatsache gemacht, daß, methodisch gesehen, eine angemessene Verbindung zwischen einem Prozeß der Bevölkerungsschätzung und dem der Budgetallokation hergestellt wurde. Es ist die Ansicht des Verfassers, daß die bestimmenden Faktoren für die Be-

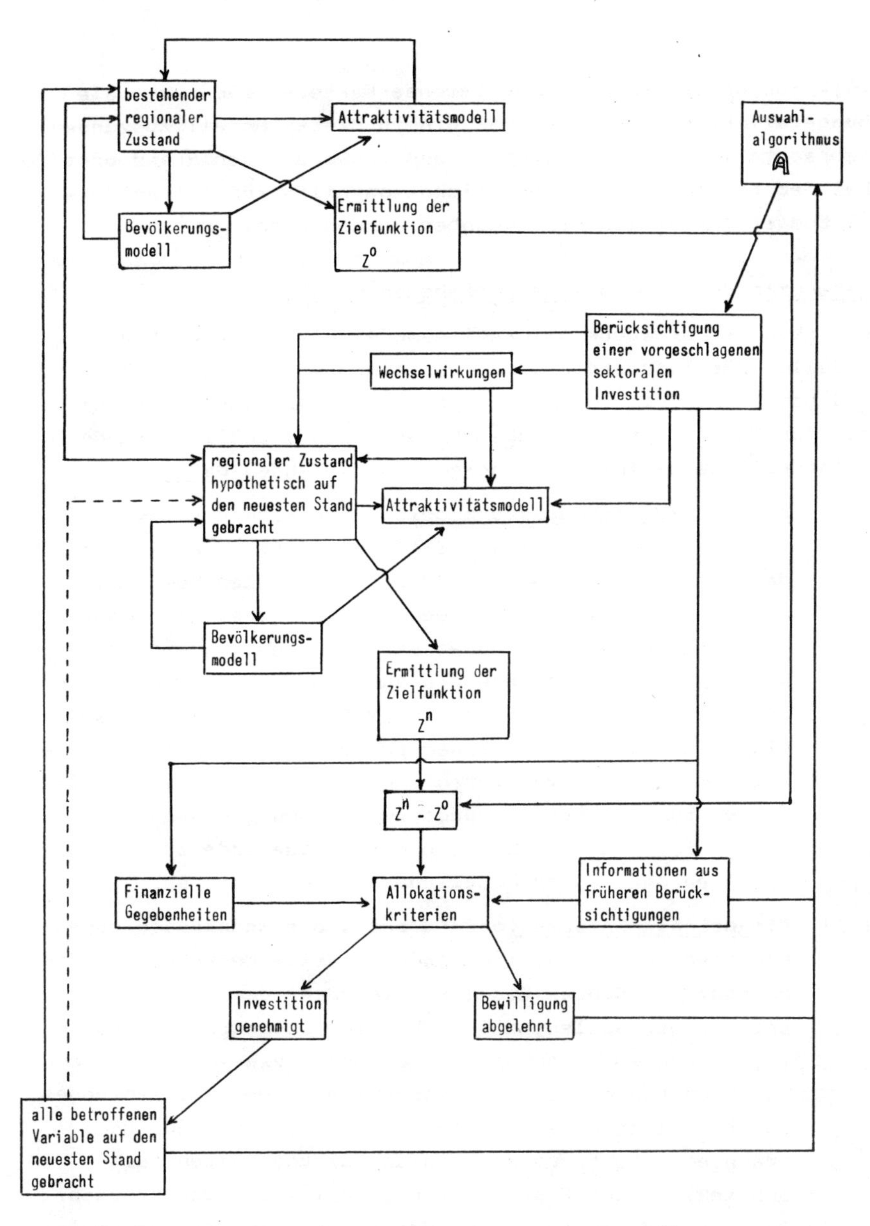

Abb. 3.12: Darstellung der Rollen des Bevölkerungs- und Attraktivitätssubmodells im Allokationsprozeß

völkerungsprognose auch bestimmende Faktoren für sektorale Budgetallokation sind und daß die in diesem Modell zustande gebrachte Integration beweist, daß einem solchen Standpunkt bei der Konstruktion einer Allokationshilfe für Infrastrukturbudget analytisch stattgegeben werden kann.

3.6 Datenerfordernisse des beschriebenen Modells

Das oben beschriebene Allokationsmodell (mit seinen Submodellen für Infrastrukturquantifizierung, Attraktivitäts- und Bevölkerungsschätzungen) mit besonderer Bezugnahme auf die für Demonstrationszwecke vorgesehenen Quantifizierungen erfordert die in folgende Kategorien fallenden Daten:

(i) Für das Bevölkerungssubmodell - die Rate des Bevölkerungszuwachses (regional differenziert), die Raten der Zu- und Abwanderung für den regionalen Komplex, Parameter zur Bestimmung der Kapazitätsbeschränkungen des privaten Wohnungsbaues und der Grenzen, die für die komplexinternen Wanderungen zu ziehen sind, Flächen und Wohndichtemerkmale für den privaten Wohnbereich, sowie eine Schätzung der Zahl der privaten Wohneinheiten, die auf dem Markt zu vermieten oder zu verkaufen sind. Die Zahlen für den Bevölkerungszuwachs und die Wanderungsraten sind über die betrachtete Zeitperiode zu prognostizieren oder durch Modellannahmen zu fixieren.

(ii) Finanzielle Informationen - betr. die Endbeträge gegenwärtiger und zukünftiger Budgets, eine Feststellung der Beträge aus diesen Budgets, die nicht der Allokation unterliegen sollen, die Diskontierungsrate für zukünftige Ausgaben (wenn Diskontierung in diesem Sinne überhaupt anzuwenden ist), Informationen über Rückzahlungen auf Kapitalanleihen, sowie Schätzungen über den betrachteten Zeitraum der Instandhaltungskosten (einschließlich des Ersatzes von materiellen Gegenständen) der vorhandenen (d.h. vor der Allokation bestehenden) Infrastruktur.

(iii) Für jeden Infrastruktursektor in jeder Region (wenn dem Umfang nach nicht supraregional) eine numerische Beschreibung jedes Merkmals, so wie es vorliegt und wie es angestrebt ist, das in dem für den Sektor entwickelten Quantifizierungsmodell enthalten ist sowie die jeweiligen Gewichtsfaktoren, die in den Quantifizierungen verwendet werden sollen. Alle Daten sind über den betrachteten Zeitraum T zu prognostizieren, falls nötig in Übereinstimmung mit den einzelnen Unterhaltungskosten, wie unter (ii) erwähnt. Die regionalen Bevölkerungsgesamtzahlen und deren Unterteilungen, soweit sie für die Zwecke der Infrastrukturquantifizierungen nötig sind, könnten ebenfalls in diese Kategorien der regionalen und sektoralen Beschreibung eingefügt werden.

(iv) Projektdaten - für jedes vorgeschlagene Projekt, Region, Infrastruktursektor und logische Berücksichtigungsbedingungen, seine Investitions- und Instandhaltungskosten über die betrachtete Zeitperiode (ebenso wie prognostizierte Einkommen, wenn dieser Aspekt auch berücksichtigt werden soll) zusammen mit den geschätzten unmittelbaren Änderungen in den Infrastrukturmerkmalen, die durch das Projekt verursacht wurden.

(v) Wechselwirkungsdaten - mit der Projektliste verbundene Daten, die im wesentlichen die interaktiven Projektwirkungen ergeben, sowohl innerhalb des "eigenen" Sektors (wenn die einzelnen Vorschläge nicht additiv sind), wie auch die Effekte der Projekte außerhalb ihrer eigenen Sektoren und Regionen; dies schließt Bedingungsaussagen, Kosten (wenn zutreffend, auch Einkommen) und Änderungen an Infrastrukturmerkmalen ein.

(vi) Attraktivitätsmodelldaten - sind ebenfalls erforderlich in der Form numerischer Beschreibung von Attraktivitätsmerkmalen mit Zielen und Gewichtsfaktoren - diese wiederum über den betrachteten Zeitraum. Außer den berücksichtigten Infrastrukturausstattungsniveaus, die modellintern auch für den Zweck einer Attraktivitätsberechnung verfügbar sind, werden zusätzliche "infrastrukturexterne" Daten für die Merkmale (sowohl vorhandene, wie angestrebte, mit den begleitenden Gewichtsfaktoren) benötigt, die für die Quantifizierung des bereits erörterten Attraktivitätskonzepts einbezogen sind.

(vii) Explizite Gewichts- oder koppelnde Faktoren (oder Funktionen) werden des weiteren für die Kopplung von Infrastruktursektoren und Regionen an eine einzige Zielfunktion gebraucht. Auch sie weisen die übliche Zeitabhängigkeit auf.

Diese Datenbasis, für die in §§4 und 5 erörterten Demonstrationszwecke allein schon von eindrucksvollem Umfang, würde für eine wirkliche Anwendung beträchtlich größer sein. In der Wirklichkeit z.B. würden alle Infrastruktursektoren und ihre Verbindungen zueinander, die bevölkerungs- und "attraktivitätsbestimmenden" Submodelle und der zu verwendende finanzielle Rahmen komplizierter sein und höhere Ansprüche an Inputdatenmaterial stellen.

Um jedoch ein adäquates numerisches Beispiel der Modellanwendung zu liefern, wird ein Minimum von 3 Sektoren in 3 Regionen benötigt, damit sowohl dem Wechselwirkungssystem wie auch den Wanderungsaspekten in dem Bevölkerungssubmodell eine allgemeine Gestaltung gegeben und als solche demonstriert werden kann. Tatsächlich wurden 5 Sektoren in 3 Regionen verwendet.

In einer vollen Simulation der "Wirklichkeit" jedoch sollten die politisch gesetzten Gewichtsfaktoren (Kategorie (vii) oben) in den Demonstrationsdaten nicht auftreten, da in einer faktischen Anwendung keine grundsätzliche Notwendigkeit vorliegt, diese Faktoren festzulegen, weil sie erst im Prozeß der zwischen Entscheidungsträger und Modell interaktiven Anwendung konkretisiert werden.

Eine weitere Überlegung ist die, daß faktische Daten, so überzeugend ihr Eindruck auch sein mag, in der dargebotenen numerischen Modellanwendung wenig nützen, da der Kern der Allokationsmethode in den Infrastrukturquantifizierungs-submodellen liegt, die, um eine praktische Validität für die Allokationsergebnisse zu behalten, bezüglich der gebrauchten Funktionsformen und der einzuschließenden Merkmale erschöpfend zu entwickeln wären. Dies würde wiederum politische Implikationen haben, da verschiedene Aspekte des Verhaltens eines Sektors unter dem Einfluß von politisch entschiedenen Maßnahmen stehen und oft nur mit Hilfe von politisch gesetzten Faktoren oder Funktionen gekoppelt werden können. Es verbleibt das nicht unerhebliche Problem der Entwicklung faktischer Attraktivitäts- und Bevölkerungsmodelle, deren Analysen in der Praxis bekanntlich schwierig und langwierig sind. Alle diese für eine faktische Anwendung notwendigen Vorarbeiten liegen jedoch außerhalb des Bereichs und der Absicht des hier dargelegten methodischen Ansatzes. Daß dies so ist, zeigt sofort die Frage nach der Praktikabilität des Modells im allgemeinen auf. Sie wird später erörtert (§6).

Untersuchungen über die Fähigkeiten des entwickelten Allokationsverfahrens sind daher aus Notwendigkeit auf eine hypothetische, jedoch, wie zu hoffen ist, realistische Datenbasis beschränkt worden. Ebenso sind die Sektor- und Attraktivitätsquantifizierungsmodelle einfache Konstruktionen, die eine repräsentative Funktion für Situationen aufweisen, die in der Wirklichkeit sehr viel komplizierter sein würden.
Die Simulation von Allokationsreaktionen dürfte jedoch in genügend realistischer Weise gemacht worden sein. Das Bevölkerungsmodell (obwohl es nicht übermäßig einfach ist) und das Attraktivitätsmodell sind ebenfalls nicht empirisch untersucht worden, sind jedoch so eingerichtet, daß sie empfindlich aber vernünftig auf die durch Investitionen verursachten Änderungen der sektoralen Bedingungen reagieren; da viele Infrastrukturziele auf der Bevölkerungszahl basieren, ist das Bevölkerungssubmodell für jeden Allokationsprozeß unentbehr-

lich, der einen Zeitraum über den kurzfristigen hinaus berücksichtigen soll.

Die aus Notwendigkeit hypothetische Basis der durchgeführten empirischen Arbeit sollte nicht vergessen werden, und zwar nicht nur in der Berichterstattung über diese Arbeit selbst (§§4,5), sondern auch in den Formulierungen der vorherigen Abschnitte dieses Kapitels, wo die verschiedenen wichtigen Modellkomponenten erörtert wurden, wenigstens z.T. gegen den Hintergrund der Notwendigkeit, die in dem Modell eingebauten allgemeinen Grundsätze durch adäquate numerische Durchläufe zu belegen.

3.7 Schlußbemerkungen zu Kapitel 3

In den sechs vorangehenden Abschnitten dieses Kapitels wurden der logische und mathematische Rahmen des Allokationsprozesses und die drei hauptsächlichen "Modellbaublöcke" der Infrastrukturquantifizierung, der regionalen Attraktivität und des Bevölkerungsverhaltens im Detail dargelegt. An diesem Punkt kann daher die theoretische Beschreibung beendet und die Betonung mehr auf die durchgeführte numerische Demonstrationsarbeit gerichtet werden.

Das Modell wurde von Anbeginn (d.h. einschließlich dem Ausgangspunkt der Arbeit - dem ursprünglichen statischen Allokationsmodell ALLIB) auf einer "praktischen" Basis mit dem Ergebnis entwickelt, daß für die Anwendung in den folgenden Kapiteln keine Kompromisse mit den schon dargestellten theoretischen Betrachtungen notwendig sind. Dies heißt nicht, daß solche Kompromisse im Verlaufe der Entwicklung nicht erfolgten, es gab solche Kompromisse, und sie wurden in dem bereits dargelegten mathematischen Rahmen eingefügt. Unter den begegneten hauptsächlichen Schwierigkeiten waren die der Methode der Registrierung der Wirkungen der Budgetausgaben und ihrer Wechselwirkungen (gelöst durch die Einführung dieser Wirkungen als Inkremente und durch die Anwendung von zusätzlichen Wechselwirkungen und von Wechselwirkungsvaliditätsaussagen, um sie zu korrigieren, wenn nichtadditives Verhalten auftrat) und der funktionalen Verbindung des Wanderungsmodells mit den anderen Komponenten (diese war eine logische Schwierigkeit, deren Lösung in den Funktionsbeziehungen zwischen Gleichungen (3-1) bis (3-5) ihren Ausdruck findet). Die Lösungen wurden nicht nur für die Bequemlichkeit des Computereinsatzes entwickelt; im Bereich der zu Verfügung stehenden Alternativen wurden sie auch als konzeptionell brauchbar und vertretbar abgesichert.

Während des Entwicklungsganges traten ebenfalls Schwierigkeiten auf, die nicht so sehr aus dem Umfang der ständig zu handhabenden Daten herrührten sondern aus deren Mangel an Homogenität. Dieser Aspekt findet nicht Ausdruck in diesem Kapitel sondern betrifft unmittelbar das Problem der Computerzeit, das später aufgegriffen wird.

Auf allen Programmierungsstufen ist das Modell "praktisch" auf einer hypothetischen Landschaft mit angenommenen Infrastrukturen und Bevölkerungsverteilungen getestet worden. Dieser Prozeß setzte ein mit den anfänglichen Gedanken über Infrastrukturquantifizierung (getestet an einer angenommenen Infrastruktur ohne Landschaft) und ging über zu der Stufe der in §§ 4 und 5 dargelegten numerischen Ergebnisse, die auf einer Landschaft von 3 Regionen mit einer Gesamtbevölkerung von 60 000 Einwohnern basieren, eingebettet in einen Rahmen, der nach Quantität, Qualität und Verteilung die lebenswichtigen Elemente von 5 Infrastruktursektoren umfaßt. Projekte (oder vorgeschlagene Investitionsmaßnahmen) wurden entsprechend diesem Rahmen entworfen, ihre Wechselwirkungen geschätzt und der Datenkranz für das Testen des Modells zusammengestellt.

Das folgende Kapitel 4 beschreibt die Landschaft, d.h. die Regionen und Sektoren, die sektoralen Ziele, die formulierten Projekte und ihre abzuleitenden Wechselwirkungen, beschreibt in der Tat alle Dateneingaben, die für die Durchführung des Basistestlaufes in §4.10 und für die nachfolgenden Untersuchungen in §5 notwendig sind. Die Daten sind keineswegs durch "Zurechtschneidern" dem Modell angepaßt worden (die sektorale Auswahl hätte als Beispiel sehr viel bequemer sein können) und sind soweit wie möglich mit einem 100m Quadratraster und ohne in übertriebener Weise der Phantasie nachzugeben realistisch ausgewählt und bewertet worden. Dabei wurden hauptsächlich Basisinformationen über Infrastrukturerfordernisse und Kostenaufstellungen von Borchard [38] verwendet. Wirkliche Regionen (wenn nur erst die volle "Verfügbarkeit" der Informationen gegeben ist) werden keine zusätzlichen Schwierigkeiten für die qualitative Zusammenstellung von Daten machen, die über diejenigen für die verwendete und nun in §4 beschriebene hypothetische Landschaft hinausgehen.

4. BESCHREIBUNG DER NUMERISCHEN TESTBASIS

4.1 Die verwendete Landschaft der 3 Regionen

Drei Regionen wurden als die Mindestzahl für die Betrachtung angesehen, um einen gültigen und realistischen Modelltest zu erhalten. Dies ist eine offensichtliche Tatsache, wenn die durch die Wechselwirkungsformulierung ausgelösten Zwischenspiele und vor allem Bevölkerungsbewegungen, durch das Wanderungssubmodell erfaßt, berücksichtigt werden - für diese Zwecke bieten zwei Regionen eine Situation, die nicht als allgemein betrachtet werden kann. Die Einführung einer zusätzlichen Quasiregion, eines "Extrakomplexes", d.h. die Betrachtung aller Räume außerhalb des gegebenen regionalen Komplexes als eine weitere räumliche Einheit, wurde mit der Begründung verworfen, daß diese eine atypische Region bilden würde, in der keine Infrastrukturinvestitionen gemacht werden könnten. Eine solche Region könnte auch nicht für Wechselwirkungen bestimmende Zwecke gebraucht werden (wie zuerst angenommen werden könnte), da, obgleich die sektoralen Effekte von Wechselwirkungen durch den Quantifizierungsprozeß in der Region, in der sie auftreten, erfaßt werden, die resultierenden Verluste (oder Gewinne) werden der Investition zugeschrieben, die sie verursacht und dies würde wiederum bedeuten, daß die Quasiregion, der Extrakomplex, Investition erhielte. Es wurde daher entschieden, daß ein geschlossenes regionales System von drei räumlichen Einheiten für Testzwecke verwendet würde.

Als räumliche Ebene dieser drei Regionen wurde die der Gemeinde gewählt, allerdings sollten die Gemeinden dicht bevölkert und hoch entwickelt sein. Diese könnten auch mit städtischen Wohnvierteln oder Satellitenstadtgebieten gleichgesetzt werden. Die Absicht hier dürfte ziemlich klar sein - hohe Bevölkerungszahl und -dichte sowie hohes Infrastrukturniveau ergeben eine viel kraftvollere (dynamischere) Situation (vom Standpunkt des Modells) mit einer Vielzahl von Wechselwirkungsmöglichkeiten; ergeben eine einleuchtende Testbasis. Die Wahl setzt auch eine Testbasis voraus, für die die notwendigen Planungs- und Zielsetzungstätigkeiten, die Vorbedingungen für eine faktische Modellanwendung, ebenfalls als realistisch anzusehen sind, daß sie z.B. unter der Aufsicht der verantwortlichen Großstadtverwaltungs- und Planungsbehörden erfolgen. Natürlich sind andere Verwaltungs- und Planungskörperschaften denkbar, jedoch auf einer anderen räumlichen Ebene und für einen anderen Raumtyp. Auf höheren räumlichen Ebenen als die der Gemeindeebene (z.B. Kreisebene) bezieht die Bereitstellung von Infrastruktur die strukturellen Ziele für das Gebiet stärker ein mit der entsprechenden Betonung auf Typus und Unterbringung der Transportwege wie auch auf allen Verteilungsfaktoren. Andererseits sind auf Gemeindeebene, obgleich die Verteilungs- und Standortgesichtspunkte nicht übersehen werden, die Ziele einfacher ausgedrückt, da Entscheidungen im wesentlichen die Bereitstellung von Einrichtungen betreffen, im Gegensatz zu Entscheidungen, die unter Betonung der Gleichstellung beider Aspekte sowohl mit der Bereitstellung wie auch der Verteilung zu tun haben, vielleicht auch mit bedeutsam unterschiedlichen Zielmaßstäben und -absichten innerhalb der Region. Die Anwendung auf einer höheren räumlichen Ebene stellt daher eine lockendere Aufgabe dar, die aber logischerweise nur in Angriff genommen werden sollte, nachdem sich das Modell auf der "tieferen" Ebene als leistungsfähig erweist. Ein weiterer Grund für die getroffene Wahl, ebenso wie für die Entscheidung, für oder gegen eine faktische Anwendung, ist der, daß ein numerisches Beispiel, faktisch oder hypothetisch, auf einer höheren räumlichen Ebene nur mit einem Zeit- und Arbeitsaufwand durchgeführt werden kann, der außerhalb des Bereichs dieser Untersuchung liegt. Tatsächlich hätte das Zielsystem (etwa für 3 Kreise) zur Beibehaltung des Kontaktes mit der Wirklichkeit so sorgfältig entwickelt und auf hypothetischer Basis so gut koordiniert werden müs-

sen, daß es in diesem Fall wahrscheinlich einfacher gewesen wäre, von Anfang an eine faktische Situation in Betracht zu ziehen. Die Betonung liegt in dieser Arbeit auf ihrer methodischen Seite und folglich wurde (ebenso wie aus den obigen Gründen) die Anwendungsdemonstration auf Gemeindeebene als genügend breit und vielgestaltig angesehen, um das erforderliche Ausmaß der numerischen Bestätigung zu erreichen.

Die Wahl administrativer Gebiete (z.B. Gemeinde, Kreis usw.) als räumliche Einheiten im Gegensatz zu anderen Möglichkeiten einer interadministrativen oder speziellen Art (z.B. räumliche Einheiten der Regionalplanungsverbände in einem Land), ist die Anerkennung der Tatsache, daß die Statistiken in der Bundesrepublik im wesentlichen auf Verwaltungseinheiten beruhen und daß die Infrastrukturplanung und budgetären Allokationskompetenzen zumeist auf der Verwaltungsebene liegen. Sowohl hinsichtlich der benötigten Ziel- und Bestandsdaten wie auch der zu setzenden politischen Präferenzen, erfordert das Modell einen Hintergrund der etablierten Kompetenz und politischen Verhandlung, und es würde unrealistisch sein, anzunehmen, daß dies für einen weiten Bereich räumlicher und sektoraler wie auch struktureller Ziele für irgendeinen anderen Typ der räumlichen Einheit als den administrativen verwirklicht werden könnte - wenigstens in der vorhersehbaren Zukunft. Die Annahme, daß eine völlig koordinierte sektorale Planung und Durchführung auf irgendeiner gegebenen administrativen Ebene in vorstellbarer Weise stattfinden könnte, ist gewagt genug.

Die gewählten Regionen sind in der Abb.4.1 in einer Karte dargestellt, die sich auf die Einrichtungen der gewählten Sektoren mit ihren unterstützenden und verbindenden Strukturen beschränkt. Eine minimale räumliche "Betrachtungseinheit" in der Größe eines Quadrats von 100m Seitenlänge (1ha) ist zugrunde gelegt, und alle Bewertungen finden auf dieser Basis statt - wie z.B. aus dem rechtwinkligen Straßensystem ersichtlich ist.

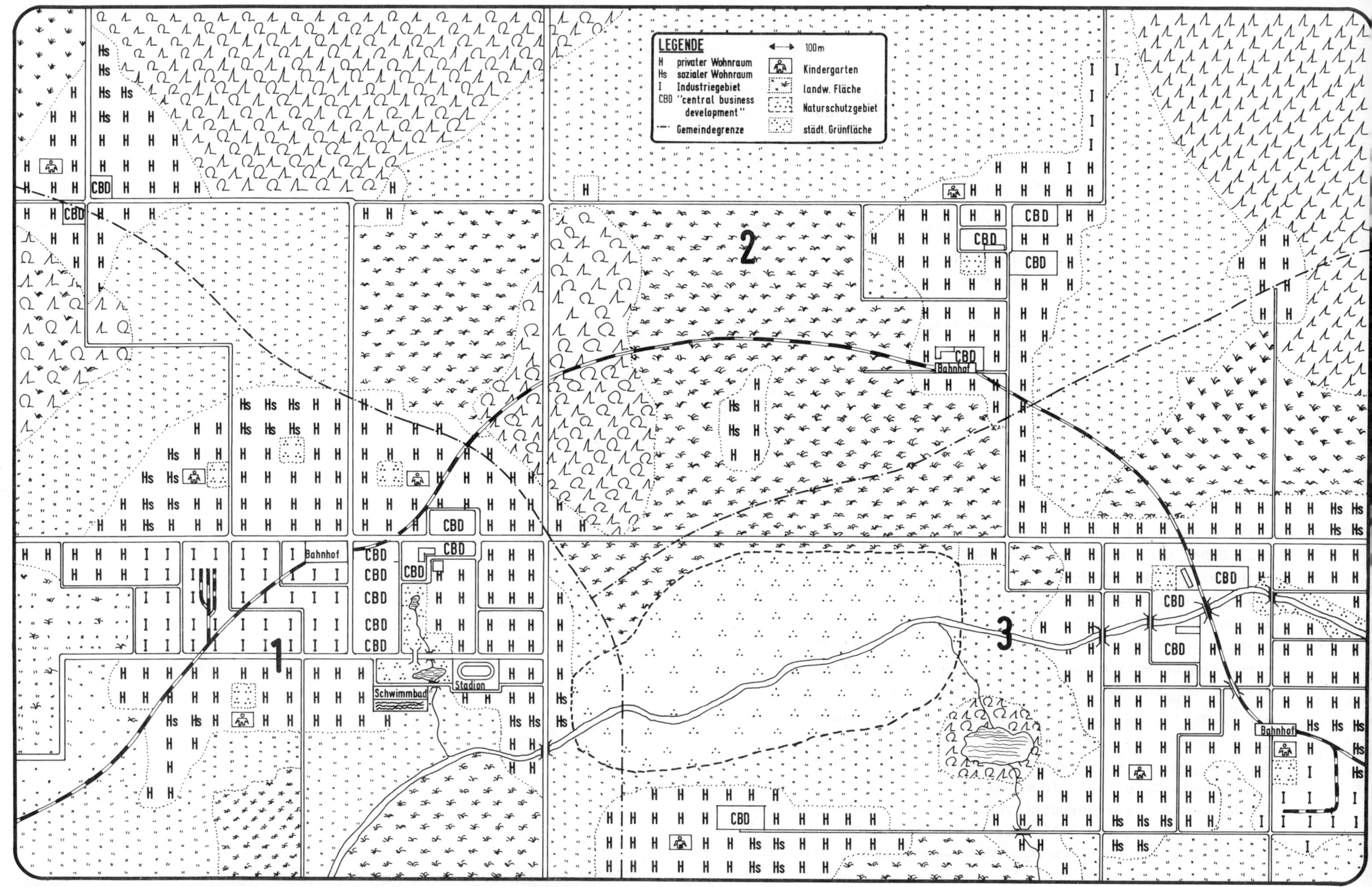

ABB. 4.1 LANDSCHAFT DER 3 REGIONEN

Der regionale Komplex enthält neun ausgeprägte Siedlungsgebiete verschiedener Größe, die zwischen dem Minimum von 100 bis zu Einheiten von mehr als einer Bewohnerzahl von 10 000 variieren. Wie realistisch zu erwarten ist, greifen die Siedlungen oft über die administrativen Grenzen hinaus. Das gezeigte Straßensystem ist supraregional in seiner Funktion, mit in zwei Klassen eingeteilten Straßen, wobei nur große Verkehrswege berücksichtigt worden sind - Nebenstraßen, Feldwege und alle anderen Straßen mit der Hauptfunktion Verteilung und nicht des Verkehrs finden keine Berücksichtigung. Die Vorortbahn, die als Teil eines Netzes, durch die benachbarte Großstadt betrieben, (der die betrachteten Gemeinden als entlastende Trabanten ebenso wie als Schlafsiedlungen zu sehen sind), läuft nicht überraschend durch jedes Zentrum und hat dort Haltestellen. Auch die natürlichen und landwirtschaftlichen Merkmale des Komplexes halten nicht die administrativen Grenzen ein. Jedoch hat jede Region ein räumlich abgesondertes Industriegelände, zwei davon mit Be- und Entladeeinrichtungen im Eisenbahnsystem, aber es darf nicht angenommen werden, daß diese Gelände die einzigen industriellen Arbeitsplätze in dem Komplex aufweisen. Für die Entwicklung und Ausweitung dieser Gebiete ist im Flächennutzungsplan gesorgt (jedes hat Raum zur Ausweitung), und ihre Erreichbarkeit wird in die sektoralen Quantifizierungen einbezogen.

Im wesentlichen sind 10 Arten der Flächennutzung in der Karte einbezogen und neun dieser (Verkehrsfläche wird nicht kartographisch berücksichtigt) sind in der Legende aufgeführt und symbolisch in der Abb.4.2 angegeben. Eine Aufstellung der wichtigsten regionalen Merkmale mit ihren numerischen Werten ist in der Tabelle A1 (Anhang A) enthalten.

Region 1, die die flächenmäßig kleinste ist, besteht aus einem (relativ) großen Geschäfts-, Industrie- und Erholungskern mit einem nicht ganz geschlossenen dichtbevölkerten

Abb.4.2 : SYMBOLISCHE FLAECHENNUTZUNG DER DREI REGIONEN

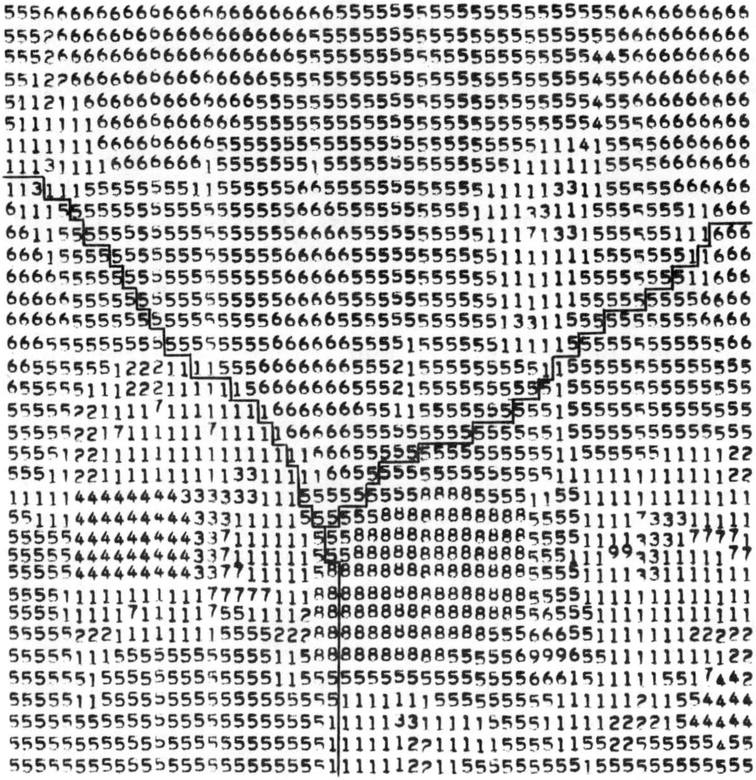

```
55566666666666666666666666655555555555555555555556666666666666
5552666666666666666666655555555555555555555555556666666666666
5552666666666666666666555555555555555555555544566666666666666
5512266666666666666665555555555555555555555555455666666666666
5112116666666666666555555555555555555555555554556666666666666
5111111666666666665555555555555555555555555545556666666666666
1111111666666666555555555555555555555551114155556666666666666
1113111166666661555555515555555555555511111115555666666666666
11311155555555115555555665555555555511111331155555566666666
61115555555555555555555666555555555551111331115555555116666
66115555555555555555555666655555555555111713315555555111666
66615555555555555555556666655555555555511111115555555511666
66665555555555555555555666665555555555551111111555555555511666
66666555555555555555556666555555555555511111115555555555556666
66666555555555555555566666555555555555513311555555555555556666
666555555555555555555666666555515555555111115555555555555566
665555555122211115555666666665552155555555511555555555555555
655555111222111111566666666555215555555555515555555555555555
55555221111711111111666666665511555555555555155555555555555
555552217111111171111166666555555555555555551555555555555555
55551221111111111111111666555555555555555115555551111122
55511221111111111133111116655555555555555511111111111122
11111444444444333333111555555555888855551155111111111111
551114444444443331111155555588888888888555511117333111111
55555444444444337111111555888888888888855551111333177771
5555544444444433711111115558888888888888555111 99 331111177
55555444444444337711111158888888888888855551111331111111
55551111111111117777711188888888888888855551111111111111
5555111117111117551111288888888888888885565551111111111111
555552221111111155552228888888888888555666551111111122222
5555511155555555555551158888888888555556999655111111111122
55555515555555555555511555555555555555555556661511111155517442
5555511555555555555555555511111111555555555511111121155544444
555555555555555555555555511111331111115555511111222215444444
555555555555555555555555511111122111111555551155225555555455
555555555555555555555555511111122115555555555155555555555555
```

Legende

1=PRIVATE WOHNFLAECHE
2=SOZIALE WOHNFLAECHE
3=CENTRAL BUSINESS DEVELOPMENT
4=INDUSTRIEGEBIET
5=LANDWIRTSCHAFTLICHE FLAECHE
6=FORSTWIRTSCHAFTLICHE FLAECHE
7=OEFFENTLICHE SPORT- UND GRUENANLAGEN
8=NATURSCHUTZGEBIET
9=WASSERFLAECHE

Gebiet ringsum. In der Nordwestecke gibt es ein weiteres Wohngebiet, das aufgrund der Expansion einer dortigen ursprünglich kleinen "Kreuzungssiedlung" aus der Region 2 in die Region 1 hinübergewachsen ist. Bisher sind das Naturschutzgebiet (mit Region 3 gemeinsam) und die Gebiete am Fluß einigermaßen von Siedlungs- und anderen Entwicklungen freigehalten worden, und dies bildet ein "Ökologieziel" für die Region. Die Region enthält auch Sport- und Schwimmeinrichtungen von beträchtlichem Ausmaß, die für den Komplex eine zentrale Bedeutung haben. Diese "zentrale" Stellung der Hauptsiedlung der Region 1 wird nicht nur durch diese Tatsache und die Ausdehnung ihrer Geschäfts- und Industriezonen unterstrichen sondern auch durch die Tatsache, daß sowohl die Hauptostwest- als auch die -nordsüddurchgangsstraßen für den regionalen Komplex diese Region durchziehen - ein Aspekt der Zentralität, den die Region 1 zu verteilen bestrebt ist (wie auf dem Zielplan für den Straßensektor der Abb.A2 (Anhang A) gezeigt wird). Die nichtbebaute Fläche wird im wesentlichen landwirtschaftlich genutzt, es gibt nur ein kleines Waldgebiet im Nordwesten. Die Einwohnerzahl der Region 1 beträgt 21 510 zum Zeitpunkt 1, damit ist diese Region die am dichtesten bevölkerte der drei Regionen.

Region 2 ist die flächenmäßig größte der drei Regionen, sie hat jedoch die kleinste Bevölkerung (14 250). In dieser Region lebt die Bevölkerung auch am stärksten zerstreut in insgesamt 6 Siedlungen, wovon 4 weniger als 1000 Einwohner haben. Drei kleine Handelszentren haben sich gebildet, eines im Westen (das z.T. mit der Bevölkerung der Region 1 geteilt wird) und zwei in der Hautsiedlung, die sich getrennt und in bedeutsamer Weise um den Bahnhof und in der Nähe des Hauptstraßenknotenpunktes gebildet haben, die fast einen Kilometer voneinander entfernt sind. Entlang der einzigen Verkehrsverbindung mit der Region 3 gibt es eine Streifensiedlungsentwicklung. Die Region hat beträchtliche bewaldete Flächen und liegt höher als die anderen, so daß sie recht attraktiv ist.

Region 3 ist mit 24 330 Einwohnern die am stärksten bevölkerte Region. Sie hat die potentiell sehr attraktive Besonderheit eines durch ihre Mitte laufenden Flusses, andererseits können damit Probleme mit dem Verkehr und der Umweltverschmutzung auftreten. Als Folge ihrer Tallage weist sie einen kleinen See auf. Die Hauptostweststraße verläuft nördlich der zentralen Geschäfts- und Verwaltungszone und ist durch eine Streifenentwicklung gekennzeichnet, genau so wie die einzige Nordsüdverbindung mit Region 2. Im Westen der Region ist ein Gebiet mit dem hindurchfließenden Fluß zum Naturschutzgebiet erklärt worden - es bildet eine Pufferzone zwischen den Regionen 1 und 3 und wirkt gegen die Tendenz zur Streifenbebauung. Südlich dieser Pufferzone ist eine Siedlungsexpansion erfolgt, die in die Region 1 übergreift und ihr eigenes, kleines Geschäftszentrum hat. Eine andere kleine Siedlung im Norden greift in die Region 2 über. Von dieser Region wird angenommen, daß sie ernsthafte Verkehrsprobleme hat insbesondere für den in die Nordsüdrichtung fließenden Verkehr.

4.2 Die gewählten Infrastrukturen

Aus Wechselwirkungsgründen ähnlich denen für die Regionen beschriebenen, war eine Mindestzahl von 3 Sektoren notwendig, um einen befriedigenden Modelltest zu ergeben. Jedoch bedeutet die Einbeziehung der Attraktivitäts- und Bevölkerungssubmodelle mit ihren Folgeforderungen bezüglich interaktiver Eingaben, daß ein nicht nur zahlenmäßig repräsentativer Querschnitt des öffentlichen Infrastrukturausgabewesens zu berücksichtigen ist. Die endgültige Wahl fiel auf 5 Infrastrukturen mit ausgehenden Einflüssen, die sie sich auf die meisten Arten der menschlichen Lebens- und Arbeitstätigkeiten erstrecken dürften.

Als erster und wahrscheinlich in Anbetracht der ihm im Bevölkerungsmodell zugewiesenen Rolle als wichtigster wurde der Sektor "Sozialwohnungswesen" festgelegt. Dieser Sektor ist repräsentativ für die soziale Aktivität des Staates und ist ein Mittel, durch das der "Staat" unmittelbar Einfluß auf die Größe und räumliche Verteilung der regionalen Bevölkerung ausüben kann. Er ist auch ein Sektor, der bei niedriger Wohndichte erhebliche Teile landwirtschaftlich genutzter Fläche beanspruchen kann. Er verursacht jährlich Unterhaltungskosten, kann aber auch beträchtliche Einkünfte bringen, welche die Unterhaltungskosten und teilweise die Investitionskosten ausgleichen können. In dem Modell sind starke Verbindungen zwischen diesem Sektor und den Attraktivitäts- und Bevölkerungssubmodellen vorgesehen, d.h. der Sektor übt verschiedenartige Einflüsse, nicht nur direkt, auf die Budgetallokation aus.

Als zweites wurde ein anderer "sozialer" jedoch unterschiedlich orientierter Sektor, "Kindergärten", als Kontrast zu dem ersten gewählt. Der Sektor wird, wenigstens bis zum einen bestimmten Kapazitätsniveau, als eine notwendige soziale Verpflichtung angesehen (wie sich im Kapazitätsziel der Quantifizierung ausdrücken wird, s. §4.4.2) und stellt strenge Standortanforderungen, die annahmegemäß supraregional sind. Dies führt zu komplizierten interregionalen Wechselwirkungen verbunden mit der Erreichbarkeitsstruktur des Sektors. Es ist außerdem ein Sektor, für den, anders als bei dem Sozialwohnungswesen, die Investitionskosten von derselben Größenordnung sind wie die Unterhaltungskosten und der nur bescheidene Einkünfte bringen kann. Im ganzen gesehen sind jedoch die Kosten von einer gänzlich anderen Größenordnung als beim Sozialwohnungswesen - in dieser Hinsicht wurden die Sektoren mit Absicht von gegensätzlicher Natur gewählt, obwohl beide in den Sozialbereich fallen.

Drittens wurde es als wünschenswert angesehen, das Straßensystem für die numerische Arbeit aufzunehmen, nicht nur weil es einen Bereich hoher Investition darstellt (ein Ge-

gengewicht zum Sozialwohnungswesen), sondern auch, weil es erwünscht war zu beobachten, wie ein technischer Sektor mit besonderer und lebenswichtiger Bedeutung für die Struktur von dicht bevölkerten Gebieten (für die die Wechselwirkungseffekte zumeist negativ sind) mit den sozialen Bereichen in Wechselwirkung steht - der Vergleich von zwei sozialen Sektoren (selbst wenn ihre Kosten unterschiedlicher Größe sind) ist leichter vorstellbar als eine "direkte" Konkurrenz um Budgetmittel zwischen den Sektoren "Straßen" und "Kindergärten". Des weiteren sind wahrscheinlich von allen berücksichtigten Sektoren die Analyse und Prognose des Straßenverkehrsaufkommens in der Literatur der am stärksten quantifizierte von allen ähnlichen Aspekten der fünf betrachteten Sektoren, und obgleich die hier eingeführte Quantifizierung primitiv ist (s. §4.4.3), sollten die provozierenden Wirkungen des angegebenen Verfahrens nicht übersehen werden. Es würde wirklich eine berechtigte Frage an die Verkehrs- und Straßenplaner sein, wie nach ihrer Meinung ihre Quantifizierungen und Pläne, die großen Finanz- und Flächenbedarf haben, in ein Budgetallokationssystem hineinzupassen wären. Dieser Sektor ist gleichfalls für andere Netze (Wasser, Abwässer, Energie usw.) repräsentativ, die hätten berücksichtigt werden können und in der Praxis berücksichtigt werden müßten.

Die Vorortbahn ist viertens hauptsächlich aus dem Grunde gewählt worden, daß auf eigentlich allen subnationalen räumlichen Ebenen "Infrastruktursektoren" zu finden sind, die in keiner Weise, weder administrativ noch technisch, innerhalb des betrachteten Raums als "vollständig" anzusehen sind. Die mit ihnen auftretenden Quantifizierungs-, Kostenberechnungs- und anderen Schwierigkeiten werden durch die Aufnahme dieses Sektors in die numerische Arbeit demonstriert.

Die wesentlichen Fragestellungen sind dieselben, die auftreten würden, wenn ein Autobahnabschnitt mit einer Auffahrt in der Abb.4.1 vorgesehen werden müßte. Sie sind im wesentlichen institutioneller Natur und berühren außerdem unmittelbar den Nutzen, der sich für die Gemeinden ergibt, die unmittelbar angeschlossen an einem Teil eines solchen räumlich viel breiter angelegten Netzes liegen. Der Sektor wird daher als supraregional angesehen und wurde entsprechend in der numerischen Arbeit quantifiziert. Es werden Investitionen für den Sektor vorgeschlagen (d.h. seine Rolle ist nicht einfach passiver Natur), deren Kosten den Regionen auf vernünftiger Basis zugeschrieben werden, und das gleiche trifft für die aus den Projekten entspringenden Einkünfte zu. Dies ist bei Außerachtlassung der institutionellen Schwierigkeiten logisch, da der Steuerzahler (Arbeit- und Unternehmer) als "Bewohner" des Gebiets und Nutznießer der Einrichtung auch die letztendlichen Quellen der Investitionsmittel sind.

Schließlich wird ein recht heterogener Sektor "Ökologie und Freizeit" eingebracht, um den bereits beschriebenen vier Sektoren Ausgewogenheit zu geben, zusätzliche Verbindungen zu den Attraktivitäts- und Bevölkerungssubmodellen herzustellen und explizit den Aspekt der Bewahrung der natürlichen Gegebenheiten (Boden, Wasser, Luft) in die numerische Arbeit einzubringen. Investitionen in bescheidenem Umfang werden auch für diesen Sektor vorgeschlagen, die durch Bewertung und Vergleich mit Investitionen in den anderen klarer abzugrenzenden und technischen Sektoren bevorzugt und bewilligt werden können.

<u>In der Region 1</u> gibt es 5 Sozialwohnungsgebiete, von denen nur eins weniger als 10 Jahre alt ist. Das z.Zt. angestrebte Ziel ist, Sozialwohnungen (bei einem Durchschnitt von 4 Personen je Wohneinheit) für 22,5% der Bevölkerung bereitzustellen. Diese Zahl soll auf 25% (als Endziel) in 5 Jahren steigen. Die vorhandenen Wohnungen liegen zumeist an der Peripherie der größten Siedlung in der Region. Eines dieser Gebiete ist 26 Jahre alt und von sehr geringer Qualität.

Die Bevölkerungsdichte in Sozialwohnungsgebieten beträgt im Durchschnitt 150 je Hektar, im ganzen sind z.Zt. 3150 Menschen so untergebracht. Für zukünftige Investitionen wird eine geringere Dichte und eine offenere Umgebung mit mehr Grün angestrebt wie auch eine Verbesserung der Instandhaltung. Eine Verbesserung der Qualität der Wohnungen ist ebenfalls ein Ziel, wobei es einen Plan für die Erhöhung der Mieten auf ein wirtschaftlicheres Niveau gibt.

Die Gesamtkapazität (Kinder) in den staatlichen Kindergärten (und Krippen) beträgt 245 Plätze - diese sehr niedrige Zahl wird an drei weit getrennten Standorten bereitgestellt (s. Abb.4.1). Die Gebäude am nordwestlichen Standort sind jedoch 20 Jahre alt und müssen renoviert werden. Durch den Bau neuer Kapazität und stärkere Beihilfen und Kontrollmaßnahmen im privaten Sektor ist beabsichtigt, drei Kindergärten- und Krippenplätze je 100 Einwohner bereitzustellen und in 10 Jahren diese auf 4 Plätze zu steigern. Dieses Programm sollte so weit wie möglich mit dem Aufbau im Sozialwohnungssektor koordiniert werden.

Wie bereits erwähnt, hat die Region 1 ihren Anteil an Verkehrsproblemen, und das (gemeinsame) Ziel der drei Regionen ist ein systematisches Verbesserungs- und Neukonstruktionsprogramm, um den Durchgangsverkehr fließender zu gestalten und auch einen besseren intra- und interregionalen Zugang für den Handels- und Pendelverkehr zu schaffen. Der zeitliche Spielraum für diesen koordinierten Plan entspricht der (für Budgetallokationszwecke) maximal betrachteten Zeitspanne von 15 Jahren. Von den vorgeschlagenen Projekten (s. §4.8 und für Einzelheiten Anhang A) wird angenommen, daß die dringenderen Maßnahmen (als Teile des Programms) zuerst unternommen werden; die wichtigsten in der Region 1 betreffen die innerstädtische Verbesserung des Zugangs zur Industriezone und die Fertigstellung einer verbesserten südlichen Verbindung zur Region 3.

Wegen der Bevölkerungsdichte wird auf die Bereitstellung von Park- und Erholungsflächen in der bebauten Zone (als

Ziel 10m^2/Einwohner) und auch auf die Erhaltung der Uferzonen und des Teiles des Naturschutzgebietes innerhalb der Region für Freizeit- und Erholungszwecke Wert gelegt. Hinsichtlich dieser Ziele ist bisher die Region relativ erfolgreich gewesen, aber die Ausdehnungsmöglichkeiten zum Osten und Süden der zentralen Geschäftszone werden beschränkt, wenn diese Ziele tatsächlich aufrechterhalten werden. Die Region ist sich auch bewußt, daß ihr Wald- und Erholungsgebiet im ganzen der Betrachtung bedürfen, wenn nicht sogar des aktiven Schutzes.

In der Region 2 sind nur 1050 Menschen in Sozialwohnungen untergebracht, die entweder in der Siedlung im Westen oder zwar malerisch jedoch recht isoliert im Südwesten der Hauptsiedlung liegen. Daher ist die Standortstruktur hinsichtlich der zentralen Entwicklung, des Bahnhofs und der kleinen Industriezone wenig vorbildlich. Es sollen neue Wohnungen mit geringerer Wohndichte gebaut und die vorhandenen sowohl qualitativ wie auch in ihrer Erreichbarkeit verbessert werden (s. Straßenplan Abb.A2). Für das "Sozialwohnungswesen" sind die Ziele in allen drei Regionen die gleichen, d.h. wie oben kurz für Region 1 aufgeführt. Für volle numerische Einzelheiten s. Anhang A.

Im Kindergartensektor ist die Region 2 jedoch vergleichsweise günstig gestellt, da er eine Gesamtkapazität von 200 Plätzen aufweist, aber diese stehen nur an zwei Standorten zur Verfügung, woraus sich in Anbetracht der zerstreuten Siedlungsstruktur der Region 2 eine schlechte Erreichbarkeit ergibt. Es kommt hinzu, daß der westlich gelegene Kindergarten (Abb.4.1) alt ist und der Erneuerung bedarf. Obgleich die Region am besten (von den 3 Regionen) die Zielforderungen bezüglich Kindergartenkapazität erfüllt, ist zur Verbesserung der Erreichbarkeitsstruktur Investition dringend erforderlich, und dies bedeutet einen starken Nachdruck auf die Schaffung neuer und günstig gelegener Einrichtungen im Gegensatz zu dem weniger kostspieligen Weg der reinen Kapazitätserhöhung durch Vergrößerung vorhandener Einrichtungen.

Ein besonderes Merkmal des Straßensektors in der Region 2 ist die schlechte Verbindung der kleineren Siedlungen durch ausreichende und sichere Straßen sowohl innerhalb der Region als auch mit den anderen Regionen. Es ist bereits abzusehen, daß die Verbindungsstraße zu Region 3 bald unzureichend wird und daher erweitert und ausgebaut werden muß. Andere Einzelheiten der Straßenstruktur sind dem Anhang A zu entnehmen.

Obwohl die Region 2 zugegebenermaßen einen noch sehr viel ländlicheren Charakter als die Regionen 1 und 3 aufweist, hat sie die gleichen Ziele in dem Sektor "Ökologie". Sie hat es jedoch bisher fast völlig versäumt, Sport- und eingerichtete Erholungsgebiete für ihre Bevölkerung bereitzustellen. Da die Region keine Wasserläufe oder -flächen anderer Art aufweist und keinen Anteil an dem Naturschutzgebiet des Komplexes hat, muß ein besonderes Gewicht auf die Beibehaltung der vorhandenen Forstfläche sowie auf das Verhältnis der Gesamtregenerationsfläche zur gesamten Gebietsfläche gelegt werden.

In der Region 3 leben 3450 Menschen in Sozialwohnungen, wovon mehr als die Hälfte vor 20 Jahren gebaut worden sind, sehr dicht belegt und schlecht ausgestattet. Die Ziele in diesem Sektor sind die gleichen wie für Region 1, und eine angemessene Reihe von Investitionen ist vorgesehen (§4.8 und Anhang A).

Die Kapazität der staatlichen Kindergärten ist im Verhältnis zur Bevölkerung mit 200 Plätzen niedrig, und die Region 3 ist daher bereit, erneut zu investieren, die Kapazität im Privatbereich zu subventionieren und hat mit der Region 2 ein Übereinkommen getroffen hinsichtlich der Standorte der dort vorzuschlagenden neuen Kapazität.

Die Überlastung der Hauptostweststraße und die Schwierigkeiten des Nordsüdverkehrs geben der Region Grund durch

Ausbaumaßnahmen diesen Unzulänglichkeiten zu begegnen, für Einzelheiten des Programms s. Anhang A, Abb.A1 und A2.

Die Region 3 mit ihrem angenehmen natürlichen Charakter hat einen großen Erfolg mit dem Parkgebiet am Fluß (im Osten) gehabt und wünscht, diese Einrichtung in das Gebiet unmittelbar westlich des zentralen Geschäftsviertels auszudehnen (s. Abb.4.1). Die Politik des Schutzes für das "Naturschutzpuffergebiet" soll fortgesetzt und die Erholungsmöglichkeiten des kleinen Sees sollen bewahrt und ausgeweitet werden. Im übrigen sind die Ziele für den Sektor "Ökologie" genau die gleichen wie die für Region 1.

Allen Regionen gemeinsam ist der Sektor "Vorortbahn", der als Verbindung zwischen den Regionen und auch dem Pendelverkehr mit der benachbarten Stadt und dem Frachtverkehr mit den Industriezonen der Regionen 1 und 3 dient. Die Vorortbahn ist keine Infrastruktur, die von den betrachteten Regionen abhängt (d.h. ausschließlich auf ihnen basiert). Die Qualität dieser Dienstleistung hat jedoch einen Einfluß auf die Qualität des gesamten Infrastrukturangebots an die Einwohner der 3 Regionen. Die Kosten für Unterhaltung und Investition können theoretisch den Einwohnern auferlegt werden, obwohl hier die institutionellen Probleme klar sind. Zu den Hauptverkehrszeiten sind die Züge sehr stark besetzt und wenig anziehend, und es soll vorgeschlagen werden, deswegen einen weiteren Zug auf der Strecke einzusetzen. Pendler müssen im wesentlichen zu Fuß oder mit dem Bus zu den Bahnhöfen gelangen, da es bislang keine Pläne für die Förderung der Park-and-Ride-Möglichkeiten gibt. Deshalb ist die Erreichbarkeit der Bahnhöfe ein wichtiger Faktor für diesen Sektor. Es wird angenommen, daß es keine Engpässe in den angebotenen Einrichtungen und Diensten für den Frachtverkehr gibt.

4.3 Allgemeine Bemerkungen

Mit den kurzen regionalen und sektoralen Beschreibungen des §4.1 und §4.2 wurde der Versuch gemacht, wenigstens eine gewisse Vorstellung von den Überlegungen und Gedanken zu geben, die bei der "Schaffung" des Rahmens des numerisch zu bearbeitenden Beispiels angestellt wurden. Selbstverständlich ist die Grundlage der sektoralen und regionalen Landschaft vorrangig numerisch zu sehen, da ein Modell getestet werden soll. Es ist jedoch zu hoffen, daß sie auch realistisch ist. Die vollständigen numerischen Einzelheiten sind in den Tabellen des Anhangs A enthalten. Es ist allerdings ohnedies klar, daß die "Testgrundlage" überproportioniert ist, die Bevölkerung ist für das Gebiet zu groß, die Ziele (von seiten des "Staates") sind hochgesteckt, die sektorale Aktivität ist intensiv und Pläne und Verbesserungsinvestitionen (als Teil eines kontinuierlichen Prozesses betrachtet) sollen mit einer Geschwindigkeit vorangetrieben werden, die in kurzer Zeit entweder das symbolische Gebiet der Abb.4.2 mit einem Labyrinth von Straßen, Kindergärten und Sozialwohnungen überziehen oder zu einer vollkommen stabilen, gesättigten und passiven infrastrukturellen Situation führen würde. Die "Schlüssellochperspektive", die erfolgen muß, um ein eindeutig schlußreiches numerisches Beispiel zu verwirklichen, ergibt allerdings nur einen überakzentuierten Eindruck von dem, was in der Realität geschieht. Innerhalb des Rahmens der angenommenen Perspektive sind die Bewegungen, in diesem Fall Budgetallokationen und Wanderungen, daher solche in Richtungen, die in gültiger Weise erläuternd sind.

4.4 Die verwendeten sektoralen Quantifizierungen

In den Tabellen A2 bis A14 sind für die in den folgenden Quantifizierungsbeschreibungen verwendeten Variablen die numerischen Anfangswerte und ihre Fortschreibungen für 15 weitere Zeitpunkte angegeben. Der größeren Einfachheit und Klarheit halber sind die in den Beschreibungen verwendeten Symbole gewöhnlich nicht mit den zugehörigen sektoralen, regionalen und zeitlichen Indizes versehen, da implizit angenommen wird, daß alle Parameter und Gewichtsfaktoren diese Abhängigkeiten haben. Die Dektoren sind wie folgt quantifiziert:

4.4.1 Sektor "Sozialwohnungswesen" (i = 1)

Zur Angabe des sektoralen Ausstattungsniveaus wurden die Realisierungsgrade fünf subsektoraler Ziele als Indikatoren verwendet, nämlich von Kapazität, Altersstruktur, Standort, Qualität und Instandhaltung. Sie sind mit a_e, e = 1,...5 bezeichnet. Für alle Regionen wurde das Gesamtausstattungsniveau wie folgt aus diesen Indikatoren zusammengesetzt:

$$E_{1rt} = \frac{a_1 \cdot (g_1 + \sum_2^5 g_e a_e)}{g_1 + a_1^{po} \sum_2^5 g_e} \qquad (4\text{-}1)$$

wobei die g_e Gewichtsfaktoren für die Indikatoren sind. po erhielt nominell den Wert 0,25. Dies ergibt ein Verhalten von E_{1rt} mit a_1 (dem Kapazitätsindikator), wie in Abb. 4.3 symbolisch dargestellt. Das lineare Verhalten mit $a_2,...a_5$ ist einsichtiger und daher nicht dargestellt. Detaillierte Beschreibungen der einzelnen Indikatoren $a_1,...a_5$ schließen sich an.

Kapazitätsindikator a_1

Es wurde angenommen, daß das Kapazitätsziel in Sozialwohnungen die Unterbringung von p% der ansässigen Bevölkerung ist.

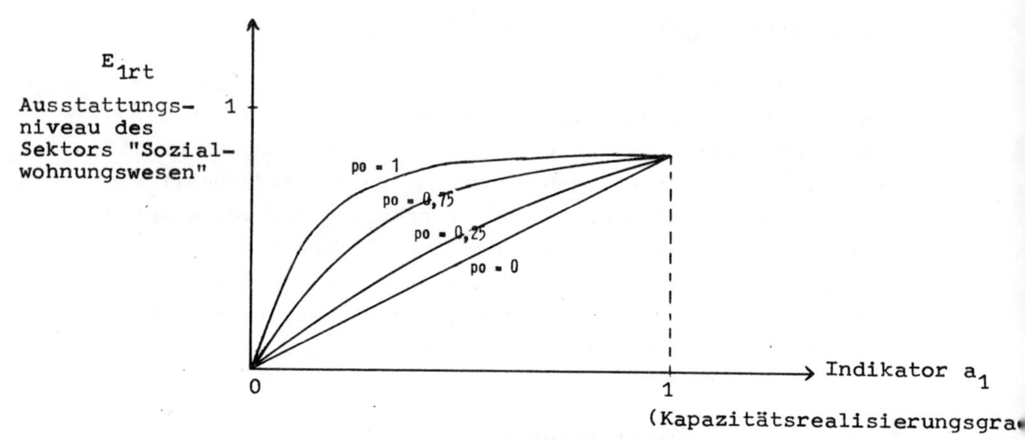

Abb. 4.3 Quantifizierungsfunktion für den Sektor "Sozialwohnungswesen" - Änderung nach dem Kapazitätsindikator und dem formbestimmenden Parameter po

Ist I die in Sozialwohnungen untergebrachte Bevölkerung (Region r, Zeitpunkt t), dann gibt der Indikator

$$(4\text{-}1\text{-}1) \qquad a_1 = \frac{I}{p/_{100} \cdot B_{rt}}$$

mit der Einschränkung, daß $0 \leq a_1 \leq 1$, eine Maßzahl für das Erreichen der Zielkapazität, wobei der Maximalwert 1 die Erfüllung (oder Übererfüllung) des Ziels bezeichnet.

Altersstrukturindikator a_2

Es wurde angenommen, daß Sozialwohnungen ohne eine grundlegende Erneuerung eine Lebensdauer von 25 Jahren haben. Mit einer solchen Erneuerung, die offenbar in vielen Fällen kostspielig ist, könnten sie weitere 25 Jahre überdauern.

Bei einem Zyklus von 25 Jahren wurden zwei Merkmale,

$I_1 = \sum(I \,.\, \text{Wohnungsalter}) = \sum(\text{Kapazität} \,.\, \text{vergangene Lebenszeit})$,

$I_2 = 25\sum I = \sum(\text{Kapazität} \,.\, \text{erwartete Lebenszeit})$, formuliert, wobei die Summierungen über Hektar Sozialwohnraum erfolgt, die in der Region r zur Zeit t existieren.

Dann ist der Indikator

$$(4\text{-}1\text{-}2) \quad a_2 = \frac{1}{ß_1} \left(1 - \frac{I_1}{I_2}\right),$$

mit der Einschränkung, daß $0 \leq a_2 \leq 1$,

wobei $ß_1$ ein festgelegter "annehmbarer" Wert für a_2 ist, ein Ausdruck für den relativen (und durchschnittlichen) Grad der Zielerreichung bezüglich Altersniveau für die materiellen Strukturen in diesem Sektor.

Standortstrukturindikator a_3

Es wurden zwei Standortindikatoren als zweite Momente (Trägheitsmomente) der in Sozialwohnungen untergebrachten Bevölkerung um zwei zentralliegende ausgewählte "kritische" Drehpunkte abgeschätzt, und zwar um

1. das am nächsten gelegene Geschäftsviertel (mit dem Index B zu verbinden),
2. die am nächsten gelegene Industriezone (mit dem Index I zu verbinden),

ohne Rücksicht darauf, ob sie in der betreffenden Region waren oder nicht. Entfernungen wurden als Straßenentfernungen geschätzt - im Fall von Abb. 4.1 bedeutet dies rechtwinklige Entfernungen - und durchschnittliche Zielentfernungen d_1 und d_2 angesetzt. Es wurden dann zwei Indikatoren a_{31} und a_{32} formuliert, von denen der erste eine "ideale" Beschreibung der Standortlage der in Sozialwohnungen untergebrachten Bevölkerung allein angab, und der zweite die Standortgunst des Sozialwohnraums mit der Gesamtwohnraumstandortsituation in der Region, auf derselben Grundlage beurteilt, verglich.
Der erste:

$$(4\text{-}1\text{-}3) \quad a_{31} = \left(k_1 \frac{\sum Id_1^2}{\sum Id_B^2} + k_2 \frac{\sum Id_2^2}{\sum Id_I^2}\right) / (k_1 + k_2) = \frac{k_1 a_{311} + k_2 a_{312}}{k_1 + k_2}$$

wobei die Einschränkung $0 \leq a_{311}, a_{312} \leq 1$ einzuhalten ist. k_1 und k_2 sind Gewichtsfaktoren, die die relative Bedeutung der beiden "Drehpunkte" angeben; d_b und d_I sind die Entfernungen der einzelnen Sozialwohnungen von den Drehpunkten; die Summierungen werden über alle existierenden Sozialwohnungseinheiten (Hektar) in der Region vorgenommen.

Der zweite:

$$(4\text{-}1\text{-}4)\quad a_{32} = (k_3 \frac{a_{311}}{\hat{a}_{311}} + k_4 \frac{a_{312}}{\hat{a}_{312}}) / (k_3 + k_4)$$

wobei die Einschränkung $0 \leq \frac{a_{311}}{\hat{a}_{311}}, \frac{a_{312}}{\hat{a}_{312}} \leq 1$ einzuhalten ist.

$\hat{a}_{311}$ und $\hat{a}_{312}$ sind a_{311} und a_{312} äquivalente Indikatoren (wie in der obigen Formulierung (4-1-3) von a_{31} angegeben), jedoch unter Durchführung von Summierungen über alle regionalen Wohneinheiten (d.h. soziale und private).

Im Ansatz für a_{31} spiegeln die beiden Faktoren a_{311} und a_{312} die Erreichbarkeit der Sozialwohnungen von den beiden "kritischen" Punkten 1. und 2. wider. Hier wurden zweite Momente (Trägheits-) als Gegensatz zu den ersten angesetzt, damit entlegene Wohnungen eine bedeutend kritischere Bewertung ihres Standorts erfahren. Dann vergleicht der Faktor a_{32} die Standortqualität des Sozialwohngebiets mit der Standortqualität des gesamten Wohngebiets der Region mit der Absicht, einen vergleichenden und vielleicht korrigierenden Einfluß auf die angenommenen idealisierten Normen auszuüben. Natürlich darf kein Indikator seinen höchsten Zielerfüllungswert von 1 überschreiten.

Der endgültige Indikator stellt eine gewichtete lineare Kombination der "idealen" und "vergleichenden" Indikatoren dar:

$$(4\text{-}1\text{-}5)\quad a_3 = (k_5 a_{31} + k_6 a_{32})/(k_5 + k_6)$$

Die individuellen Standortfaktoren wurden mit einem Computerprogramm berechnet, das die symbolische Flächennutzungskarte der Abb. 4.2 verwendete.

Qualitätsstrukturindikator a_4

Es wurde die Annahme gemacht, daß Sozialwohnungen eine gewisse Zahl von wünschenswerten und notwendigen Merkmalen aufweisen sollten. Den Merkmalen wurden Punkte gegeben, die zu einer idealen "Norm" von n Punkten (je Wohneinheit) zuzuzählen sind. Diese Norm ist nicht nur als aus den unmittelbar augenfälligen Gegebenheiten zusammengesetzt vorzustellen, (Wasserversorgung und Toiletteneinrichtungen, Fensterfläche, Wohnfläche je Bewohner usw.) sondern auch aus Umweltfaktoren (Lärmspiegel, Luftqualität, Vorhandensein von Gemeinschaftsräumen, Entfernung zum nächsten Kindergarten, Vorhandensein von Wäschetrocknungseinrichtungen, Parkflächen, Kinderspielplätze usw.), so daß ein Sozialindikator des "Wohnungswertes" (d.h. Wohnwert in einem sehr engen Sinn) gebildet wird.
Der tatsächlich erreichte Punktwert für die Kapazität I ist m. Dann ist der Indikator a_4 wie folgt definiert

$$(4\text{-}1\text{-}6) \quad a_4 = \frac{1}{\beta_2} \frac{\sum I.m}{\sum I.n}, \text{ eingeschränkt durch } 0 \leq a_4 \leq 1,$$

wo β_2 ein "annehmbares" Niveau für a_4 ist, womit (parallel zu dem ähnlichen Faktor β_1 für den Altersstrukturindikator) anerkannt wird, daß es weder realistisch noch möglich ist, ein Ziel mit einer derartigen inhärenten Heterogenität zu 100% zu erreichen. Dieser "Qualitätsindikator", der das kombinierte Niveau der Verwirklichung eines Bündels erwünschter Eigenschaften ausdrückt, ist wahrscheinlich in starkem Maße von der ursprünglichen Bauweise und den Bodenpreisen und damit von der geforderten Miete für eine bestimmte Wohneinheit abhängig. Der für "Qualität" (zusammen mit anderen kennzeichnenden Merkmalen) entrichtete Baupreis findet bei der Allokation im Falle neuer Wohnungsbauprojekte Berücksichtigung, aber weder in diesen noch in irgendwelchen anderen betrachteten Sektoren werden Preispolitiken für die öffentlich angebotenen Infrastruktureinrichtungen in den sachlichen Quantifizierungsprozessen selbst berücksichtigt.

Unterhaltungsindikator a_5

In Verbindung mit den Prognosen für die bei der Abschätzung von $a_1, \ldots a_4$ verwendeten Parameter sind gewisse Unterhaltungskosten vorzusehen (sie sind im einzelnen in §4.7 erklärt). Es wird jedoch unvermeidlich vorkommen, daß zusätzliche Unterhaltungsmaßnahmen (nicht vorhergesehen) wünschenswert oder sogar dringend erforderlich werden. Diese werden als "Unterhaltungsprojekte" formuliert, die zu der vorgeschlagenen Projektliste gehören und für Budgetmittel mit allen anderen vorgeschlagenen Investitions- und Unterhaltungsmaßnahmen konkurrieren müssen. Es sei I_3 die gesamten für den Sektor (Region r, Zeit t) angesetzten Unterhaltungskosten und I_4 die gesamten für den Sektor erwünschten Unterhaltungskosten - d.h. sowohl für die vorgesehenen wie auch die vorgeschlagenen "Unterhaltungssonderausgaben", dann ist

$$(4\text{-}1\text{-}7) \quad a_5 = I_3/I_4 \ ,$$

wo unter gewissen Umständen die Beschränkung $0 \leq a_5 \leq 1$ noch notwendig sein kann.

4.4.2 Sektor "Kindergärten und Krippen" (i = 2)

Die in diesem Sektor angewendete Quantifizierung ist ähnlich der des Sozialwohnungswesens. Sie weist nominell dieselben 5 Realisierungsgradindikatoren auf, jedoch natürlich mit unterschiedlichen Interpretierungen (s. Gleichung (4-1)). Die E_{irt}-Funktion hat dieselbe Form für alle Regionen, nämlich

$$(4\text{-}2) \quad E_{2rt} = \frac{a_1(g_1 + \sum_2^5 g_e a_e)}{g_1 + a_1^{po} \sum_2^5 g_e}$$

wobei wie vorher die g_e Gewichtsfaktoren sind und in diesem Fall der Exponentkonstanten po der nominelle Wert 0,75 gegeben wurde, der dem Verhalten mit a_1 die gleiche Form wie bei dem Sozialwohnungswesen, jedoch mit einem steileren

Anfangsanstieg und entsprechend stärkerer Krümmung (s. Abb. 4.3) gibt. Das Verhalten mit $a_2, \dots a_5$ ist als linear angesetzt worden.

Kapazitätsindikator a_1

Die Kapazität I wird hier als die Zahl der verfügbaren Kindergarten- oder Krippenplätze verstanden und das Kapazitätsziel wird als die erwünschte Zahl p der Plätze auf je 100 Einwohner ausgedrückt. Dies führt zu einem Kapazitätsindikator von

(4-2-1) $a_1 = \frac{I}{p.B_{rt}/100}$, mit der Einschränkung $0 \leq a_1 \leq 1$

und gibt eine Maßzahl für die Realisierung der Zielkapazität.

Altersstrukturindikator a_2

Es wurde angenommen, daß die Kindergartengebäude und -ausstattung regelmäßige Überholung und Renovierung erfahren, daß aber selbst dann, ohne eine gelegentliche grundlegende Erneuerung, die Lebensdauer einer gegebenen materiellen Struktur 30 Jahre nicht überschreitet. Auf einem Zyklus von 30 Jahren beruhend, wurden zwei statistische Größen

$$I_1 = \sum(\text{I.Kindergartenalter}) = \sum(\text{Kapazität.abgelaufene Lebenszeit}),$$

$$I_2 = 30 \sum I = \sum(\text{Kapazität.erwartete Lebenszeit})$$

als verfügbar angenommen, wobei die Summierungen über die gesamte Kindergartenkapazität in der Region erfolgt.

Dann gibt der Indikator

(4-2-2) $a_2 = \frac{1}{\beta_1} \left(1 - \frac{I_1}{I_2}\right)$, mit der Einschränkung $0 \leq a_2 \leq 1$,

wobei β_1 ein einzugebender normativer, "annehmbarer" Realisierungsgrad ist, eine Maßzahl für die materielle Altersstruktur in diesem Sektor.

Erreichbarkeitsindikator a_3

Eine durchschnittliche Kindergartenerreichbarkeitsentfernung d (nominell 500m) wurde als Ziel für die gesamte regionale Bevölkerung und somit als Kriterium für die Standortwahl für vorgesehene neue Kindergärten angesetzt. Als Maßstab für die Erreichbarkeit wurde die Straßenentfernung zum nächstliegenden Kindergarten angenommen; die Bevölkerungseinheit bestand aus dem 1-Hektar "Wohnblock" der Abb. 4.1 und 4.2. Für die Region r zum Zeitpunkt t wird der Indikator wie folgt formuliert:

$$(4\text{-}2\text{-}3) \quad a_3 = \frac{B_{rt}\, d}{\sum_e B_{ert} d_e}, \text{ unter der Beschränkung } 0 \leq a_3 \leq 1,$$

wobei B_{ert} die Bevölkerung des "Wohnblocks" e und d_e ihre Straßenentfernung vom nächsten öffentlich betriebenen oder unterhaltenen Kindergarten innerhalb des regionalen Komplexes ist.

Qualitäts-/Modernitätsstrukturindikator a_4

Ähnlich wie bei dem entsprechenden Indikator für Sozialwohnungswesen wird eine "Normmaßzahl" n für jede Einrichtung eingeführt, wobei diese Norm eine kombinierte Punktzahl für die verschiedenen technischen, sozialen und materiellen Einrichtungen darstellt, die ein Kindergarten oder eine Krippe aufweisen sollte. Die tatsächliche Maßzahl m wird dann mit der Norm verglichen, so daß sich als Indikator ergibt:

$$(4\text{-}2\text{-}4) \quad a_4 = \frac{1}{\beta_2} \frac{\sum I.m}{\sum I.n}, \text{ mit der Einschränkung } 0 \leq a_4 \leq 1,$$

wobei die Summierungen über alle (regionalen) Einrichtungen erfolgen. β_2 ist ein "annehmbarer" Realisierungsgrad für a_4 mit der Funktion, die mit der ähnlichen Größe im Qualitätsindikator für das Sozialwohnungswesen identisch ist.

Unterhaltungsindikator a_5

Wenn ähnlich wie beim Sozialwohnungswesen

I_3 = den gesamten für den (regionalisierten) Sektor vorgesehenen Unterhaltungskosten (DM) ist und

I_4 = den gesamten für den Sektor erwünschten Unterhaltungskosten (DM), dann ist

(4-2-5) $a_5 = I_3/I_4$, mit der Beschränkung $0 \leq a_5 \leq 1$.

4.4.3 Sektor "Straßennetz" (i = 3)

Für diesen Sektor wurden nur drei subsektorale Ziele berücksichtigt, nämlich "Kapazität", "Altersstruktur" und "Unterhaltung", dies letzte entsprechend den bereits für die Sektoren 1 und 2 betrachteten Grundsätzen. Die ersten zwei Merkmale haben jedoch je drei Komponenten, wie unten im einzelnen aufgeführt. Der Sektor ist so definiert, daß nur Straßen mit grundsätzlicher Verkehrsfunktion berücksichtigt sind (§4.1). Sie wurden in die Klassen 2 und 3 (s. Tabelle A1) unterteilt, da eine hypothetische Klasse 1 (etwa Autobahn oder Autobahnzubringer) nicht vorhanden ist. Das Ziel für den Sektor stellt ein überregionaler Straßennetzplan (Abb. A2) dar, der als das Ergebnis vollzogener Prognose- und Planungstätigkeit in dem Sektor und daher als eine notwendige und hinreichende Entwicklung für die von dem Allokationsmodell überspannte Zeitperiode (15 Jahre) zu deuten ist. Werden die Realisierungsgrade der gesetzten Ziele mit a_1, a_2, a_3 bezeichnet, so wird das sektorale Ausstattungsniveau wie folgt bestimmt:

(4-3) $$E_{3rt} = a_1^{po} \sum_1^3 g_e a_e \Big/ \sum_1^3 g_e$$

wobei po nominell mit 0,75 angesetzt ist und die g_e Gewichtsfaktoren für die jeweiligen Merkmale sind. Dies führt zu einem Verhalten von E_{3rt} nach der Kapazitätsindikator a_1, für alle Regionen r wie in Abb. 4.4 symbolisch gezeigt. Das lineare Verhalten nach a_2 und a_3 ist nicht dargestellt.

Die auf der folgenden Seite dargestellte Funktionenfamilie ist formal danach ausgewählt (d.h. für Demonstrationszwecke), daß sie das gegenteilige Verhalten wie die für die stärker "sozial" orientierten Sektoren 1 und 2 (Abb. 4.3) gewählten Funktionen zeigt. Es ist daher die Hypothese, daß je voll-

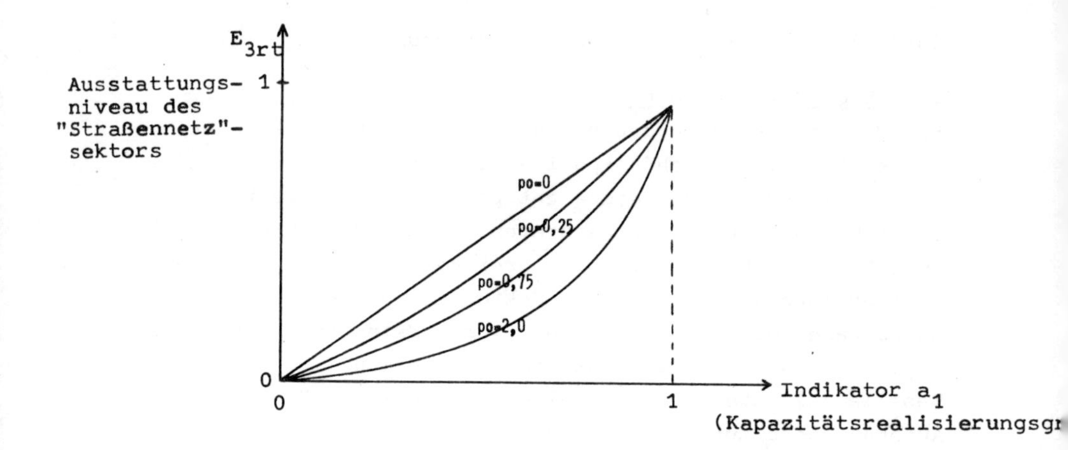

Abb. 4.4 Quantifizierungsfunktion für den Sektor "Straßennetz" - Änderung nach dem Kapazitätsindikator und dem formbestimmenden Parameter po

ständiger das Straßennetz bezüglich der idealen oder angestrebten für eine gegebene regionale Siedlungsstruktur ist, desto höher das gesamte Ausstattungsniveau relativ sein wird Deshalb werden Investitionen, die Kapazität bei einem bereit hohen Kapazitätsniveau schaffen, im Verhältnis des Ausstattungsniveaus höher "bewertet", als wenn sie bei einem im ganzen niedrigeren Ausstattungsniveau vorgenommen würden.

Kapazitätsindikator a_1-

Der Kapazitätsrealisierungsgrad wird aus 3 Unterrealisierungsgraden zusammengesetzt, die die folgenden Merkmale betreffen

i) Länge der Straßen der Klasse 2
ii) Länge der Straßen der Klasse 3
iii) Kosten der peripheren Einrichtungen (Beleuchtung, Verkehrsampeln, Verkehrszeichen, Fußgängerüberwege usw.)

Innerhalb der vorgenannten Kategorien wurden keine Unterteilungen gemacht oder Prioritäten gesetzt (wie es wahrscheinlich in der Praxis der Fall wäre), da angenommen wurde, daß

die regionalen Prioritäten für den Sektor durch die Auswahl der vorgeschlagenen Maßnahmen dargestellt werden.
Gibt

I_1 die vorhandene Straßenlänge der Klasse 2 (in km) an,

I_2 die geplante Straßenlänge der Klasse 2 (in km),

I_3 die vorhandene Straßenlänge der Klasse 3 (in km),

I_4 die geplante Straßenlänge der Klasse 3 (in km),

I_5 die zum geplanten Umbau in der Klasse 2 vorhandene Straßenlänge der Klasse 3 (in km),

so ist ein erster zusammengesetzter Faktor durch

$$(4\text{-}3\text{-}1)\quad a_{11} = (k_1 \frac{I_1}{I_2} + k_2 \frac{I_3 - I_5}{I_4})/(k_1 + k_2)$$

bestimmt (wobei k_1 und k_2 Gewichtsfaktoren sind), der die Realisierung des geplanten Straßennetzes im Verhältnis zu den geplanten Längen der beiden Straßenkategorien ausdrückt.
Wird weiter definiert:

I_6 als der Wiederbeschaffungswert der vorhandenen peripheren Einrichtungen (DM) und

I_7 als der gesamte gegenwärtige Wert der ganzen für das geplante Straßennetz erforderlichen Einrichtungen (DM),

dann drückt ein zweiter Faktor

$$(4\text{-}3\text{-}2)\quad a_{12} = I_6/I_7$$

den Zustand der Realisierung aus, den die periphere Ausstattung erreicht hat. Die beiden Faktoren sind nach ihrer Definition auf das Interval [0,1] beschränkt und werden mit weiteren Gewichtsfaktoren k_3 und k_4 kombiniert, so daß sich der endgültige (normative) Kapazitätsindikator

$$(4\text{-}3\text{-}3)\quad a_1 = (k_3 a_{11} + k_4 a_{12})/(k_3 + k_4)$$

ergibt.

<u>Altersstrukturindikator a_2</u>

Von allen Verkehrsstraßen, wenn sie auch in jedem Jahr eine gewisse Unterhaltung erfordern, wurde angenommen, daß sie alle 10 Jahre einer grundlegenden Instandsetzung bedürfen, d.h. sie haben alle eine "Lebensdauer" von 10 Jahren. Den peripheren Einrichtungen wurde insgesamt eine "Lebensdauer" von 7 Jahren beigemessen, nach der sie ersetzt werden müssen.

Ist

$I_8 = \sum$(Länge . Alter der Abschnitte der Klasse 2)
$= \sum$(Kapazität . abgelaufene Lebenszeit),

$I_9 = 10 \sum$(Länge der Abschnitte der Klasse 2)
$= \sum$(Kapazität . erwartete Lebenszeit)

- entsprechend I_{10} und I_{11} für Straßen der Klasse 3 -

und

$I_{12} = \sum$(Wiederbeschaffungswert . Alter der peripheren Einrichtungskomponenten)

$I_{13} = \sum$(Wiederbeschaffungswert der peripheren Einrichtungskomponenten)

so stellen die folgenden Beziehungen

$$(4\text{-}3\text{-}4) \left[\begin{array}{l} a_{211} = \frac{1}{\beta_{11}} (1 - \frac{I_8}{I_9}), \text{ mit der Einschränkung } 0 \leq a_{211} \leq 1 \\ a_{212} = \frac{1}{\beta_{12}} (1 - \frac{I_{10}}{I_{11}}), \text{ mit der Einschränkung } 0 \leq a_{212} \leq 1 \\ a_{21} = (k_5 a_{211} + k_6 a_{212})/(k_5 + k_6), \\ a_{22} = \frac{1}{\beta_2} (1 - \frac{I_{12}}{I_{13}}), \text{ mit der Einschränkung } 0 \leq a_{22} \leq 1 \\ a_2 = (k_7 a_{21} + k_8 a_{22})/(k_7 + k_8) \end{array} \right.$$

den Ansatz für den sektoralen Altersstrukturrealisierungsgrad a_2 dar, wobei (parallel zu den Ansätzen für die Altersstrukturindikatoren für Sozialwohnungswesen und Kindergärten) a_{211}, a_{212} und a_{22} normative Faktoren für die definierten drei "Kapazitätskategorien" sind, a_{21} ein zusammengefaßter Faktor für die Straßenlängen, β_{11}, β_{12} und β_2 "annehmbare" oder Zielniveaus für die zusammensetzenden Altersstrukturen und $k_5,\ldots k_8$ Gewichtsfaktoren. Durch seine Definition ist a_2 auf das Interval [0,1] beschränkt und drückt einen (gewichteten) kombinierten Grad der Befriedigung der Altersstrukturziele aus.

Instandhaltungsindikator a_3

Ähnlich den Instandhaltungsindikatoren für die vorher beschriebenen Sektoren (Gleichungen (4-2-5) und (4-1-7)) wird, wenn

I_{14} = den gesamten für den Sektor, Region r, Periode t, angesetzten Instandhaltungskosten (DM),

I_{15} = den gesamten für den Sektor, Region r, Periode t, erwünschten Instandhaltungskosten (DM),

sind, der Instandhaltungsindikator wie folgt definiert:

(4-3-5) $a_3 = I_{14}/I_{15}$, mit der Einschränkung $0 \leq a_3 \leq 1$.

4.4.4 Sektor "Vorortbahn" (i = 4)

Dieser Sektor wird auf einer überregionalen Basis quantifiziert, d.h. Indikatoren werden aus den Daten des regionalen Komplexes als Ganzes abgeschätzt, das Ausstattungsniveau davon berechnet und dieses jeder Region beigelegt. Es existieren subsektorale Ziele und Indikatoren $a_1,\ldots a_5$ für die Merkmale Kapazität (zwei Komponenten), Altersstruktur, Erreichbarkeit (zwei Komponenten), Modernität und Instandhaltung. Die Indikatoren werden wie folgt zum zusammenfassenden Ausstattungsniveau E_{4rt} kombiniert:

$$(4\text{-}4) \quad E_{4rt} = \frac{a_1^{po} \sum_1^5 g_e a_e}{\sum_1^5 g_e},$$

wobei po nominell zu 0,25 angenommen wird und die g_e Gewichtsfaktoren für die Indikatoren a_e sind. Dies ergibt ein Verhalten von E_{4rt} ähnlich dem für den Sektor "Straßennetz", dessen Verhalten nach der "Kapazität" a_1 und dem Parameter po in Abb. 4.4 dargestellt ist.

Kapazitätsindikator a_1–

Von der Vorortbahn wird angenommen, daß sie sowohl Fahrgäste wie auch Fracht befördert, da aber die Frachtkapazitätsbetrachtung keine Wechselwirkungen innerhalb des Rahmens der bestimmenden Daten ergibt, ist dieser Aspekt bei der Quantifizierung unberücksichtigt geblieben. Die Fahrgastbeförderungskapazität (zu den Hauptverkehrszeiten), die eine Funktion der regionalen Bevölkerung ist, wurde jedoch eingeschlossen. Eine zweite "Kapazitätskomponente" wurde hinsichtlich des Wiederbeschaffungswertes der gesamten materiellen Anlage einschließlich aller peripheren Einrichtungen formuliert. Zwei Kapazitätsfaktoren a_{11} und a_{12} werden wie folgt definiert und zwar ist, wenn

I_1 = der zu den Hauptverkehrszeiten vorhandenen Sitzplatzkapazität

und

p = dem Prozentsatz der Bevölkerung, die zu den Hauptverkehrszeiten Sitzplätze benötigt,

$$(4\text{-}4\text{-}1) \quad a_{11} = \frac{I_1}{\frac{p}{100} \cdot (B_{1t} + B_{2t} + B_{3t})}, \text{ mit Beschränkung auf } 0 \leq a_{11} \leq 1.$$

Sind weiter

I_2 = Wiederbeschaffungswert der gesamten regionalen Anlage (DM),

und

I_3 = I_2 + den benötigten neuen Investitionen (DM),

dann ist

(4-4-2) $a_{12} = I_2/I_3$,

und der endgültige Kapazitätsindikator wird ausgedrückt durch

(4-4-3) $a_1 = (k_1 a_{11} + k_2 a_{12})/(k_1 + k_2)$,

wobei k_1 und k_2 relative Gewichtsfaktoren für die beiden Kapazitätskomponenten sind. Der endgültige Indikator a_1 ist daher ein gewichteter Mittelwert der Zielrealisierungsgrade der Fahrgastkapazität während der Hauptverkehrszeiten und der gesamten Anlageinvestition für alle drei Regionen.

Altersstrukturindikator a_2

Allen Anlagenteilen wird eine Lebensdauer von 30 Jahren zuerkannt, und ihr kostengewichtetes Alter wird zur Herstellung eines normativen Altersstrukturrealisierungsgrades eingesetzt, indem ein politisch festgesetztes "annehmbares" Altersstrukturziel verwendet wird.

Ist

$$I_4 = \sum(\text{Wiederbeschaffungswert eines Anlagenteiles} \cdot \text{Alter}) = \sum(\text{"Kapazität"} \cdot \text{vergangene Lebenszeit})$$

und

$$I_5 = 30 \sum(\text{Wiederbeschaffungswert eines Anlagenteiles}) = \sum(\text{Kapazität} \cdot \text{erwartete Lebenszeit})$$

so ist der Indikator wie folgt definiert:

(4-4-4) $a_2 = \frac{1}{\beta_2}\left(1 - \frac{I_4}{I_5}\right)$, beschränkt auf $0 \leq a_2 \leq 1$,

wobei β_2 das normative annehmbare Niveau ist.

Erreichbarkeitsindikator a_3

Da kein Park-and-Ride-System existiert (billige Parkplätze sind nicht in der unmittelbaren Nachbarschaft der Bahnhöfe verfügbar), wird die Benutzung der Vorortbahn durch die Erreichbarkeit (zumeist zu Fuß) der Bahnhöfe für die Bevölkerung bestimmt. Es wird eine "ideale" Entfernung d_1 - rechtwinklig gemessen - von nominell 700m vorgeschlagen und diese mit der durchschnittlichen Entfernung der Bevölkerung verglichen. Ein ähnlicher Faktor wird für den Standort der Frachtbahnhöfe hinsichtlich der verschiedenen Industriegebiete (in Hektareinheiten) mit Hilfe einer zweiten idealen Entfernung d_2 gebildet, die zu 2 km festgesetzt wurde.

Ist

$$I_6 = \sum(\text{Bevölkerung . Entfernung zum nächsten Bahnhof}),$$

$$I_7 = \sum(\text{Industriefläche . Entfernung zum nächsten Frachtbahnhof})$$

und

$$I_8 = \sum(\text{Industriefläche}),$$

wobei die Summierungen über alle 3 Regionen erfolgen, so sind die Faktoren und der endgültige Indikator a_3 wie folgt definiert:

$$a_{31} = \frac{d_1(B_{1t} + B_{2t} + B_{3t})}{I_6}, \text{ mit der Beschränkung } 0 \leq a_{31} \leq 1$$

$$a_{32} = \frac{d_2 I_8}{I_7}, \text{ mit der Beschränkung } 0 \leq a_{32} \leq 1$$

$$a_3 = (k_3 a_{31} + k_4 a_{32})/(k_3 + k_4)$$

wobei k_3 und k_4 relative Gewichtsfaktoren für die einzelnen Erreichbarkeitsindikatoren a_{31} und a_{32} sind.

Modernitätsstrukturindikator a_4

Die technische Modernität oder Leistungsfähigkeit (Qualität) der verschiedenen vorhandenen Anlagenteile wurde gegen eine Norm abgeschätzt, wobei die Teile entsprechend ihren Wiederbeschaffungskosten gewichtet wurden, und ein normativer Gesamtindikator a_4 durch den Vergleich mit einem vorgegebenen "annehmbaren" Zielniveau gebildet. Dies entspricht genau dem für die "Qualitätsstrukturindikatoren" in den Sektoren 1 und 2 zugrunde gelegten Prinzip. Es wird hier nicht erörtert, wie die "Normen" überhaupt festgelegt werden sollten. Es sei

n = Normpunktzahl für ein Anlagenteil,

m = der tatsächlichen Punktzahl für ein Anlagenteil,

$I_9 = \sum(\text{Wiederbeschaffungswert} \cdot m)$

$I_{10} = \sum(\text{Wiederbeschaffungswert} \cdot n)$.

Dann wird der Indikator wie folgt definiert:

(4-4-6) $a_4 = \frac{1}{\beta_4} \frac{I_9}{I_{10}}$, mit der Einschränkung $0 \leq a_4 \leq 1$,

wobei β_4 entweder als der technisch oder politisch "annehmbare" Zielwert angesehen wird.

<u>Instandhaltungsindikator a_5</u>

Zu verfahren ist ähnlich wie bei den Sektoren 1,2 und 3. Wenn

I_{11} = den gesamten für den Sektor, Periode t, vorgesehenen und geplanten Instandhaltungskosten (DM) und

I_{12} = den gesamten für den Sektor, Periode t, erwünschten Instandhaltungskosten (DM),

dann wird der "Instandhaltungsniveauindikator" wie folgt definiert:

(4-4-7) $a_5 = \frac{I_{11}}{I_{12}}$, mit der Einschränkung $0 \leq a_5 \leq 1$.

4.4.5 Sektor "Ökologie und Freizeit" (i = 5)

Für den Sektor "Ökologie" wurden (wie unten beschrieben) 7 verschiedene Ziele gesetzt, deren Realisierungsgrade linear kombiniert wurden, so daß sich als das endgültige sektorale Ausstattungsniveau ergab:

$$(4\text{-}5)\quad E_{5rt} = \frac{\sum_{1}^{n} g_e a_e}{\sum_{1}^{n} g_e},$$

wobei für r = 1 und r = 3 der Wert n = 7 und für r = 2 der Wert n = 4 zu setzen ist. Dies ergibt sich aus der geographischen Situation in der Region 2, die kein Naturschutzgebiet und keine Uferzonen hat und infolgedessen keine Indikatoren a_5, a_6 und a_7. Die g_e sind Präferenzfaktoren für die einzelnen Indikatoren. Die lineare Kombination ergibt ein Verhalten von E_{5rt} nach den einzelnen Indikatoren a_e (alle so definiert, daß $0 \leq a_e \leq 1$), wie in der Abb. 4.5 dargestellt,

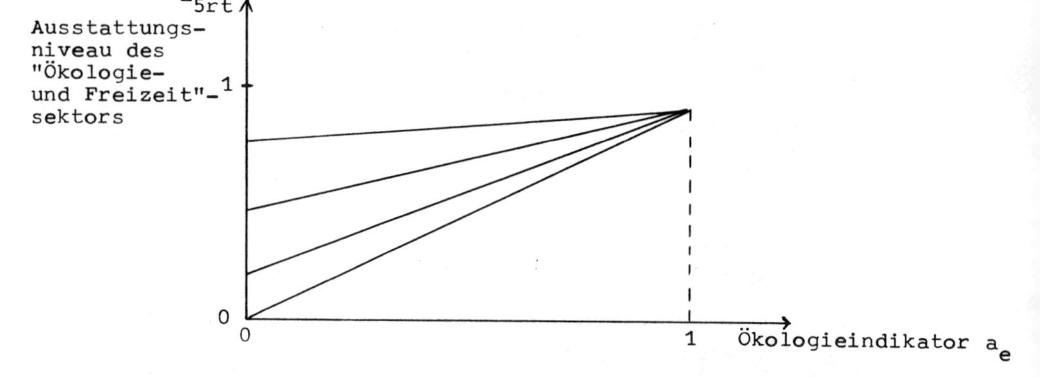

Abb. 4.5 Quantifizierungsfunktionen für den Sektor "Ökologie und Freizeit" - mögliche Variationsformen nach den Indikatorwerten a_e

wo der gemeinsame rechte Endpunkt nur für Demonstrationszwecke angenommen wurde. Anders als bei den Verhaltensweisen für die anderen Sektoren (Abb. 4.3 und 4.4) ist es hier nicht zwingend, daß der Ursprungspunkt auf den charakteristischen Kurven liegen muß, und zwar nach keinem der 7 aufgestellten Indikatoren a_e, d.h. es gibt im Sektor keine dominierende Quantifizierungscharakteristik entsprechend der Charakteristik "Kapazität", die in anderen Sektoren auftritt. Die einzelnen Indikatoren sind:

<u>Park- und Erholungsgebietindikator a_1</u>

Es wurde angenommen, daß es eine Zielgröße (m^2/Einwohner) für die im Idealfall vorzusehende innerstädtische Erholungsfläche gibt.

Wenn

I_1 = der vorhandenen Park- und Erholungsfläche (ha),

und

I_2 = der Zielgröße für Park- und Erholungsfläche (m^2/Einwohner),

dann ergibt sich als Realisierungsgrad für das Ziel

$$(4\text{-}5\text{-}1) \quad a_{11} = \frac{I_1}{B_{rt} \cdot I_2/10000}$$

mit der Einschränkung $0 \leq a_{11} \leq 1$. Es war jedoch erwünscht, in diesem Sektor gewisse Minimalforderungen für alle solchen Realisierungsgrade festzulegen, unterhalb derer der tatsächliche Indikator den Wert Null annehmen soll. Wird dieses Minimalniveau für a_{11} daher mit m_1 $(0 \leq m_1 \leq 1)$ festgesetzt, so ist der Indikator a_1 wie folgt definiert:

$$(4\text{-}5\text{-}2) \begin{cases} a_1 = (a_{11} - 1)/(1 - m_1) + 1, & \text{für } m_1 < a_{11} \leq 1 \\ a_1 = 0 & \text{für } 0 \leq a_{11} \leq m_1 \end{cases}$$

Graphisch ist der Indikator in Abb. 4.6 dargestellt. Das Ergebnis ist eine stückweise lineare Funktion des einfach und auch linear konstruierten Realisierungsgrades, der zuerst einen Minimalwert haben muß, bevor positive Werte für den Indikator erreicht werden. Der Maximalwert 1 für den Indikator wird bei einer Zielrealisierung 1 (oder 100%) erreicht. Dies Modell wird für alle anderen Indikatoren

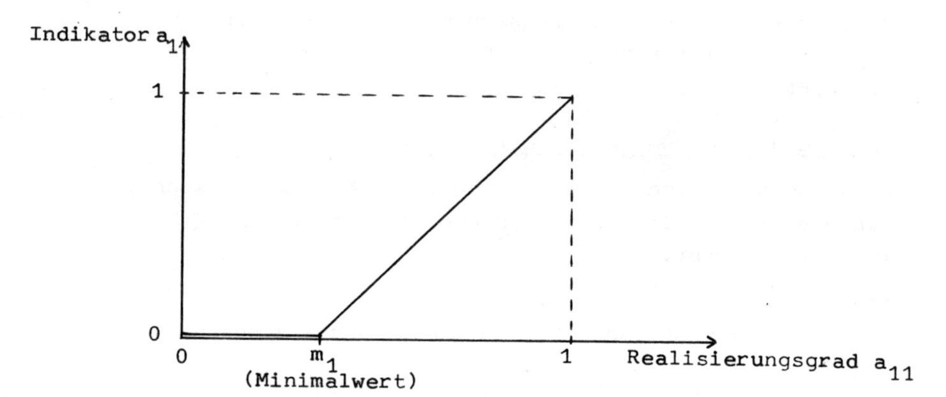

Abb. 4.6 Bildung des Ökologieindikators a_1 aus dem Realisierungsgrad a_{11}

dieses Sektors (unten beschrieben) verwendet mit Ausnahme des "Instandhaltungsindikators, der im Ansatz den gleichen Indikatoren für die anderen Sektoren entspricht.

Regenerationsflächeindikator a_2

Ist S = der zum Zeitpunkt 1, d.h. zum Zeitpunkt der Budgetallokation, vorhandenen Regenerationsfläche (ha),

I_3 = der durch die Genehmigung von Investitionsprojekten (z.B. für Sozialwohnungsbau, Straßen usw.) und durch den privaten Wohnungsbau (aus dem Bevölkerungs-/ Wanderungsmodell prognostiziert) zwischen den Zeitpunkten 1 und t insgesamt "in Anspruch" genommenen Regenerationsfläche

und

I_4 = der regionalen Gesamtfläche,

so ist der Realisierungsgrad a_2, für die Regenerationsfläche der Region r zum Zeitpunkt t wie folgt definiert:

(4-5-3) $$a_{21} = \frac{S - I_3}{I_4},$$

wobei automatisch die Einschränkung $0 \leq a_{21} \leq 1$ folgt. Dann ist der Regenerationsflächeindikator wie folgt auszudrücken:

$$(4\text{-}5\text{-}4) \begin{cases} a_2 = (a_{21} - 1)/(1 - m_2) + 1, & \text{für } m_2 < a_{21} \leq 1 \\ a_2 = 0 & \text{für } 0 \leq a_{21} \leq m_2, \end{cases}$$

wobei m_2 der Minimalwert für den Realisierungsgrad nach dem oben dargestellten Modell für den Indikator a_1 ist. Die Darstellung in der Abb. 4.6 gilt auch hier.

Waldflächenindikator a_3

Ist

I_5 = der in der Region r zum Zeitpunkt t vorhandenen Waldfläche

I_6 = der zu einem früheren (zielsetzenden) Zeitpunkt (z.B. 1960) vorhandenen Waldfläche,

dann ist ein einfacher Realisierungsgrad für die Waldfläche sowohl nach ihrem ökologischen wie auch nach ihrem Erholungswert wie folgt zu formulieren:

$$(4\text{-}5\text{-}5) \quad a_{31} = \frac{I_5}{I_6}$$

mit der Einschränkung $0 \leq a_{31} \leq 1$. Dann lautet der endgültige Indikator (wie oben für a_1 und a_2) wie folgt:

$$(4\text{-}5\text{-}6) \begin{cases} a_3 = (a_{31} - 1)/(1 - m_3) + 1 & \text{für } m_3 < a_{31} \leq 1 \\ a_3 = 0 & \text{für } 0 \leq a_{31} \leq m_3, \end{cases}$$

wobei m_3 ein annehmbarer Mindestwert für den Realisierungsgrad ist.

Instandhaltungsindikator a_4

In einer für diesen Sektor untypischen Weise folgt dieser Indikator demselben Definitionstyp, der bei dem Instandhaltungsindikator für die anderen Sektoren (§§4.4.1,...4) angewendet wurde.

Ist

I_7 = den gesamten für den Sektor in der Region r während der Periode t vorgesehenen Instandhaltungskosten (DM)

und

I_8 = den gesamten für den Sektor in der Region r während der Periode t benötigten Instandhaltungskosten (DM),

dann ist der Indikator wie folgt auszudrücken:

$$(4\text{-}5\text{-}7)\quad a_4 = \frac{I_7}{I_8}$$

mit der Einschränkung $0 \leq a_4 \leq 1$.

Indikator für die Naturschutzgebietrandzone a_5

Das Naturschutzgebiet (s. Abb. 4.1) erstreckt sich auf beide Regionen 1 und 3 aber nicht auf die Region 2. Es ist in der Quantifizierung dieses hier behandelten Sektors aus offensichtlichen Gründen zu berücksichtigen und ebenfalls ein Beweis dafür, daß sektorale Quantifizierungen im allgemeinen Fall, wenn erforderlich, heterogene Merkmale enthalten können, d.h. das Vorhandensein spezifischer regionaler Gegebenheiten berücksichtigen können, die in anderen Regionen des Komplexes nicht automatisch vorliegen oder angestrebt werden. Sowohl das Naturschutzgebiet selbst als auch seine Randzone bedürfen des Schutzes gegen eine möglicherweise vordringliche Bebauung. Ist

I_9 = der nicht bebauten Naturschutzgebietrandzone (in 100m-Einheiten)

und

I_{10} = der Naturschutzgebietrandzone insgesamt (100m-Einheiten),

dann ist ein einfacher Realisierungsgrad wie folgt definiert:

$$(4\text{-}5\text{-}8)\quad a_{51} = \frac{I_9}{I_{10}},$$

wobei automatisch $0 \leq a_5 \leq 1$. Nach dem oben für den Indikator a_1 dargelegten Modell wird der mit diesem Realisierungsgrad verbundene Indikator wie folgt festgelegt:

$$(4\text{-}5\text{-}9)\quad \begin{cases} a_5 = (a_{51} - 1)/(1 - m_5) + 1 & \text{für } m_5 < a_{51} \leq 1 \\ a_5 = 0 & \text{für } 0 \leq a_{51} \leq m_5, \end{cases}$$

wobei m_5 der annehmbare Mindestwert des Realisierungsgrades ist.

<u>Naturschutzgebiet(flächen)indikator a_6</u>

Ist entsprechend a_5

I_{11} = der nicht bebauten Naturschutzgebietfläche (ha) (die implizite Annahme hier ist, daß die Festlegung des Naturschutzgebiets zu einem bestimmten früheren Zeitpunkt erfolgte)

I_{12} = der gesamten Naturschutzgebietfläche,

so ist der Realisierungsgrad a_{61} wie folgt zu formulieren:

$$(4\text{-}5\text{-}10)\quad a_{61} = \frac{I_{11}}{I_{12}},$$

wobei automatisch $0 \leq a_1 \leq 1$ und der endgültige Indikator für das Merkmal:

$$(4\text{-}5\text{-}11)\quad \begin{cases} a_6 = (a_{61} - 1)/(1 - m_6) + 1 & \text{für } m_6 < a_{61} \leq 1 \\ a_6 = 0 & \text{für } 0 \leq a_{61} \leq m_6, \end{cases}$$

wobei m_6 das annehmbare Mindestniveau für den Realisierungsgrad ist.

<u>Uferzonenindikator a_7</u>

Die Ufer von Flüssen, Bächen und Seen haben einen hohen Erholungswert. Sie sollten daher sowohl vom Wohnungsbau wie auch von der kommerziellen Entwicklung so weit wie möglich frei gehalten werden, um die unvermeidlich auftretende Verschmutzung und Landschaftsverschandelung zu verhindern. Es wird angenommen, daß es das Ziel ist, eine völlige Freihaltung aller Uferzonen von der Bebauung zu erreichen.

Ist

I_{13} = der nicht bebauten Uferlänge (Einheiten von 100m),

I_{14} = der gesamten Uferlänge (Einheiten von 100m),

dann ist ein einfacher Realisierungsgradindikator wie folgt:

$$(4\text{-}5\text{-}12) \quad a_{71} = \frac{I_{13}}{I_{14}},$$

wobei automatisch $0 \leq a_{71} \leq 1$. Nach dem nunmehr als bekannt vorausgesetzten Muster wird der endgültige Indikator wie folgt definiert:

$$(4\text{-}5\text{-}13) \quad \begin{cases} a_7 = (a_{71} - 1)/(1 - m_7) + 1 & \text{für } m_7 < a_{71} \leq 1 \\ a_7 = 0 & \text{für } 0 \leq a_{71} \leq m_7, \end{cases}$$

wobei m_7 das annehmbare Mindestniveau des Realisierungsgrades ist.

4.4.6 Die Attraktivitätsindikatoren und sektoralen Verknüpfungsdaten

Die für numerische Demonstrationszwecke zu verwendenden Attraktivitätsindikatoren (in §3.4 beschrieben) werden wie folgt formal gefaßt:

(i) $A_{1rt} = \sum_{i=1}^{5} b_{irt} E_{irt} / \sum_{i=1}^{5} b_{irt}$, nämlich als eine lineare Kombination der individuellen sektoralen Ausstattungsniveaus in einer Region. In der Formel stellen die Faktoren b technisch oder politisch bestimmte Gewichtungen dar. Die Verbindung mit den sektoralen Quantifizierungen ist klar und unmittelbar.

(ii) $A_{2rt} = \frac{M_{8rt}}{M_{rG}}$., mit der Einschränkung $0 \leq A_{2rt} \leq 1$, wobei die Zahl der zur Zeit t vorhandenen nicht besetzten Wohneinheiten M_{r8t}, die bevölkerungsmodell-bestimmt ist, auf eine Zielzahl M_{rG} bezogen wird, die sowohl für den Wohnungssektor als auch für die Wohnungssuchenden (vgl. §3.4) als "gesund" angesehen wird. Hier ist die Verbindung mit dem Bevölkerungsmodell die am meisten einleuchtende.

(iii) $A_{3rt} = \frac{S_{rt}}{S_{rREF}}$, wobei die nicht bebaute Fläche S_{rt} zu einer (früher) nicht bebauten Fläche S_{rREF} in Bezug gebracht wird. Dieser Indikator wird unmittelbar von dem Bevölkerungsmodell bestimmt, da von einer Bevölkerungszunahme angenommen wird, daß ihre Unterbringung bei einer gewissen vorgesehenen und festgelegten Durchschnittsdichte erfolgt, die zuerst die Besetzung der leerstehenden Wohnungen und dann, falls notwendig, die Inanspruchnahme von bisher nicht bebauter Fläche bedeutet (vgl. §3.4 und §3.5.2). A_{3rt} bezeichnet (negativ und sehr einfach) den Urbanisationsgrad der betrachteten Region r, der nach Annahme schon einen ausreichend hohen Wert erreicht hat, so daß sein weiteres Steigen als ein Beitrag zu der Abnahme der regionalen Attraktivität angesehen werden kann.

Die grundlegenden Daten, die diese drei Indikatoren in der numerischen Demonstrationsarbeit des §4.10 und §5 bestimmen, sind im Anhang A, Tabelle A15, zu finden.

Die regionalen Ausstattungsniveaus Z_{rt} werden gebildet aus den fünf sektoralen Ausstattungsniveaus E_{irt}, $i = 1,...5$ (wie in §4.4 definiert) und den obigen A_{vrt}, $v = 1,2,3$, die linear (Gleichung (3-3)) kombiniert werden. Die beiden Matrizen g sind im Anhang A, Tabelle A15, angegeben.

4.5 Bevölkerungs-/Wanderungsmodelldaten

Das verwendete Bevölkerungsmodell wurde schon im einzelnen in §3.5.2 beschrieben. Die mit diesem Modell verbundenen Daten, nämlich die Anfangsbevölkerungen B_{r1} und die submodellinternen Daten $M_{1rt}, \dots M_{13rt}$ sind im Anhang A, Tabelle A16, niedergelegt.

4.6 Verknüpfungsdaten für die Regionen

Die Kopplung der regionalen Ausstattungsniveaus Z_{rt} zu einem Ausstattungsniveau des Gesamtkomplexes Z_t folgt der linearen Kombinationsempfehlung der Gleichung (3-7). Die Gewichtungen w_{rt} für den Modellbasislauf werden proportional den regionalen Bevölkerungen zum Zeitpunkt 1 angesetzt; es wird keine Zeitvariation eingeführt. Daher ist $w_{1t} = 21{,}51$, $w_{2t} = 14{,}25$ und $w_{3t} = 24{,}33$ für $t = 1, \dots 16$. Die Wahl dieses Gewichtungsschemas stellt keine feste Empfehlung dar, daß Regionen entsprechend ihrer Bevölkerung gewichtet werden sollten. Das Schema gibt jedoch einen Bezugspunkt für weitere Untersuchungen (§5.2) vor, in denen die regionalen Gewichtungen variiert und die resultierenden Allokationsstrukturen untersucht werden.

4.7 Finanzrahmendaten

Finanzrahmendaten sind als finanzielle Informationen zu verstehen, die nicht mit einem besonderen Ausgabevorschlag verbunden sind. In diese Sparte fallen:

(i) die laufenden und für die Zukunft prognostizierten Budgetgesamtsummen U_t,

(ii) die Finanzmittel R_t, die für die betrachtete Allokation von der Verwendung zu jedem Zweck zurückzuhalten sind,

(iii) die Kostenverpflichtungen für die Instandhaltung der vorhandenen Infrastruktur M'_{irt}.

Die Stellung dieser drei Größen im Modell ist in §3.2.5 formal dargelegt. Sie beschränkt sich auf eine die Zahl der genehmigten Ausgaben und den Zeitpunkt ihrer Effektivität regelnde Wirkung. In dieser Hinsicht wurden die für U_t und R_t gewählten Werte (numerisch in der Tabelle A17 angegeben) für den Modellbasislauf (von §4.10) "künstlich" eingestellt (d.h. sie stehen z.B. in keiner Beziehung mit der Steueraufkommen erzeugenden Kapazität der 3 Regionen), um eine Grundallokation zu erzielen, die zwar auf Parameteränderungen reagiert aber genügend "handlich" ist, um sowohl in graphischer wie auch in Tabellenform dargestellt zu werden.

Die Auswertung der M'_{irt} folgt jedoch zumeist schematischen Grundsätzen, die auch angewendet werden, wenn Projektkosten formuliert werden, ein Verfahren, das im Fall von grundlegenden Instandsetzungen oder Ersatz von Einrichtungskomponenten für die Infrastrukturparameter bedeutsam ist, die dem zeitlichen Verschleiß unterliegen, d.h. Altersstruktur- und Qualitätsparametern. Diese Grundsätze werden, so weit sie tatsächlich systematischer Natur sind, unten dargelegt - die sich ergebenden Tabellen der Instandhaltungskosten sind im Anhang A, Tabelle A17, zusammengestellt.

4.7.1 <u>Instandhaltung - Sozialwohnungswesen</u> (i = 1)

Instandhaltungskosten schließen die Kosten des Zentralverwaltungsbüros und, falls zutreffend, der Hausmeister und ihres technischen Bedarfs ein. Hinzu kommen

alle 3 Jahre - DM 200,--	je Wohnungseinheit für die Überholung der technischen Einrichtungen, wie Heizung, Waschküchen, usw.
alle 5 Jahre - DM 2000,--	je Wohnungseinheit für äußere Renovierung,
alle 25 Jahre - DM 7000,--	je Wohnungseinheit für die jeweilige ausgedehnte innere und äußere Renovierung, die nötig ist, um eine weitere langfristige

Benutzung sicherzustellen.

Kosten, die normalerweise durch die Bewohner getragen werden (innere Renovierung, regelmäßige Wartung der Heizung usw.), erscheinen nicht. Die Kosten für die Versorgung der umgebenden Grün- und Gartenflächen sollen vom Sektor "Ökologie" getragen werden.

4.7.2 Instandhaltung - Kindergärten und Krippen (i = 2)

Die Instandhaltung in diesem Sektor beruht auf der Zahl der betroffenen Gebäude und ihrer Kapazitäten, und zwar:

jedes Jahr - DM 22 000,--	je 20 Kinder oder Teilgruppe davon für Personal,
jedes Jahr - DM 200,--	je Kind für allgemeine Instandhaltung,
jedes Jahr - DM 720,--	je Kind (240 Tage im Jahr) für Nahrung und Material
jedes Jahr - DM 150,--	je Kind für Erneuerung der Spielausstattung
alle 4 Jahre - DM 30 000,--	je Kindergarten für Renovierung
alle 30 Jahre - DM 100 000,--	je Kindergarten für Hauptrenovierung oder -instandsetzung.

Von den Verwaltungs- und anderen generalisierten Kosten wird angenommen, daß sie durch die obigen Posten gedeckt werden. Die Angaben gehen davon aus, daß in diesem Sektor keine Einkünfte erzielt werden.

4.7.3 Instandhaltung - Straßennetz (i = 3)

Die 3 Regionen teilen unter sich bereits ein Straßenplanungs und -baubüro , das unter zusätzlichen Kosten für die größeren Projekte hinsichtlich des Personals und des Arbeitsanfalles erweitert wird. Die einzelnen Regionen unterhalten kleine Ausbesserungs- und Instandhaltungstrupps, obgleich die meiste Instandhaltungs-, Bau- und sonstige Arbeit im Auftrag vergeben wird. Daher treten folgende Kosten auf:

jedes Jahr - DM 100 000,-- für Anteil am Verwaltungsbüro
jedes Jahr - DM 100 000,-- für Instandhaltungstrupp,
jedes Jahr - DM 20 000,-- für die Instandhaltung von Reparaturgerät,
jedes Jahr - DM 15 000,-- für Unterhaltung von 1 km Straße der Klasse 2,
jedes Jahr - DM 10 000,-- für Unterhaltung von 1 km Straße der Klasse 3,
jedes Jahr - DM 50 000,-- Pauschale für Unterhaltung aller Feldwege, Dienststraßen, usw.,
alle 10 Jahre
- DM 200 000,-- je km Erneuerung von Straßen der Klasse 2,
alle 10 Jahre
- DM 100 000,-- je km Erneuerung von Straßen der Klasse 3,
alle 7 Jahre
- Erneuerung der "Straßeneinrichtungen" (Ampeln, Verkehrszeichen, Kreuzungen, Verkehrsinseln usw.) zum vollen Anschaffungswert.

4.7.4 <u>Instandhaltung - Vorortbahn</u> (i = 4)

Da dieser Sektor überregional ist und außerhalb des betrachteten regionalen Komplexes verwaltet wird, können ihm nur annähernd die Kosten zugeschrieben werden, die aus der Nutzung der Einrichtungen durch die drei Regionen herrühren. Sie schließen die Kosten für 20 Angestellte (Bahnhofs- und technisches Personal) und den Anteil der regelmäßigen (jährlichen) Instandhaltungs- und Materialkosten ein, die durch den Betrieb für oder durch die Regionen verursacht werden (DM 1 200 000,--). Zu berücksichtigen ist ferner der auf die Regionen entfallende Anteil des Erneuerungsprogramms für die materielle Einrichtung. Die Gesamtkosten sind dem Anhang A, Tabelle A17 zu entnehmen.

4.7.5 Instandhaltung - Ökologie ($i = 5$)

Wie im Sektor 4 sind hier die Kosten nicht übersystematisch angesetzt worden. Personal- und Materialkosten ebenso wie Kosten durch die Vergebung von Aufträgen mit DM 1,50 je m^2 und Jahr für öffentliche Grünanlagen und eine jährliche Pauschale für verschiedene Zwecke werden berechnet. Die Gesamtkosten sind im Anhang A, Tabelle A17, aufgeführt.

4.7.6 Allgemeine Bemerkungen

Die oben umrissene Systematisierung ist ausreichend, um (in hypothetischer Weise) die Infrastrukturmerkmale (I_{irpt} der Gleichung (3-1)) zu regeln, die auf regelmäßige Instandhaltung oder Erneuerung ansprechen. Sie liefert ebenfalls einen Rahmen für die Instandhaltungskosten, der in Verbindung mit neu vorgeschlagenen Investitionen in konsequenter Weise zu verwenden ist. Wie unten aufgeführt (§4.8), werden einige Vorschläge für die Berücksichtigung bei der Allokation unmittelbar Instandhaltungssysteme betreffen, d.h. sie sind grundsätzlich nicht investitionsintensiv, wie es auch für ein repräsentatives Spektrum von Ausgabeposten auf Gemeindeebene realistisch erscheint. Auf diese Weise können (nach §3.2.5) nicht nur Prioritäten zwischen verschiedenen sektoralen (und regionalen) Ausgaben durch das Modell festgelegt werden, sondern auch zwischen investitionsintensiven und nicht investitionsintensiven Maßnahmen. Von Interesse ist auch die Einsicht, die diese kleine Aufzählung von Instandhaltungskosten in die Tiefe gibt, mit der sektorale Informationen benötigt werden und die Koordination, die bei der Sammlung von Modelldaten notwendig ist. Diese Einsicht hat eine unmittelbare Verbindung mit Punkt (ii) des §3.6.

4.8 Daten für die vorgeschlagenen Projekte P_k

Für die landschaftliche und sektorale Situation der Abb.4.1 und 4.2 wurden 57 vorgeschlagene Ausgabeneinheiten geschaffen, die sich je nach ihrer besonderen Weise auf die sektoralen Quantifizierungen des §4.4 auswirken und Implikationen für die Investitions- und Instandhaltungskosten haben, die weitgehend in Übereinstimmung mit dem in §4.7 umrissenen Kostenrahmen zu bringen sind. Diese Ausgabeneinheiten oder "Projekte" sind viel zu zahlreich und in zu großem Detail konzipiert, um hier im Haupttext vollständig beschrieben zu werden. Infolgedessen sind die beschreibenden Einzelheiten nur im Anhang A, Tabellen A18, A19 und A20, aufgeführt. In den Inputdaten ist die zeitliche Verteilung von Kosten und Wirkungen zu berücksichtigen, jedoch wird das Einschließen von vollständigen numerischen Einzelheiten an 16 Zeitpunkten für jedes Projekt wegen des sehr erheblichen und unübersichtlichen Umfangs der infrage kommenden numerischen Informationen nicht einmal im Anhang als notwendig oder auch nur als relevant angesehen. Dies wird durch Tabelle A21 erläutert, in der Beispiele von Daten für ausgewählte Projekte aufgeführt werden, um den Umfang und die Art der 57 verwendeten Datensätze aufzuzeigen. Hier wird nur für jeden Sektor und jede Region eine kurze qualitative Zusammenfassung der Vorschläge gebracht, die in enger Verbindung mit den Bemerkungen der §4.1 und §4.2 steht.

4.8.1 Projekte für Sektor 1 - Sozialwohnungswesen

Im ganzen werden 16 Sozialwohnungsbauprojekte für die 3 Regionen vorgeschlagen, von denen 8 unmittelbar den Bau von neuer Kapazität (in der Region 1 für 700 Bewohner, in der Region 2 für 350, in der Region 3 für 540) an verschiedenen Standorten und mit unterschiedlichen Dichten, Kosten und Qualitäten betreffen. Die auf neue Kapazität gerichteten

Projekte sind nicht alle kurzfristig, da die Fertigstellungszeiten zwischen 1 und 4 Jahren schwanken. Diese Streuungsbreite der Bauvorhaben dürfte ausreichend groß (und realistisch) sein, so daß signifikant unterschiedliche Modellabschätzungen auftreten werden - andererseits würden für "homogene" Bauvorhaben, d.h. für solche mit ähnlichen Kosten und somit ähnlicher Qualität und ähnlichen oder identischen Standorten dies nicht der Fall sein. Tatsächlich könnte bei der Beachtung genügender Sorgfalt, d.h. wenn in ausreichendem Maße Umweltrücksichten für Wechselwirkungszwecke im Modell eingeschlossen würden, ein quantitatives Urteil über die Vertretbarkeit von z.B. vielgeschossiger Bauweise im Gegensatz zu anderen Alternativen im Sektor des sozialen Wohnungsbaus gefällt werden.

Von den anderen Projekten betreffen 3 nicht geplante Instandhaltung (d.h. nicht im Instandhaltungskostenplan vorgesehen) und ausgedehnte Renovierung von sehr alten (wenigstens 20 Jahre) Sozialwohnungen, die in der Zeit des chronischen Wohnraummangels nach dem Krieg errichtet worden sind. Die Kostenwechselwirkungen sind hier kompliziert, da das regulär vorgesehene Instandhaltungsprogramm unterbrochen ist und neue Bedingungen aufgestellt werden müssen.

4 Projekte betreffen unmittelbar die Verbesserung der Instandhaltungsbedingungen entweder durch die Beschäftigung eines größeren Personals oder durch das Versehen von Einrichtungen und Ausstattung oder durch die Ausführung von strukturell notwendigen Reparaturen (d.h. Instandhaltung ohne die Implikationen eines Instandhaltungskostenprogramms). Das verbleibende Projekt betrifft die Einrichtung eines vielfach geforderten Kinderspielplatzes in einem Sozialwohnungsbaugebiet in der Region 2.

4.8.2 Projekte für Sektor 2 - Kindergärten

Für diese Infrastruktur gibt es insgesamt 15 vorgeschlagene Projekte, von denen 9 den Bau neuer Kapazität entweder in der Form von neuen Heimen oder der verhältnismäßig billigen Methode der Vergrößerung vorhandener betreffen. Die Mehrzahl der neuen Plätze liegt in den Regionen 2 und 3, wo die Situation bezüglich Erreichbarkeit und Kapazität am schlechtesten ist. 4 vorgeschlagene Ausgaben sind auf die Renovierung oder Verbesserung der Einrichtungen der älteren Kindergärten gewichtet, während durch einen Vorschlag, einen Kinderarzt in der Region 1 anzustellen, die Hoffnung ausgedrückt wird, die Qualität der ärztlichen Fürsorge zu verbessern. Ein Vorschlag zur Subventionierung eines privaten Heims in der Region 3 soll mehr Kapazität ohne Investitionskosten sicherstellen. Auch in diesem Sektor ist die Verteilung von sowohl zweckgerichteten als auch der Größe entsprechenden Ausgaben vorgesehen, um ein weites Spektrum der Einwirkung auf die Parameter zu gewährleisten, die in die sektorale Quantifizierung des §4.4.2 eingebracht wurden.

4.8.3 Projekte für den Sektor 3 - Straßennetz

Von den 18 einzelnen für den Straßensektor vorgesehenen Ausgaben betreffen 15 unmittelbar die Förderung des gemeinsamen Straßenverkehrsplans wie in §4.2 behandelt und im Anhang A dargelegt. Die Ausgaben sind alle regionalisiert. Ihr Hauptnutzen soll den Bewohnern (Industrie- und Handelsbetrieben sowie privaten Haushalten) der Regionen, in denen sie zugeteilt werden, zufallen, obgleich sie auch die Komponenten eines räumlich ausgedehnteren Plans bilden. Die Ausgaben betreffen entweder die Schaffung besserer Verkehrsstrecken, entweder durch völlig neue Bauten oder durch den Ausbau von vorhandenen Wegen. Die Auswahl der nach dem Konstruktionsplan der Abb.A2 laufend vorzuschlagenden Komponenten erfolgt willkürlich, da keine detaillierten Voraussetzungen für die Verkehrsflußverhältnisse gemacht wurden. Gewisse Prioritäten unter den Vorschlägen wurden jedoch intern gesetzt, durch die Anwendung, und zwar in diesem Sektor mehr als in anderen, der Bedingungsaussagemöglichkeit $\mathcal{S}_{P_k}$.

Die verbleibenden drei Ausgaben betreffen die Verbesserung oder Erweiterung von Instandhaltungsdiensten und der dazugehörigen Ausstattung einschließlich einer nicht eingeplanten aber dringend erforderlichen Instandhaltungsarbeit.

4.8.4 Projekte für den Sektor 4 - Vorortbahn

Vom Standpunkt der Budgetverteilung auf die Sektoren soll dieser Sektor eine verhältnismäßig passive Rolle spielen. Nur zwei Ausgaben wurden für ihn vorgesehen. Sie genügen jedoch, um die Schwierigkeiten zu kennzeichnen, die bei der Verteilung von Kosten und Wirkungen auf räumliche Einheiten auftreten, innerhalb deren ein Sektor nicht geplant oder verwaltet wird und für die Infrastruktur nicht ausschließlich zur Verfügung steht. Ein Vorhaben betrifft den Betrieb eines weiteren Zuges während der Hauptverkehrszeiten mit der Absicht, das potentielle Fahrgastaufkommen aus diesen drei (und den benachbarten) Regionen voll auszuschöpfen. Die dadurch verursachten Kapitalinvestitions-, Personal- und Unterhaltungs- ebenso wie Erneuerungskosten (in der Annahme, daß dieser zusätzliche Dienst nach der Einführung zu einem Dauerzustand wird), werden entsprechend der Verantwortung der drei Regionen für den erweiterten Dienst abgeschätzt. Das zweite Projekt betrifft die Erneuerung von technischer Ausrüstung. Es ähnelt in der Form den vorgeschlagenen Instandhaltungsausgaben in anderen Sektoren.

4.8.5 Projekte für Sektor 5 - Ökologie und Freizeit

Obwohl eine beträchtliche Anzahl von Zielen in diesem Sektor (s. §4.4.5) gesetzt wurden, ist der Bereich der Ausgabetätigkeit innerhalb des Sektors durch den Spielraum der in §4.2 gegebenen Definition begrenzt. Nur 6 Vorhaben sind im ganzen dafür vorgesehen (2 in jeder Region), drei davon sind einfache Anträge um ein vergrößertes Budget, die übrigen betreffen die Schaffung von Parks oder Spielgelegenheiten für Kinder. Die Haupteinwirkung auf die gesetzten Umweltziele geschieht in der Form von Wechselwirkungen durch andere Projekte und aus der Verteilung der Bevölkerung und ihrer Wohnstätten, die aus dem Bevölkerungssubmodell abgeleitet werden.

4.9 Wechselwirkungsdaten

Insgesamt wurden 130 Wechselwirkungen der in §2.2 behandelten vier Grundtypen als zwischen den vorgesehenen Projekten bestehend vorausgesetzt. Die mit einer Wechselwirkung verknüpften Daten weisen grundsätzlich die gleiche Form wie die eines Projekts auf (vgl. Tabelle A21), da eine ganze Reihe von betroffenen Merkmalen zu einer Wechselwirkung in der gleichen Weise beitragen kann genau so wie eine direkt formulierte Ausgabe sich unmittelbar auf viele Merkmale auswirken kann. Daher wird weder hier im Haupttext noch numerisch im Anhang A der Versuch unternommen, die gesamten Details darzulegen. Die Tabelle A22 bietet jedoch von den verwendeten Wechselwirkungen eine numerische Darstellung einiger weniger ausgewählter*. Es folgt nun ein allgemeiner Überblick und die Diskussion der Wechselwirkungsursprünge.

Es ist empfehlenswert die formulierten Wechselwirkungen nicht entsprechend den in §2.2 erörterten und veranschaulichten konzeptionellen Gruppierungen zu unterteilen sondern in Gruppen mit einer spezifischen gemeinsamen Ursache. Die durch diese Klassifizierung nicht erfaßten Wechselwirkungen können dann abschließend gesondert behandelt werden.

(i) Wechselwirkungen auf dem Sektor Ökologie: Es handelt sich um eine sehr große Gruppe von Wirkungen, da praktisch alle materiellen Projekte (Wohnungsbau, Straßen, Kindergärten) Fläche in Anspruch nehmen und dadurch Regenerationsfläche vernichten oder in anderer Weise den Ökologiezielen entgegenwirken.

(ii) Wechselwirkungen aufgrund von Instandhaltungsvorhaben: Wenn von einem Instandhaltungsvorhaben angenommen wird,

---

* ein voller Wechselwirkungsdatensatz steht jedoch in Protokollform zur Besichtigung zur Verfügung

daß es eine umfassende, allgemeine Wirkung hat in der Art von z.B. einer sektoralen Qualitätsverbesserung, dann trifft diese Wirkung sofern die Genehmigung erfolgt, auch auf die Investitions- und bezüglich ihrer materiellen Struktur orientierten Vorhaben - wenn diese ihrerseits genehmigt werden. Es werden somit reflexive Wechselwirkungspaare (durch die in §3.2.4 beschriebenen Booleschen Bedingungsaussagen $\delta_{W_{kjs}}$ bestimmt) anzuwenden sein entsprechend dem Projekt, das zuerst Genehmigung erhält, während das andere in Betracht gezogen wird. Instandhaltungsprojekte mit dieser Art des Wechselwirkungsverhaltens sind in allen drei Hauptsektoren ($i = 1,2,3$) vorhanden, z.B. für die Projekte 115, 125 und 131 (Tabelle 18A).

(iii) Wechselwirkungen, verursacht durch Änderungen der Standorts- oder Erreichbarkeitsstrukturen: Diese fallen wiederum in zwei Klassen - in die durch Projekte verursachten, die wie im Fall der obigen Kategorien (i) und (ii) in Datenform explizit ausgedrückt und daher unmittelbar eingegeben werden können, sowie die durch die Umverteilung der Bevölkerung, aus Wanderungsschwankungen und den natürlichen Änderungen der Bevölkerung herrührend, verursachten Wechselwirkungen, die implizit abgeschätzt und in dem Modell intern programmiert werden müssen.

Der erste Typ betrifft ausschließlich den Kindergartensektor, da nur dort die Infrastrukturstandorte selbst die "kritischen" Punkte für die Erreichbarkeitsberechnung bilden - denn es sind in anderen Sektoren keine neuen Einkaufs- oder kommerziellen Zentren oder Bahnhöfe vorgesehen. Da die Erreichbarkeit von Kindergärten auf einer überregionalen Basis berechnet wird, spielt die Reihenfolge der Verteilung von neuen Kindergärten auf alle 3 Regionen eine entscheidende Rolle in der Variierung der Erreichbarkeitsstruktur. Eine weder hier noch bei der Formulierung aller anderen Wechselwirkungen zu vergessende zusätzliche Komplikation ist das Wechselspiel der Projektallokationsreihenfolge mit den variierenden Fertigstellungszeiten für die einzelnen Projekte. Für die Kindergärten wurden alle nicht Null ergebenden Permutationen der Wechselwirkungsbeziehungen (in einem gesonderten Programm) abgeschätzt und die jeweiligen Wirkungen mit ihren zugehörigen Booleschen Aussagen eingegeben.

Es ist nicht möglich, Wechselwirkungen des zweiten Typs genau zu berechnen, sofern nicht die genaue Verteilung von leerstehenden und neu gebauten Wohneinheiten am Ende jeder Zeitperiode bekannt ist. Für alle Sektoren mit einem erreichbarkeits- oder standortquantifizierenden Faktor (Sozialwohnungen, Kindergärten und die Vorortbahn) wird die als Folge eines Projekts auftretende Zu- oder Abnahme der Bevölkerung so angesetzt, daß sie den z.Zt. vorherrschenden Durchschnitt des Erreichbarkeitswerts annimmt. Diese Annahme bedeutet keinen statischen Zustand sondern eine konvergente Erreichbarkeitssituation, deren Fehler mit der Zeit zunimmt, besonders wenn die Struktur der 3 Regionen derart ist, daß notwendigerweise neuer Wohnraum an der Peripherie der besiedelten Gebiete auftreten muß.

(iv) Qualitätsmerkmale verstärkende oder vermindernde <u>Wechselwirkungen</u> aufgrund anderer als Instandhaltungsvorhaben: So z.B. verstärkt das Projekt 215 das Qualitätsmerkmal der umgebenden Sozialwohnungen, während ausgebaute Straßen in der Nähe von Sozialwohnungen eine entsprechende negative Auswirkung wegen der vergrößerten Belastung durch Lärm, Staub und Abgase haben.

(v) <u>Wechselwirkungen</u>, die zusätzliche Bauvorhaben (und Kosten) betreffen: Sie sind weitgehend auf den Straßensektor beschränkt, bei dem bestimmte Kombinationen von Projekten ergänzende Maßnahmen erforderlich machen, die in den ursprünglichen Aufträgen nicht eingeschlossen werden können. So erfordert die Fertigstellung der beiden Projekte 134 und 132 vervollständigende Anschlußvorkehrungen von beträchtlichem Ausmaß, die nicht nötig sind, wenn nur eine der Maßnahmen durchzuführen wäre: der Bau des neuen Kindergartens 322 bedingt einen mit Ampeln gesicherten Fußgängerüberweg auf der vorbeiziehenden Straße (Abb. 1A und 2A), usw.

Die frühere Wechselwirkungsklassifizierung des §2.2 trägt, obgleich sie analytisch knapp und klärend ist, nicht zur Verminderung der Schwierigkeiten bei, die bei der numerischen Formulierung und computermäßigen Behandlung der Wechselwirkungen auftreten. Die obige zusätzliche Klassifizierung stellt dagegen klar, wo und wie die Mehrzahl der Interaktionen stattfindet, wie sie numerisch zu formulieren sind, und sie zeigt Verfahren zu ihrer Behandlung auf, ohne ins Detail gehende Beschreibungen und Daten für jeden einzelnen der 130 Posten zu bieten.

Die Einführung der Bedingungsaussage $\mathcal{S}_{W_{kis}}$ hat sich als äußerst flexibel bei der Behandlung von Wechselwirkungen erwiesen. Mit ihrer Hilfe kann die Lösung materiell und zeitlich differierender Situationen bis zu jeder beliebigen "Tiefe" geführt werden. Es sind somit "Wechselwirkungsketten" möglich, bei denen Wechselwirkungen (z.B. solche, die Bauausführungen betreffen) selbst Wechselwirkungen auslösen; es ist möglich das System zu erweitern (dies ist in der hier beschriebenen Arbeit nicht geschehen), so daß es Wechselwirkungen auf Merkmale und Ziele einschließt, die nicht infrastrukturintern sind, z.B. unmittelbare Wirkungen auf die "Attraktivitätsmerkmale".

Die Reihe der hier beschriebenen Abhängigkeitswirkungen könnte, wenn die Berechnung von Projektkosten in größerem

Detail formuliert wäre, ohne Zweifel stark erweitert werden - aber 130 Wechselwirkungen, die ohne eine Überspannung der Vorstellungskraft zusammengestellt wurden, dürften für Demonstrationszwecke ausreichen. Die einzigen Beschränkungen für die Anzahl der Wechselwirkungen, die eingeschlossen werden können, sind die der Computerspeicherkapazität und der Computerzeit, um sie zu behandeln.

4.10 Beschreibung des Modellbasislaufs

4.10.1 Erste Überlegungen

Die in §§3.2, 3.4, 3.5.2 und 4 beschriebenen Landschaften, Infrastrukturen, sektoralen Quantifizierungen und Attraktivitätsindikatoren, das Bevölkerungs- und Wanderungsmodell, die Daten und Methoden wurden verwendet, um einen "Standard- oder Basislauf" des Modells zu machen, mit dem die weiteren und erweiterten Studien des §5 verglichen und kommentiert werden können.

Für den Basislauf war der Betrachtungszeitraum 15 Budgetperioden (Jahre), die Allokation von Haushaltsmitteln für die Posten auf der Eingabeliste sollte für die ersten zwei Jahre erfolgen. Es wurde kein "Vorauswahlalgorithmus" eingeschlossen, so daß in allen Phasen der Allokation der volle Bereich der Möglichkeit der Auswahl unter den noch nicht zugeteilten Vorhaben vorhanden war. In diesem Durchlauf ist weiterhin kein betonter Unterschied gemacht zwischen Investitions- und Instandhaltungskosten, so daß in den folgenden Beschreibungen diese Kosten immer zusammen auftreten und die "Kosten" der betreffenden Maßnahme in einem gegebenen Zeitraum darstellen. Das Problem, welche Diskontierungsraten im Basislauf anzusetzen sind erstens für den "Nutzen", ausgedrückt durch die aus dem Projekt herrührende Zunahme der Zielfunktion Z, und zweitens für die Kosten des Projekts, wurde durch die Entscheidung für eine Rate von 6% für den

Nutzen und eine solche z.Zt. in der Bundesrepublik angemessene von 8% für die Kosten gelöst unter der Bedingung, daß die Wirkungen einer Variierung dieser Raten einschließlich der Reduzierung auf das Niveau Null gründlich untersucht werden sollten. Hinsichtlich dieser in §5.6 dargelegten Untersuchung, die unter der Annahme ausgeführt wurde, daß die Diskontierung sowohl des Nutzens als auch der Kosten gerechtfertigt werden kann, ist zu sagen, daß die für den Basislauf verwendeten Werte in der Mitte der gewählten Untersuchungsbereiche liegen. Ein System für die Berücksichtigung von Einkommen, das in der formalen Behandlung im §3.2 nicht eingeschlossen wurde, das aber der Gegenstand einer kleinen Untersuchung in §5 ist, wurde für den Basislauf nicht eingeschaltet.

Die vier im Vordergrund des Interesses stehenden Hauptgebiete der Ergebnisse, nämlich die zeitlich betrachtete Finanzlage, die Allokation hinsichtlich der eingegebenen Vorschlagsliste, die Bevölkerungsentwicklung und die Budgetverteilungsmerkmale werden nun im folgenden diskutiert.

4.10.2 Die Wirkung der Allokation auf künftige Budgets

Es wurde klar gesagt, daß das Modell nicht mit einem gründlich ausgearbeiteten Finanzrahmen entworfen wurde. Trotzdem wird tatsächlich als Ergebnis der hervorgebrachten Allokationen eine gewisse Menge interessanter finanzieller Informationen verfügbar. Abb.4.7 erläutert die finanziellen Komponenten, entweder eingegeben oder aus den Allokationen herrührend, die wie folgt interpretiert werden können:

Im laufenden Jahr (Jahr 1) waren für den gesamten Komplex der drei Regionen DM 74,9 Mill den betrachteten 5 Sektoren zugewiesen, d.h. eine "Reserve" von DM 44,5 Mill, von der durch das Modell keine Allokation vorgenommen werden sollte, wurde auf das Gesamtbudget gelegt. Die entsprechenden Zahlen für die Jahre 2,3..15 sind aus der Tabelle A17 zu ersehen,

Abb. 4.7: Zeitliche Verteilung des Gesamtbudgets für Infrastruktur nach Allokationen in den Jahren 1 und 2

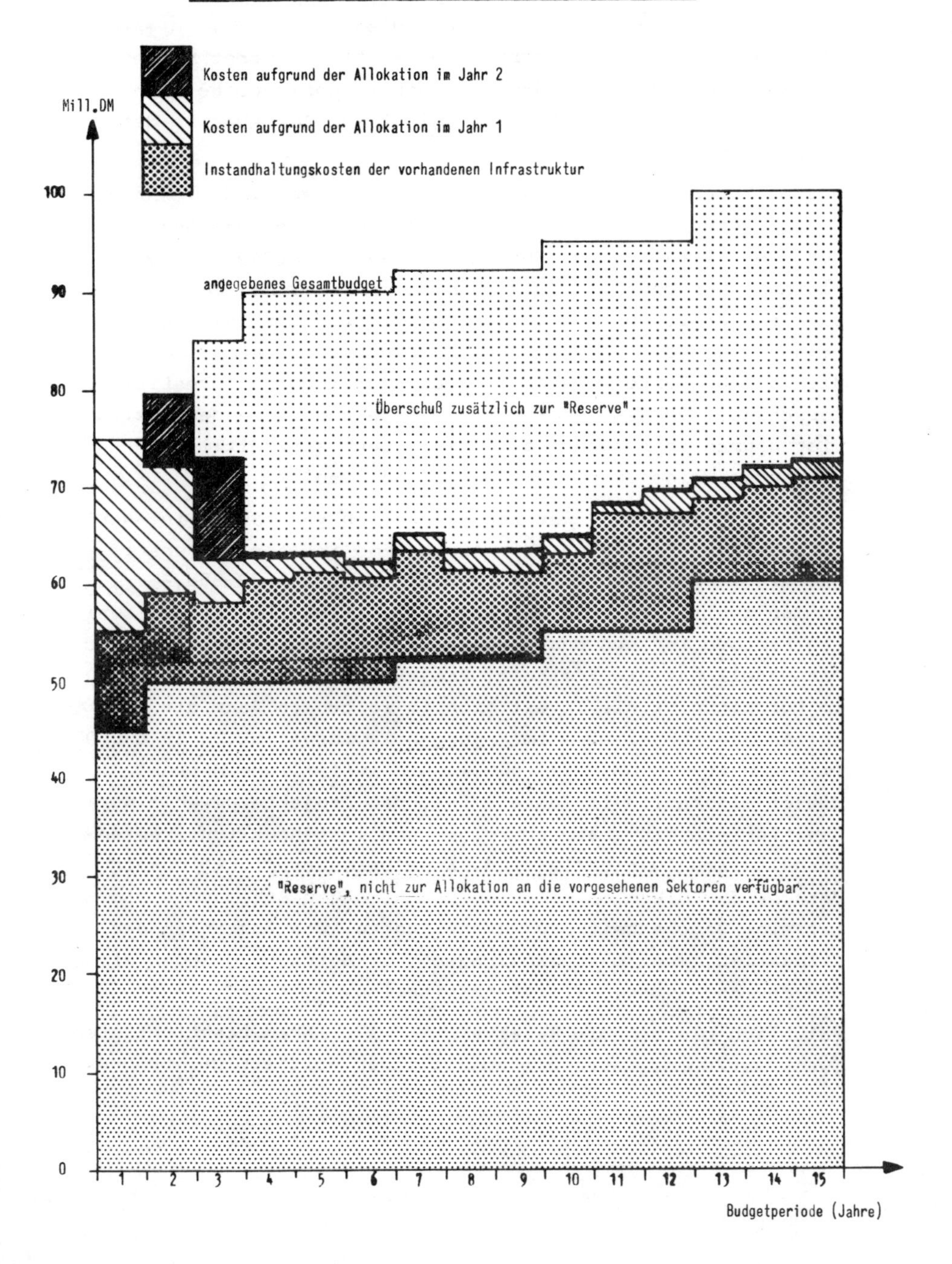

wobei nicht zu vergessen ist, daß die "Reserve" in diesem Finanzmodell ein sehr stark vereinfachtes Konzept bildet. Es deutet an, daß die Anforderungen an das hypothetisch prognostizierte "Gesamtbudget" nicht nur Ausgaben in den fünf betrachteten Sektoren umfaßt.

Die Zahl der Allokationsjahre (Allokationsperioden) war 2, so daß anzunehmen ist, daß außer den Reserven das gesamte für die Allokation zur Verfügung stehende Budget (außer kleinen Überschüssen - die sich im vorliegenden Fall als zu klein erwiesen, nun in der Abb.4.7 zur Darstellung gelangen) in diesen zwei Perioden verbraucht wird, denn die Vorhabenliste enthält tatsächlich genügend Investitionsvorschläge, um das gesamte verfügbare Budget in den ersten vier Jahren in Anspruch zu nehmen, wenn sie zeitlich in passender Weise disponiert werden sollten.

In der Tat (Abb.4.7) war die Allokation von sofort in Angriff zu nehmenden Projekten (die Allokation im Jahr 1) derart, daß ein verfügbarer Betrag in Höhe von DM 7 532 35o,-- in der zweiten Periode verblieb. Die Allokation in der zweiten Periode ist nun durch diese Bedingung eng begrenzt, und das Modell hat die Freiheit, Projekte auszuwählen, für die im Durchschnitt die Investition im folgenden Jahr die des ersten überschreitet - im Endergebnis insgesamt DM 10 475 000,- im Gegensatz zu DM 7 521 500,-. Ein auffälliges Merkmal dieser Allokation im Jahre 2 ist, daß Projekte gewählt wurden, für die die späteren Folge- und Instandhaltungskosten verhältnismäßig niedrig sind. Eine besondere funktionelle Ursache für diese Entwicklung ist nicht zu erkennen - sie ist eine Gegebenheit der Dateneingaben, des Zustandes der Allokation, wenn das Jahr 2 zuerst in Betracht gezogen wird, und der angesetzten Effizienzkriterien.

Natürlich bleiben die Reservemittel für ihren beabsichtigten Zweck verfügbar, aber die zusätzlichen Restbeträge, besonders in den Jahren 3,4 und 5, sind mit ihren möglichen Rückkopplungsimplikationen von großem Interesse. Wenn z.B. die Ansicht vertreten wird, daß ausreichende Reserven von der Allokation zurückgehalten wurden, um angemessene Vorsorge und Flexibilität für die Sektoren und Verpflichtungen "außerhalb des Modells" zu gewährleisten, könnte die Fixierung dieser Überschüsse (durch die Akzeptierung der computerberechneten Allokationsverteilung) die Informationsgrundlage für einen allgemeineren Finanzplan liefern, der u.a. auf eine zeitigere "Überschußverwendung" abzielen könnte, z.B. durch eine Kreditaufnahme. Die Realisierung eines solchen Plans würde ein iterativer Prozeß sein müssen, da die Annahme von ergänztem Budget, z.B. in den Jahren 1 und 2, bei der Wiederanwendung des Modells eine abweichende Allokation und zeitliche Verteilung von Überschüssen hervorbringen würde. Eine augenfälligere Implikation ist, daß die zeitliche Verteilung von "Überschüssen" zusammen mit dem "geplanten" Anteil der Reserven den Rahmen der verfügbaren Finanzmittel für künftige Planung in den betrachteten 5 Sektoren definiert. Natürlich ist, wie bereits gesagt, der hier konstruierte Finanzrahmen nicht streng genug, um dem Modell gültige finanzielle Implikationen oder eine definitive Fähigkeit der Anwendung in der infrastrukturellen Finanzplanung zuzutrauen. Aus diesen Bemerkungen läßt sich der Schluß ziehen, daß bei einer weiteren Entwicklung des Modells eine solche Anwendung als möglich angesehen werden kann. Die Abb.4.7 gibt daher einen guten Hinweis sowohl auf die implizierten Verpflichtungen als auch auf die künftige Flexibilität, die als Ergebnis einer jetzigen Zuteilung des verfügbaren Budgets zu erwarten sind. Die danach vorzunehmende Nachprüfung von noch laufenden Programmen und Politiken in Verbindung mit den aufgezeigten künftigen finanziellen Freiheiten ist ein großer Schritt zur Sicherstellung der Informationsgrundlage, um dem bereits in §2.3 aufgezeigten Mangel an Zukunftsorientierung des normalen budgetären Prozesses abzuhelfen.

4.10.3 Allokationsmerkmale

Das Modell in seinem Allokationsmodus wählt Projekte aus der Vorschlagsliste aus, die innerhalb des Finanzrahmens den Wert der Zielfunktion (ein kombinierter sektoraler und regionaler Indikator, der den Zustand der Ausstattung über einen Zeitraum von 15 Jahren wiederspiegelt) maximal verbessern, d.h. die den größten Anstieg der Nutzen-Kosten ergeben. Da zwei Allokationen vorgenommen werden, nämlich in den Jahren 1 und 2, sind drei regionale Zustände von unmittelbarem Interesse, nämlich diejenigen, bevor eine Budgetallokation erfolgte und diejenigen nach den Allokationen in den Jahren 1 und 2. Abb.4.8 zeigt eine Zusammenfassung dieser drei Zustände auf der Grundlage der detaillierteren numerischen Informationen der Tabellen 4.1, 4.2 und 4.3.

Die sektoralen Ausstattungsniveaus E_{irt} vor der Allokation (Tabelle 4.1) zeigen zu den 16 betrachteten Zeitpunkten (von denen die für t = 1 die sektoral-regionale Situation im gegenwärtigen Zeitpunkt, d.h. dem Zeitpunkt der Allokation, wiedergeben) den nach der Zeit zu erwartenden Verschleiß. Dieser Verschleiß tritt ein trotz der angenommenen Ausführung der "planmäßigen" Instandhaltung und Erneuerung - und der impliziten Annahme der entsprechenden Kosten (Abb.4.7) - , da ohne die Einleitung neuer Investitionen jede vorhandene Einrichtung altert, ihre Modernität verliert und damit ihre relative Qualität. Sie wird auch technisch weniger leistungsfähig in Bezug auf den Fortschritt, den die Technik mit Sicherheit in der ablaufenden Zeit macht. Die Verschleißraten variieren von Sektor zu Sektor. Die Sektoren 1 und 2, Sozialwohnungswesen und Kindergärten, deren Struktur vorwiegend aus Gebäuden mit einer Lebensdauer von bestenfalls 30 Jahren besteht, haben Ziele (§4.4.1 und 4.4.2) die stark von der Gesamtzahl der Bevölkerung abhängen. Wie in §4.10.4 zu sehen sein wird, nimmt die regionale Bevölkerung auf-

Abb. 4.8: Verhalten von regionalen und Gesamtinfrastrukturausstattungsniveaus nach der Zeit und dem Zustand der Allokation

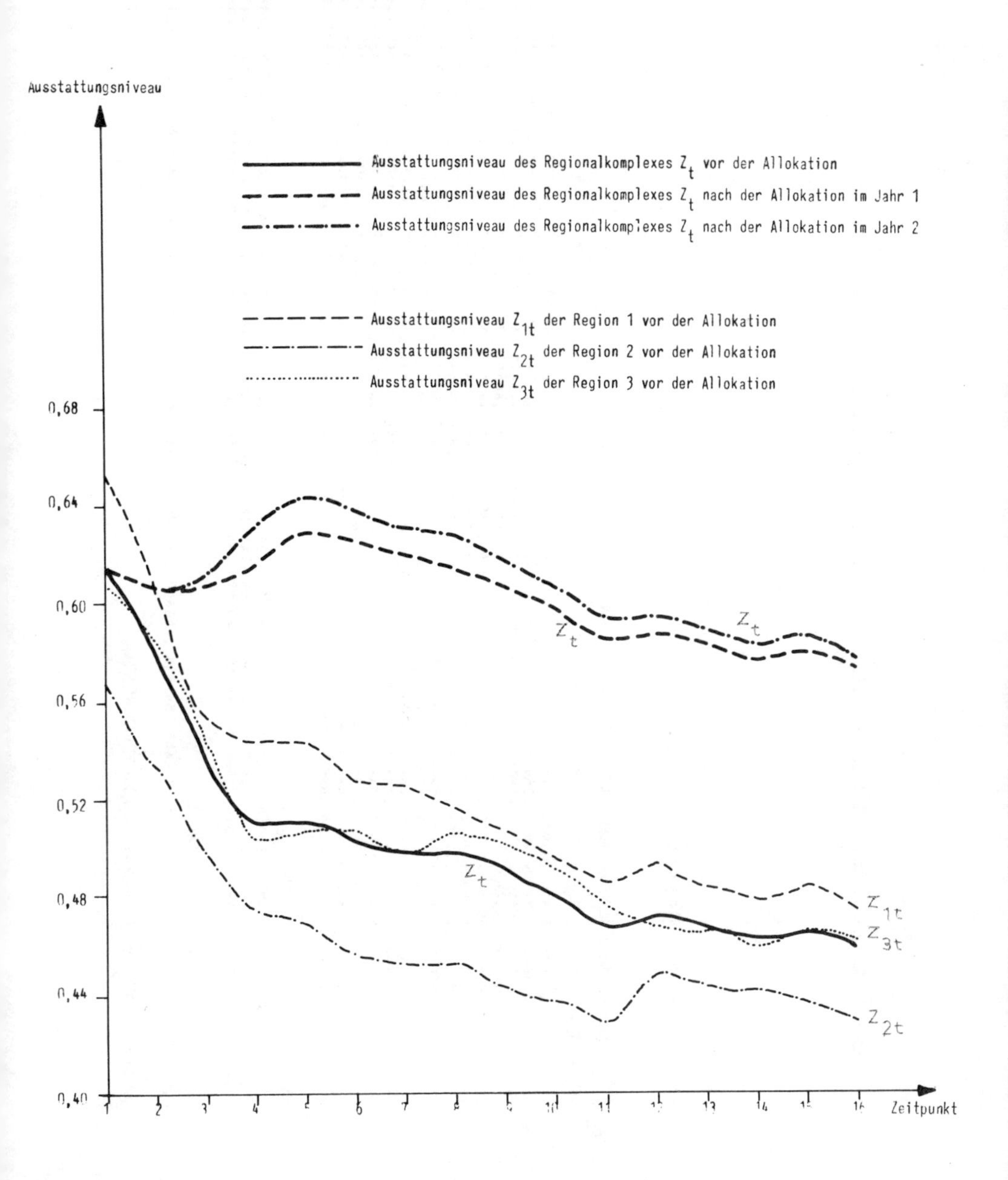

Tabelle 4.1: Sektorale und regionale Infrastruktursituation vor der Allokation

DER ALLOKATIONSPROZEß FINDET NUN FÜR DAS JAHR 1 STATT

MIT ANFÄNGLICHEN JÄHRLICHEN SEKTORALEN AUSSTATTUNGSNIVEAUS E_{IRT} VON

R	I	T = 1	2	3	4	5	6	7	8	9	10	11	12	13	14	15	16
1	1	.61072	.57575	.53930	.51405	.48356	.45994	.47650	.45348	.43970	.42004	.40837	.45495	.43357	.42230	.40488	.39344
2	1	.33664	.31829	.29998	.28471	.27050	.25694	.24791	.23658	.22707	.21845	.21145	.28295	.27562	.27086	.26628	.25831
3	1	.54826	.49665	.48872	.46106	.43837	.45820	.44173	.49947	.48491	.46810	.45275	.43814	.42417	.41036	.39688	.38360
1	2	.57545	.55211	.53018	.50958	.48858	.46862	.45004	.43249	.41620	.40061	.38602	.39525	.38744	.37985	.37239	.36499
2	2	.57661	.55120	.53742	.51887	.50058	.48284	.46565	.44852	.43317	.41848	.40426	.43692	.42885	.42091	.41301	.40541
3	2	.43583	.41559	.40451	.38843	.37357	.35953	.34591	.33293	.32077	.30904	.29797	.29258	.28747	.28236	.27735	.27237
1	3	.51018	.47695	.44779	.45673	.53776	.50987	.52362	.53127	.52825	.50441	.49157	.48350	.48371	.46126	.54132	.51297
2	3	.55279	.51113	.51360	.52424	.54480	.51720	.53126	.58320	.56008	.55878	.54456	.53903	.52458	.53522	.53657	.50896
3	3	.55720	.53789	.55016	.50397	.58222	.59234	.58866	.59181	.60707	.59580	.53959	.52028	.53255	.52327	.59339	.60351
1	4	.79028	.77458	.75966	.75031	.73615	.72103	.70613	.69702	.68290	.67404	.66035	.65174	.66083	.64769	.63466	.62374
2	4	.79028	.77458	.75966	.75031	.73615	.72103	.70613	.69702	.68290	.67404	.66035	.65174	.66083	.64769	.63466	.62374
3	4	.79028	.77458	.75966	.75031	.73615	.72103	.70613	.69702	.68290	.67404	.66035	.65174	.66083	.64769	.63466	.62374
1	5	.70901	.70052	.69694	.69321	.68938	.68545	.68182	.67837	.67523	.67215	.66931	.66663	.66397	.66140	.65886	.65632
2	5	.55510	.54535	.54526	.54513	.54493	.54472	.54450	.54426	.54405	.54385	.54364	.54344	.54322	.54299	.54276	.54254
3	5	.67945	.66951	.66728	.66509	.66306	.66113	.65916	.65724	.65548	.65370	.65204	.65052	.64910	.64767	.64627	.64486

UND REGIONALEN AUSSTATTUNGSINDIZES Z_{RT} VON

.65394	.60357	.55271	.54256	.54263	.52672	.52537	.51638	.50744	.49468	.48510	.49340	.48272	.47828	.48426	.47430
.56949	.53278	.49692	.47410	.46913	.45668	.45185	.45305	.44274	.43661	.42848	.44825	.44323	.44104	.43743	.42882
.60791	.58473	.54309	.50334	.50629	.50652	.49789	.50480	.49988	.49107	.47507	.46689	.46527	.45859	.46462	.46133

ERGEBEN SICH GESAMTAUSSTATTUNGSNIVEAUS Z_T VON

.615286 .579154 .535586 .510444 .510486 .501935 .496808 .496676 .489039 .479446 .467612 .471958 .466289 .461476 .465203 .458260

DIE SICH ZU EINEM ZIELFUNKTIONSWERT Z = 0,506533 DISKONTIEREN.

Tabelle 4.2: Sektorale und regionale Infrastruktursituation nach der Allokation im Jahr 1

NACH DER ALLOKATION IM JAHR 1

SIND JÄHRLICHE SEKTORALE AUSSTATTUNGSNIVEAUS E_{IRT} VORHANDEN VON

R	I	T = 1	2	3	4	5	6	7	8	9	10	11	12	13	14	15	16
1	1	.61072	.57579	.53982	.51526	.48544	.46277	.48068	.45864	.44577	.42687	.41599	.46450	.44372	.43322	.41635	.40551
2	1	.33664	.32964	.38424	.37537	.36748	.34972	.33803	.32372	.31172	.30065	.29133	.31603	.30227	.29190	.28575	.27653
3	1	.54826	.51977	.50935	.52744	.50149	.51676	.49769	.54867	.53320	.51488	.49752	.48100	.46512	.44949	.43425	.41931
1	2	.57545	.57858	.65770	.75723	.73613	.71370	.69174	.67078	.65100	.63191	.61383	.61909	.59935	.59078	.58231	.57380
2	2	.57661	.70872	.86665	.84662	.81543	.79086	.76682	.74284	.72114	.70002	.67928	.69856	.68725	.67602	.66481	.65397
3	2	.43583	.45376	.57250	.64897	.63304	.61719	.59949	.57929	.56031	.54199	.52471	.51605	.50768	.49932	.49110	.48296
1	3	.51018	.47695	.53045	.53598	.61443	.58270	.59511	.58530	.58334	.56742	.55243	.53900	.53101	.53366	.61330	.58330
2	3	.55279	.52726	.53647	.54553	.56340	.53350	.54605	.59535	.56963	.57811	.56439	.55408	.53721	.55010	.54968	.51979
3	3	.55720	.56192	.57225	.59330	.66155	.66859	.66104	.66115	.67414	.65926	.59881	.57884	.60481	.59111	.66374	.67079
1	4	.79028	.82205	.80641	.79658	.78246	.76741	.75258	.74368	.72976	.72121	.70777	.69956	.71003	.69721	.68450	.67395
2	4	.79028	.82205	.80641	.79658	.78246	.76741	.75258	.74368	.72976	.72121	.70777	.69956	.71003	.69721	.68450	.67395
3	4	.79028	.82205	.80641	.79658	.78246	.76741	.75258	.74368	.72976	.72121	.70777	.69956	.71003	.69721	.68450	.67395
1	5	.70901	.71665	.71131	.70760	.70386	.70016	.69683	.69368	.69080	.68798	.68539	.68296	.68055	.67822	.67593	.67360
2	5	.55510	.55462	.55440	.55431	.55421	.55412	.55402	.55392	.55381	.55371	.55360	.55349	.55338	.55327	.55315	.55303
3	5	.67945	.68188	.68361	.68606	.68848	.68613	.68373	.68139	.67924	.67712	.67516	.67334	.67159	.66985	.66814	.66644

UND REGIONALE AUSSTATTUNGSINDIZES Z_{RT} VON

.65394	.61769	.60433	.62319	.62287	.60599	.60394	.59163	.58227	.57014	.55960	.56656	.55671	.55148	.55734	.54705
.56949	.58184	.59568	.59694	.59877	.58824	.58229	.57347	.56884	.56856	.56078	.57619	.57255	.57119	.56613	.55838
.60793	.60898	.61673	.62201	.64858	.66398	.65314	.65647	.64939	.63792	.61932	.60983	.60926	.60069	.60596	.60105

DIE GESAMTAUSSTATTUNGSNIVEAUS Z_T ERGEBEN VON

.615286 .605662 .607058 .616488 .627566 .625261 .618729 .613576 .606260 .597210 .584060 .586364 .581741 .576078 .579110 .571601

DIE SICH ZU EINEM ZIELFUNKTIONSWERT Z = 0,604642 DISKONTIEREN.

Tabelle 4.3: Sektorale und regionale Infrastruktursituation nach der Allokation im Jahr 2

NACH DER ALLOKATION IM JAHR 2

SIND VORHANDEN JÄHRLICHE SEKTORALE AUSSTATTUNGSNIVEAUS E_{IRT} VON

R	I	T = 1	2	3	4	5	6	7	8	9	10	11	12	13	14	15	16
1	1	.61072	.57579	.54869	.52041	.49370	.46826	.48378	.46740	.45103	.43677	.42228	.46853	.45407	.43994	.42608	.41234
2	1	.33664	.32944	.43002	.41843	.40749	.38698	.37341	.35705	.34322	.33058	.32003	.34238	.32723	.31587	.30864	.29860
3	1	.54836	.51977	.50343	.52498	.50131	.51728	.49794	.54994	.53471	.51653	.49920	.48267	.46680	.45116	.43589	.42092
1	2	.57545	.57868	.65770	.75721	.73652	.71449	.69283	.67213	.65266	.63380	.61592	.62145	.60180	.59328	.58485	.57637
2	2	.57661	.70872	.86665	.84055	.81406	.78844	.76359	.73884	.71631	.69460	.67348	.69213	.68057	.66923	.65797	.64711
3	2	.43583	.45376	.57175	.64839	.63281	.61720	.59969	.57970	.56092	.54274	.52551	.51688	.50854	.50022	.49202	.48388
1	3	.51018	.47695	.55067	.55427	.63048	.59728	.60862	.59771	.59421	.58137	.56505	.55056	.54636	.54860	.62704	.59607
2	3	.55279	.52726	.52029	.57467	.59133	.55983	.57176	.61577	.58854	.59591	.57916	.58012	.56101	.57301	.57161	.54012
3	3	.55720	.56192	.58918	.61797	.68654	.69215	.68372	.68159	.69370	.67606	.61585	.59672	.62046	.61177	.68734	.69296
1	4	.79028	.82205	.80644	.79689	.78306	.76830	.75377	.74516	.73152	.72325	.71009	.70217	.71292	.70038	.68795	.67768
2	4	.79028	.82205	.80644	.79689	.78306	.76830	.75377	.74516	.73152	.72325	.71009	.70217	.71292	.70038	.68795	.67768
3	4	.79028	.82205	.80644	.79689	.78306	.76830	.75377	.74516	.73152	.72325	.71009	.70217	.71292	.70038	.68795	.67768
1	5	.70901	.71665	.71117	.70745	.70390	.70038	.69719	.69416	.69143	.68872	.68623	.68390	.68155	.67925	.67698	.67466
2	5	.55510	.55462	.55412	.55378	.55368	.55358	.55348	.55338	.55328	.55317	.55306	.55295	.55284	.55272	.55261	.55248
3	5	.67945	.68188	.68341	.68580	.68832	.68604	.68369	.68140	.67930	.67722	.67527	.67346	.67172	.66999	.66828	.66658

UND REGIONALE AUSSTATTUNGSNIVEAUS Z_{RT} VON

.65394	.61769	.60916	.62704	.62711	.60965	.60712	.59581	.58585	.57502	.56370	.57017	.56217	.55624	.56251	.55155
.56949	.58184	.60160	.64580	.64593	.62970	.62188	.61910	.60563	.59849	.58769	.59594	.58802	.58406	.57878	.56844
.60793	.60898	.61749	.62583	.65640	.66787	.65692	.66017	.65308	.64126	.62274	.61342	.61252	.60477	.61053	.60541

DIE GESAMTAUSSTATTUNGSNIVEAUS Z_T ERGEBEN VON

.615284 .605662 .610739 .631000 .643432 .637978 .630785 .627390 .617761 .607406 .593290 .593793 .588685 .582490 .585811 .577365

DIE SICH ZU EINEM ZIELFUNKTIONSWERT Z = 0,613465 DISKONTIEREN.

grund natürlicher Ursachen und eines überwiegend positiven Wanderungssaldos mit einer Durchschnittsrate von etwa 2% zu. Am wenigsten betroffen ist der Sektor 3, Straßen, der aufgrund von wirksam geplanten Erneuerungen und Überholungen Ausstattungsniveaus hat, die nur geringfügig um einen ziemlich konstanten Wert schwanken. Der Sektor 5, Ökologie und Freizeit, weist einen Verschleiß von etwa 5% über den betrachteten Zeitraum auf, wie aus den Quantifizierungen des §4.4.5 zu schließen ist, fast ausschließlich aufgrund des Bevölkerungszuwachses.

Die Anfangswerte (t = 1) der sektoralen Ausstattungsniveaus vor der Allokation (Tabelle 4.1) sind sowohl sektoral wie regional stark differenziert. So hat im Sektor 1 die Region 2 einen erheblichen Nachteil, wie das auch im Sektor 5 der Fall ist. Von den fünf Sektoren erhält die Vorortbahn, vielleicht nicht überraschenderweise, eine hohe Bewertung (für alle Regionen gleich), während die Kindergärten und das Sozialwohnungswesen überregional gesehen die niedrigsten durchschnittlichen Bewertungen aufweisen. Die Ursachen dieser Variationen sind in den Unterschieden zu suchen, die der Zustand der Infrastruktur sowohl nach Quantität, Qualität und räumlicher Verteilung aufweist (§4.1 und 4.2, Tabellen A1 - A14).

Für die regionalen Ausstattungsniveaus Z_{rt} (§3.2, Gleichung (3-2)) und das Regionalkomplexniveau Z_t (Gleichung (3-7)) sind in Abb.4.8 die daraus folgenden zeitlichen Verlaufskurven dargestellt. Der abgebildete Verfall dieser Indikatoren mit der Zeit ist die Folge der angewendeten sektoralen Quantifizierungen zusammen mit dem unvermeidbaren Alterungsprozeß jeder materiellen Einrichtung, dem nicht unbedeutenden Gewicht, das den beiden sozial orientierten und daher stark bevölkerungsabhängigen Sektoren Sozialwohnwesen und Kindergärten beigelegt wurde und folglich der Bevölkerungsentwicklung, die durch das Bevölkerungs- und Wanderungsmodell bestimmt ist. Die zu erkennenden Fluktuationen rühren von den zeitlichen Schwankungen im Wanderungsablauf und in den (von Sektor zu Sektor differenzierten) planmäßigen Instandhaltungs- und Erneuerungsprogrammen her.

Der scharfe Anfangsabfall bei den Vor-Allokationskurven (regional und gesamt) ist eine Folge der eingegebenen ständig größere Anforderungen stellenden Kapazitätsziele für Sozialwohnungen und Kindergartenplätze (§4.4.1 und 4.4.2 sowie Tabellen A2 - A7). Wenn diese in den Jahren 4 oder 5 zuzunehmen aufhören, ist der Verfall dann etwa halbiert und folgt somit den Wanderungs- und geplanten Instandhaltungsfluktuationen zusammen mit den oben diskutierten altersbedingten Verschleißerscheinungen.

Nach der Allokation in den Jahren 1 und 2 sinken die Gesamtkomplexwerte der Ausstattung Z_t ebenfalls anfänglich. Dies würde keine in der Wirklichkeit auftretende Erscheinung sein, da Investitionen in der Regel "kontinuierlich" erfolgen, aber die Projektdaten enthielten keine vorher genehmigten und noch geltenden Programme.

Eine große Anzahl der vorgeschlagenen und auch genehmigten Maßnahmen hatten wirksame Fertigstellungszeiten von mehr als einem Jahr (Tabellen A18 - A20), so daß der volle kombinierte Effekt der Projekte, auf die Budget durch Allokation entfiel, nicht vor 3 oder 4 Jahren nach dem Allokationsdatum zu erkennen ist. Dies ist eine gute Illustration der Wirkungen, die Fertigstellungszeiten auf projektierte Infrastrukturniveaus haben können, auch ohne baubedingte Störungswechselwirkungen sozialer und umweltunfreundlicher Art (verursacht z.B. durch großangelegte langzeitige Konstruktionsvorhaben) zu berücksichtigen. Sowie der Maximaleffekt einmal erreicht worden ist, setzt der Niveauverfall für die Zeitperioden 5 bis 15 zu etwa der gleichen Rate ein wie der vor der Allokation.

Die Differenz zwischen den Z_t-Niveaus vor und nach der Allokation ist beträchtlich. Zunahmen von 20-25% in Infrastrukturausstattungsniveaus sind gewiß nicht in realistischer Weise als Ergebnis der Allokation von Budget während eines oder sogar zweier Finanzjahre zu erwarten. Die Erklärung ist hier, daß die Ausgaben für Infrastruktur einschließlich der Instandhaltung, die durch diesen Basislauf erfaßt wurden, um DM 1000,- je Kopf der Bevölkerung und Jahr liegen und dies nur für diese 5 Sektoren und auf Gemeindeebene. Dies ist natürlich viel zu hoch (vgl. Bemerkungen §4.3), wurde aber so gewählt, um eine klare Illustration zu liefern.

Die Zielfunktion Z beginnt mit einem Wert von 0,507 und erreicht nach der Allokation im Jahre 2 den Endwert 0,613. Diese Entwicklung wird graphisch in der Abb.4.9 dargestellt. Diese vereinfachte Graphik setzt die Niveaudifferenzen von Z_t in Abb.4.8 (bevor und nachdem die Allokation erfolgt) in Beziehung zu den in dem "Allokationseffizienzkriterium" verwendeten Kosten, nämlich zu den diskontierten Gesamtkosten der geschilderten Verbesserungen des Ausstattungsniveaus. Es ist zu erkennen, daß die Allokation im Jahre 2 weniger effizient ist (Zielfunktiongewinn je DM) als die im Jahr 1, und zwar aus dem einfachen Grund, daß die "besten" Projekte im Jahr 1 sehr früh genehmigt werden, wenn keine finanziellen Restriktionen herrschen. Das Durchschnittsniveau der Projekteffizienz im zweiten Jahr kann daher erwartungsgemäß niedriger sein als im ersten. Daß dies nicht für jedes einzelne Projekt zutrifft, wird später erörtert werden.

Die Allokationen selbst werden in der Tabelle 4.4 dargestellt. Hier sind die Reihenfolge der Priorität, die Region und der Sektor, die Projektnummer (s. Tabellen A15 - A20), die Werte der Zielfunktion Z, die Effizienz des Projekts ausgedrückt durch das Verhältnis Z/(diskontierte Kosten) (s. §3.2.6), SLOPE genannt, und drei Grüppen von Finanzinformationen betr.

der diskontierten Projektkosten, die Gesamtkosten (als COST bezeichnet, d.h. das Ergebnis der mit einem Diskontierungssatz Null diskontierten Kosten) und die im laufenden Jahr auftretenden Kosten (CURCOST) zusammen mit ihren kumulierten Summen aufgeführt. Diese Allokationen sind in Abb.4.10 graphisch dargestellt, wobei die Zielgröße Z als Funktion der kumulierten diskontierten Kosten auftritt - diese Funktion wird als "Allokationscharakteristik" bezeichnet. In dieser

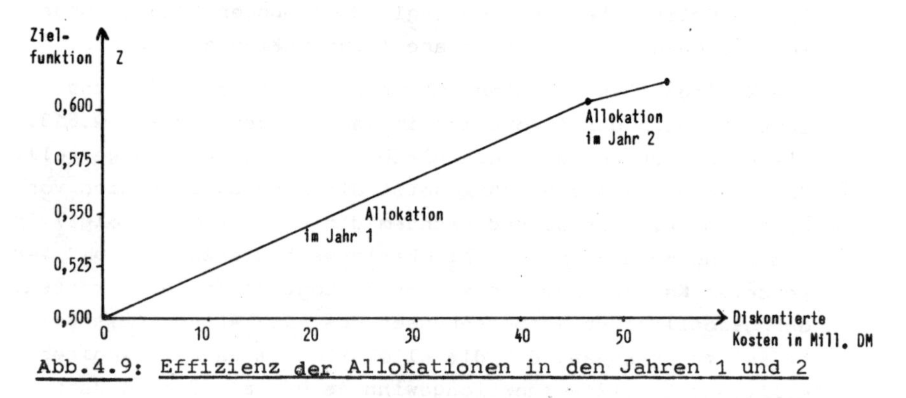

Abb.4.9: Effizienz der Allokationen in den Jahren 1 und 2

wie auf allen graphischen Darstellungen der Allokationscharakteristik in kleinem Maßstab sind die meisten Details der einzelnen Projekte aufgrund der Maßstabschwierigkeiten nicht zu erkennen.

Wie ersichtlich hat die Allokationscharakteristik einen grundsätzlich konvexen Verlauf, d.h. sukzessiv genehmigte Ausgaben nehmen allgemein an Effizienz ab, ausgedrückt im Gewinn an Z je Geldeinheit. Die Tabelle 4.4 läßt 3 Ausnahmen erkennen, von denen zwei in der Abb.4.10 deutlich zu sehen sind, eine an der Verbindungsstelle für die Projekte 311 und 313 innerhalb der Allokation im Jahr 1 (in der Tabelle 4.4 ebenfalls für die Projekte 221 und 322) und auch zwischen den Allokationen für die Jahre 1 und 2. Die im ganzen konvexe

Tabelle 4.4: Projektallokationslisten - Basislauf

ZUSAMMENFASSUNG DER PROJEKTALLOKATIONSLISTE FÜR DAS JAHR 1

PRICR	REGION	INFRA.	PROJECTNO.	ZOLD	ZNEW	SLOPE	DISCOST	CUMDISCOST	COST	CUMCOST	CURCOST	CUMCURCOST
1	1	2	126	.506533	.506840	.107053E-07	28681.	28681.	-25000.	-25000.	75000.	75000.
2	1	4	641	.506840	.509788	.646977E-08	455546.	484227.	800000.	775000.	40000.	115000.
BAHN (INFRA = 4) IST ALLEN REGIONEN GEMEINSAM												
3	3	2	321	.509788	.520038	.563715E-08	1818421.	2302647.	2908100.	3683100.	200000.	315000.
4	2	2	222	.520038	.526109	.449196E-08	1351572.	3654219.	2140800.	5823900.	228000.	543000.
5	3	2	324	.526109	.528892	.418049E-08	665585.	4319804.	1080000.	6903900.	72000.	615000.
6	2	2	221	.528892	.537636	.381015E-08	2294852.	6614656.	3586000.	10489900.	500000.	1115000.
7	3	2	322	.537636	.544115	.391125E-08	1656475.	8271131.	2753000.	13242900.	150000.	1265000.
8	1	2	123	.544115	.547941	.357813E-08	1069361.	9340492.	1595200.	14838100.	175000.	1440000.
9	1	2	122	.547941	.549264	.324767E-08	407510.	9748002.	622200.	15460300.	100000.	1540000.
10	2	5	251	.549264	.549835	.308854E-08	184885.	9932887.	300000.	15760300.	20000.	1560000.
11	1	2	124	.549835	.557524	.289138E-08	2659015.	12591902.	3963000.	19723300.	775000.	2335000.
12	2	2	224	.557524	.558713	.253402E-08	469524.	13061426.	732600.	20455900.	95000.	2430000.
13	1	5	152	.558713	.559140	.231019E-08	184885.	13246311.	300000.	20755900.	20000.	2450000.
14	3	5	351	.559140	.559925	.212194E-08	369769.	13616080.	600000.	21355900.	40000.	2490000.
15	1	2	121	.559925	.562605	.204533E-08	1310102.	14926182.	1845200.	23201100.	300000.	2790000.
16	3	3	336	.562605	.564920	.202727E-08	1141945.	16068127.	1340800.	24541900.	50000.	2840000.
17	3	5	352	.564920	.566638	.177611E-08	967514.	17035641.	1422000.	25963900.	63000.	2903000.
18	3	3	332	.566638	.567157	.174518E-08	297108.	17332748.	352000.	26315900.	240000.	3143000.
19	3	3	335	.567157	.567811	.173718E-08	376505.	17709253.	421000.	26736900.	325000.	3468000.
20	2	2	225	.567811	.567967	.159092E-08	98383.	17807636.	128000.	26864900.	68000.	3536000.
21	2	1	211	.567967	.568907	.157821E-08	595708.	18403345.	442400.	27307300.	162400.	3698400.
22	1	5	151	.568907	.569818	.141163E-08	644960.	19048305.	745000.	28052300.	350000.	4048400.
23	3	1	311	.569818	.583890	.123163E-08	11425690.	30473995.	12328000.	40380300.	5225000.	9273400.
24	3	1	313	.583890	.591777	.157104E-08	5020072.	35494067.	5114000.	45494300.	4850000.	14123400.
25	2	3	235	.591777	.592191	.127988E-08	323462.	35817529.	426000.	45920300.	200000.	14323400.
26	2	1	212	.592191	.600477	.109870E-08	7542031.	43359560.	8046000.	53966300.	4000000.	18323400.
27	1	3	135	.600477	.602396	.117035E-08	1639850.	44999411.	1912000.	55878300.	600000.	18923400.
28	1	3	132	.602396	.604629	.118610E-08	1882082.	46881493.	2159000.	58037300.	901000.	19824400.
29	3	1	316	.604629	.604642	.654664E-09	20000.	46901493.	20000.	58057300.	20000.	19844400.

ZUSAMMENFASSUNG DER PROJEKTALLOKATIONSLISTE FÜR DAS JAHR 2

PRICR	REGION	INFRA.	PROJECTNO.	ZOLD	ZNEW	SLOPE	DISCOST	CUMDISCOST	COST	CUMCOST	CURCOST	CUMCURCOST
30	2	1	213	.604642	.610566	.109289E-08	5420212.	5420212.	5932400.	5932400.	5740000.	5740000.
31	3	3	331	.610566	.611906	.943146E-09	1421429.	6841641.	1690000.	7622400.	929000.	6669000.
32	1	3	131	.611906	.611965	.899013E-09	65797.	6907438.	75000.	7697400.	40000.	6709000.
33	2	3	232	.611965	.612951	.896936E-09	1099042.	8006480.	1390000.	9087400.	599000.	7308000.
34	3	2	323	.612951	.613004	.886732E-09	59259.	8065739.	64000.	9151400.	64000.	7372000.
35	2	2	223	.613004	.613040	.880834E-09	41667.	8107406.	45000.	9196400.	45000.	7417000.
36	1	3	136	.613040	.613126	.860236E-09	100145.	8207551.	149000.	9345400.	47500.	7464500.
37	1	1	115	.613126	.613465	.721320E-09	469922.	8677473.	798000.	10143400.	57000.	7521500.

Abb. 4.10: Die Allokationscharakteristik des Basislaufs

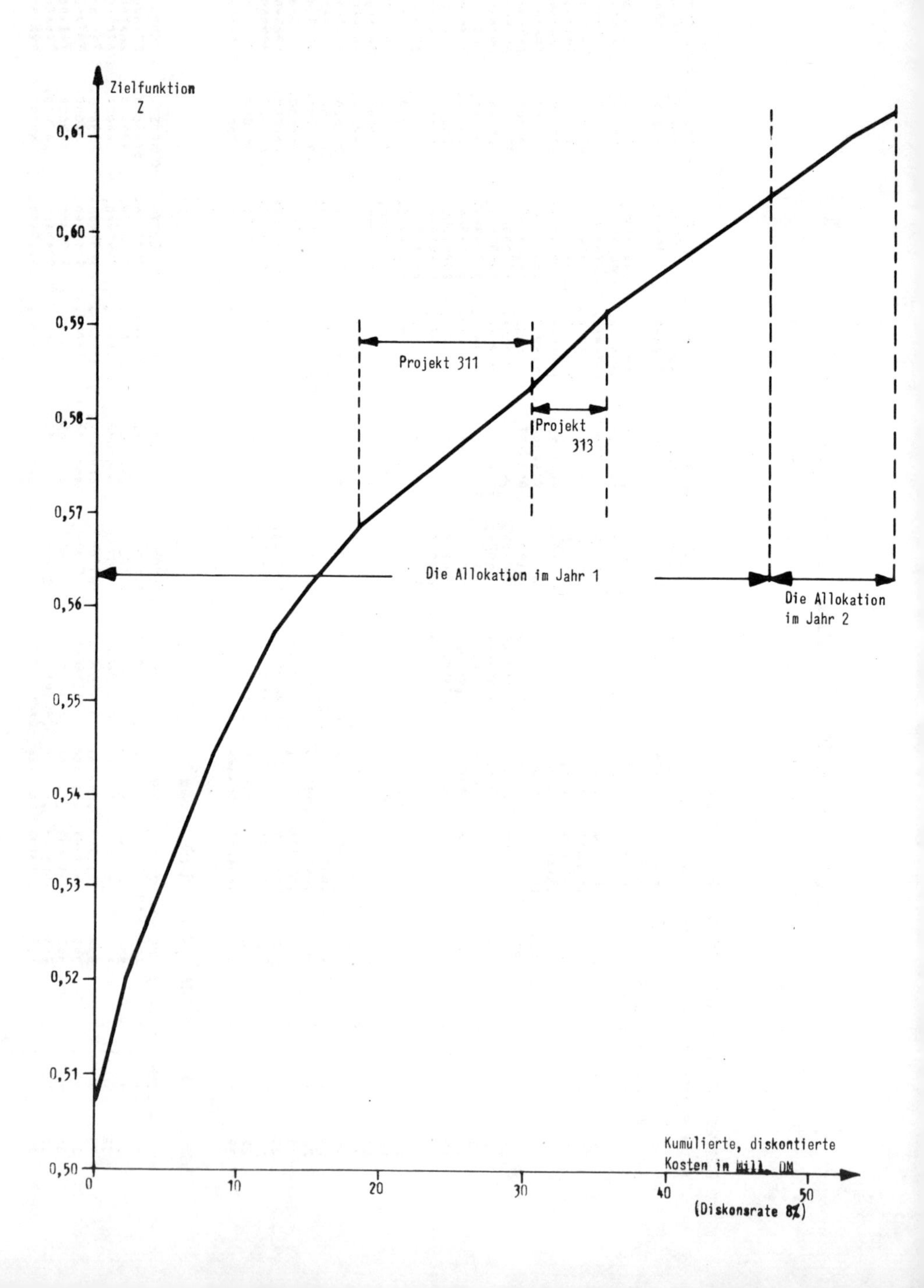

Form ist ein zu erwartendes Ergebnis, da den Vorhaben ihre Prioritäten sukzessiv auf der Grundlage der höchsten Effizienz zugeteilt werden. Die vorkommenden konkaven Kurventeile innerhalb einer Allokation zeigen jedoch überzeugend, daß Wechselwirkungen auftreten und damit merkbare Wirkungen an verschiedenen Stellen in der Allokation haben.

Ein konkaver Kurventeil zwischen Allokationen für verschiedene Jahre ist wieder andererseits aus zwei Gründen ein erwartetes Vorkommnis. Erstens wird am Ende einer Allokation das verbleibende Budget in einem bestimmten Jahr an irgendeiner Stelle nicht mehr für die Genehmigung des wirklich nächstbesten Vorhabens ausreichen. Weniger kostspielige jedoch bezüglich ihrer Effizienz weniger gute Projekte werden daher gewöhnlich an das Ende der Allokationscharakteristik für ein bestimmtes Jahr "angefügt". Ein fallengelassenes "gutes" Projekt wird im allgemeinen eines der ersten in der folgenden Periode genehmigten sein und weist infolgedessen eine höhere Effizienz, eine stärkere Steigung als seine unmittelbaren Vorgänger in der vorhergehenden Periode auf. Zweitens werden Ausgaben in allen Allokationsjahren auf den Zeitpunkt der Allokation, nicht auf den Anfangszeitpunkt des Allokationsjahres, d.h. immer auf den Zeitpunkt 1 (s. Gleichung (3-9)) diskontiert. Ein Ergebnis dieses Prozesses ist eine vergleichsweise Herabsetzung der Kosten von Projekten, die z.Zt. zur Durchführung in späteren Perioden genehmigt werden und ein (für gewöhnlich) als Folge darauf auftretender konkaver Verlauf in der Allokationscharakteristik am Knotenpunkt zwischen Allokationsjahren.

In dieser Weise zu diskontieren ist vielleicht nicht ganz zu rechtfertigen, da keine Kosten außer denen für die Planung in der Zwischenzeit auftreten können und der "Staat" die Durchführungskosten auf keinen Fall zur Verfügung hat (für Zinsakkumulation). Andererseits könnte die Genehmigung eines Projekts zur späteren im Gegensatz zur sofortigen Durchführung als ein Mittel zur Senkung der Last der (fast immer notwendigen) Infrastrukturfinanzierungskosten in der zwischenzeitlichen Periode angesehen werden - und damit (zum Teil) die Diskontierung zum Zeitpunkt 1 rechtfertigen.

Da die Diskontierung von Kosten angewendet worden ist, allerdings mit erheblichen Vorbehalten, ist die einzige Alternative zu dem obigen Prozeß die Diskontierung von Projektkosten zum Zeitpunkt der Durchführung - ein Prozeß, der wiederum mit vergleichsweise geringeren Kosten verbunden sein wird, da für spätere Durchführung vorgesehene Projekte der Betrachtungszeitraum und folglich die Instandhaltungs- und Erneuerungskosten verringert werden.

Diese beiden Alternativmethoden ergeben geringfügig voneinander abweichende Allokationscharakteristiken, trotzdem liefern sie identische Allokationsprioritäten in einem bestimmten Jahr. Es wird der zuerst aufgeführte Prozeß mit dem in der Abb.4.10 zu erkennenden resultierenden konkaven Verlauf zwischen den Jahren 1 und 2 gewählt.

Von den 57 zur Verfügung stehenden Vorhaben sind 37 durch die Allokation (Tabelle 4.4) genehmigt worden, davon 29 im ersten Jahr. Diese Zahlen haben wenig Bedeutung, wie in §5 gezeigt wird, denn es ist das Kostenprofil, das den Allokationsendpunkt bestimmt - für dieselben Gesamtkosten würde es z.B. möglich sein, die Genehmigung für 50 der vorgesehenen Projekte zu erhalten. Die Schwankung der Effektivität je DM (SLOPE) ist sehr groß - die Effektivität des Projekts 126 mit der Priorität Eins ist 18mal so groß wie die des Projekts 316 mit der Prioritätseinstufung 29.

Bezüglich Region und Sektor zeigt die Allokation nur eine bemerkenswerte Bevorzugung, nämlich für die Kindergartenvorhaben. Eine Korrelation zwischen Prioritätsstufe und Kosten (der drei behandelten Typen) ist nicht festzustellen.

Von Interesse sind die negativen Gesamtkosten (über den Zeitraum addiert) für das Projekt 126. Sie treten auf, weil die vorgesehene Instandhaltungsarbeit (Tabelle A18) die regelmäßigen und planmäßigen Instandhaltungen unterbricht. Dies erbringt ohne Diskontierung eine Nettoeinsparung über die betrachteten 15 Jahre. Sogar mit einer Diskontierung trägt dies stark zu der hohen Rangeinstufung des Projekts bei.

Ganz allgemein ist einzusehen, daß eine solche Allokation zusammen mit der mit ihr auftretenden großen Menge von frei verfügbaren ergänzenden Informationen über Kosten, Wechselwirkungen, politische Akzente, Bevölkerungsverschiebungen usw. für jeden Posten eine Vielzahl von Überlegungen berücksichtigt, ein Netz von Fäden knüpft, das mündliche Erörterung und Berechnungen mit Bleistift und Papier nicht zu bewerkstelligen hoffen könnten. Die Informationsbasis für konkrete (politische) Argumente und Kompromisse ist somit geschaffen - das Ziel einer Entscheidungshilfe erreicht.

4.10.4 Bevölkerungsentwicklung

In Übereinstimmung mit dem für Demonstrationszwecke (§3.5.2) entwickelten Bevölkerungsmodell bestimmen die relativen regionalen Infrastrukturen- und Attraktivitätssituationen (zusammen mit den relevanten internen Daten des Wanderungsmodells) die regionale Verteilung des externen Wanderungssaldos und die Niveaus der interregionalen Wanderung. Die Budgetallokation verändert sowohl die Infrastuktur- als auch die Attraktivitätsbedingungen, und dies führt mitunter zu recht großen Veränderungen der Bevölkerungsverteilung am Ende der betrachteten 15jährigen Periode. Die Ergebnisse für die regionale Bevölkerungsverteilung des Basislaufs vor und nach Allokation in den Jahren 1 und 2 sind in der Tabelle 4.5 enthalten und graphisch in der Abb.4.11 dargestellt.

Tabelle 4.5: Regionale Bevölkerungsentwicklungen entsprechend des Allokationszustands

(a) Entwicklung bevor die Allokation stattfindet

Zeitpunkt		1	2	3	4	5	6	7	8	9	10	11	12	13	14	15	16
REGION	1	21510.	21995.	22473.	22970.	23502.	24071.	24618.	25159.	25671.	26190.	26687.	27171.	27665.	28158.	28660.	29178.
	2	14250.	14496.	14742.	15000.	15284.	15583.	15895.	16246.	16539.	16832.	17134.	17414.	17729.	18049.	18380.	18703.
	3	24330.	24845.	25410.	25986.	26508.	27020.	27561.	28105.	28622.	29155.	29672.	30158.	30619.	31098.	31580.	32075.

(b) Entwicklung nach der Allokation im Jahr 1

		1	2	3	4	5	6	7	8	9	10	11	12	13	14	15	16
REGION	1	21510.	21995.	22448.	22905.	23390.	23889.	24352.	24807.	25236.	25669.	26079.	26474.	26877.	27275.	27678.	28098.
	2	14250.	14496.	14770.	15068.	15372.	15692.	16028.	16402.	16717.	17042.	17386.	17709.	18053.	18407.	18773.	19133.
	3	24330.	24845.	25415.	25982.	26532.	27093.	27693.	28301.	28879.	29466.	30028.	30561.	31083.	31624.	32169.	32726.

(c) Entwicklung nach der Allokation im Jahr 2

		1	2	3	4	5	6	7	8	9	10	11	12	13	14	15	16
REGION	1	21510.	21995.	22448.	22907.	23366.	23839.	24281.	24716.	25120.	25532.	25922.	26296.	26684.	27073.	27467.	27879.
	2	14250.	14496.	14770.	15070.	15425.	15788.	16163.	16576.	16935.	17297.	17670.	18019.	18386.	18756.	19136.	19508.
	3	24330.	24845.	25415.	25978.	26503.	27047.	27630.	28219.	28776.	29349.	29902.	30428.	30944.	31477.	32017.	32569.

Abb. 4.11: Regionale Bevölkerungsentwicklungen entsprechend des Allokationszustands

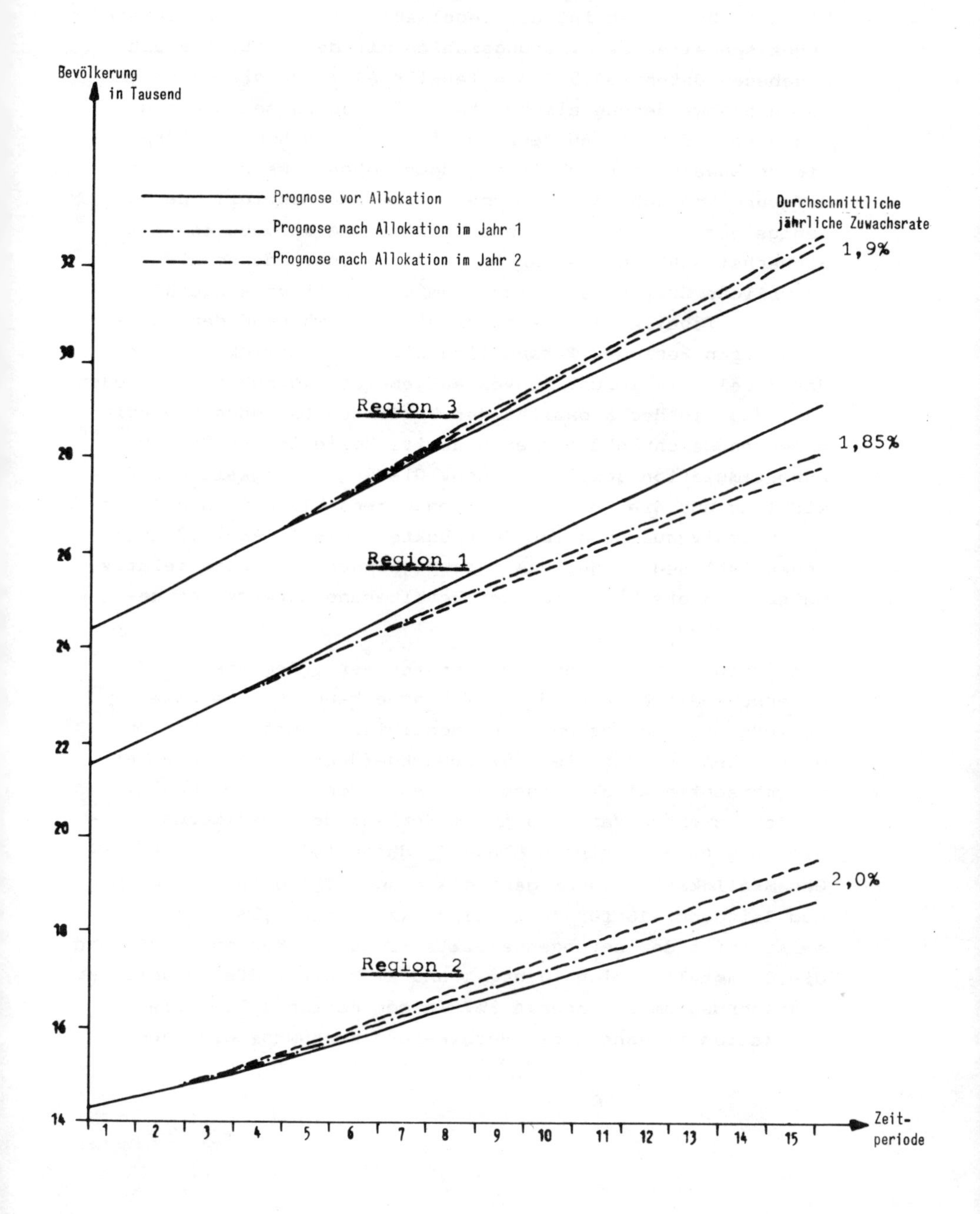

Nicht zu übersehen ist das regelmäßige (nicht ganz lineare) Verhalten aller Bevölkerungszahlen mit der Zeit. Die eingegebenen Daten (§3.5.2 und Tabelle A16) für die externe Zu- und Abwanderung als konstante Prozentsätze zusammen mit einer (für die Bundesrepublik) relativ hohen natürlichen Zuwachsrate scheinen jedoch, ohne Einschränkungen aufgrund von Wohnraumproblemen, eine exponentiell oder wenigstens konkav zunehmende Entwicklung anzudeuten, mit Sicherheit während der ersten 9 Jahre (nach denen die natürliche Zuwachsrate bedeutsam reduziert vorausgesagt wird, s. Tabelle A16), wenn nicht sogar während der ganzen 15jährigen Periode. Tatsächlich wird die Entwicklung durch das Modell als leicht konvex aufgezeigt, woraus zu schließen ist, daß die der Kapazität der örtlichen Bauindustrie auferlegten Beschränkungen eine aktive Rolle in der Bevölkerungssimulation gespielt haben. Die Regelmäßigkeit der Entwicklung und die relativ kleinen Unterschiede in den Infrastrukturniveaus zu allen Zeitpunkten (wie in Abb.4.8 zu sehen ist) deuten an, daß interne Wanderungen eine relativ untergeordnete Rolle bei der Bevölkerungsentwicklung gespielt haben.

Die durchschnittlichen Zuwachsraten der 3 Regionen sind unterschiedlich, aber diese Tatsache kann auf die Unterschiede der eingegebenen prognostizierten natürlichen Zuwachsraten (s. Tabelle A16) zurückgeführt werden. Die hervorgebrachten Allokationen bringen jedoch die regional differenzierten Variationen im Verlauf der Bevölkerungsentwicklung herein, die in Abb.4.11 dargestellt sind. Die Gesamtallokation verringert die prognostizierte Bevölkerung zum Zeitpunkt 16 für Region 1 um 1299 oder 4,5%. Andererseits tritt der entgegengesetzte Trend für Region 2 auf, und die Gesamtallokation (Jahre 1 und 2) bewirkt die Zunahme der Bevölkerung um 805 oder 4,3%. In der Region 3 läßt die Allokation im Jahr 1 die Bevölkerung zunehmen, die dann im Jahr 2 geringfügig abnimmt, das Nettoergebnis ist eine Zunahme von 494 oder 1,5%. Für die Planung von bestimmten Infrastrukturkapazitäten sind diese Prozentzahlen von wirklicher Bedeutung. Obgleich sie in diesem Fall nur das Ergebnis einer Situation und eines Bevölkerungsmodells hypothetischer Natur sind, demonstrieren sie die gesuchte Wirkung der Kopplung der Infrastrukturallokationsprozesse mit der Bevölkerungsentwicklung und folglich, als Rückkopplung, mit der Forderung nach Infrastruktur.

4.10.5 Verteilungscharakteristiken

Aufgrund des politischen Gewichtungsschemas, das auf den Basislauf augewendet wird, treten spezifische regionale und sektorale Verteilungen des zugeteilten Budgets auf, die in verschiedener Weise zusammengefaßt werden können. Von Bedeutung sind die Verteilungen von den in drei Weisen zusammengestellten Allokationskosten - erstens der gesamten diskontierten Kosten, da dies die in den Allokationskriterien gebrauchten "Kosten" sind (§3.2); zweitens der gesamten genehmigten Kosten, die in dem betrachteten Zeitraum auftreten (identisch mit den gesamten diskontierten Kosten mit einer Diskontierungsrate Null); drittens der für den bevorstehenden Zeitraum (Allokationsperiode 1) anfallenden Kosten. Es ist auch möglich, diesen Verteilungen die "geplanten" sektoralen und regionalen regelmäßigen Instandhaltungskosten M'_{irt} hinzuzufügen, die nicht dem Allokationsprozeß unterliegen (s. Abb.4.7).

Die Grundinformationen sind in den Tabellen 4.6 (regionale und sektorale Budgetverteilungen) und A17 (Finanzrahmeninformationen) enthalten. Sie sind in verschiedenen Verteilungsformen in Abb.4.13 bis 4.16 dargestellt. Die sektorale und regionale Budgetverteilung wird als ein wichtiger Aspekt der Modellresultate angesehen, insoweit keiner vorgefaßten Meinung über die als Endergebnis zu er-

Tabelle 4.6: Sektorale und regionale Budgetverteilungen

DIE REGIONALE VERTEILUNG (ALLOKATION IM JAHR 1)

REGION	ZOLD	ZNEW	SLOPE	DISCOST	PERCENT	TOTCOST	PERCENT	CURCOST	PERCENT
1	.529622	.594250	.647687E-08	9978294.	21.28	13383267.	23.05	3309333.	16.68
2	.467857	.579799	.860281E-08	13012266.	27.74	16068467.	27.68	5286733.	26.64
3	.508774	.628380	.500216E-08	23910933.	50.98	28605597.	49.27	11248333.	56.68

DIE SEKTORALE VERTEILUNG (ALLOKATION IM JAHR 1)

INFRA	DISCOST	PERCENT	TOTCOST	PERCENT	CURCOST	PERCENT
1	24603502.	52.46	25950400.	44.70	14257400.	71.85
2	13829480.	29.49	21329100.	36.74	2738000.	13.80
3	5660951.	12.07	6610800.	11.39	2316000.	11.67
4	455546.	.97	800000.	1.38	40000.	.20
5	2352013.	5.01	3367000.	5.80	493000.	2.48

DIE REGIONALE VERTEILUNG (ALLOKATION IM JAHR 2)

REGION	ZOLD	ZNEW	SLOPE	DISCOST	PERCENT	TOTCOST	PERCENT	CURCOST	PERCENT
1	.594250	.597869	.569230E-08	635864.	7.33	1022000.	10.08	144500.	1.92
2	.579799	.605870	.397371E-08	6560920.	75.61	7367400.	72.63	6384000.	84.88
3	.628380	.631702	.224399E-08	1460688.	17.06	1754000.	17.29	993000.	13.20

DIE SEKTORALE VERTEILUNG (ALLOKATION IM JAHR 2)

INFRA	DISCOST	PERCENT	TOTCOST	PERCENT	CURCOST	PERCENT
1	5890133.	67.88	6730400.	66.35	5797000.	77.07
2	100926.	1.16	109000.	1.07	109000.	1.45
3	2686413.	30.96	3304000.	32.57	1615500.	21.48
4	0.	0.00	0.	0.00	0.	0.00
5	0.	0.00	0.	0.00	0.	0.00

wartenden sektoralen oder regionalen Anteile explizit in der Dateneingabe Ausdruck gegeben wurde (insbesondere wurden keine finanziellen Randbedingungen des Typs $\mathbb{R}_u$ gestellt). Demnach ist eine "traditionelle" sektorale oder regionale Verteilung der zur Verfügung stehenden Finanzmittel nicht "vorprogrammiert", und tatsächlich variieren die Verteilungen von Jahr zu Jahr beträchtlich.

Die regionalen Verteilungen (Abb.4.13 und 4.15) können mit der Bevölkerungsverteilung zum Zeitpunkt 1 (Abb.4.12) verglichen werden, mit der die Regionen in der Gleichung (3-7) gewichtet wurden - für die sektoralen Verteilungen gibt es keine solche mögliche Vergleichsbasis.

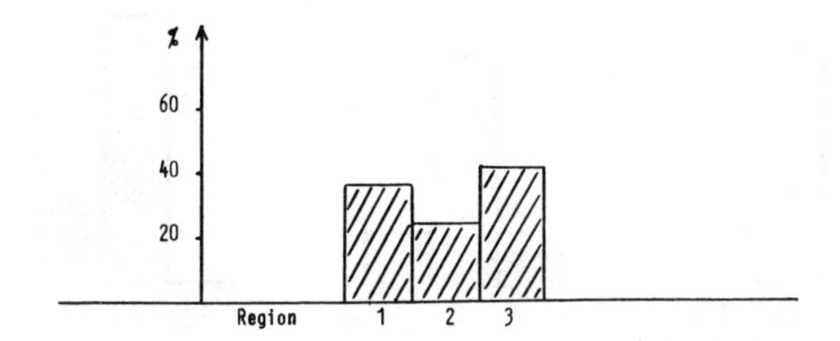

Abb.4.12: Verteilung der Bevölkerung zum Zeitpunkt 1

Wenn die angenommenen, "geplanten" Instandhaltungskosten für die vorhandene Infrastruktur nicht berücksichtigt werden, (Abb.4.13,4.14), ist zu erkennen, daß regional gesehen die Allokation in keiner Weise, auch nicht angenähert, der Bevölkerungsverteilung entspricht. Die Allokation im Jahr 1 gibt, und zwar unabhängig davon, wie die "Kosten" berechnet werden, der Region 3 eine entschiedene Bevorzugung vor der Region 1; obgleich diese die zweitgrößte Bevölkerungszahl aufweist, erhält sie nur etwa 20% der durch die Allokation erfaßten Finanzmittel. Die geringfügigen Schwankungen in

Abb. 4.13: Regionale Budgetverteilungen

(i) Budgetallokation im Jahr 1 - keine planmäßige Instandhaltung M

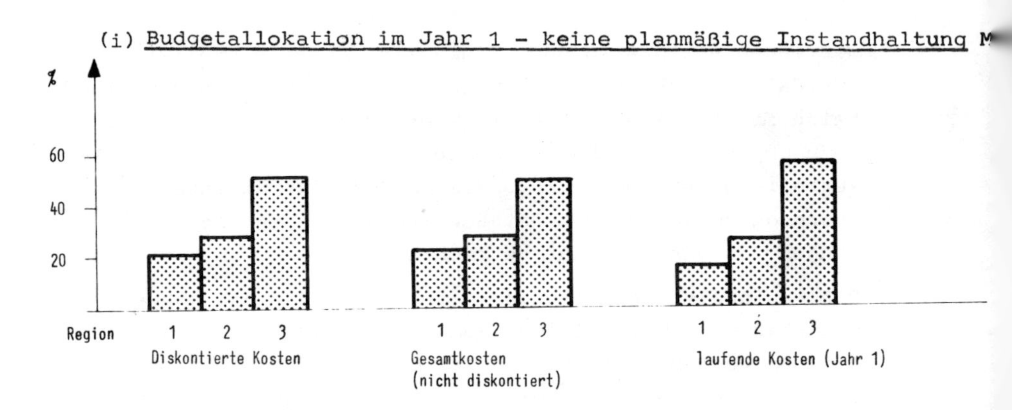

(ii) Budgetallokation im Jahr 2 - keine planmäßige Instandhaltung M'_{irt}

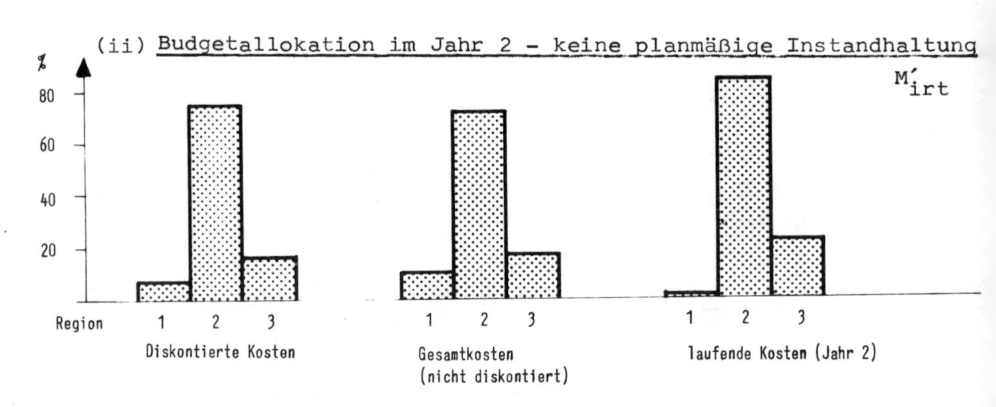

(iii) Budgetallokation in den Jahren 1 + 2 - keine geplante Instandhaltung M'_{irt}

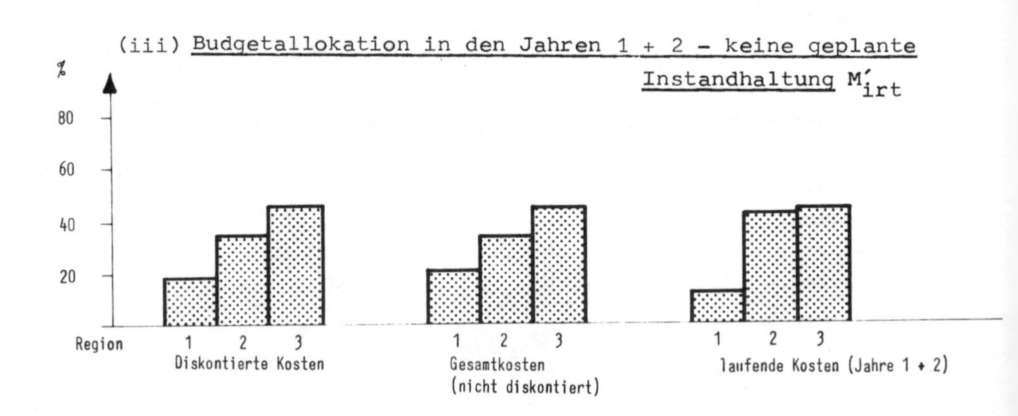

Abb. 4.14: Sektorale Budgetverteilungen

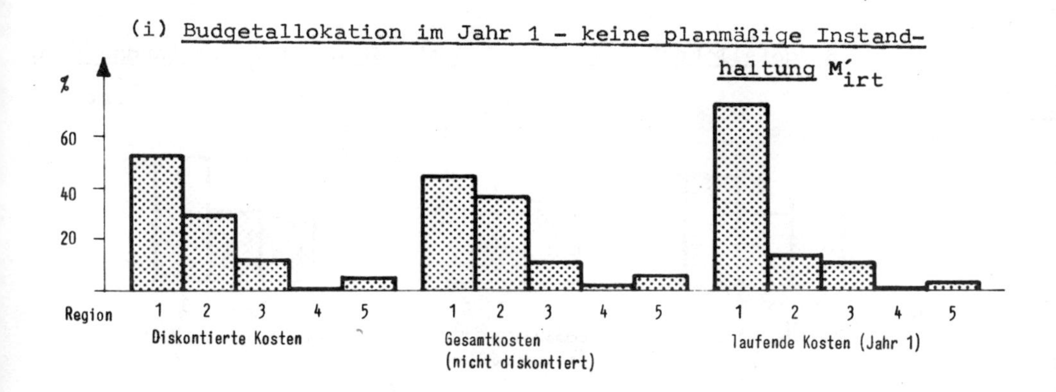

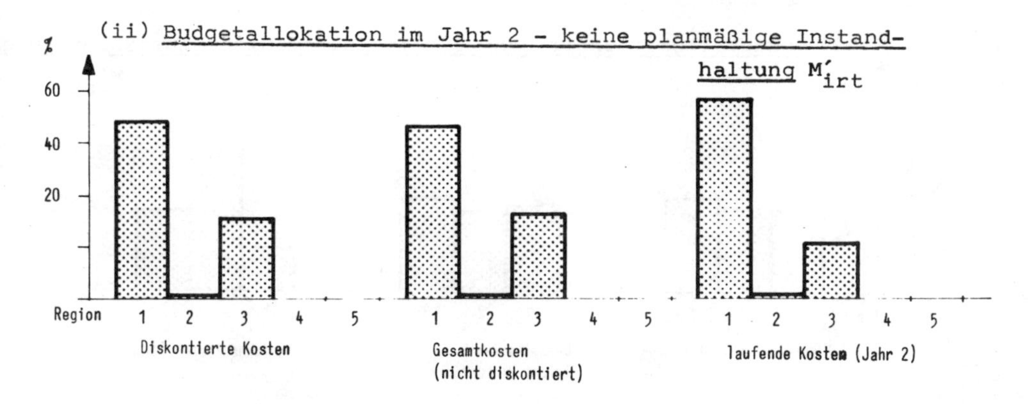

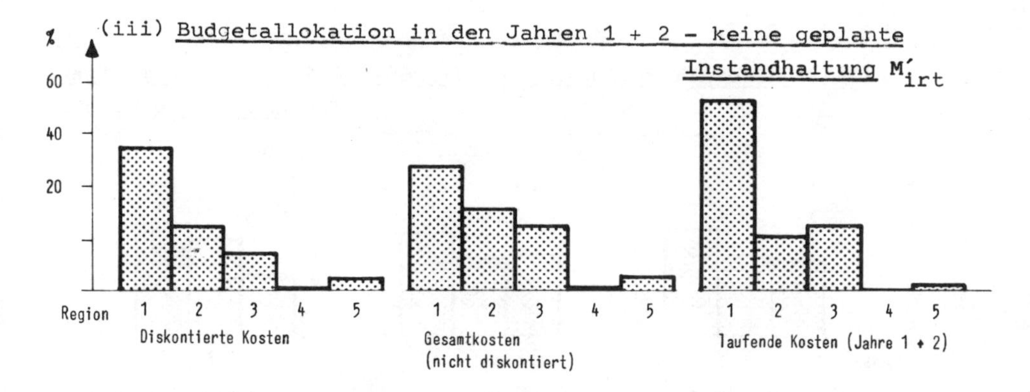

Abb. 4.15: Regionale Budgetverteilungen

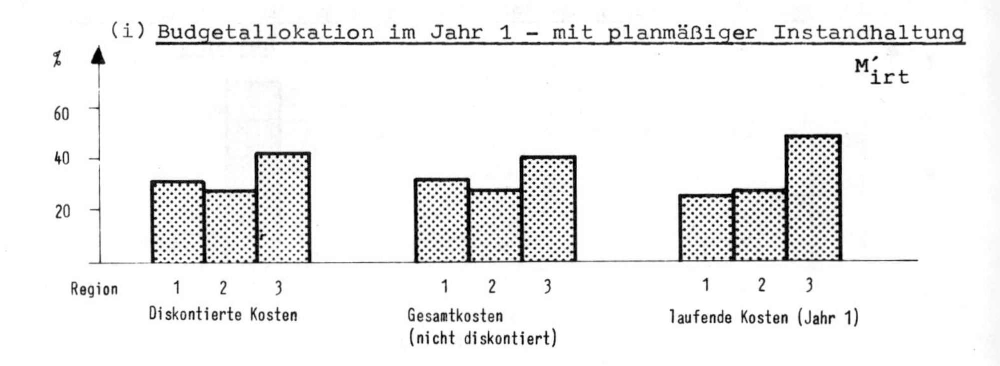

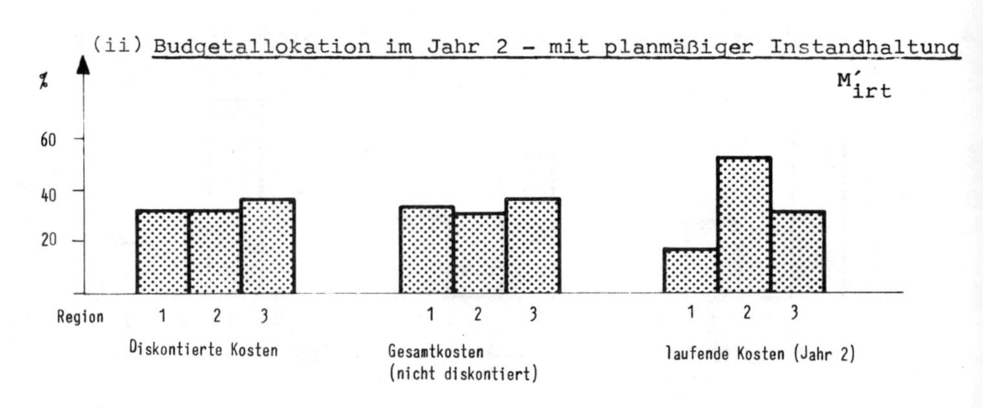

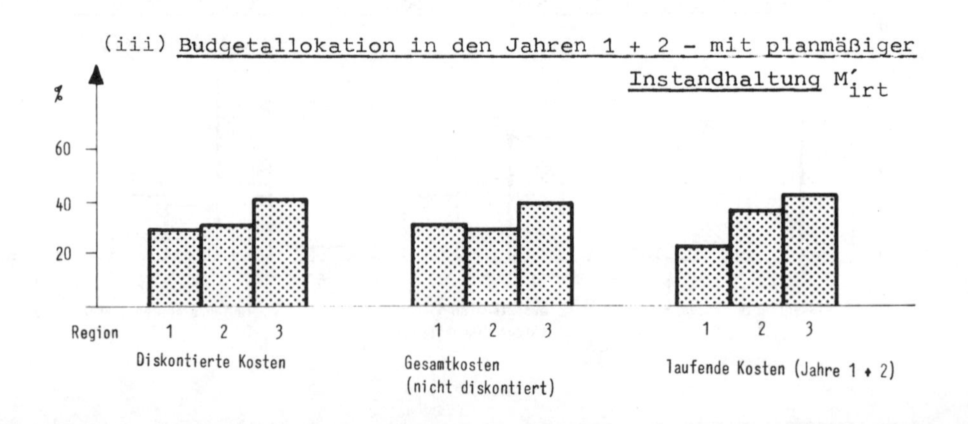

Abb. 4.16: Sektorale Budgetverteilungen

(i) Budgetallokation im Jahr 1 - mit planmäßiger Instandhaltung M'_{irt}

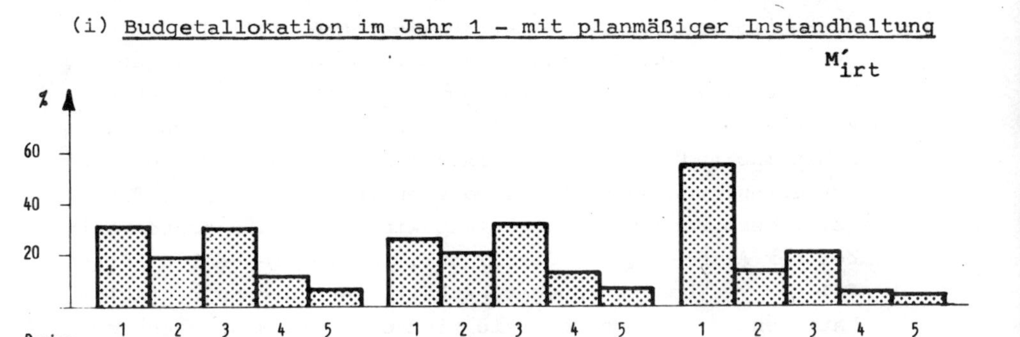

(ii) Budgetallokation im Jahr 2 - mit planmäßiger Instandhaltung M'_{irt}

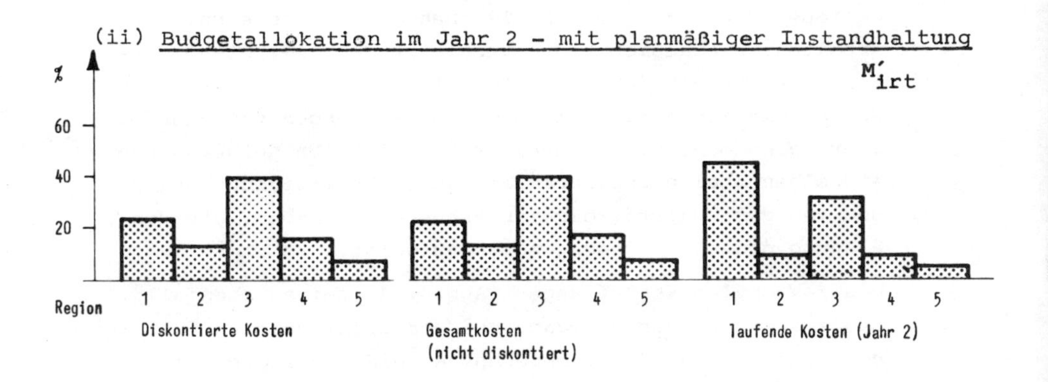

(iii) Budgetallokation in den Jahren 1 + 2 - mit planmäßiger Instandhaltung M'_{irt}

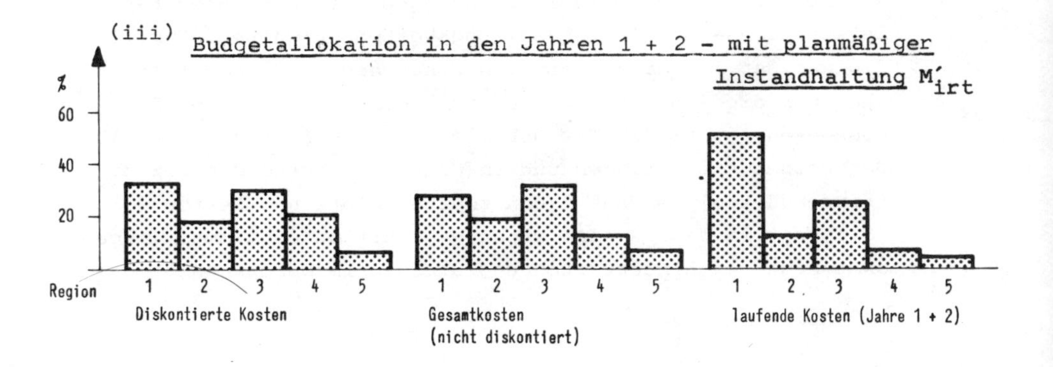

der Verteilung, die zu erkennen sind, wenn die laufenden, diskontierten oder nicht diskontierten Kosten betrachtet werden, sind auf die Heterogenität und Zahl (29 im ganzen, Tabelle 4.4) der für Genehmigung aufgestellten Projekte zurückzuführen, womit gleichzeitig ein Gleichgewicht zwischen instandhaltungsorientierten Projekten (z.B. für Kindergärten) und solchen mit höherer Investition am Anfang (z.B. beim Wohnungsbau) erzielt wird. Dasselbe Muster tritt bei der Allokation im Jahr 2 auf, in dem die Region 2 fast 70% des verfügbaren Budgets erhält. Wenn die beiden Allokationen addiert werden (sie sind dem Umfang nach erheblich unterschiedlich), wird das Muster der Allokation im Jahr 1 beibehalten mit der Ausnahme, daß wenn die Summe der genehmigten laufenden Ausgaben betrachtet wird, die Regionen 2 und 3 etwa den gleichen Betrag (jede rd. 44%) erhalten, die Region 1 die verbleibenden 12%. Diese Verteilungen zeigen deutlich die "nicht traditionelle" Natur der Allokation auf, indem große Schwankungen von Jahr zu Jahr vorkommen, d.h. die Allokation ist abhängig von den einzelnen Zielen und ihrer laufenden Realisierungsgrade und von der Qualität der vorgesehenen Vorhaben, die der Planungsprozeß in jeder Region aufweist.

Die sektoralen Verteilungen (Abb.4.14) zeigen ebenfalls große Schwankungen von Jahr zu Jahr und in diesem Fall auch nach der Art der Kostenberechnung. Dies letztere ist zu erwarten, da die Sektoren, worauf bereits hingewiesen wurde, inhärent unterschiedliche Beziehungen zwischen ihren Kapitalinvestitions- und Instandhaltungskosten aufweisen. Somit gewinnt der Sektor 1, Sozialwohnungswesen, an Bedeutung, wenn nur die laufenden Kosten berücksichtigt werden. Das Wohnwesen ist in der Tat der dominierende Sektor innerhalb der beiden Allokationen und insgesamt, während der Sektor 2 (Kindergärten) im Jahr 1 den zweiten Platz und Sektor 3 (Straßen) im Jahr 2 eine wichtige Position einnimmt. Insgesamt erhalten Kindergärten und Straßen im Durchschnitt der

Berechnungsarten, etwa den gleichen Betrag an Finanzmitteln. Die sektoralen Verteilungen der Budgetallokationen werden nicht, wie vermutet werden könnte, durch die Anzahl der für jeden Sektor vorgesehenen Projekte beeinflußt, da tatsächlich nicht alle für jeden Sektor vorgesehenen Projekte genehmigt werden. Dies soll nicht heißen, daß Projekte eines bestimmten Typs innerhalb eines Sektors nicht stärker vertreten sind - aber das Modell als "Entscheidungsträger" kann nur nach den ihm eingegebenen Informationen verfahren. Die Aufstellung von Scheinprojekten aller Typen würde schnell aufdecken, welche Type einen Vorzug erhält - aber dies würde ein Planungsmodus der Modellanwendung sein (s. Abb.3.2), der in §6 und §7 eingehender behandelt wird.

Wenn die "planmäßige" Instandhaltung eingeschlossen wird (Abb.4.15 und 4.16) tendiert ihr Umfang dahin, die in Abb. 4.13 und 4.14 beobachteten sektoralen und regionalen Schwankungen zu verbergen und stabilere Verteilungen sowohl nach dem Allokationsjahr als auch der Kostenberechnungsmethode hervorzubringen. Die Verteilungen stellen jedoch den Anteil aus den gesamten sektoral-regionalen Finanzmitteln für die Infrastruktur der 5 betrachteten Sektoren dar. Die Verteilungen wären wirksamer gewesen, wenn die "planmäßigen" Instandhaltungsvorhaben auch in den Allokationsprozeß eingebracht worden wären, aber die Konzeption der entwickelten sektoralen Quantifizierungen erlaubt dies nicht. Für die Allokationen getrennt und zusammenaddiert zeigen die regionalen Verteilungen Ähnlichkeiten mit der regionalen Bevölkerungsverteilung von Abb.4.12, wenigstens bei langfristiger Betrachtung, ob diskontiert oder nicht. Region 2 ist jedoch im allgemeinen stärker herausgehoben, wahrscheinlich aufgrund ihrer relativ größeren Flächenausdehnung. Was die Budgetverteilungen des "laufenden" Jahres anbelangt, so heben die zugeteilten Mittel die Region 3 (für die Allokation im Jahr 1) und die Region 2 (im Jahr 2) in bedeutsamerer

Weise heraus, und insgesamt stellen sie (relativ zur Bevölkerung) die Region 1 stärker in den Hintergrund. In ähnlicher Weise weichen die sektoralen Verteilungen (Abb.4.16) unwesentlich dem grundsätzlichen langfristig zustandegekommenen Muster ab, außer (wieder) wenn laufende Kosten zugrundegelegt werden. Hier wird einheitlich dem Wohnungssektor eine Präferenz gegeben und für die Allokation im Jahr 2 den Straßen. Es muß noch einmal betont werden, besonders im Hinblick auf die Sektoren, daß die Allokation des Infrastrukturbudgets ohne vorgefaßte Meinung bezüglich der Verteilung erfolgte, sie geschah vielmehr entsprechend den Zielen, den herrschenden Bedingungen und den gesetzten politischen Akzenten im Rahmen der entwickelten Methode. Faktische Verteilungen (d.h. aus intuitiv getroffenen Investitionsentscheidungen entspringende Verteilungen) würden so kann angenommen werden, wenig mit den hier dargebotenen gemeinsam haben - mit einer zu erwartenden nachteiligen Wirkung auf die Kosten und die Zielfunktion.

5. MIT DEM MODELL DURCHGEFÜHRTE UNTERSUCHUNGEN

5.1 Die Untersuchungsmöglichkeiten

Das entwickelte (§3) und mit einem hypothetischen Datensatz eingesetzte Modell (§4) wurde noch nicht voll demonstriert, insoweit als seine Verhaltenscharakteristiken gegenüber der Vielzahl von enthaltenen festen und variablen Parametern nicht hervorgehoben wurden. Es ist beabsichtigt, im vorliegenden Kapitel die wichtigsten dieser Verhaltenseigenschaften zu demonstrieren (es würde ein undurchführbar großes Unterfangen darstellen, eine Sensitivitätsanalyse bezüglich jeder eingeschlossenen subjektiven Variablen oder prognostizierten Konstanten durchzuführen - es wäre dies auch zumeist von geringem Interesse), indem die relevanten Ergebnisse im Vergleich mit dem Basislauf dargelegt und die angemessenen Schlüsse hinsichtlich der Problematik im allgemeinen gezogen werden. Die Demonstration des Verhaltens in dieser Weise zeigt nicht nur die innere Logik des Modells auf, sondern auch seine Sensitivität oder Stabilität hinsichtlich der variierten Parameter und im allgemeinen.

"Variable" Parameter (in Verbindung mit dem Planungs- und Entscheidungsprozeß betrachtet) sind die gesetzten sektoralen Ziele und die politischen Gewichtungen, die den verbundenen subsektoralen Indikatoren sowie den Sektoren und Regionen gegeben wurden. Sie betreffen auch verschiedene der kontrollierenden Faktoren in dem entwickelten Bevölkerungsmodell. Die Mehrzahl der Untersuchungen hier betrifft diese Gruppe von Parametern, nämlich die Variierung eines regionalen Gewichts, eines sektoralen Gewichts, eines bestimmenden Parameters einer sektoralen Quantifizierung, der Diskontraten, der Länge des Betrachtungszeitraums (T) und der Zahl der Allokationsjahre (T*) - die alle politisch bestimmte Variable des Prozesses sind oder sein können. Zusätzlich hierzu werden auch die Wirkungen der Einführung eines spezifischen Projektvorauswahlalgorithmus untersucht (s. §3.2.3), die Veränderung von Parametern in dem Attraktivitätsmodell und einiger der einbezogenen Prognosedaten, wie z.B. der sehr wichtigen Prognosen der Raten des natürlichen Bevölkerungszuwachses, im Bevölkerungsmodell. Diese Prognosen spielen eine grundlegende Rolle bei der Bevölkerungsstruktur und damit für die von der Bevölkerungsstruktur abhängige Infrastruktur im Entscheidungsprozeß. Schließlich wird ein Modellteil eingeschaltet, der sektorale Einkommenseffekte (im §3 kurz behandelt) berücksichtigt.

Diese wenigen isolierten Untersuchungen (ständig unter unmittelbarer Bezugnahme auf den in §4.10 beschriebenen Basislauf) können kein absolut vollständiges Bild des Modellverhaltens geben. Es ist jedoch zu hoffen, daß sowohl eine grundlegende innere Konsistenz als auch die Verhaltensweise des Modells demonstriert werden kann und daß daher ein Einblick darin gegeben wird, wie das Modell in der Praxis angewendet werden kann, sowie eine Vorstellung von seinem Entwicklungspotential.

5.2 Untersuchung 1 - Variation der regionalen Gewichtungen

In vielerlei Hinsicht sind die bedeutsamsten und stärksten Gewichtungen, welche im Modell politisch gesetzt werden können, diejenigen der Betonung einzelner Regionen, denn die Kombination von spezifischen regionalen Zielen mit der regionalen Betonung bildet den Ausdruck der anzustrebenden räumlichen Struktur des im Modell betrachteten Gesamtraumes.

Die Entscheidung, die Infrastruktur in einer gegebenen Region zu fördern, wenigstens relativ, könnte von einer Anzahl von Faktoren abhängen, wie von dem Zustand der oder dem Mangel an Infrastruktur oder der Verleihung eines gewissen Grades der Zentralität an die Region. Die Entscheidung könnte auch von anderen Anzeichen abhängig sein, wie von einem hohen Niveau der Arbeitslosigkeit oder hohen Raten der Zu- oder Abwanderung. Innerhalb des Modells bedeutet jedoch ein starkes Gewicht auf einer Region nicht automatisch, daß die Region tatsächlich einen überproportionalen Anteil an den Investitionsmitteln erhalten wird - dies tritt nur durch die numerische Überprüfung der vielen interaktiven Bedürfnisse und Wechselwirkungen innerhalb des Modells ein, die die Konkurrenz um das verfügbare Budget darstellen. Eine Verstärkung des regionalen Gewichts sollte jedoch zu einer Erhöhung des Investitionsanteils führen, ob nun der Gesamtbetrag "überproportional" ist oder nicht.

Um diese Wirkung zu demonstrieren, wurden den Gewichtungen w_{rt} (§3.2.2, Gleichung (3-7)) für die Region 1 (r=1) eine Reihe von Werten von 5,0 bis 100,0 gegeben (der in §4.10 beschriebene Basislauf hatte w_{rt} = 21,51), konstant für alle t, wobei alle anderen Parameter konstant gehalten wurden.

Einer der augenfälligeren Effekte dürfte der auf die regionale (und vielleicht auch die sektorale) Verteilung des verfügbaren Budgets sein; die relevanten Ergebnisse sind in Abb.5.1 dargestellt. Es ist dort deutlich zu sehen, daß eine Erhöhung des Gewichts auf Region 1 zur Genehmigung eines vergrößerten Anteils an sowohl verfügbaren als auch künftigen Mitteln (Instandhaltung) für die mit dieser Region verbundene Infrastruktur führt. Dies muß zu Lasten der anderen Regionen gehen - der Anteil der Region 3 wird tatsächlich progressiv herabgesetzt während für die Region 2 eine schwankende Abwärtsentwicklung zu beobachten ist.
Die abgebildeten sektoralen Verteilungen hingegen zeigen keine augenfällig klare Tendenz - das Wohnwesen dominiert, die Sektoren 2,4 und 5 erhalten fast unveränderliche Budgetanteile und die "Straßen" (Sektor 3) scheinen schließlich aus sowohl niedriger als auch hoher Gewichtung der Region 1 Nutzen zu ziehen. Die Verteilungen machen im allgemeinen klar die verschiedenartigen Budgetkonsequenzen der Unterdrückung oder Steigerung der Betonung auf einer räumlichen Einheit innerhalb des hier entwickelten Modellsystems. Die Abb.5.2 zeigt, daß der mit steigender Gewichtung auf Region 1 auch steigende Budgetanteil durchaus nicht linear ist

Abb. 5.1: Wirkungen der Variation einer regionalen Gewichtung auf die regionalen und sektoralen Budgetverteilungen

(für Allokationen im Jahr 1, diskontierte Kosten, keine planmäßige Instandhaltung)

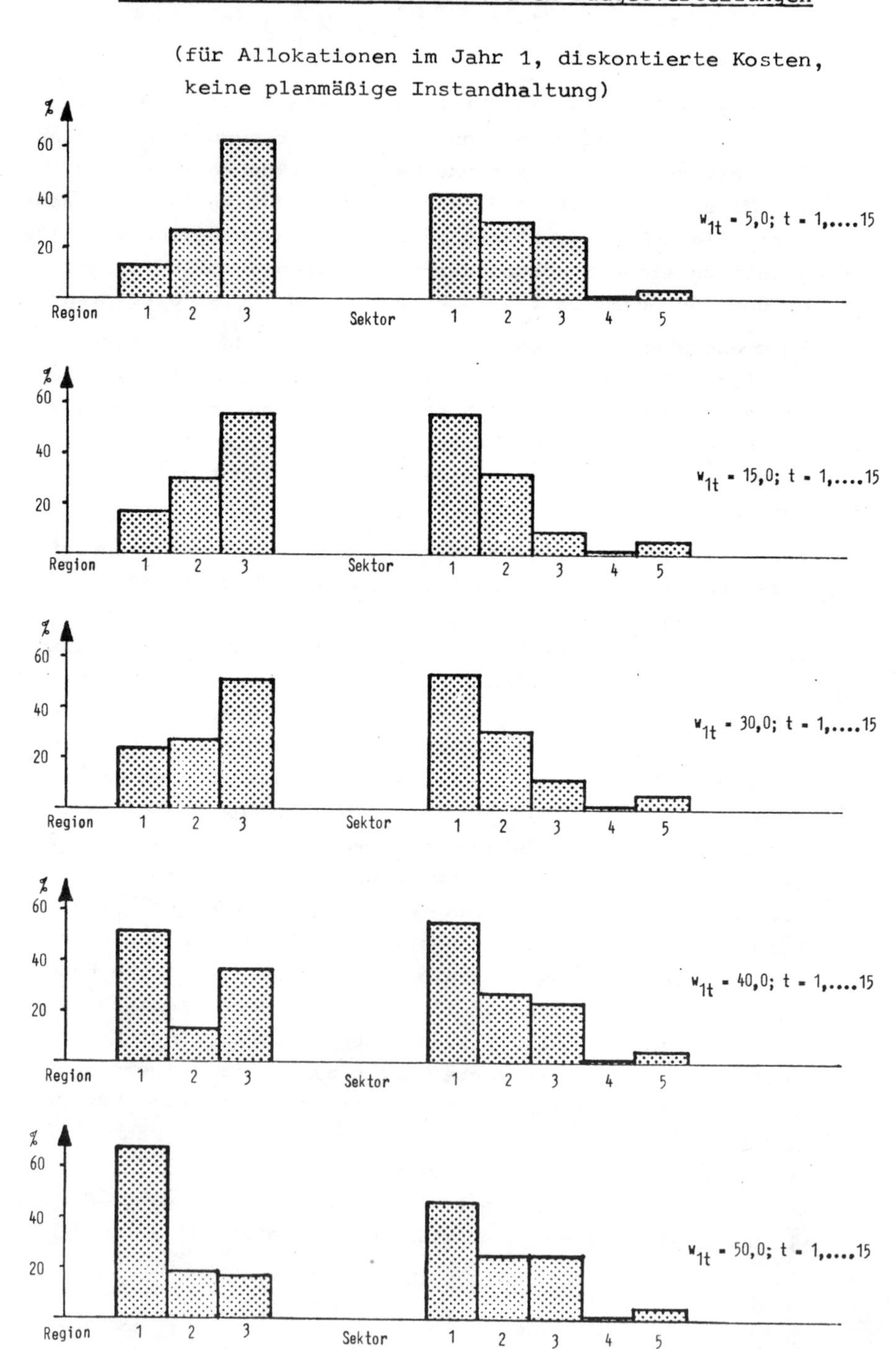

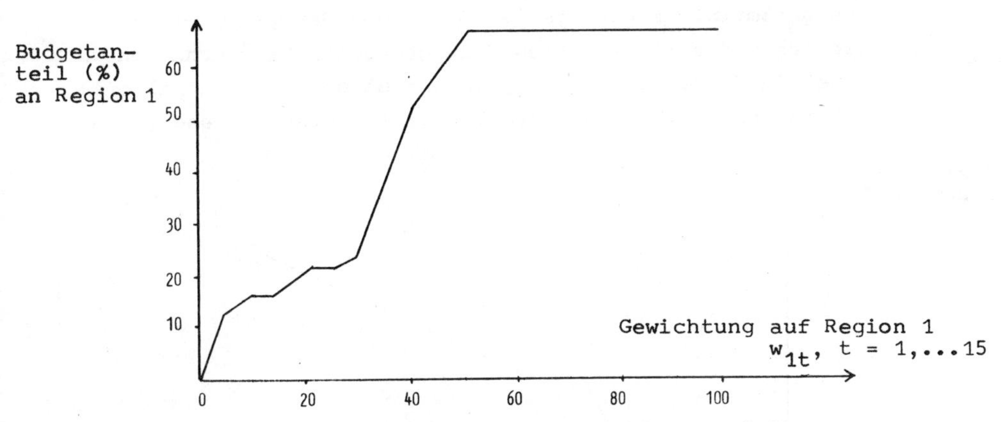

Abb. 5.2: Effekt der regionalen Gewichtung auf die regionale Budgetverteilung (Region 1)

und daß der empfindlichste Bereich für w_{1t} zwischen 30 und 50 liegt, während Gewichtungssteigerungen bis zum Wert 30 weniger Wirkung haben. Die waagrechten Abschnitte deuten Bereiche an, worin eine zunehmende Betonung keine neuen Investitionen mit sich bringt. Dies passiert für alle $w_{1t} \geq 50$, da bei $w_{1t} = 50$ alle vorgeschlagenen Projekte für die Region 1 genehmigt wurden. Es überrascht nicht, daß ein absichtlich linear entworfener politischer Input in ein nichtlineares (z.T. simulatives) Modell nichtlineare Ergebnisse hervorbringt, aber die hervorgebrachte Nichtlinearität stellt nichtdestoweniger die damit verbundene aufzutretende Verständnisschwierigkeit der Modellanwendung auf der Entscheidungsebene dar, die nicht zu überwinden ist, außer durch die Abschätzung der Grundsätze und des Verhaltens des Modells durch den Entscheidungsträger im Verlauf eines Lernprozesses bei der Anwendung.

Die regionalen Gewichtungen w_{rt} bilden nicht nur mit der Allokation verfügbarer Finanzmittel verbundene Betonungen, sondern tragen auch zu der politisch subjektiven Abschätzung des gesamtinfrastrukturellen Zustandes der Regionen bei, wie durch die Zielfunktion Z ausgedrückt. Das Verhalten von Z bei der Variation von w_{1t} (konstant gehalten für alle t) ist in der Abb.5.3 dargestellt. Es ist hier zu sehen, daß

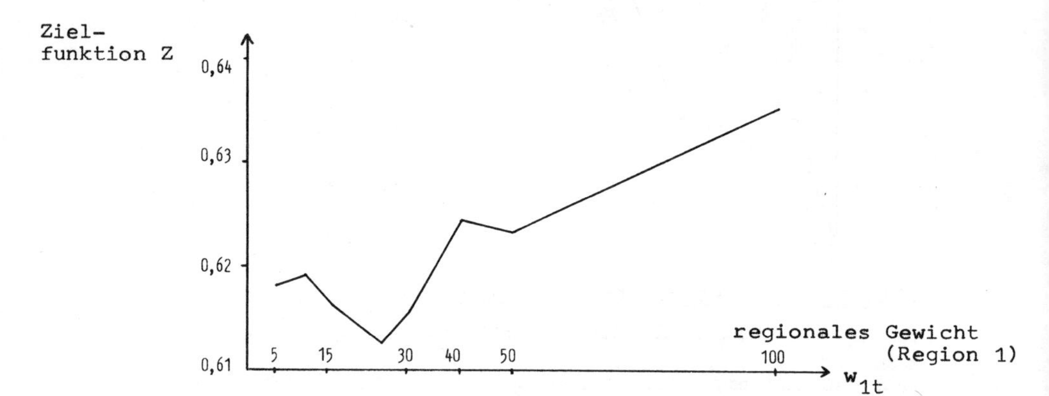

Abb. 5.3: Wirkung der regionalen Gewichtung auf den Gesamtzustand der Infrastruktur

der Gesamtbereich des Gewichts auf Region 1 das Ergebnis hat, den geschätzten Gesamtzustand der Infrastruktur im betrachteten regionalen Komplex innerhalb der Grenzen einer absoluten Bandbreite von 2% zu variieren. Des weiteren bedeutet ein steigendes Gewicht auf Region 1 keinen stetigen Trend in der Zielfunktion. Die durch die verschiedenen Allokationen verursachten differierenden Wanderungsraten und Wechselwirkungen zusammen mit dem benutzten sektoralen Quantifizierungssystem führen zu einer Situation, in der die Richtung der Änderungen in Z wegen steigender regionaler Betonung nicht vorherzusagen ist. Es ist klar, daß eine zunehmend gewichtete Region 1, wenn sie sehr bedürftig ausgestattet ist, einen abnehmenden Z-Wert bedeutet. Andererseits wird aber ein größerer Anteil des Investitionspotentials zur Region angezogen (s. Abb.5.2), und dies verbessert seinerseits das Ausstattungsniveau. Die resultierenden gegensätzlichen Tendenzen für die Zielfunktion führen entweder zu positiven oder negativen Änderungen, wie aus Abb.5.3 deutlich hervorgeht.

Der Schwankungsbereich von 2% ist nicht unbedeutsam, wenn bedacht wird, daß die gesamte Budgetallokation das Gesamtniveau des regionalen Komplexes um "nur" absolut 10,7% steigert (Grunddurchlauf von §4.10 - s. Tabellen 4.1, 4.2 und 4.3). Die resultierende relative Schwankung von etwa 20% an "Budgeteinsatzeffizienz", zugegebenermaßen auf einer politisch subjektiven Basis gemessen, ist eine Größe, die nicht als trivial abgetan werden kann.

Aus diesen Ergebnissen ist abzuleiten, daß es Zusammenstellungen von politischen Gewichten gibt, die die Zielfunktion maximieren - ob diese politisch akzeptabel sein würden, ist eine andere Frage - hierbei ist daran zu erinnern, daß jeder berechnete Punkt in der Abb.5.3 bereits ein Maximum hinsichtlich der vorgesehenen Ausgaben, den angesetzten Quantifizierungen und Prognosedaten, usw. darstellt, d.h. hinsichtlich den kombinierten Bedingungen der Modellallokation. Die Einschränkung dieser Bedingungen, etwa in der Form von vorher festgelegten Prioritäten für bestimmte Gruppen von Vorhaben, kann nur diese Punkte herabsenken, wie in §5.5 untersucht und bestätigt wird. Die Betrachtung der Modellanwendung und seiner Entwicklung hinsichtlich der auferlegten subjektiven Gewichtungen wird in §6 und §7 wiederaufgenommen.

5.3 Untersuchung 2 - Variation der sektoralen Gewichtungen

Ähnlich der in §5.2 durchgeführten Untersuchung wurde den politisch gesetzten Gewichten hier im Sektor 3 "Straßennetz", eine Reihe von Werten gegeben und die resultierenden Verteilungen des verfügbaren Budgets untersucht. Diese Situation ist durchaus realistisch, wenn politische Realitäten betrachtet werden, da es häufig vorkommt, daß bestimmte Infrastrukturbereiche infolge politischen Druckes oder öffentlicher Initiative mehr Aufmerksamkeit, mehr Gewicht erhalten, als sie vorher hatten. Ein zeitgemäßes Beispiel würde hier die Bereitstellung von Berufsausbildungsmöglichkeiten für Jugendliche sein.

Die hier untersuchten Gewichtungswerte g_{3rt} des Straßensektors wurden von 0,5 bis 5,0 variiert (der Basislauf des § 4.10 sah g_{3rt} = 2,5 vor für alle r und alle t) und waren wieder derart, daß keine regionalen oder zeitlichen Unterschiede postuliert wurden. Für alle drei "Kostenberechnungen" (diskontierte und nicht diskontierte Gesamt- und ebenfalls laufende Kosten) vergrößerte für die Allokation im Jahr 1 die erhöhte Gewichtung den Anteil des Sektors am erhaltenen Budget. Eine solche Variation (diskontierter Kosten für die Allokation im Jahr 1) ist in Abb.5.4 dargestellt, die übrigen möglichen Kurven verlaufen ähnlich auf im großen und ganzen denselben Niveaus. Der dargestellte Verlauf hat

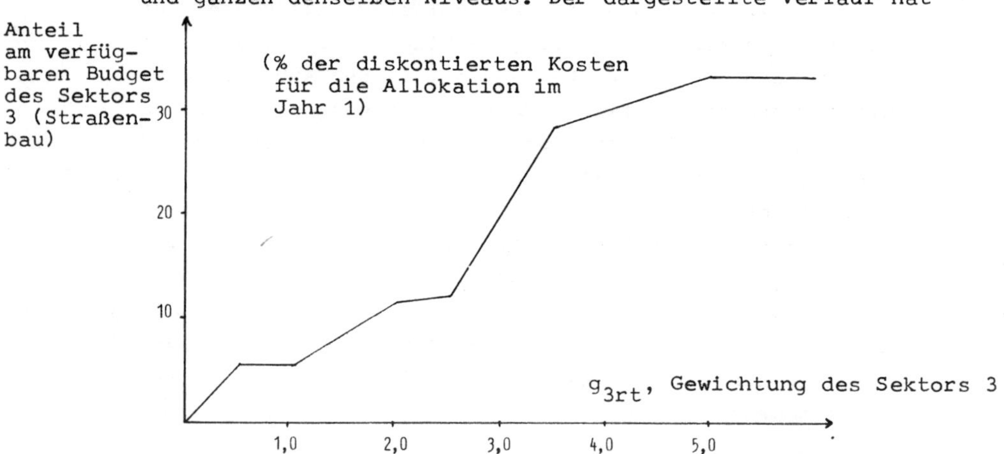

Abb. 5.4: Auswirkung des sektoralen Gewichtsfaktors auf den sektoralen Budgetanteil (Sektor 3)

einen Aufwärtstrend und weist in Bezug auf die beiden Endpunkte eine zwar unregelmäßige aber angenähert lineare Form auf. Es sind die gleichen auch in Abb.5.2 vorhandenen Detailmerkmale erkennbar, nämlich daß Erhöhungen der Gewichtung in bestimmten Bereichen keine Vergrößerung des Budgetanteils bewirken, während in anderen Bereichen (z.B. g_{3rt} ε (2,5; 3,5)) die resultierende Investitionszunahme sehr ausgeprägt ist.

Interessant in dieser Untersuchung ist auch die Auswirkung des sektoralen Gewichts auf die regionale Budgetverteilung, wobei (Abb.5.5) zu beobachten ist, daß das zunehmende Gewicht auf dem Sektor "Straßenbau" im allgemeinen dazu tendiert, den prozentualen Anteil an Budget, der der Region 1 zugeteilt wird, auf Kosten der anderen beiden Regionen zu

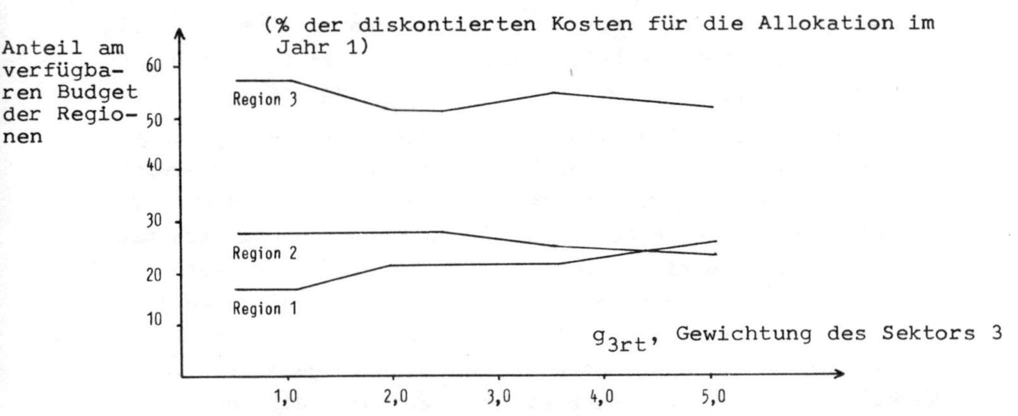

Abb. 5.5: Auswirkung der sektoralen Gewichtung (Sektor 1) auf die regionalen Budgetanteile

vergrößern. Es ist daher festzustellen, daß nicht zu vernachlässigende Unterschiede in der regionalen Verteilung des Gesamtbudgets (d.h. des für alle Sektoren und Regionen zur Verfügung stehenden Budgets) durch verschiedene Gewichte auf einem bestimmten Sektor bewirkt werden. Da (s. Tabelle 4.1) in diesem Fall die begünstigte Region 1 das niedrigste Ausstattungsniveau für den zunehmend gewichteten Straßenbausektor vor der Allokation hatte und die Quantifizierungskurve nach der "Kapazität" für den Sektor konkav ist (wie in Abb.4.4 dargestellt), würde das entgegengesetzte Resultat, wenigstens oberflächlich gesehen, zu erwarten sein, d.h. die Form der Quantifizierungsfunktion sollte Investition im Straßensektor in den Regionen fordern, in denen der Sektor besser entwickelt ist. Die Erklärung dafür, weshalb dies nicht geschieht, ist daher nicht einfach. Das tatsächliche Resultat hat seine Ursache in der relativen Verteilung der regionalen Gewichtsfaktoren und in der Qualität und den Kosten der Vorhaben für den Straßensektor in den verschiedenen Regionen - dazu kommen auch die unterschiedlichen positiv oder negativ wirkenden Wechselwirkungseffekte der vorgeschlagenen Maßnahmen - die alle zu einem Endresultat führen, das gewiß nicht vorherzusagen ist. Indem das Modell daher komplizierte Infrastruktureffekte der zweiten Ebene in den Vordergrund stellt und zu einem konkreten "unerwarteten" Ergebnis kombiniert, ist es offensichtlich in der Lage, eine gewisse Sensitivität zu zeigen.

In der Tabelle 5.1 sind Listen der genehmigten Projekte und ihre Prioritäten für einige der verschiedenen Gewichtungen aufgeführt. Als erstes ist sofort zu erkennen, daß die verschiedenen Gewichtungsbedingungen sehr unterschiedlich geformte Allokationen zur Folge haben, obgleich in jedem Fall die verfügbaren Geldmittel in den Jahren 1 und 2 die gleichen sind. Die Zahl der genehmigten Projekte schwankt sowohl in den Jahren 1 und 2 als auch insgesamt beträchtlich, ein Ergebnis, das stark von den den aufwendigeren Projekten zugestandenen Prioritäten abhängt, die dann regeln, wie viele der "billigeren", aber nicht so effizienten Projekte am Schluß der Allokation die Genehmigung erhalten können. Die Höhe des Budgetüberschusses (d.h. des Restbudgets, das wegen seiner Größenordnung nicht zugeteilt werden kann), gibt hier auch eine Andeutung. Auf Tabelle 5.1 sind z.B. alle der Überschüsse zu klein für die Unterbringung irgendwelcher der noch verbleibenden vorgeschlagenen Projekte; wenn jedoch g_{3rt} = 5,0, ist der Überschuß relativ gesehen groß und dies muß bezeichnen, daß alle kleineren Projekte die Genehmigung schon erhalten haben, also eine ausgedehnte und längere Allokationsliste.

Die mit steigendem Gewicht auf Straßen progressive Zahl der genehmigten Straßenprojekte und ihre erhöhte Stellung in der Prioritätsfolge stimmt völlig überein mit dem zunehmenden sektoralen Anteil an dem in Abb.5.4 aufgeführten Gesamtbudget. Tatsächlich werden bei g_{3rt} = 5,0 alle 17 Straßenvorhaben genehmigt. Eine weitere Erhöhung des Gewichts stei-

Tabelle 5.1: Veränderung der Allokationslisten aufgrund von variierenden sektoralen Gewichtungen

INFRA = 1 Sozialwohnungswesen | INFRA = 2 Kindergärten | INFRA = 3 Straßen | INFRA = 4 Vorortbahn | INFRA = 5 Ökologie

Für Projekt-Beschreibungen s. Tabellen A18 bis A20

— — — — — Teilung zwischen den Allokationen im Jahr 1 und Jahr 2

g_{3rt} = 1,o (alle r, alle t)

PRIOR	REGION	INFRA.	PROJECTNO.
1	1	2	126
2	1	4	641
RAIL	(INFRA=4)	IS	COMMON TO ALL
3	3	2	321
4	2	2	222
5	3	2	324
6	2	2	221
7	3	2	322
8	1	2	123
9	1	2	122
10	2	5	251
11	1	2	124
12	2	2	224
13	1	5	152
14	3	5	351
15	1	2	121
16	3	5	352
17	2	1	211
18	2	2	225
19	1	5	151
20	3	1	311
21	3	1	313
22	2	1	212
23	3	3	336
24	3	1	315
25	3	1	312
26	3	3	332
27	1	1	115
28	1	2	125
29	3	3	335
30	3	2	323
31	3	1	316
32	1	3	136
33	1	3	131
34	2	2	223
35	3	3	333
— — —	— — —	— — —	— — —
36	2	1	213
37	2	1	214
38	2	3	235
39	1	1	114
40	2	3	232
41	3	3	334
42	2	1	215

9 Straßenprojekte
Erste Priorität 23
Überschuß im Jahr 1 = DM 7.650
Überschuß im Jahr 2 = DM12.850

g_{3rt} = 2,o (alle r, alle t)

PRIOR	REGION	INFRA.	PROJECTNO.
1	1	2	126
2	1	4	641
RAIL	(INFRA=4)	IS	COMMON TO ALL
3	3	2	321
4	2	2	222
5	3	2	324
6	2	2	221
7	3	2	322
8	1	2	123
9	1	2	122
10	2	5	251
11	1	2	124
12	2	2	224
13	1	5	152
14	3	5	351
15	1	2	121
16	3	5	352
17	3	3	336
18	2	1	211
19	2	2	225
20	3	3	332
21	1	5	151
22	3	3	335
23	3	1	311
24	3	1	313
25	2	1	212
26	3	1	315
27	1	3	132
28	1	3	135
29	3	1	316
— — —	— — —	— — —	— — —
30	2	1	213
31	2	3	235
32	2	2	223
33	3	2	323
34	3	3	331
35	1	3	131
36	1	1	115
37	1	3	136
38	2	1	214
39	2	3	234

10 Straßenprojekte
Erste Priorität 17
Überschuß Jahr 1 = DM 150
Überschuß Jahr 2 = DM38.850

g_{3rt} = 3,5 (alle r, alle t)

PRIOR	REGION	INFRA.	PROJECTNO.
1	1	2	126
2	1	4	641
RAIL	(INFRA=4)	IS	COMMON TO ALL
3	3	2	321
4	2	2	222
5	3	2	324
6	2	2	221
7	3	2	322
8	1	2	123
9	1	2	122
10	2	5	251
11	1	2	124
12	3	3	336
13	2	2	224
14	3	3	335
15	3	3	332
16	1	5	152
17	3	5	351
18	1	2	121
19	3	5	352
20	2	2	225
21	2	3	235
22	2	1	211
23	1	5	151
24	3	3	331
25	1	3	135
26	1	3	132
27	3	1	311
28	3	1	313
29	2	3	232
30	2	3	233
31	2	3	234
32	2	3	231
33	3	1	316
— — —	— — —	— — —	— — —
34	1	1	111
35	2	2	223
36	1	3	131
37	1	3	136
38	2	3	236
39	3	2	323
40	1	1	115

14 Straßenprojekte
Erste Priorität 12
Überschuß Jahr 1 = DM 2.950
Überschuß Jahr 2 = DM11.650

g_{3rt} = 5,o (alle r, alle t)

PRIOR	REGION	INFRA.	PROJECTNO.
1	1	2	126
2	1	4	641
RAIL	(INFRA=4)	IS	COMMON TO ALL
3	3	2	321
4	2	2	222
5	3	2	324
6	3	3	336
7	2	2	221
8	3	2	322
9	1	2	123
10	3	3	335
11	3	3	332
12	1	2	122
13	2	5	251
14	1	2	124
15	2	2	224
16	1	5	152
17	2	3	235
18	3	5	351
19	1	2	121
20	3	5	352
21	3	3	331
22	1	3	135
23	1	3	132
24	2	3	232
25	2	2	225
26	2	3	234
27	2	1	211
28	2	3	233
29	2	3	231
30	3	3	333
31	3	3	334
32	1	3	134
33	1	3	136
34	1	5	151
35	3	1	311
36	1	3	131
37	3	1	314
38	3	1	315
39	2	3	236
40	3	1	312
41	3	2	323
42	2	2	223
43	1	1	115
44	3	1	316
45	1	2	125
46	2	1	214
47	2	1	215
48	2	5	252
— — —	— — —	— — —	— — —
49	2	1	212
50	1	4	642
RAIL	(INFRA=4)	IS	COMMON TO ALL

17 Straßenprojekte
Erste Priorität 6
Überschuß Jahr 1 = DM240.950
Überschuß Jahr 2 = DM395.650

gert dann nur die Prioritäten ohne den sektoralen Anteil an den verfügbaren Finanzmitteln zu verändern.

Trotz der für alle Regionen zu allen Zeitpunkten einheitlichen Erhöhung des Gewichts im Straßensektor um einen Faktor von 10 (von 0,5 bis 5,0), ist aus Tabelle 5.1 zu ersehen, daß die besseren Projekte mit den ersten fünf Prioritätsbewertungen aus diesen Positionen nicht verdrängt werden können, obgleich sie zu den Sektoren 2 (Kindergärten) und 4 (Vorortbahn) zählen. Diese Projekte behalten somit ihren wahren, hohen Effizienzwert (Nutzen je Einheit des Finanzmittelaufwands) für die Infrastruktur des aus 3 Regionen bestehenden Komplexes bei, obwohl der Straßensektor in seiner Bedeutung stark betont wird. Das Modell zeigt durchgängig diesen Grad der Stabilität hinsichtlich der politischen oder technischen Gewichtung, sowohl regional als auch sektoral, auch im Falle von Betonungsvariationen, die im normalen demokratischen Prozeß der Diskussion und Kompromißbildung unmöglich zu rechtfertigen wären. Z.B. erscheinen in der Tabelle 5.1 von den 35 im Jahr 1 bei $g_{3rt} = 1{,}0$ genehmigten Projekten 25 in den Allokationslisten für Jahr 1 für alle berücksichtigten Werte von g_{3rt}. Dies bedeutet, daß ein "harter" Kern der vorgeschlagenen Projekte vorliegt, der nicht von der Genehmigungsliste verdrängt werden kann, gleichgültig wie planlos Gewichtungsmanipulationen, die den Straßensektor betreffen, vorgenommen werden.

5.4 Untersuchung 3 - Variation der sektoralen Quantifizierungen

Alle bisher beprüften Ergebnisse beruhen auf den sektoralen Quantifizierungen, die mathematisch und numerisch in §4.4 bzw. Anhang A entwickelt wurden und deren funktionelle Verläufe mit dem Kapazitätsindikator a_1 in den Abb.4.3, 4.4 und 4.5 dargestellt sind. In der vorliegenden Untersuchung wurden der konkave bzw. konvexe Verlauf der Kurven für die Sektoren Wohnungswesen und Kindergärten bzw. Straßen verändert, indem der Wert des "formbestimmenden" Parameters po (s. §4.4.1 - 3) variiert wurde. Was dies für die verschiedenen Sektoren bedeutet, ist wieder schematisch in Abb.5.6 dargestellt.

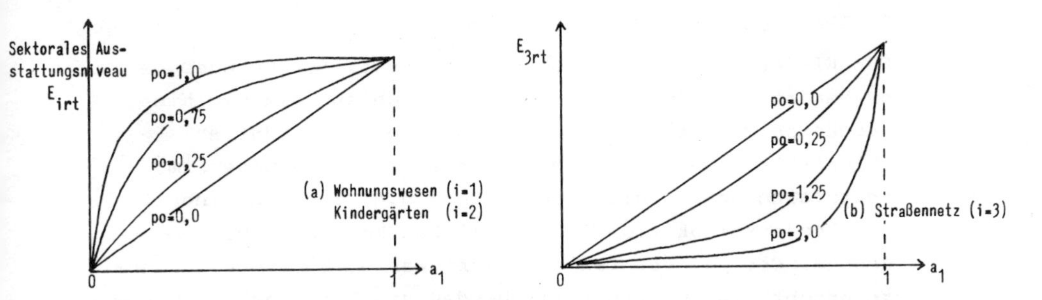

Abb. 5.6: Auswirkung der Variation des Parameters po auf sektorale Quantifizierungsformen (schematisch)
(a_1 ≡ Realisierungsgradindikator für das Merkmal "Kapazität")

Mit zunehmenden po-Werten für die beiden "sozialen" Sektoren Wohnungswesen und Kindergärten ist zu sehen, daß sich die Effektivität in Hinblick auf a_1 ändert. Mit po = 0 werden Zunahmen an Kapazität in gleicher Weise unabhängig von dem jeweiligen Niveau der Kapazitätszielrealisierung bewertet (lineares Verhalten), mit einer po-Zunahme jedoch vergrößert sich die vorteilhafte Auswirkung auf das Ausstattungsniveau in bedeutsamer Weise, die für Kapazitätszunahmen bei einer niedrigen Kapazitätszielrealisierung zu gewinnen ist. Andererseits ist zu sehen, daß bei einem hohen Niveau der Kapazitätszielrealisierung Kapazitätszunahmen weniger zum Gesamtausstattungsniveau mit steigendem po beitragen.

Es ist festzustellen, daß sich für den Sektor "Straßen" das Gegenteil zeigt - zunehmendes po setzt die Zunahme des Gesamtausstattungsniveaus bei Kapazitätszunahmen mit niedrigem Kapazitätsniveau herab und vergrößert sie für den Fall daß (auf welche Weise auch immer) ein relativ hohes Kapazitätsniveau erreicht worden ist.

Es liegt nicht in der Absicht dieser Untersuchung, zu entscheiden, welche der obigen Funktionsformen geeignet sind, vielmehr ist beabsichtigt, Änderungen der Allokations- und Budgetverteilungen festzustellen, die sich aus möglichen Variationen der Grundform der Infrastrukturquantifizierung ergeben.

Für Kindergärten bedeutete der in Abb.5.6(a) angegebene po-Variationsbereich, obgleich er sich auf die den Kindergärten und ebenso anderen Projekten zugeordneten Prioritäten auswirkte, keine Verteilungsänderungen im sektoralen oder regionalen Budget; d.h. Zahl und Inhalt der Projektallokationslisten blieben konstant. Da ein zunehmendes po (der Basislaufwert war 0,75) die E_{2rt}-Werte erhöht, ist offensichtlich, daß die Zielfunktionswerte Z mit po zunahmen. Dies ist zu erwarten, wenn eine sektorale Ausstattungsbewertung für alle Regionen und Zielerreichungsgrade der Kapazität angehoben wird. Das Ausmaß der Z-Zunahme schwankt jedoch mit dem verwendeten po-Wert und hängt in starkem Maße von dem herrschenden Kapazitätsniveau des Kindergartensektors jeder Region ab. Daß unter diesen Umständen die Gesamtallokation für $0 \leq po \leq 1{,}0$ konstant bleibt, ist ein weiteres Zeichen für die inhärente Stabilität der mit dem Modell entwickelten Allokationsmethode.

Für den Sektor Sozialwohnungswesen wurden bei dem Basislaufwert po = 0,25 wiederum keine grundsätzlichen Änderungen (abgesehen von einer neuen Anordnung der Prioritäten) für alle po-Werte $\leq$ 0,45 festgestellt. Bei einem Wert von 0,75 traten leichte Budgetverteilungsänderungen zugunsten des Wohnungssektors in der zusammengefaßten Allokation (Jahre 1 und 2) auf; dieser Prozeß setzte sich bei po = 0,95 fort, obwohl es eine starke negative Verschiebung in diesem Fall gibt, wenn die Allokation im Jahr 1 allein betrachtet wird. Es fand ebenfalls eine beträchtliche Umschichtung der kleineren genehmigten Projekte statt (mit Sicherheit aufgrund der Verschiebung von aufwendigen Wohnungsbauprojekten aus dem Jahr 1 in das Jahr 2).

Für den Sektor "Straßennetz" wurde eine viel breitere Schwankung von po (von 0,25 bis 2,25 - der Basislaufwert ist 0,75) angesetzt. Dabei erhielt der Straßensektor einen stetig steigenden Anteil des Gesamtbudgets mit steigendem po. Es war zu beobachten, daß eine bedeutsame Verschiebung in der regionalen Verteilung des Budgets eintrat. Wie in Abb.5.8 dargestellt, ist zu erkennen, daß der dem Straßensektor zuerkannte Budgetanteil mit po (in unterschiedlichem Maße zu Lasten aller anderen Sektoren steigt. Aus Abb.5.6(b) ist die Ursache hierfür deutlich zu erkennen - ist einmal eine Mindestanzahl von Straßenkapazitätsprojekten genehmigt bzw. Straßenkapazität vorhanden, so werden die nachfolgenden Projekte wegen ihrer (mit po) angehobenen Effektivität ausgedrückt durch die höhere Steigung im Endbereich der dargestellten Kurven "effizienter" und damit attraktiv. Innerhalb des betrachteten po-Bereichs wurde diese Mindestanzahl immer genehmigt - tatsächlich hatte es den Anschein, daß die vorhandene Kapazität alleine ein solches Niveau aufwies, um den "Wechselpunkt" von einem geringeren zu einem größeren Anstieg als bei dem linearen Fall (mit po = 0) zu erreichen, weil mit steigendem po die Straßenprojekte höhere Prioritäten erhielten und in größerer Anzahl genehmigt wurden. Die aus einer Änderung von po resultierende Verschiebung der intersektoralen Verhältnisse verursacht gleichermaßen eine Änderung in der regionalen Budgetverteilung. Dies wird durch einen Vergleich der Abb.5.8 und 4.13 (iii) ersichtlich.

Daraus folgt notwendigerweise (Abb.5.6(b)), daß die mit wachsendem po sinkende Bewertung des Straßensektors den Wert der Zielfunktion Z reduziert. Das Ausmaß und die Regelmäßigkeit der Tendenz sind in Abb.5.7 dargestellt.

Dem folgend läßt sich der allgemeine Schluß ziehen, daß sich das Modell bezüglich Variationen der sektoralen Quantifizierungsfunktionen sehr stabil verhält. Es reagiert entweder kaum oder in regelmäßiger Weise auf Änderungen. In allen untersuchten Fällen wurde wieder ein konstantbleibender Satz von rund 25 Projekten unter allen erprobten und beträchtlich schwankenden Bedingungen genehmigt.

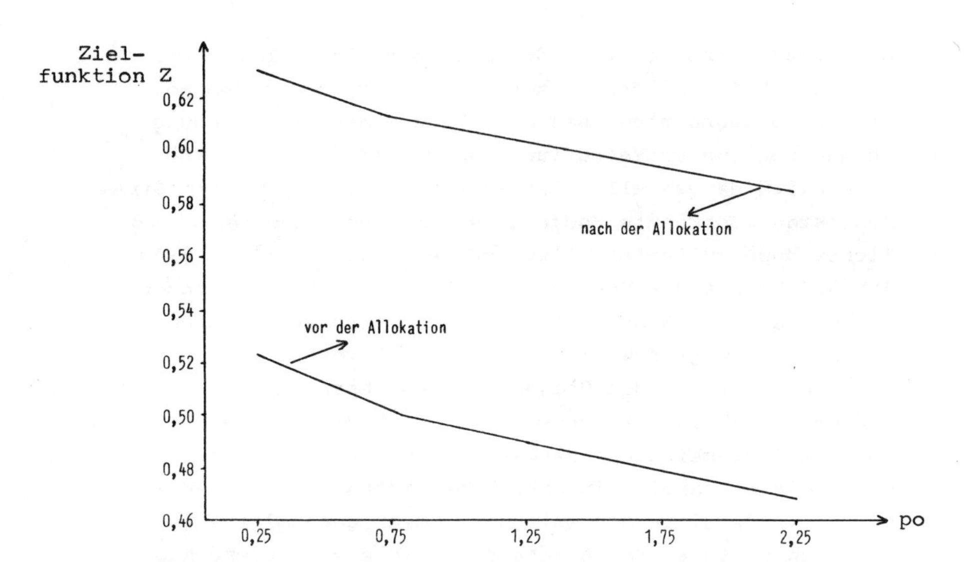

Abb. 5.7: Auswirkung des Straßenquantifizierungsparameters po auf die Zielfunktion Z

Die Implikationen für den technischen Entwurf der Infrastrukturquantifizierungen sind daher vielversprechend, da es dem Anschein nach keiner großen "Genauigkeit" bei den sektoralen Quantifizierungen bedarf, nur in sich schlüssige Allokationsergebnisse zu erzielen. Ebenso kann eine politisch "entschiedene" Quantifizierung (z.B. die für po = 1 in Abb.5.6(a) oder für po = 3 bei Teil (b) der gleichen Abb.), in der eine bestimmte sektorale Politik in der entwickelten Funktionsform Ausdruck finden kann, nicht sofort die resultierende Allokation in wirklich bedeutsamem Ausmaß beeinflussen. Das Modell hat die Eigenschaft, einen Kern der "besten" Projekte herauszugreifen und Genehmigungsvariationen innerhalb dieses Kerns nur unter extrem geänderten Bedingungen zu gestalten.

5.5 Untersuchung 4 - Einführung eines Vorwahlalgorithmus

Sowohl im Basislauf (§4.10) als auch in den Untersuchungen der §§5.2 - 5.4 wurde kein Vorwahlalgorithmus (s. Abb.3.3 und 3.4) eingeführt. Dies bedeutet, daß der Allokationspro-

Abb. 5.8: Aus der Variation der Straßensektorquantifizierung resultierende sektorale und regionale Budgetverteilungen

(diskontierte Gesamtkosten der Allokation (Jahre 1 und 2 zusammen)

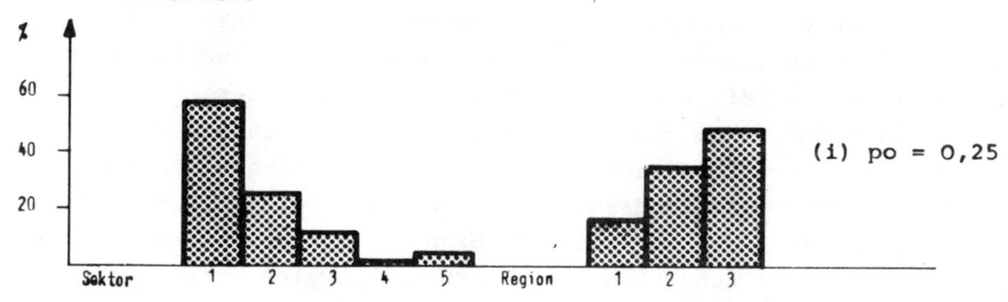

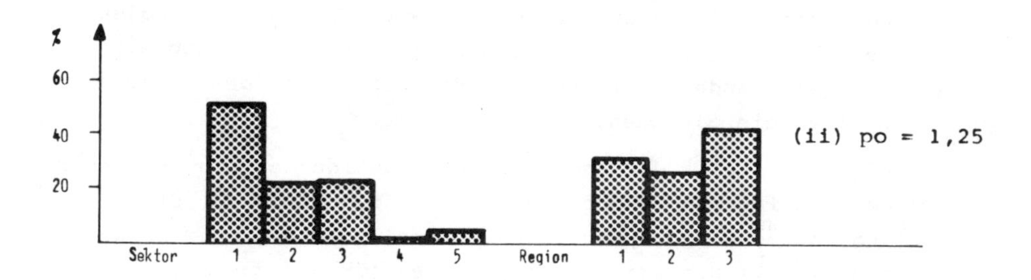

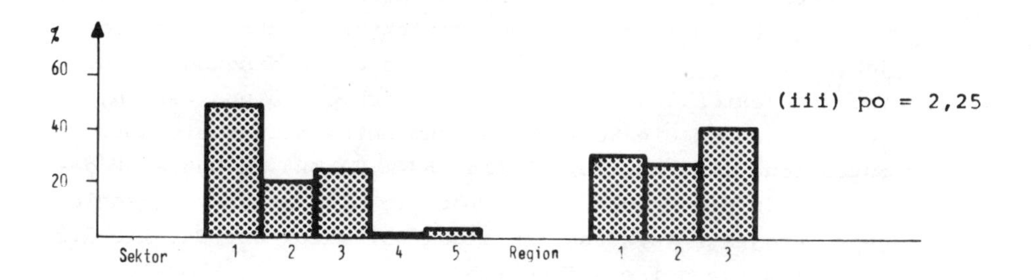

zeß ohne Einschränkung der Auswahl unter den verbleibenden nicht genehmigten Projekten zu jeder Stufe der Allokation stattfindet. Der vorliegende Abschnitt beschreibt eine Untersuchung, bei der ein Algorithmus eingeführt wurde, durch den innerhalb jedes regionalisierten Sektors die vorgeschlagenen Ausgaben entsprechend ihrer nur sektoral gesehenen Effizienz hinsichtlich der "Nutzen-Kosten-Beziehung", ohne die Berücksichtigung von Wechselwirkungen, Attraktivitätseffekten oder irgendeiner daraus resulierenden Bevölkerungsänderung geordnet werden. Es wurde dann die Regel unterstellt, nach der nur das erste nicht genehmigte Projekt auf den jetzt sektoralen Vorschlagslisten in jedem Allokationszyklus Berücksichtigung finden kann. Die Regel wird jedoch modifiziert, wenn das sektoral gesehen erstrangige nicht genehmigte Projekt zu kostspielig ist - in diesem Fall wird das nächste Projekt berücksichtigt, wenn es seinerseits nicht zu kostspielig ist. Alle anderen Bedingungen des Basislaufs des §4.10 bleiben die gleichen.

Effektiv stellt der Prozeß eine Situation dar, in der jeder regionalisierte Sektor eine Prioritätsordnung für die von ihm vorgeschlagenen Ausgaben aufstellt; d.h. indem er in diesem Fall Kriterien ähnlich denen für die zusammengefaßte Allokation jedoch auf eine rein sektorale Sicht beschränkt verwendet. Von dieser Ordnung wird nur dann abgewiesen, wenn das verbleibende Budget nicht ausreicht, um das erstrangige nicht genehmigte verbleibende Projekt zu decken. Die Projekte mit verbundenen Rand- oder Ordnungsbedingungen sind von den sektoralen Ranglisten ausgeschlossen und werden, je nach dem ob die Bedingungen zum Betrachtungszeitpunkt zutreffend sind oder nicht, in jedem Zyklus in Betracht gezogen. Für die Gruppe von 57 für die Allokation vorgeschlagenen Projekte (s. Tabellen A18 - 20) zeigt die Tabelle 5.2 die auf diese Weise anfänglich ausgedrückten sektoralen Prioritäten.

Region	Sektor	Projektnummern in der Rangfolge*					
1	1	115	114	111	112	113	
2	1	211	214	213	212	215	
3	1	315	312	316	313	311	
1	2	126	123	122	124	121	125
2	2	222	221	225	224	223	
3	2	321	324	322	323		
1	3	135	132	136	134	131	
2	3	235	234	233	232	231	236
3	3	336	335	332	333		
ALLE	4	641	642				
1	5	152	151				
2	5	251	252				
3	5	352	351				

* ohne Projekte mit verbundenen Rand- und Ordnungsbedingungen

Tabelle 5.2: Regionalisierte sektorale Prioritätsordnungen

Die hieraus resultierende Allokationsliste (dargestellt in Tabelle 5.3) unterscheidet sich von der des Basislaufs (s. Tabelle 4.4) erheblich, wenn auch beide Listen bis zur Genehmigung des Projekts 124 mit dem Prioritätsrang 11 identisch sind. An diesem Punkt im Basislauf wird als nächstes (Priorität 12) Projekt 224 genehmigt und das Projekt 225 erscheint später mit Priorität 20. Jedoch hat in Tabelle 5.2 Projekt 225 sektoral gesehen eine höhere Prioritätseinstufung als 224 - das Ergebnis ist, daß in der Allokation dieser Untersuchung das Projekt 152 die Priorität 12 erhält und die erste Abweichung vom Basislauf auftritt. Nach dieser Abweichung kommen mehrere solcher Situationen vor, so daß die beiden Allokationen beträchtlich auseinandergehen.

Die beiden Allokationscharakteristiken (vom Basislauf und dieser Untersuchung) werden in Abb.5.9 verglichen. Es ist daraus zu ersehen, daß, obgleich ein Unterschied in der Allokation bereits früher vorkommt (bei einem Z-Niveau von 0,56, d.h. bei der Priorität Nr. 12, wie oben beschrieben), die Verschiebung des Projekts 311 dem entscheidendesten Unterschied zwischen den beiden Charakteristiken bewirkt; dies passiert, weil die sektorale Vorbetrachtung diesem Sozialwohnungsbauprojekt in der Region 3 (s. Tabelle 5.2) die letzte Priorität zuordnet. Es ist auch zu merken, daß, obwohl das Gesamtbudget in den Jahren 1 und 2 für die beiden Läufe das gleiche ist, der Gesamtumfang der diskontierten Kosten für den Lauf mit dem Algorithmus aufgrund des Unterschieds bei den genehmigten Projekten größer ist. Die Zahl der konkav verlaufenden Kurventeile, die aufgrund der durch die Vorordnung auferlegten Beschränkung auftreten, ist, wie aus der Tabelle 5.3 hervorgeht, groß (10 im ganzen) im Gegensatz zu 3 solcher bei dem Basislauf ohne Algorithmus, d.h. ohne eine sektoral entschiedene vorgefaßte Konzeption der Priorität. Diese Tatsache allein deutet den Grad des Widerspruchs zwischen Prioritäten an, die auf solche Weise erhalten und die, die in uneingeschränkter Weise, ohne Vorkonzeption der Prioritäten, berechnet werden.

Der angewendete Algorithmus ist im Prinzip äußerst realistisch, da die sektorale Planung (oder Fachplanung) zweifellos entsprechend ihren eigenen vorgefaßten Konzeptionen der Prioritäten oder mit einer durch diese Konzeptionen beeinflußten Orientierung bezüglich der Prioritäten plant, die aus einem für gewöhnlich engen Betrachtungsbereich beurteilt werden. Aus der Abb.5.9 wird klar, daß sektorale Prioritäten der eingeführten Art dann die Effektivität einer multiregionalen, multisektoralen Allokation negativ beeinflussen. Das Ausmaß dieses Einflusses ist sehr groß - z.B. beträgt bei einem Stand der diskontierten Kosten von DM 52,3 Mill. der Effektivitätsverlust an absolutem Gesamtniveau der Infrastrukturausstattung (Z) fast 2% (vertikale Versetzung). Andererseits kostet bei einem Infrastrukturausstattungsniveau von 60,5% die Allokation mit einer solchen eingebauten vorgefaßten Prioritätskonzeption (diskontiert) DM 13,5 Mill. mehr (horizontale Versetzung). Die Nachteile, die darin liegen, der Fachplanung die Fest-

Tabelle 5.3: Allokationsliste aufgrund der Einführung eines Algorithmus, der sektorale Prioritäten festlegt

PROJEKTALLOKATIONSLISTE FÜR DAS JAHR 1

PRIOR	REGION	INFRA.	PROJECTNO.	ZOLD	ZNEW	SLOPE
1	1	2	126	.506533	.506840	.107053E-07
2	1	4	641	.506840	.509788	.646977E-08
BAHN (INFRA = 4) IST ALLEN REGIONEN GEMEINSAM						
3	3	2	321	.509788	.520038	.563715E-08
4	2	2	222	.520038	.526109	.449196E-08
5	3	2	324	.526109	.528892	.418049E-08
6	2	2	221	.528892	.537636	.381015E-08
7	3	2	322	.537636	.544115	.391125E-08
8	1	2	123	.544115	.547941	.357813E-08
9	1	2	122	.547941	.549264	.324767E-08
10	2	5	251	.549264	.549835	.308854E-08
11	1	2	124	.549835	.557524	.289138E-08
12	1	5	152	.557524	.557951	.231043E-08
13	1	2	121	.557951	.560629	.204459E-08
14	3	3	336	.560629	.562944	.202694E-08
15	3	5	352	.562944	.564662	.177543E-08
16	3	5	351	.564662	.565446	.212110E-08
17	3	3	335	.565446	.566099	.173507E-08
18	3	3	332	.566099	.566618	.174607E-08
19	2	2	225	.566618	.566779	.163392E-08
20	2	2	224	.566779	.567967	.253100E-08
21	2	1	211	.567967	.568907	.157821E-08
22	1	5	151	.568907	.569818	.141163E-08
23	2	3	235	.569818	.570197	.117163E-08
24	3	1	315	.570197	.570450	.950916E-09
25	3	3	331	.570450	.571918	.936236E-09
26	1	3	135	.571918	.573414	.912559E-09
27	1	3	132	.573414	.575165	.930127E-09
28	2	3	234	.575165	.576096	.833173E-09
29	3	1	312	.576096	.577222	.829015E-09
30	2	3	233	.577222	.578710	.819451E-09
31	2	3	232	.578710	.579811	.903358E-09
32	2	3	231	.579811	.581417	.804021E-09
33	3	3	333	.581417	.581770	.759711E-09
34	3	3	334	.581770	.582532	.863484E-09
35	1	3	136	.582532	.582625	.745746E-09
36	1	3	134	.582625	.584622	.769229E-09
37	3	2	323	.584622	.584669	.744758E-09
38	2	2	223	.584669	.584700	.694481E-09
39	3	1	316	.584700	.584714	.673849E-09
40	1	3	131	.584714	.584761	.669202E-09
41	3	1	313	.584761	.588076	.660251E-09
42	1	1	115	.588076	.588446	.702857E-09
43	1	2	125	.588446	.588761	.681435E-09
44	2	1	214	.588761	.588886	.540296E-09
45	2	3	236	.588886	.588946	.502653E-09
46	1	1	114	.588946	.591299	.285992E-09
47	1	4	642	.591299	.591550	.260878E-09
BAHN (INFRA = 4) IST ALLEN REGIONEN GEMEINSAM						
48	2	1	215	.591550	.591566	.243044E-09
49	2	5	252	.591566	.591600	.153283E-09

PROJEKTALLOKATIONSLISTE FÜR DAS JAHR 2

PRIOR	REGION	INFRA.	PROJECTNO.	ZOLD	ZNEW	SLOPE
50	3	1	311	.591600	.607731	.152538E-08

Abb. 5.9: Allokationscharakteristiken des Basislaufs und mit dem sektoralen Prioritätsalgorithmus

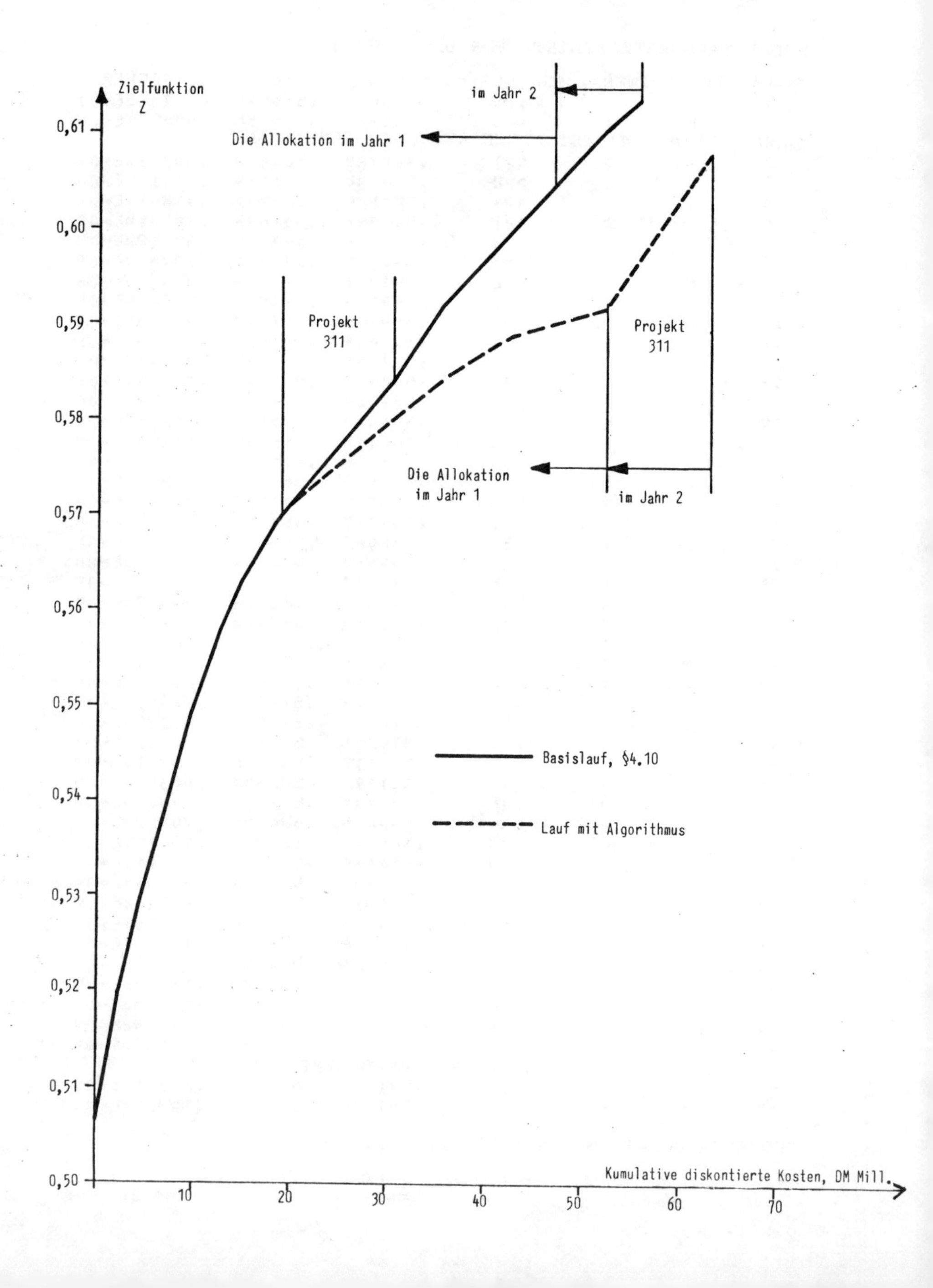

legung ihrer eigenen Prioritäten zu gestalten oder überhaupt ein System z.B. politisch vorbeeinflußter Prioritäten zu akzeptieren, werden somit gut illustriert - sogar wenn solche Prioritäten den Allokationentscheidungsprozeß erheblich vereinfachen - in diesem Fall durch Einsparung an Computerzeit angedeutet. Es kann hinzugefügt werden, daß eine erhebliche Computerzeit oder ein beträchtlicher Einsatz an koordinierender Planung für viel weniger als DM 13,5 Mill. zu haben ist.

5.6 Untersuchung 5 - Variation der Diskontraten

Sowohl die Zeitprofile des Gesamtausstattungsniveaus (Zielfunktionen Z_t) als auch die Projektkosten unterliegen konventionellen Diskontierungsprozessen (s. §§ 3.2.2 und 3.2.5), für die Raten 6%(b) bzw. 8%(C) im Basislauf angesetzt wurden. In der vorliegenden Untersuchung wurden diese Raten variiert und die Auswirkungen auf die resultierenden Allokationen studiert.

Trotz einer b-Variation von 0 bis 9% (bei C zu 8%) und für C von 0 bis 12% (bei b zu 6%) war eine sehr geringe Änderung in den resultierenden Allokationen festzustellen. Tatsächlich waren in fast allen Fällen die Allokationslisten für die beiden Jahre 1 und 2 fast identisch mit denen des Basislaufs. Sie unterschieden sich nur darin, daß geringfügige Prioritätsverschiebungen intern in den Einzellisten auftraten.

Für die C-Variation (wobei b konstant gehalten wurde) ist dieses Verhalten jedoch nicht sehr überraschend, da das Zeitprofil der Kosten für den Basislauf (s. Abb.4.7) in den Jahren 1,2 und 3 stark konzentriert ist, in denen Diskontierungseffekte wenig Änderung bewirken.

Hinsichtlich des "Projektnutzenprofils", das für den Basislauf als eine Differenz zwischen den beiden passenden Kurven der Abb.4.8 anzusehen ist, trifft das Gegenteil zu, nämlich daß die geringsten Nutzen im Durchschnitt in den Jahren 1,2 und 3 auftreten mit einem in den Bereich des Jahres 4 oder 5 fallenden Maximum; es bleibt eine nicht viel kleinere und mehr oder weniger konstante Differenz bis zum Ende des betrachteten Zeitraums. Es ist daher interessant, daß bedeutsame Änderungen bei der Allokation aufgrund von unterschiedlicher Diskontierung der "Projektnutzen" nicht vorkommen, besonders da einzelne Projekte ein erheblich mit Zeit schwankendes "Nutzenprofil" haben.

Ein zur Stabilität der Modellergebnisse in dieser Hinsicht wesentlich beitragender Faktor ist der sehr weite Bereich der Effizienzen (Nutzen je diskontierte DM), der für die Projekte innerhalb einer Allokation gilt. Z.B. variiert die Effizienz für die in Tabelle 5.4 angegebene Allokation dieser Untersuchung (mit C zu 8% und b zu 0%) zwischen 768.10^{-11} (Projekt 126) und 2.10^{-11} (Projekt 252). Dieser sehr große Bereich gestattet das Vorkommen bedeutsamer interner Effizienzänderungen, ohne die Ursache für das Zustandekommen einer unterschiedlich orientierten Allokation zu sein. Für den in Tabelle 5.4 dargestellten Fall, für den Projektnutzen gar nicht diskontiert wurden (b = 0), und im Vergleich mit Tabelle 4.4 ist zu sehen, daß abgesehen von geringfügigen Neuordnungen (z.B. zwischen den Projekten 322 und 324) die Listen bis zur Priorität 28 identisch sind, wo ein in der Allokation für das Jahr 1 vorher nicht auftretendes Projekt (136) zum ersten Mal erscheint. Zwei weitere neue (125 und 131) folgen dann bald. Die Allokation im Jahr 2 ist dann völlig hiervon verschieden, der Hauptpunkt stellt die Allokation des nicht unbeträchtlichen Wohnungsprojekts 114 dar, das im Basislauf in keinem der Jahre 1 oder 2 Allokation erhält. Von allen verschiedenen getesteten Diskontratenkombinationen unterschied sich der in Tabelle 5.4 dargestellte Fall am stärksten von dem des Basislaufs.

Die Konstanz des beobachteten Verhaltens würde sich ändern, wenn mehr Investitionen mit einem über die Mittelfristigkeit

Tabelle 5.4: Allokationsliste für einen Fall ohne Diskontierung der "Projektnutzen"

PROJEKTALLOKATIONSLISTE FÜR DAS JAHR 1

PRIOR	REGION	INFRA.	PROJECTNO.	ZOLD	ZNEW	SLOPE
1	1	2	126	.497926	.498146	.758247E-08
2	1	4	641	.498146	.501076	.643161E-08
BAHN (INFRA = 4) IST ALLEN REGIONEN GEMEINSAM						
3	3	2	321	.501076	.511720	.585368E-08
4	2	2	222	.511720	.517771	.447690E-08
5	3	2	322	.517771	.524783	.423318E-08
6	2	2	221	.524783	.533980	.400763E-08
7	3	2	324	.533980	.536509	.379962E-08
8	1	2	123	.536509	.540448	.368337E-08
9	1	2	122	.540448	.541757	.321316E-08
10	2	5	251	.541757	.542341	.315553E-08
11	1	2	124	.542341	.550557	.308998E-08
12	2	2	224	.550557	.551741	.252214E-08
13	1	5	152	.551741	.552173	.233555E-08
14	3	3	336	.552173	.554643	.216286E-08
15	3	5	351	.554643	.555442	.216047E-08
16	1	2	121	.555442	.558196	.210230E-08
17	3	5	352	.558196	.559993	.185703E-08
18	3	3	332	.559993	.560512	.174765E-08
19	3	3	335	.560512	.561168	.174130E-08
20	2	2	225	.561168	.561322	.157280E-08
21	3	1	311	.561322	.577654	.142938E-08
22	2	1	211	.577654	.578785	.189881E-08
23	1	5	151	.578785	.579820	.160392E-08
24	3	1	313	.579820	.587175	.146515E-08
25	2	1	212	.587175	.596757	.127057E-08
26	1	3	135	.596757	.598768	.122578E-08
27	1	3	132	.598768	.601113	.124624E-08
28	1	3	136	.601113	.601231	.949746E-09
29	1	1	115	.601231	.601687	.864676E-09
30	1	2	125	.601687	.602066	.819661E-09
31	1	3	131	.602066	.602114	.683438E-09
32	3	1	316	.602114	.602124	.465998E-09

PROJEKTALLOKATIONSLISTE FÜR DAS JAHR 2

PRIOR	REGION	INFRA.	PROJECTNO.	ZOLD	ZNEW	SLOPE
33	3	3	331	.602124	.603689	.110127E-08
34	1	3	134	.603689	.606116	.100661E-08
35	3	3	333	.606116	.606479	.859618E-09
36	3	3	334	.606479	.607302	.100651E-08
37	3	1	315	.607302	.607477	.709834E-09
38	3	1	312	.607477	.608340	.687903E-09
39	3	2	323	.608340	.608381	.688492E-09
40	2	3	232	.608381	.609106	.660478E-09
41	1	1	114	.609106	.612846	.491822E-09
42	2	3	235	.612846	.613067	.736964E-09
43	2	3	234	.613067	.613524	.443371E-09
44	2	3	233	.613524	.614096	.335126E-09
45	2	2	223	.614096	.614104	.198763E-09
46	2	1	214	.614104	.614143	.191779E-09
47	2	3	236	.614143	.614156	.109333E-09
48	2	1	215	.614156	.614160	.666330E-10
49	2	5	252	.614160	.614163	.185097E-10

in die Langfristigkeit hinausgreifenden Volumen (d.h. Investitionsprogramme im Gegensatz zu Maßnahmen) zu berücksichtigen wären. Des weiteren kann von dem Modell erwartet werden, daß es um so empfindlicher hinsichtlich der verwendeten Diskontraten wird, je "homogener" die betrachteten Maßnahmen sind - aber realistisch gesehen liegen meistens Infrastrukturinvestitionsentscheidungen unter öffentlichen Vorhaben vor, die, genau so wie bei den hier beispielsweise entworfenen, sich stark regional und sektoral differenzieren. Nichtsdestoweniger kann bei den meisten denkbaren kritischen Einwänden (s. §3.2.5) gegen die Anwendung eines Diskontierungsprinzips überhaupt auf die relativ starke Unabhängigkeit hingewiesen werden, die das Modell von großen Änderungen der Diskontraten gezeigt hat. Es hat nicht den Anschein, daß es eine ausschlaggebende Frage bei einer Modellanwendung wäre, die zwei Diskontraten innerhalb einer z.B. 2%igen Irrtumswahrscheinlichkeit zu fixieren als vielmehr die Frage zu entscheiden, ob überhaupt ein Diskontierungsprinzip angewendet werden sollte.

5.7 Untersuchung 6 - Änderung des Betrachtungszeitraums

Der Basislauf zog bei der Zielfunktion einen Zeitraum in Betracht, der aus 15 aufeinanderfolgenden Budgetperioden (oder Jahre) bestand, und stellte daher eine langfristige Perspektive für die berechnete Allokation sicher.

In der vorliegenden Untersuchung wurde der Zeithorizont sukzessiv bis zu einem Minimum von 4 Jahren gesenkt. Es erschien unbegründet, noch niedrigere Perioden in Betracht zu ziehen, da mehrere der vorgesehenen Vorhaben Investitionskosten- und Bauzeiten aufweisen, die bis zu dieser Zeitspanne reichen. Dies bedeutet, daß ein Zeithorizontminimum für die Modellanwendung von derselben Größenordnung wie der der mehrjährigen Finanzplanung ist, wenn überhaupt in dieser Weise versucht werden soll, "Nutzen" und Kosten für Infrastrukturmaßnahmen in Vergleich zu bringen.

Die Verkürzung der Zeitspanne wirkt sich auf die meisten Projekte so aus, daß zwar die diskontierten Gesamtkosten reduziert werden, die Kosten je Jahr wegen des steigenden Anteils am Gesamtumfang der Investitionskosten dagegen steigen. Auch der resultierende Nutzen (diskontiert und normalisiert) für das Infrastrukturausstattungsniveau zeigt die Tendenz zu steigen, da nicht so viele der verschleißbringenden Jahre (Verschleiß aufgrund von Alters-, Modernitäts- und Bevölkerungszunahmefaktoren) eingeschlossen werden. Die resultierende Verschiebung in der Effizienz eines Projekts (Infrastrukturniveaugewinn je Kosteneinheit) hängt daher von seinen Kosten- und Nutzenverteilungen über den betrachteten Zeitraum ab.

Wenn der Betrachtungszeitraum auf 13 Jahre reduziert wurde, blieben die Allokationen, abgesehen von geringfügigen Prioritätsänderungen innerhalb jeder der Allokationen für die Jahre 1 und 2, wie beim Basislauf berechnet. In allen anderen getesteten Zeitspannen (10,7,5 und 4 Jahre) traten jedoch große Unterschiede auf. Typisch für die Ergebnisse ist die in Tabelle 5.5 enthaltene Allokation, die für einen Zeithorizont von 7 Jahren ist. Ein typisches Merkmal aller Läufe dieser Untersuchung war die Länge der Allokationslisten - indem jeweils 49,51,52 und 53 Projekte genehmigt wurden verglichen mit der Gesamtzahl von 37 im Basislauf. Dies trat wegen einer bedeutsamen, relativ zu geringen Einschätzung der Effizienz der aufwendigeren Projekte aufgrund der Tatsache ein, daß diese für gewöhnlich längere Bauzeiten hatten und einen beträchtlichen positiven Nutzen über den ganzen ursprünglichen 15-jährigen Zeitraum ergaben. Diese Prioritätsherabstufung gestattete eine relative Aufwertung der kleineren Projekte ebenso wie die Schaffung von "Finanzraum" am Ende der Genehmigungsliste besonders für die Allokation im Jahr 1, in dem praktisch alle kleinen vorgeschlagenen Projekte Genehmigung erhalten.

Es war daher eine beträchtliche Verschiebung in den sektoralen und regionalen Budgetverteilungen zu erwarten, und dies wird durch die Abb.5.10 bestätigt, in der die Verteilungen aus dem

Tabelle 5.5: Allokationsliste unter Betrachtung eines Zeitraums von 7 Jahren

PROJEKTALLOKATIONSLISTE FÜR DAS JAHR 1

PRIOR	REGION	INFRA.	PROJECTNO.	ZOLD	ZNEW	SLOPE
1	1	4	641	.530886	.533922	.134984E-07

BAHN (INFRA = 4) IST ALLEN REGIONEN GEMEINSAM

PRIOR	REGION	INFRA.	PROJECTNO.	ZOLD	ZNEW	SLOPE
2	3	2	321	.533922	.543322	.825694E-08
3	2	2	222	.543322	.549522	.727761E-08
4	3	2	324	.549522	.552401	.711019E-08
5	1	2	126	.552401	.552921	.693300E-08
6	2	2	221	.552921	.561097	.551334E-08
7	3	2	322	.561097	.566380	.546459E-08
8	1	2	122	.566380	.567869	.546742E-08
9	2	5	251	.567869	.568408	.479474E-08
10	1	2	123	.568408	.571912	.469851E-08
11	2	2	224	.571912	.573124	.400046E-08
12	1	5	152	.573124	.573541	.371026E-08
13	1	2	124	.573541	.579939	.346384E-08
14	3	5	351	.579939	.580692	.334687E-08
15	1	2	121	.580692	.583222	.256508E-08
16	2	2	225	.583222	.583384	.216243E-08
17	3	5	352	.583384	.584966	.213419E-08
18	3	3	332	.584966	.585489	.206001E-08
19	3	3	335	.585489	.586146	.191435E-08
20	2	3	235	.586146	.586538	.187020E-08
21	3	3	336	.586538	.588492	.183736E-08
22	1	5	151	.588492	.589437	.160085E-08
23	2	1	211	.589437	.590642	.151086E-08
24	3	1	312	.590642	.592575	.149794E-08
25	3	1	315	.592575	.592939	.136768E-08
26	1	3	136	.592939	.593028	.131274E-08
27	3	2	323	.593028	.593112	.130179E-08
28	2	2	223	.593112	.593165	.119308E-08
29	3	1	316	.593165	.593189	.117670E-08
30	1	3	131	.593189	.593266	.108821E-08
31	3	3	331	.593266	.594772	.105718E-08
32	1	1	115	.594772	.595109	.105177E-08
33	1	2	125	.595109	.595403	.104564E-08
34	2	3	232	.595403	.596452	.101121E-08
35	1	3	132	.596452	.598080	.959899E-09
36	1	3	135	.598080	.599550	.982930E-09
37	2	3	233	.599550	.601054	.929846E-09
38	3	3	333	.601054	.601420	.850495E-09
39	3	3	334	.601420	.602098	.857647E-09
40	2	1	213	.602098	.607036	.849782E-09
41	1	3	134	.607036	.608874	.779727E-09
42	1	1	113	.608874	.609701	.766168E-09
43	2	3	234	.609701	.610400	.698350E-09
44	2	1	214	.610400	.610485	.606561E-09
45	2	3	231	.610485	.611590	.588845E-09
46	2	3	236	.611590	.611656	.549214E-09
47	2	1	215	.611656	.611675	.342593E-09
48	2	5	252	.611675	.611709	.215342E-09

PROJEKTALLOKATIONSLISTE FÜR DAS JAHR 2

PRIOR	REGION	INFRA.	PROJECTNO.	ZOLD	ZNEW	SLOPE
49	2	1	212	.611709	.619484	.114088E-08
50	3	1	311	.619484	.624852	.518142E-09
51	1	4	642	.624852	.625064	.238086E-09

BAHN (INFRA = 4) IST ALLEN REGIONEN GEMEINSAM

Basislauf und dem Lauf der vorliegenden Untersuchung verglichen werden. Sie zeigt, daß, obgleich die frühere Betonung auf dem Sozialwohnwesensektor beibehalten wird, sie nicht so stark dominiert. Der Kindergartensektor (Sektor 2) erfährt eine 8%ige Reduktion, und diese beiden Reduktionen kommen hauptsächlich dem Straßensektor zugute. Regional ist eine nivellierende Wirkung festzustellen, indem eine deutliche Verschiebung der Betonung auf die Region 2 stattfindet.

Diese variierte Betonung (obgleich mit dem gleichen politischen Gewichtungsschema erhalten) wird relevanter, wenn die Prioritätenverschiebung der genehmigten Projekte betrachtet wird (durch Vergleich der Tabelle 5.5 mit Tabelle 4.4). Der Sektor Sozialwohnungswesen behält seine Dominanz bei (etwas reduziert) nur vermöge der genehmigten "großen" Projekte 212 und 311, die die unsicheren Prioritätsränge 49 und 50 bei Ansetzung eines Horizonts von 7 Jahren erhielten, während sie vorher die Prioritäten 21 und 23 hatten. Wenn der Horizont auf 5 Jahre herabgesetzt wird, erhält Projekt 311 keine Genehmigung. Das Kindergartenprojekt 126, das in allen anderen Untersuchungen des §5 den stolzen Platz 1 einnahm, ist auf die Priorität 5 verwiesen, und dieser Trend gilt deutlich für alle Kindergartenvorhaben, so daß einige der früher genehmigten Projekte nun nicht auf der Allokationsliste erscheinen. Die Verschiebungen bei den regionalen Verteilungen können als Folge der obigen Versetzungen ebenso wie als der Unterschiede in der Effizienz der regional vorgeschlagenen Projekte angesehen werden.

Die Verkürzung des Zeithorizonts bewirkt somit, wie zu erwarten war, automatisch Betonungsänderungen in der Allokation. Erstens gibt es eine ausgeprägte Neuorientierung zu den kleineren, weniger aufwendigen Vorhaben, die sofortige Gewinne am Infrastrukturausstattungsniveau erbringen, langfristig gesehen jedoch meistens weniger. Zweitens werden Vorhaben, die relativ hohe Instandhaltungskosten bedingen (Kindergärten), zugunsten von solchen herabgestuft, deren Hauptinstand-

Abb. 5.10: Sektorale und regionale Budgetverteilungen durch Änderung des Betrachtungszeitraums
(Diskontierte Kosten der Gesamtallokation in den Jahren 1 und 2)

1. Sektorale Verteilungen

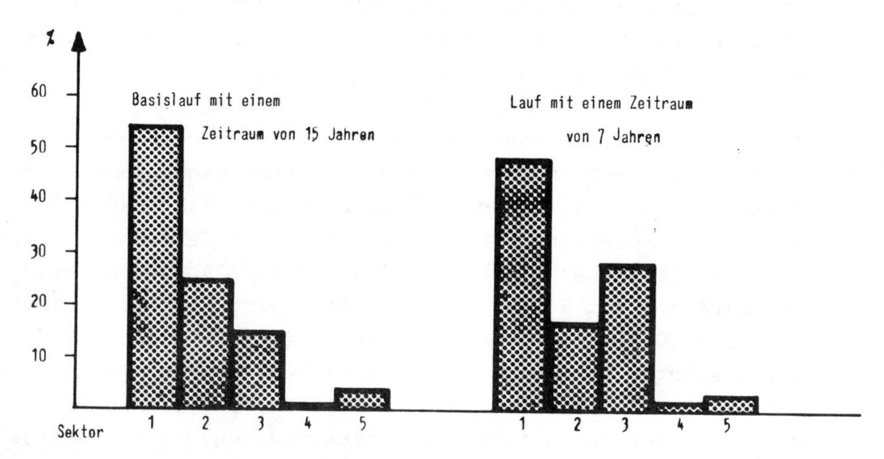

2. Regionale Verteilungen

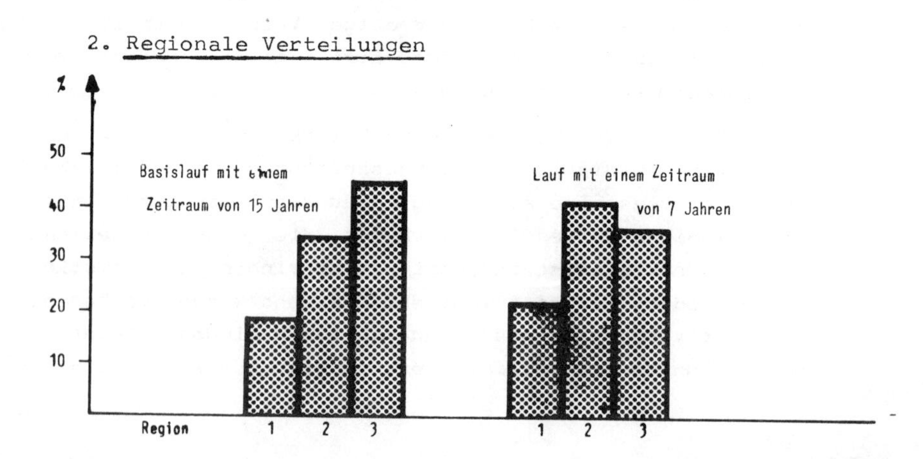

haltungs- und Erneuerungskosten sporadisch und langfristig auftreten (Straßen). Es ist nicht vorzustellen, daß ähnliche Wirkungen nicht vorliegen, wenn Allokationsentscheidungen intuitiv innerhalb des Rahmens einer kurzfristigen finanziellen Sicht getroffen werden. Die Implikationen eines solchen Entscheidungsverhaltens, ausgedrückt durch die unvermeidlich daraus resultierenden Verteilungsänderungen werden durch die vorliegende Untersuchung deutlich gemacht.

5.8 Untersuchung 7 - Erhöhung der Zahl der Allokationsjahre

Für alle bisher beschriebenen Test- und Demonstrationsläufe war die Zahl der "Allokationsjahre", d.h. die Zahl der Perioden einschließlich der laufenden, für die Budget zugeteilt wurde, zwei. Diese Situation wurde mit dem in Tabelle A17 verzeichneten finanziellen "Hintergrund" angewendet und ergab die Allokationsmerkmale für den Basislauf; graphische Darstellung Abb.4.7. Wenn jedoch die Zahl der Allokationsperioden, wie in der vorliegenden Untersuchung vorgesehen, auf 4 Jahre erweitert wird, sollte die Obergrenze des geschätzten Gesamtbudgets (Abb.4.7) herabgesetzt werden, denn anderenfalls kommt eine Allokation vor, in der in den ersten 4 Jahren fast alle Projekte genehmigt werden. Diese Allokation würde, abgesehen von der aufgestellten zeitlichen Ordnung, wenig Verteilungsinteresse haben, denn wenn alle eingegebenen Projekte genehmigt werden, würde die resultierende sektorale und räumliche Verteilung der genehmigten Finanzmittel eine Widerspiegelung der Eingabedaten sein. In Verbindung mit der Erhöhung der Zahl der Allokationsperioden wird daher die obere Finanzgrenze auf das in Abb.5.11 dargestellte Niveau herabgesetzt, um eine ausgeglichene und diskussionswürdige Allokation hervorzubringen. Von den vielen gemachten Läufen ist der hier dargestellte und diskutierte der interessanteste.

Die Allokationslisten für die 4 Jahre sind in der Tabelle 5.6 angegeben, die zeitliche Verteilung der zugeteilten Finanzmittel ist in Abb.5.11 und die Allokationscharakteristik in Abb.5.12 dargestellt.

Abb. 5.11: Zeitliche Verteilung des Gesamtbudgets - Lauf mit 4 Allokationsjahren
(Beiträge von weniger als DM 100 000,- sind nicht aufgeführt)

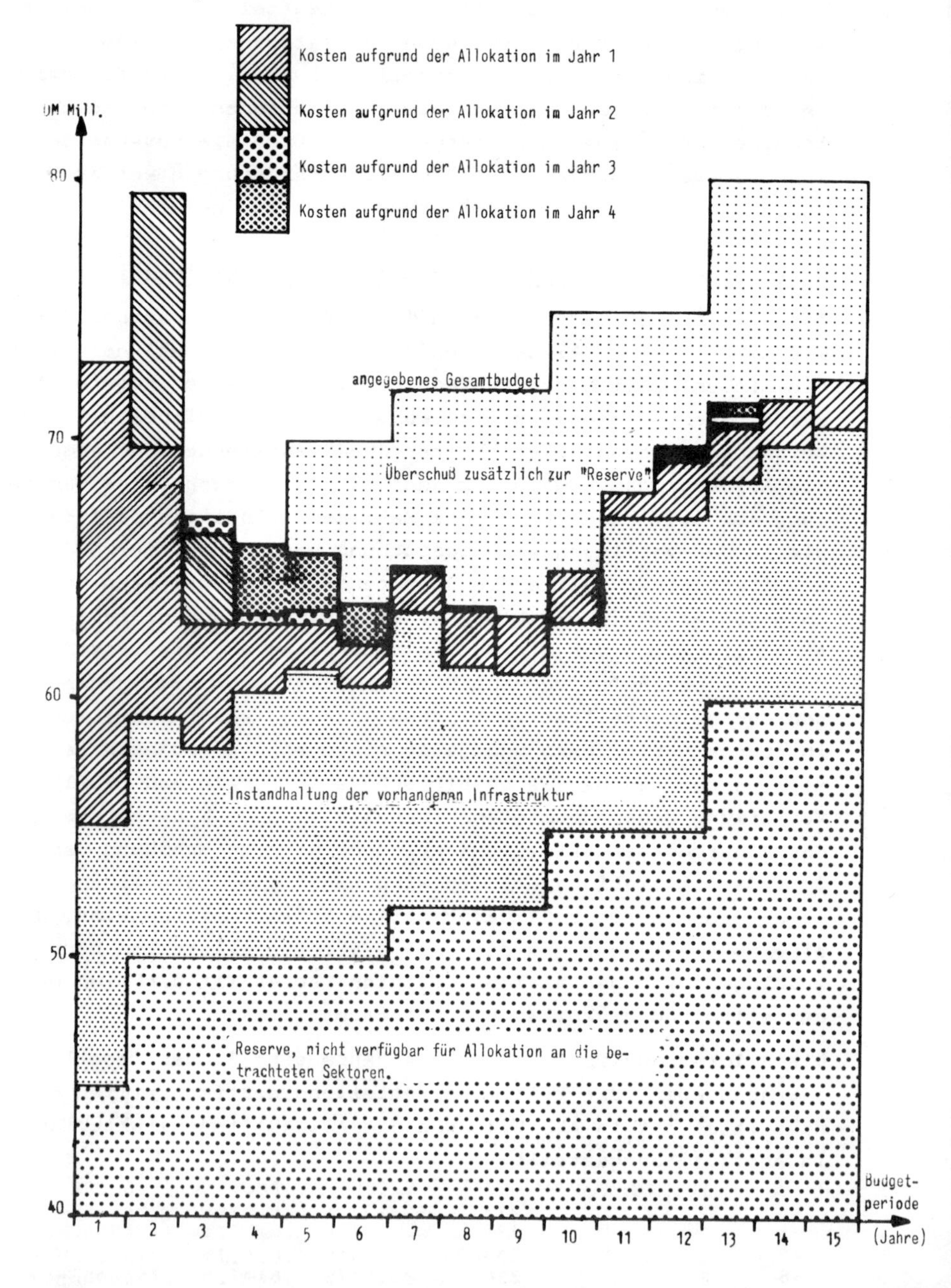

Tabelle 5.6: Allokationslisten für die 4 Perioden der Untersuchung des §5.8

PROJEKTALLOKATIONSLISTE FÜR DAS JAHR 1

PRIOR	REGION	INFRA.	PROJECTNO.	ZOLD	ZNEW	SLOPE
1	1	2	126	.506533	.506840	.107053E-07
2	1	4	641	.506840	.509788	.646977E-08
BAHN (INFRA = 4) IST ALLEN REGIONEN GEMEINSAM						
3	3	2	321	.509788	.520038	.563715E-08
4	2	2	222	.520038	.526109	.449196E-08
5	3	2	324	.526109	.528892	.418049E-08
6	2	2	221	.528892	.537636	.381015E-08
7	3	2	322	.537636	.544115	.391125E-08
8	1	2	123	.544115	.547941	.357813E-08
9	1	2	122	.547941	.549264	.324767E-08
10	2	5	251	.549264	.549835	.308854E-08
11	1	2	124	.549835	.557524	.289138E-08
12	2	2	224	.557524	.558713	.253402E-08
13	1	5	152	.558713	.559140	.231019E-08
14	3	5	351	.559140	.559925	.212194E-08
15	1	2	121	.559925	.562605	.204533E-08
16	3	3	336	.562605	.564920	.202727E-08
17	3	5	352	.564920	.566638	.177611E-08
18	3	3	332	.566638	.567157	.174518E-08
19	3	3	335	.567157	.567811	.173718E-08
20	2	2	225	.567811	.567967	.159092E-08
21	2	1	211	.567967	.568907	.157821E-08
22	1	5	151	.568907	.569818	.141163E-08
23	3	1	311	.569818	.583890	.123163E-08
24	3	1	313	.583890	.591777	.157104E-08
25	2	3	235	.591777	.592191	.127988E-08
26	1	3	135	.592191	.593722	.933588E-09
27	1	3	132	.593722	.595498	.943916E-09
28	3	3	331	.595498	.596964	.934941E-09
29	2	3	232	.596964	.598052	.915046E-09
30	3	1	315	.598052	.598277	.845550E-09
31	1	3	136	.598277	.598374	.782496E-09
32	2	2	223	.598374	.598409	.772328E-09
33	1	3	131	.598409	.598462	.745064E-09
34	1	1	115	.598462	.598820	.679019E-09
35	1	2	125	.598820	.599121	.651970E-09
36	3	1	316	.599121	.599132	.536944E-09
37	2	1	214	.599132	.599252	.519503E-09

PROJEKTALLOKATIONSLISTE FÜR DAS JAHR 2

PRIOR	REGION	INFRA.	PROJECTNO.	ZOLD	ZNEW	SLOPE
38	2	1	212	.599252	.606508	.103989E-08
39	2	1	213	.606508	.612935	.118561E-08
40	3	2	323	.612935	.612988	.897345E-09
41	2	1	215	.612988	.613007	.311614E-09

PROJEKTALLOKATIONSLISTE FÜR DAS JAHR 3

PRIOR	REGION	INFRA.	PROJECTNO.	ZOLD	ZNEW	SLOPE
42	2	3	234	.613007	.613682	.734690E-09
43	2	3	236	.613682	.613718	.351222E-09
44	2	5	252	.613718	.613726	.428517E-10

PROJEKTALLOKATIONSLISTE FÜR DAS JAHR 4

PRIOR	REGION	INFRA.	PROJECTNO.	ZOLD	ZNEW	SLOPE
45	2	3	233	.613726	.614796	.756165E-09
46	2	3	231	.614796	.615915	.726930E-09
47	3	3	333	.615915	.616175	.719365E-09
48	3	3	334	.616175	.616718	.780668E-09

Abb. 5.12: Allokationscharakteristik für die 4 Perioden der Untersuchung des §5.8

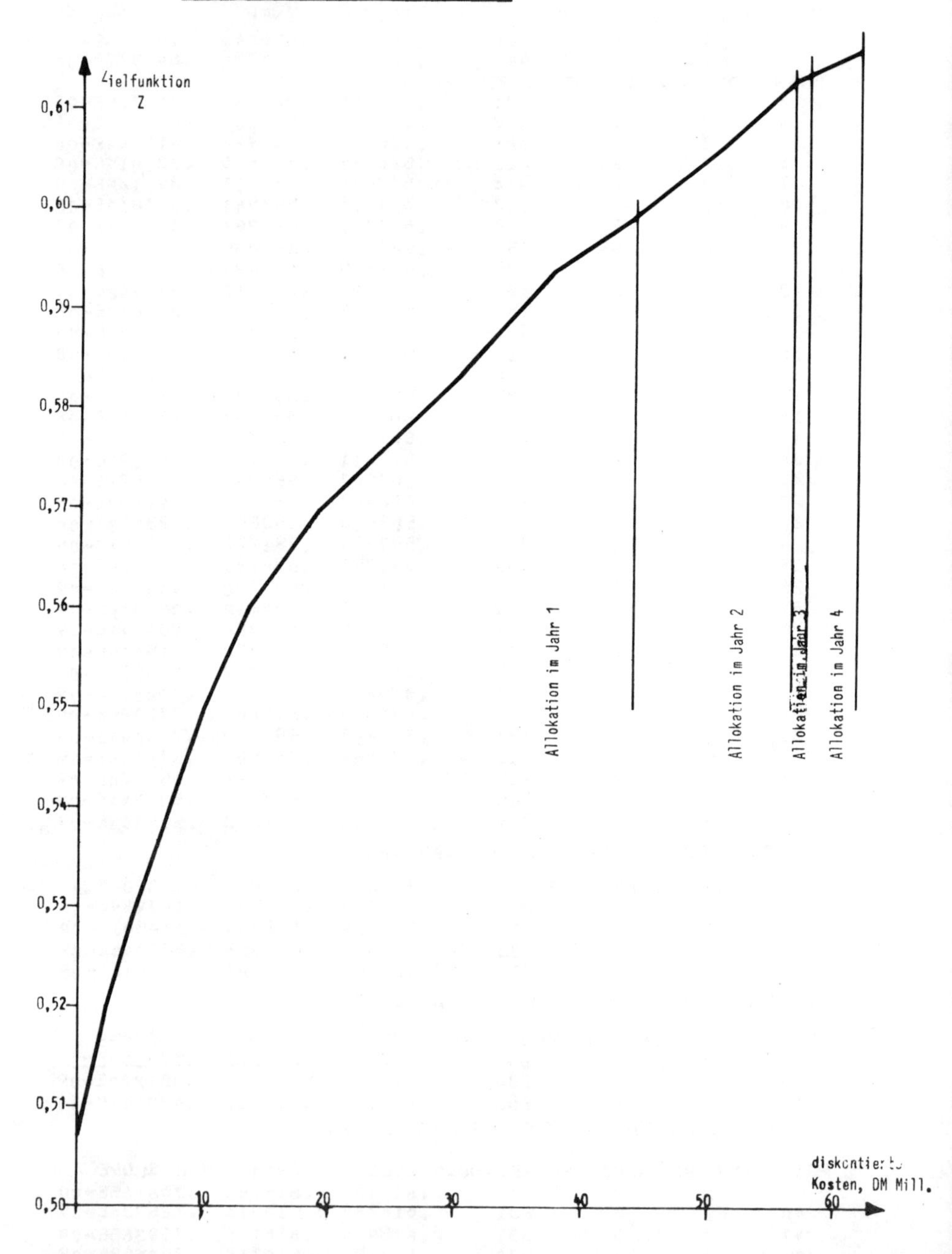

Beim Vergleich der Allokationsliste mit der des Basislaufs in Tabelle 4.4 ist zu erkennen, daß sie bis hinunter zur Prioritätsnummer 26 identisch sind, zu welchem Punkt der Allokation der vorliegenden Untersuchung sich das große Wohnungsprojekt 212 als zu aufwendig erweist, um genehmigt zu werden. Es folgt die Genehmigung einer Liste der kleineren Projekte, so daß das gesamte verfügbare Budget bis auf einen Überschuß von DM 7 650 verbraucht ist. Die resultierenden regionalen und sektoralen Budgetverteilungen für die Allokation im Jahr 1 (hier nicht wiedergegeben) befinden sich in Übereinstimmung mit diesem "Verlust" eines im Basislauf genehmigten großen Wohnungsbauprojekts, insofern keine anderen bemerkenswerte Umverteilung erfolgt.

Die obere Budgetgrenze für das Jahr 2 (vom Basislauf nicht reduziert) ergab, daß DM 9,9 Mill. für Allokation (im Gegensatz zu DM 7,5 Mill. im Basislauf) verbleiben. Anders als im Basislauf erfolgt dann die Allokation von 99% dieses Budgets des zweiten Jahres auf den Sektor Sozialwohnungswesen in der Region 2. Der verbleibende Überschuß betrug DM 49 350, zu wenig, um irgendwelche der verbleibenden Projekte zu verwirklichen.

Obgleich im Jahr 3 ursprünglich DM 4,7 Mill. zur Verfügung standen, reduzieren die Genehmigungen in den Jahren 1 und 2 diese Summe auf DM 665 850 unmittelbar bevor die Allokation im Jahr 3 beginnt. Drei kleine Projekte werden genehmigt, alle in der Region 2, mit 80% der Mittel für den Sektor Straßen. DM 2,8 Mill. bleiben noch für das Jahr 4, und 4 Projekte werden genehmigt, wieder alle für den Straßensektor. 9 der 57 Projekte auf der Vorschlagsliste bleiben ungenehmigt, entweder wegen ihrer sehr geringen Effizienz oder wegen ihrer Kostenvolumen.

Der attraktive Zug dieser Gesamtallokation ist die klare jährliche sektorale und regionale Teilung der Genehmigungen in den Jahren 2,3 und 4.

Im zweiten Jahr wird dem Sozialwohnungssektor in der Region 2 eine fast ausschließliche Priorität gegeben; im dritten Jahr dem Straßenbau und der Instandhaltung in der Region 2, im vierten Jahr wieder, und diesmal ausschließlich, dem Straßenbau (in den Regionen 2 und 3). Natürlich braucht der Anschein einer gezielten jährlichen Infrastrukturinvestition nicht notwendigerweise zu erfolgen, aber in diesem Fall begünstigen ihn die vorgeschlagenen Projekte und Finanzgrenzen. Im allgemeinen zeigt die Untersuchung, daß, bei Annahme der in dieser Arbeit dargestellten Allokationsgrundsätze es nicht schwieriger ist, eine "mittelfristige" oder sogar "langfristige" Zuteilung auszuführen als eine für nur ein Jahr. Solche "prognostizierten" Allokationen könnten, so lange keine materiellen Planungsaufwendungen in der Zwischenzeit nötig sind, ohne Verlust als provisorisch angesehen werden, da sie ein oder mehrere Jahre später bei der Wiederholung des Allokationsprozesses einer Nachprüfung unterzogen werden. Wie die Gültigkeitsdauer solcher für die Zukunft entschiedenen Genehmigungen auch beurteilt werden mag, sie liefern in jedem Fall einen koordinierten sektoralen wie regionalen Einblick in die künfigen Infrastrukturausgaben. Es kann hinzugefügt werden, daß diese umfassende Perspektive in einem mit der Maximierung der Investitionseffektivität (entsprechend den gesetzten Zielen und politischen Gewichten) erreicht wird.

Die Allokationscharakteristik der Abb.5.12, in diesem Fall mit 4 Zeitphasen der Allokation, weist die gewöhnliche allgemeine konvexe Form mit einigen konkaven Abschnitten auf, wo positive Wechselwirkungen vorkommen oder zwischen Allokationsjahren. Es kommt nicht vor, daß der konvexe Verlauf so ausgeprägt ist, daß die "künftigen" (in 4 oder mehr Jahren) Allokationen keinen Nutzen erbringen. Die oben angedeutete Anwendungsmöglichkeit für die infrastrukturelle Finanzplanung verliert somit keine Gültigkeit.

5.9 Untersuchung 8 - Der Einfluß des Attraktivitätsmodells

In dieser Untersuchung wurde dem Attraktivitätsindikator, der aus einem gewichteten Durchschnitt der sektoralen Infrastrukturausstattungsniveaus (s. §3.4) bestand, eine Reihe von (politischen oder technischen) Gewichtungen gegeben und die

Auswirkung aüf die resultierenden Allokationen studiert. Der Basislauf des §4.10 hatte einen Gewichtungsfaktor für diesen Indikator von 3,5; der angenommene Spielraum für die Untersuchung war 2,0 bis 20,0 - dabei wurden keine anderen Bedingungen geändert.

Sowohl im hohen ($\geq$ 10,0) als auch im niedrigen Bereich (2,0) der Gewichtungen wurden erhebliche Änderungen in der Genehmigungsliste beobachtet. Für eine beispielhafte Gewichtung von 20,0 sind die Listen in Tabelle 5.7 verzeichnet. Beim Vergleich mit der Allokation für den Basislauf (Tabelle 4.4) ist sofort zu erkennen, daß beträchtliche Änderungen in den Prioritäten auftreten. Im Vergleich zum Basislauf kann festgestellt werden, daß drei Projekte für den Sektor Sozialwohnungswesen (313 und 212, die kleine Bauprojekte sind, und 115, ein Instandhaltungsvorhaben) durch das große und sehr aufwendige Wohnungsbauprojekt 111 zusammen mit dem kleinen Bauprojekt 314 ersetzt wurde (betr. der Projektbeschreibungen s. Tabellen A18 - 20). Dies stellt in der Allokation, sektoral gesehen, eine entschiedene Verschiebung der Betonung auf das Sozialwohnungswesen dar und regional gesehen, ein viel stärkeres Gewicht auf Region 1. Ein Kindergarteninstandhaltungsprojekt (223) verschwindet ebenfalls und wird nicht ersetzt. Des weiteren werden die recht umfangreichen Straßenbauprojekte 132, 135 und 331 zusammen mit den Instanhaltungsprojekten 131 und 136 nicht mehr genehmigt. Ersatz hierfür sind die anspruchslosen Projekte 333 und 334 in der Region 3. Somit werden aufgrund der Änderung im Attraktivitätsgewicht der Region 1 alle früher genehmigten Straßenverbesserungsmaßnahmen "entzogen", während für die Region 3 in diesem Sektor eine Neuorientierung der tatsächlichen genehmigten Maßnahmen erfolgt.

Wenn erkannt wird, daß die Gesamtkosten des Wohnungsbauprojekts 111 DM 18 Mill. betragen, wovon im laufenden Jahr DM 8 Mill. benötigt werden, dann ist einzusehen, daß eine wichtige Änderung in der Allokation eingetreten ist. Des weiteren ist dieses Vorhaben mit der Prioritätsnummer 15 (Tabelle 5.7)

Tabelle 5.7: Allokationslisten nach einer Änderung einer Gewichtung innerhalb des Attraktivitätssubmodells
(der infrastrukturelle Attraktivitätsindikator mit Gewichtung 20,0 - der Basislauf hat die Gewichtung 3,5)

PROJEKTALLOKATIONSLISTE FÜR DAS JAHR 1

PRIOR	REGION	INFRA.	PROJECTNO.	ZOLD	ZNEW	SLOPE
1	1	2	126	.476695	.476964	.937638E-08
2	1	4	641	.476964	.480277	.727380E-08
BAHN (INFRA = 4) IST ALLEN REGIONEN GEMEINSAM						
3	3	2	321	.480277	.488739	.465346E-08
4	2	2	222	.488739	.493673	.365083E-08
5	3	2	324	.493673	.495992	.348298E-08
6	2	2	221	.495992	.503202	.314211E-08
7	3	2	322	.503202	.508556	.323191E-08
8	1	2	123	.508556	.511725	.296315E-08
9	2	5	251	.511725	.512221	.268627E-08
10	1	2	122	.512221	.513300	.264780E-08
11	1	2	124	.513300	.519668	.239478E-08
12	3	1	311	.519668	.547182	.240811E-08
13	3	1	314	.547182	.567224	.499713E-08
14	2	2	224	.567224	.568442	.259298E-08
15	1	1	111	.568442	.610829	.256508E-08
16	3	5	351	.610829	.611581	.203520E-08
17	2	1	211	.611581	.612690	.186135E-08
18	2	2	225	.612690	.612857	.169941E-08
19	3	5	352	.612857	.614383	.157677E-08
20	1	5	152	.614383	.614667	.153624E-08
21	3	3	336	.614667	.616397	.151513E-08
22	3	3	332	.616397	.616833	.146597E-08
23	3	3	335	.616833	.617385	.146548E-08
24	1	2	121	.617385	.619079	.129302E-08
25	1	5	151	.619079	.619763	.118764E-08
26	2	3	235	.619763	.620094	.102147E-08
27	2	3	232	.620094	.621090	.838040E-09
28	3	1	316	.621090	.621104	.684663E-09

PROJEKTALLOKATIONSLISTE FÜR DAS JAHR 2

PRIOR	REGION	INFRA.	PROJECTNO.	ZOLD	ZNEW	SLOPE
29	2	1	213	.621104	.640022	.349025E-08
30	3	2	323	.640022	.640144	.206083E-08
31	3	3	333	.640144	.640483	.800559E-09
32	3	3	334	.640483	.641156	.823571E-09

vor irgendwelchen Straßenvorhaben genehmigt, so daß die nachfolgenden Auswirkungen auf den Straßensektor in der Region 1 entweder als reine Verdrängungseffekte aufgrund des radikal geänderten Umfangs an verbleibendem Budget aufzufassen sind oder als ein neuer regional-sektoraler Ausgleich hinsichtlich der Zielfunktion, durch den Straßenverbesserungen in den anderen Regionen 2 und 3 mehr Effizienz erhalten als die für Region 1 vorgesehenen und im Basislauf genehmigten.

Der Einfluß des Attraktivitätsmodells (durch seine Indikatoren), wie in Abb.3.9 (§3.4) schematisch dargestellt, ist daher, wie gezeigt wurde, nicht unbeträchtlich. Obwohl die Bevölkerungsbewegungen bei diesem Lauf nicht untersucht wurden, stellt sich doch klar heraus, daß das Ziel, eine räumliche Einheit mit einem koordinierten Infrastruktursystem auszustatten, nicht die einzige Erwägung ist, die bei der Allokation von Infrastrukturbudget gemacht werden sollte. Die Prioritäten der Wohnbevölkerung hinsichtlich besonderer Infrastrukturkombinationen, Beschäftigungsgelegenheiten, Pendel- und Freizeitmöglichkeiten usw. - alle die in §3.4 diskutierten Faktoren, die in die dort gegebene Interpretation der "Attraktivität" fallen - haben ebenfalls einen Einfluß auf die Verteilung der verfügbaren Infrastrukturfinanzmittel.

5.10 Untersuchung 9 - Der Einfluß des Bevölkerungssubmodells

Das entwickelte Bevölkerungs- und Wanderungsmodell (s. §3.5.2) enthält "interne" Parameter M_{qrt}, von denen jeder, falls von den in §4.10 gebrauchten Werten variiert, die resultierenden Bevölkerungsprognosen ändert und damit die verbundene Allokation. In der vorliegenden kurzen Übersicht über das Modellverhalten würde jedoch unmöglich und irrelevant sein, die Ergebnisse aus einer vollständigen Untersuchung der Auswirkung jedes Bevölkerungsmodellparameters zu beschreiben, besonders da das Modell nur eine für Demonstrationszwecke hypothetische Konstruktion ist. Es wird daher nur auf die Auswirkung eingegangen, die die Prognoseeingaben auf die Allokation haben.

Zu diesem Zweck wurden die Prognosen der Raten des natürlichen Bevölkerungswachstums für die 15 Zeitperioden und 3 Regionen von den in Tabelle A16(i) aufgeführten Werten einheitlich auf 0,4% geändert - für die Bedingungen in der Bundesrepublik ein realistischer Wert. Andere Parameter des Basislaufs wurden nicht geändert.

Die Tabelle 5.8 zeigt die resultierenden Bevölkerungsentwicklungen vor und nach der Allokation in den beiden Jahren, die von denselben Ausgangsniveaus selbstverständlich (wegen geringerem Wachstum) beträchtlich unter den Basislaufwerten liegen. Die Bevölkerungsentwicklung hat jedoch die gleiche wie beim Basislauf in Abb.4.11 gezeigte Form. Für die Region 1 haben die Allokationen die gleichen Wirkungen auf die prognostizierte Bevölkerungsentwicklung wie sie die des Basislaufs hatten, d.h. die Bevölkerungsprognose ist sukzessiv reduziert. Die Regionen 2 und 3 weisen jedoch nicht das gleiche Verhalten auf. In der Region 2 hat die Allokation im Jahr 1 die Wirkung, die Bevölkerungszahl in beiden Fällen zu steigern, aber die Allokation im Jahr 2 für den Basislauf steigerte die Prognose noch weiter, während die hier betrachtete Allokation im Jahr 2 eine leichte Abnahme bewirkt. Der Unterschied ist für die Region 3 am stärksten ausgeprägt - im Basislauf steigt die Prognose (Allokation des Jahres 1) und nahm dann wieder mit der Allokation im Jahr 2 ab. Im vorliegenden Fall ist das Verhalten genau das Gegenteil. Diese Unterschiede in der relativen Entwicklung, obgleich zugegebenermaßen auf dem zweiten Niveau und wahrscheinlich innerhalb des Bereichs der Genauigkeit jeder denkbaren Bevölkerungsprognose, illustriert nichtsdestoweniger die zwischen Infrastruktur und Bevölkerungsstand und -entwicklung bestehenden Abhängigkeiten.

Mit verminderten Bevölkerungsprognosewerten ist zu erwarten, daß diejenigen Infrastrukturen mit starker Abhängigkeit von der Bevölkerungszahl (Sozialwohnungswesen, Kindergärten), langfristig gesehen, besser ausgestattet werden. Dies wird aus Tabelle 5.9 deutlich, die unmittelbar mit Tabelle 4.1

Tabelle 5.8: Regionale Bevölkerungsentwicklung entsprechend des Allokationszustands
(unter den in §5.10 beschriebenen Bedingungen)

(a) Entwicklung bevor die Allokation stattfindet

Zeitpunkt	1	2	3	4	5	6	7	8	9	10	11	12	13	14	15	16
Region 1	21510.	21866.	22221.	22549.	22867.	23189.	23508.	23853.	24193.	24546.	24907.	25287.	25678.	26067.	26460.	26867.
Region 2	14250.	14439.	14632.	14819.	15014.	15194.	15363.	15533.	15714.	15898.	16092.	16300.	16543.	16790.	17044.	17291.
Region 3	24330.	24626.	24931.	25282.	25645.	26032.	26446.	26846.	27252.	27656.	28054.	28433.	28779.	29138.	29497.	29866.

(b) Entwicklung nach der Allokation im Jahr 1

Zeitpunkt	1	2	3	4	5	6	7	8	9	10	11	12	13	14	15	16
Region 1	21510.	21866.	22189.	22476.	22777.	23104.	23439.	23796.	24152.	24513.	24875.	25244.	25625.	26008.	26394.	26791.
Region 2	14250.	14439.	14668.	14940.	15190.	15429.	15656.	15883.	16114.	16343.	16580.	16829.	17092.	17350.	17622.	17888.
Region 3	24330.	24626.	24928.	25233.	25559.	25884.	26223.	26553.	26893.	27244.	27598.	27947.	28283.	28635.	28987.	29346.

(c) Entwicklung nach der Allokation im Jahr 2

Zeitpunkt	1	2	3	4	5	6	7	8	9	10	11	12	13	14	15	16
Region 1	21510.	21866.	22189.	22473.	22773.	23098.	23431.	23788.	24142.	24501.	24860.	25227.	25606.	25988.	26371.	26766.
Region 2	14250.	14439.	14668.	14939.	15188.	15423.	15647.	15872.	16100.	16325.	16559.	16805.	17065.	17320.	17588.	17850.
Region 3	24330.	24626.	24928.	25237.	25566.	25895.	26239.	26572.	26918.	27274.	27634.	27988.	28329.	28686.	29042.	29408.

Tabelle 5.9: Sektorale und regionale Infrastruktursituation vor der Allokation (unter den Bedingungen des §5.10)

DER ALLOKATIONSPROZEß FINDET NUN FÜR DAS JAHR 1 STATT

MIT ANFÄNGLICHEN JÄHRLICHEN SEKTORALEN AUSSTATTUNGSNIVEAUS E_{IRT} VON

R	I	T = 1	2	3	4	5	6	7	8	9	10	11	12	13	14	15	16
1	1	.61072	.57851	.54426	.52169	.49422	.47383	.49436	.47319	.46100	.44235	.43151	.48178	.46015	.44915	.43155	.42026
2	1	.33664	.31941	.30182	.28752	.27446	.26227	.25486	.24538	.23673	.22884	.22253	.29854	.29156	.28725	.28311	.27533
3	1	.54836	.50017	.49631	.47126	.45009	.47202	.45653	.51807	.50364	.48834	.47350	.45923	.44570	.43227	.41911	.40611
1	2	.57545	.55448	.53457	.51606	.49855	.48176	.46576	.45009	.43515	.42068	.40673	.41721	.40978	.40256	.39546	.38839
2	2	.57661	.55254	.53992	.52281	.50625	.49065	.47589	.46169	.44783	.43443	.42135	.45634	.44888	.44152	.43417	.42710
3	2	.43583	.41786	.40953	.39536	.38169	.36843	.35552	.34330	.33157	.32036	.30968	.30470	.30005	.29539	.29081	.28625
1	3	.51018	.47695	.44779	.45673	.53776	.50987	.52362	.53127	.52825	.50441	.49157	.48350	.45371	.46126	.54132	.51297
2	3	.55279	.51113	.51360	.52426	.54480	.51720	.53126	.58320	.56008	.55878	.54456	.53903	.52458	.53522	.53657	.50896
3	3	.55720	.53789	.55016	.50397	.58222	.59234	.58866	.59181	.60707	.59580	.53959	.52028	.53255	.52327	.59339	.60351
1	4	.79028	.77648	.76350	.75600	.74355	.73012	.71679	.70924	.69607	.68816	.67516	.66697	.67664	.66384	.65113	.64053
2	4	.79028	.77648	.76350	.75600	.74355	.73012	.71679	.70924	.69607	.68816	.67516	.66697	.67664	.66384	.65113	.64053
3	4	.79028	.77648	.76350	.75600	.74355	.73012	.71679	.70924	.69607	.68816	.67516	.66697	.67664	.66384	.65113	.64053
1	5	.70901	.70146	.69576	.69632	.69397	.69161	.68934	.68694	.68463	.68229	.67997	.67758	.67519	.67288	.67060	.66830
2	5	.55510	.54535	.54526	.54517	.54508	.54498	.54487	.54475	.54463	.54450	.54436	.54422	.54405	.54388	.54370	.54353
3	5	.67945	.67031	.66901	.66757	.66612	.66462	.66308	.66161	.66016	.65875	.65739	.65611	.65495	.65376	.65260	.65142

UND REGIONALEN AUSSTATTUNGSINDIZES Z_{RT} VON

.65394	.62488	.58301	.55488	.54885	.53487	.53537	.52759	.51958	.50755	.49848	.50790	.49738	.49318	.49930	.48955
.56949	.54745	.52514	.50575	.48652	.46383	.45656	.45897	.44928	.44370	.43605	.45727	.45252	.45060	.44725	.43884
.60703	.58803	.58590	.56947	.57328	.57434	.55318	.54992	.53398	.51516	.49052	.47674	.47515	.46875	.47504	.47199

ERGEBEN SICH GESAMTAUSSTATTUNGSNIVEAUS Z_T VON

.615286 .591597 .570458 .549134 .543960 .534005 .523893 .520360 .508736 .495490 .480451 .483277 .477744 .473191 .477137 .470414

DIE SICH ZU EINEM ZIELFUNKTIONSWERT Z = 0,528008 DISKONTIEREN vergleichbar ist. Es passiert, daß bedeutsame Ausstattungssteigerungen in den beiden oben erwähnten Sektoren vorkommen, obwohl die Ausgangsposition die gleiche ist. Straßen (Sektor 3) sind von Bevölkerungsunterschieden unbeeinflußt, und die Sektoren 4 und 5 zeigen nur leichte Steigerungen, die wieder durch die "reduzierte" Bevölkerung oder Bevölkerungsdichte verursacht sind. Für alle 3 Regionen werden die regionalen Ausstattungsniveaus mit einem resultierenden Zielfunktionswert von 0,5280 verbessert, verglichen mit dem von 0,5005 des Basislaufs. Das Ausmaß dieser Steigerung kann jedoch (politisch) geregelt werden, dadurch daß die Betonung verändert wird, die durch die Diskontierungsrate für künftige Gewinne an Ausstattungsniveau zu legen ist, aber die Richtung der zu erkennenden Tendenz ist richtig, nämlich daß eine geringere Bevölkerungszahl in der Zukunft eine höhere Bewertung der gegenwärtig vorhandenen Ausstattung impliziert.

Tabelle 5.10 zeigt dann die sich ergebenden Allokationslisten für die Jahre 1 und 2, und durch Vergleich mit Tabelle 4.4 ist zu erkennen, daß sie sehr davon abweichen; die Unterschiede beginnen in der Liste schon bei der Priorität 3. Wieder hat sich die Zahl der in beiden Allokationen genehmigten Vorhaben und auch insgesamt geändert, wobei in diesem Fall die Liste das übliche Merkmal "langer" Listen aufweist, nämlich eines beträchtlichen nicht durch Genehmigungen zu verteilenden Überschusses - der in diesem Fall im Jahr 2 über DM 1 Mill. beträgt. Ein Vergleich der Priorität der aufwendigeren Projekte zeigt auf, daß die Basisallokation (Tabelle 4.4) die Wohnungsbauprojekte 311, 313 und 212 genehmigt, während keines dieser im Lauf der vorliegenden Untersuchung genehmigt wird. Hier werden die aufwendigen Wohnungsprojekte 213 und 114 genehmigt, und dies deutet an, daß die Prognose einer verminderten Bevölkerungszahl sektorale, wenn auch nicht regionale Budgetverteilungsänderungen verursacht.

Im Basislauf erbrachte die Gesamtallokation eine absolute Steigerung von 0,1069 (10,7%) in der Bewertung des Gesamt-

Tabelle 5.10: Allokationsliste für die Untersuchung des §5.10 (Variation/Verminderung des natürlichen Bevölkerungswachstums)

PROJEKTALLOKATIONSLISTE FÜR DAS JAHR 1

PRIOR	REGION	INFRA.	PROJECTNO.	ZOLD	ZNEW	SLOPE
1	1	2	126	.528008	.528422	.144296E-07
2	1	4	641	.528422	.531496	.674766E-08
BAHN (INFRA = 4) IST ALLEN REGIONEN GEMEINSAM						
3	2	2	222	.531496	.538889	.547028E-08
4	2	2	221	.538889	.550106	.488790E-08
5	1	2	123	.550106	.554678	.427534E-08
6	2	5	251	.554678	.555438	.410737E-08
7	3	2	321	.555438	.562681	.398354E-08
8	1	2	124	.562681	.572563	.371619E-08
9	1	2	122	.572563	.573965	.344175E-08
10	2	2	224	.573965	.575521	.331241E-08
11	2	1	213	.575521	.593809	.312423E-08
12	3	2	324	.593809	.595896	.313452E-08
13	1	5	152	.595896	.596374	.258954E-08
14	3	2	322	.596374	.600467	.247069E-08
15	1	2	121	.600467	.603730	.249073E-08
16	1	1	114	.603730	.622575	.231021E-08
17	2	2	225	.622575	.622775	.203101E-08
18	2	1	211	.622775	.623849	.180324E-08
19	3	5	351	.623849	.624663	.220004E-08
20	3	3	332	.624663	.625137	.159449E-08
21	2	3	235	.625137	.625627	.151452E-08
22	3	3	335	.625627	.626207	.154048E-08
23	3	3	336	.626207	.627860	.144777E-08
24	1	5	151	.627860	.628822	.149230E-08
25	3	5	352	.628822	.630045	.126387E-08
26	2	2	223	.630045	.630104	.130655E-08
27	2	3	233	.630104	.632174	.113963E-08
28	2	3	234	.632174	.633375	.107561E-08
29	2	3	231	.633375	.635461	.104339E-08
30	2	3	232	.635461	.636759	.106573E-08
31	1	3	135	.636759	.638302	.941143E-09
32	3	1	315	.638302	.638553	.941734E-09
33	1	3	132	.638553	.640209	.880050E-09
34	3	3	331	.640209	.641615	.896906E-09
35	3	2	323	.641615	.641669	.839469E-09
36	3	1	312	.641669	.642787	.823213E-09
37	2	3	236	.642787	.642885	.810179E-09
38	1	3	134	.642885	.644857	.760085E-09
39	3	1	316	.644857	.644874	.807334E-09
40	3	3	333	.644874	.645240	.788861E-09
41	3	3	334	.645240	.645903	.751485E-09
42	2	1	214	.645903	.646073	.736704E-09
43	1	3	136	.646073	.646158	.683856E-09
44	1	1	115	.646158	.646504	.656313E-09
45	1	2	125	.646504	.646782	.601603E-09
46	2	1	215	.646782	.646812	.453162E-09
47	1	3	131	.646812	.646839	.372269E-09

PROJEKTALLOKATIONSLISTE FÜR DAS JAHR 2

PRIOR	REGION	INFRA.	PROJECTNO.	ZOLD	ZNEW	SLOPE
48	3	1	313	.646839	.648563	.371144E-09
49	1	4	642	.648563	.648794	.258825E-09
BAHN (INFRA = 4) IST ALLEN REGIONEN GEMEINSAM						
50	2	5	252	.648794	.648820	.131919E-09

ausstattungsniveaus Z. Im vorliegenden Lauf ist die entsprechende Steigerung 0,1208 (12,1%) und dies trotz der Tatsache, daß für DM 1,17 Mill. (im Jahr 2) keine Allokation erfolgte. Diese erhebliche Steigerung der "Allokationseffizienz" ist wiederum die natürliche Konsequenz der verminderten künftigen Bevölkerungszahl. Offensichtlich eine Allokation mit einer größeren Auslage je Kopf und Jahr sollte in dieser Weise Ausdruck finden, selbst wenn die Nutzen und Kosten diskontiert werden.

Vergleichende regionale und sektorale Verteilungen der zugeteilten Finanzmittel zwischen dem Basislauf und dem der vorliegenden Untersuchung (Abb.5.13) machen in überzeugender Weise deutlich, daß die Budgetverteilungen stark von der eingeführten verminderten Bevölkerungsprognose beeinflußt werden. Bei dem geringeren Bevölkerungsniveau erhält das Sozialwohnungswesen eine viel geringere Betonung; diese Herabsetzung kommt hauptsächlich dem Straßensektor zugute (der bevölkerungsunabhängig quantifiziert ist), aber auch in geringerem Maß den Sektoren 4 und 5. Die Höhe der Investitionen für Kindergärten (Sektor 2) bleibt konstant. Regional gesehen, treten entscheidende Änderungen ein - während im Basislauf die Region 1 einen geringen Anteil des Budgets erhielt, wird bei niedrigeren Bevölkerungszunahmen die Region 1 dominierend, die bevölkerungsreichste Region 3 erhält hingegen die geringsten Mittel. Während die Änderungen in der sektoralen Verteilung leicht aufgrund einer relativen Betonungsverminderung der bevölkerungsabhängigen Sektoren zu erklären sind, können die radikalen Änderungen in der regionalen Verteilung nicht so einfach erklärt werden. Die Erklärung liegt in der Verminderung der Betonung auf dem Sozialwohnungswesen, für das die Kosten der vorgeschlagenen Bauprojekte einen großen Anteil der insgesamt für die 5 Sektoren verfügbaren Finanzmittel ausmachen. Unter den neuen Bedingungen wird weniger Budget dem Sozialwohnungswesen zugeteilt, wobei, bezüglich des Basislaufs, die Haupteinsparungen in den

Abb. 5.13: Sektorale und regionale Budgetverteilungen, erhalten durch die Veränderung der Prognosen für das natürliche Bevölkerungswachstum

(diskontierte Gesamtallokationskosten)

(i) Sektorale Verteilungen

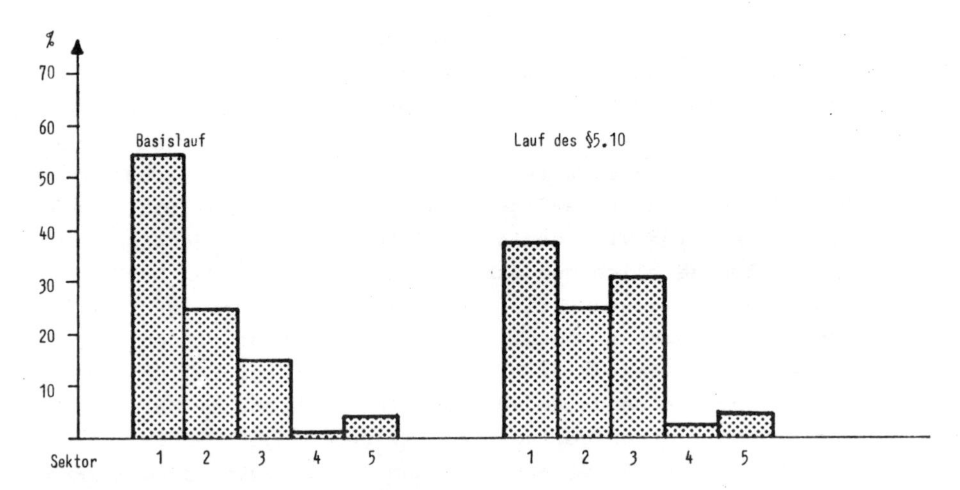

(ii) Regionale Verteilungen

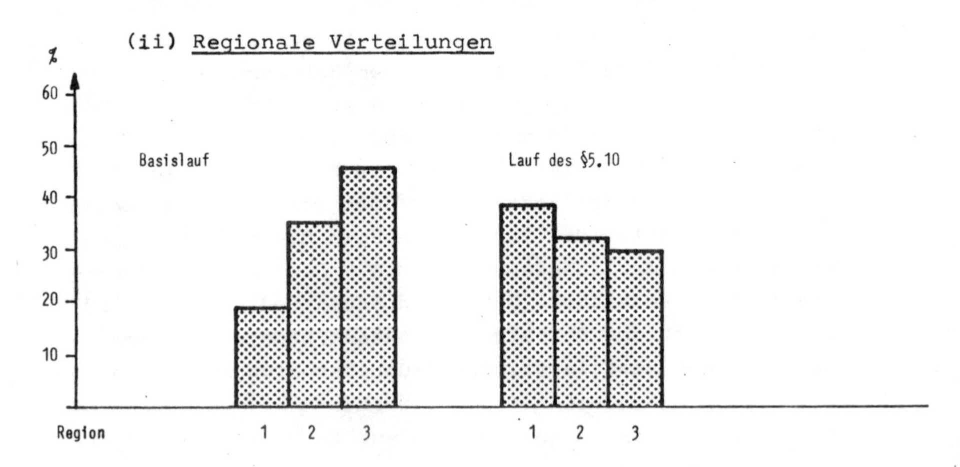

Regionen 2 und 3 eintreten. Dies genügt zusammen mit den gesteigerten Ausgaben für Straßen in der Region 1, um die regionale Budgetverteilung vollständig zu verändern.

Es wurde gezeigt, daß die erwarteten Raten des Bevölkerungszuwachses langfristig gesehen in bedeutsamer Weise die Verteilung und Zusammensetzung einer jetzigen Budgetallokation beeinflussen können. Die zwischen Bevölkerungszahl und Infrastrukturbudgetallokation bestehenden Verbindungen, die in Abb.3.10 schematisch aufgezeigt wurden, dürften daher deutlicher gemacht worden sein.

5.11 Untersuchung 10 - Die Einführung sektoraler Einkünfte

Für vorhandene Infrastruktur nimmt das Modell implizit an, daß Einkünfte aus den Sektoren Sozialwohnungswesen, Kindergärten und Vorortbahn einen Teil des gesamten verfügbaren oder prognostizierten Budgets bilden, d.h. daß sie einem Teil der Gesamtfläche unter der obersten Grenzlinie in der Abb.4.7 bildet. Für die vorgeschlagenen Projekte wurde jedoch ein Mechanismus im Modell eingebaut, wobei nach Wahl und auf sektoraler Basis die von den Projekten aufzutretenden Einkünfte von den jährlichen Investitions- bzw. Instandhaltungskosten abgezogen werden. Im Basislauf wurde dieser Mechanismus nicht eingeschaltet. Die vorliegende Untersuchung beschäftigt sich damit, welche Auswirkungen die Berücksichtigung der Einkünfte auf die Stellung der Projekte des Sektors 1, d.h. des Sozialwohnungswesens, wobei keine anderen Änderungen hinsichtlich der Basislaufdaten vorgenommen werden. Es ist zuzugeben, daß dies eine Verletzung des "Non-Affektationsprinzips" darstellt, nach dem eine betriebswirtschaftliche Betrachtung eines Infrastruktursektors unzulässig ist, das aber insbesondere in den Bereichen des öffentlichen Transport- und Sozialwohnungswesens nichtsdestoweniger in zunehmendem Maß ignoriert wird.

Die Auswirkung der Berücksichtigung der Einkünfte in dieser Weise ist hier deutlich gemacht worden - es ist selbstverständlich, daß Projekte in Sektoren, in denen öffentliche

Dienste oder Ausstattungen nicht unentgeltlich angeboten werden, "billiger" werden oder langfristig gesehen vielleicht sogar kostennegativ werden, d.h. positiven finanziellen Gewinn einbringen. Entsprechend den Allokationskriterien (s. §3.2.6) würden somit Projekte eine höhere (bzw. sehr hohe) Priorität erhalten trotz der Tatsache, daß ihre kurz- oder mittelfristigen u.U. beträchtlichen Investitionskosten für andere aber vielleicht "notwendigere" nicht einkommenerbringende Projekte hätten verwendet werden können. Aus einem bestimmten Sektor entspringende und verbuchte Einkünfte erhöhen andererseits die verfügbaren Budgetmittel für andere Sektoren, doch kann sich dies erst dann auswirken, wenn die anfänglichen Investitionskosten für einkünfteerzielende Sektoren abgedeckt worden sind. Die Einbeziehung der vorliegenden Untersuchung stellt somit für die Arbeit ein erhebliches Paradox dar, da sie dem konsequent durchgeführten Prinzip zuwiderläuft, daß die Effizienz von Infrastrukturausgaben (d.h. gemessen an einem "Nutzen-Kosten-Quotienten" mit einem gegenüber expliziten Zielen definierten Nutzen) von der "Preispolitik" für die Inanspruchnahme von öffentlichen Einrichtungen und Diensten unabhängig sein soll. Es dient jedoch dem Zweck der numerischen Demonstration, daß die Modellanwendung noch möglich ist (auch unter Einbeziehung von Wechselwirkungen, die einkünfteerzielend sind), wenn sektorale betriebswirtschaftliche Grundsätze tatsächlich angewendet werden müssen.

In Übereinstimmung mit der in der Bundesrepublik festzustellenden Tendenz, höhere, stärker "kostenorientierte", Mieten für Sozialwohnungen anzusetzen, wurde für alle vorgesehenen Wohnungsbauprojekte ein ständig steigendes Mietniveau über die 15-jährige Betrachtungsperiode postuliert, mit einem auf Endmieten gerichteten Ziel, die Mieten "kostendeckend" zu machen. Mit der optimistischen Annahme einer 100%igen Wohnungsbesetzung wurden die Einkünfte (aus Mieten) dann vom Investitions- und Instandhaltungskostenprofil für jedes Projekt abgesetzt. Die daraus resultierende Allokation ist in der Tabelle 5.11 aufgeführt; sie ist unmittelbar mit

Tabelle 5.11: Allokationsliste mit Berücksichtigung der Mieteinkünfte für den Sektor "Sozialwohnungswesen"

PROJEKTALLOKATIONSLISTE FÜR DAS JAHR 1

PRIOR	REGION	INFRA.	PROJECTNO.	ZOLD	ZNEW	SLOPE	DISCOST	CUMDISCOST	COST	CUMCOST	CURCOST	CUMCURCOST
1	1	2	126	.506533	.506840	.107053E-07	28681.	28681.	-25000.	-25000.	75000.	75000.
2	2	1	211	.506840	.507786	.724880E-08	130505.	159186.	-397600.	-422600.	162400.	237400.
3	1	4	641	.507786	.510733	.646966E-08	455546.	614732.	800000.	377400.	40000.	277400.
BAHN (INFRA = 4) IST ALLEN REGIONEN GEMEINSAM												
4	3	2	321	.510733	.520989	.563967E-08	1818421.	2433153.	2908100.	3285500.	200000.	477400.
5	2	2	222	.520989	.527051	.448523E-08	1351572.	3784725.	2140800.	5426300.	228000.	705400.
6	3	2	324	.527051	.529835	.418257E-08	665585.	4450310.	1080000.	6506300.	72000.	777400.
7	2	2	221	.529835	.538567	.380529E-08	2294852.	6745161.	3586000.	10092300.	500000.	1277400.
8	3	2	322	.538567	.545048	.391231E-08	1656475.	8401637.	2753000.	12845300.	150000.	1427400.
9	1	2	123	.545048	.548877	.358050E-08	1069361.	9470998.	1595200.	14440500.	175000.	1602400.
10	1	2	122	.548877	.550201	.324932E-08	407510.	9878508.	622200.	15062700.	100000.	1702400.
11	2	5	251	.550201	.550772	.308670E-08	184885.	10063392.	300000.	15362700.	20000.	1722400.
12	1	2	124	.550772	.558463	.289241E-08	2659015.	12722407.	3963000.	19325700.	775000.	2497400.
13	2	2	224	.558463	.559651	.253104E-08	469524.	13191931.	732600.	20058300.	95000.	2592400.
14	1	5	152	.559651	.560078	.231032E-08	184885.	13376816.	300000.	20358300.	20000.	2612400.
15	3	5	351	.560078	.560863	.212239E-08	369769.	13746586.	600000.	20958300.	40000.	2652400.
16	1	2	121	.560863	.563544	.204627E-08	1310102.	15056687.	1845200.	22803500.	300000.	2952400.
17	3	3	336	.563544	.565859	.202734E-08	1141945.	16198632.	1340800.	24144300.	50000.	3002400.
18	3	5	352	.565859	.567578	.177714E-08	967514.	17166146.	1422000.	25566300.	63000.	3065400.
19	3	3	332	.567578	.568097	.174565E-08	297108.	17463253.	352000.	25918300.	240000.	3305400.
20	3	3	335	.568097	.568751	.173760E-08	376505.	17839758.	421000.	26339300.	325000.	3630400.
21	3	1	312	.568751	.569878	.161540E-08	697776.	18537534.	60000.	26399300.	770000.	4400400.
22	2	2	225	.569878	.570035	.158969E-08	98383.	18635918.	128000.	26527300.	68000.	4468400.
23	3	1	311	.570035	.583533	.149586E-08	9023611.	27659528.	7873000.	34400300.	5225000.	9693400.
24	3	1	313	.583533	.591764	.211811E-08	3886247.	31545776.	3130400.	37530700.	4850000.	14543400.
25	1	5	151	.591764	.592733	.150201E-08	644960.	32190735.	745000.	38275700.	350000.	14893400.
26	2	1	212	.592733	.601529	.146191E-08	6016852.	38207587.	5256000.	43531700.	4000000.	18893400.
27	1	3	135	.601529	.603440	.116539E-08	1639850.	39847437.	1912000.	45443700.	600000.	19493400.
28	3	1	315	.603440	.603708	.100914E-08	265797.	40113235.	275000.	45718700.	200000.	19693400.
29	1	3	136	.603708	.603825	.936122E-09	124329.	40237564.	196500.	45915200.	47500.	19740900.
30	1	3	131	.603825	.603886	.855251E-09	71061.	40308625.	75000.	45990200.	40000.	19780900.
31	1	1	115	.603886	.604331	.846265E-09	526922.	40835546.	855000.	46845200.	57000.	19837900.

PROJEKTALLOKATIONSLISTE FÜR DAS JAHR 2

PRIOR	REGION	INFRA.	PROJECTNO.	ZOLD	ZNEW	SLOPE	DISCOST	CUMDISCOST	COST	CUMCOST	CURCOST	CUMCURCOST
32	2	1	213	.604331	.610269	.140686E-08	4220410.	4220410.	3739040.	3739040.	5740000.	5740000.
33	2	3	235	.610269	.610621	.117759E-08	298871.	4519281.	424000.	4163040.	200000.	5940000.
34	3	3	331	.610621	.611952	.936751E-09	1421429.	5940710.	1690000.	5853040.	929000.	6869000.
35	1	3	132	.611952	.613514	.913318E-09	1709726.	7650436.	2054500.	7907540.	901000.	7770000.
36	3	2	323	.613514	.613567	.898993E-09	59259.	7709696.	64000.	7971540.	64000.	7834000.
37	2	2	223	.613567	.613600	.780580E-09	41667.	7751362.	45000.	8016540.	45000.	7879000.
38	2	1	214	.613600	.613734	.649032E-09	206106.	7957468.	350000.	8366540.	25000.	7904000.
39	3	1	316	.613734	.613738	.261231E-09	18519.	7975987.	20000.	8386540.	20000.	7924000.

der Basislaufallokation der Tabelle 4.4 zu vergleichen.

Aus dem Vergleich ist zu erkennen, daß noch mehr Wohnungsbauprojekte vorliegen und daß ihre Prioritäten im allgemeinen höher sind wenn Einkünfte berücksichtigt werden. Dies ist der Tatsache zuzuschreiben, daß ihre diskontierten und gesamten Kosten niedriger sind, während die laufenden Kosten die gleichen bleiben, da in der Regel im ersten Baujahr kein Einkommen erzielt wird. Unabhängig von der Priorität oder der Position der Genehmigung in den Jahren 1 oder 2 werden drei neue Projekte (312, 315 und 214), alle im Sektor Sozialwohnungswesen, in die Listen eingebracht, aus denen ein Straßenbauprojekt (232) ausscheidet. Die neuen Wohnungsbauprojekte betreffen alle Sonderausgaben für Instandhaltung oder Renovierung, d.h. der deutliche Trend zum Sozialwohnungswesen, eingeführt durch die Berücksichtigung von Einkünften, geht nicht so weit, daß er den Bau von mehr Kapazität veranlaßt (wenigstens von mehr Kapazität unter den für die Betrachtung verfügbaren Vorschlägen), er konzentriert aber nichtsdestoweniger die zur Verfügung stehenden Finanzmittel auf den Sektor - in dieser Allokation, zu Lasten des Straßensektors, dessen einkünfteerzielende "Fähigkeit" gleich Null ist. Vielleicht ist das positivste und dennoch implizite Resultat dieser Untersuchung, daß solche Läufe imstande sind zu zeigen, welche Sektoren und Regionen Verluste erleiden, wenn die Einkünfte für einen bestimmten Sektor (und alle Regionen) in die Kostenberechnungen eingeführt werden.

5.12 Zusammenfassende Bemerkungen zu §5

Durch die Variation mehrerer wichtiger Parameter in den Modelldaten wurde festgestellt (soweit die Untersuchungen dieses Kapitels reichen), daß das Modell sich stabil verhält, indem es Resultate gibt, die selbst bei beträchtlichen Änderungen in den subjektiv festgelegten Parametern eine ausgeprägte Konsistenz aufweisen. Die Variation von "politisch fixierten" Gewichtungen, z.B. für Regionen und Sektoren im Aufbau der Zielfunktion, ergeben nur dann eine erhebliche

Auswirkung auf die Allokation, wenn sie weit auseinandergehende Werte annehmen. Die Sensitivität der Ergebnisse in Bezug auf die Diskontierungsraten war auch sehr niedrig. Des weiteren hat es den Anschein, daß wenn einmal die grundlegende Funktionsform einer Infrastrukturquantifizierung gewählt wurde, die daraus resultierenden Allokationen ebenfalls nicht empfindlich mit Quantifizierungsvariationen sind. Diese Ergebnisse sind insoweit wichtig, als sie andeuten, daß "Genauigkeit" in den sektoralen Quantifizierung nicht grundlegend erforderlich ist, und daß es daher nicht schwierig sein sollte, adäquate und realistische Quantifizierungsformen zu entwickeln. Als Beispiel der im allgemeinen gezeigten Stabilität und Konsistenz, behalten die Projekte, die die führenden 15 Prioritätsstellen im Basislauf bekommen, diesen Status selbst dann bei, wenn übertrieben auseinandergehende Bedingungen auferlegt wurden.

Andererseits ist die Wichtigkeit der Bevölkerungsprognose und das Wanderungsverhalten für eine Allokation, die z.T. von gesamtbevölkerungsorientierten Zielen abhängt, klar bewiesen worden. D.h. die Einführung einer simulierten Bevölkerungsentwicklung ist mit Sicherheit gerechtfertigt und effektiv. In ähnlicher Weise werden bedeutsame Verschiebungen in der Allokationspräferenz beobachtet, wenn der betrachtete Zeitraum von der Lang- zur Mittelfristigkeit verkürzt wird. Das Modellkonzept erlaubt es nicht einmal, eine kurzfristige (ein oder zwei Jahre lange) Sicht einzunehmen, ohne ungerechtfertigte positive oder negative Vorurteile für praktisch alle vorgeschlagenen Vorhaben einzuführen.

Die Untersuchung 4 (§5.5) erwies sich als interessant, indem sie darstellt, daß, obgleich sie sich nicht auf den "Kern" der Allokationen auswirkte, jede außerhalb des Modellrahmens vorbestimmte Prioritätseinstufung nicht nur bedeutsame Allokationseffekte hat, sondern auch die Gesamteffizienz der dadurch zugeteilten Finanzmittel ernstlich vermindert.

Es wurde gezeigt, daß die Einführung von Projekteinkünften für einen bestimmten Sektor in die Projektkostenberechnungen den erwarteten Effekt hat, die Investitionstätigkeit in diesem Sektor stärker zu betonen. Zusätzlich wurde herausgestellt, auf wessen (Sektor oder Region) Kosten dies erreicht wird. Da es nicht möglich ist, Investitionen in allen Infrastruktursektoren in enger betriebswirtschaftlicher Weise zu betrachten, wird die eingeführte "Ungerechtigkeit" offenbar.

Das Modell weist daher in verschiedenen Untersuchungsmodi stabiles Verhalten auf, ebenso wie auch die Analysefähigkeit bezüglich einer Mehrzahl von Problemen. Die Anzahl der dargebotenen Untersuchungen ist natürlich gering im Vergleich zur Anzahl der einbezogenen Parametertypen, aber die gegebenen Beispiele dürften in hinreichender Weise die Modellsensitivität nicht nur in technischem Sinn, sondern auch bezüglich der meisten wichtigen Konzeptionen im Modell demonstriert haben.

6. DIE MÖGLICHKEITEN DER PRAKTISCHEN ANWENDUNG

Bei dem Versuch, die Implikationen der vorliegenden Arbeit bezüglich ihrer Anwendbarkeit und operationalen Fähigkeit zusammen mit den damit verbundenen Schwierigkeiten außerhalb des jetzigen ausschließlich auf die Forschung abgestellten Rahmens zu überblicken, wird eine Vielfalt von Problemen sichtbar. Von diesen ist vielleicht die wichtigste die verallgemeinerte Frage, ob überhaupt die Möglichkeit existiert, daß ein großes und kompliziertes Modellsystem (sei es für den Versuch, die Probleme der Infrastrukturbudgetallokation zu lösen, oder für die Aufstellung und Fortschreibung von regionalen Entwicklungsplänen oder die Verteilung von Nistkästen in öffentlichen Parks) auf einer regulären Basis innerhalb der existierenden und vorherzusehenden Strukturen der Planung und Entscheidung in unserer Gesellschaft akzeptiert und angewendet werden könnte.

Einerseits besteht die völlig natürliche Tendenz, daß Planungsinstitutionen und -behörden sich "einkapseln", d.h. so genau und eng wie möglich ihren Tätigkeits- und Verantwortlichkeitsrahmen zu definieren, um ihre bereits wahrscheinlich schon sehr komplizierten Aufgaben zu konkretisieren und vereinfachen. Versuche zur "Koordinierung", d.h. zur Ausdehnung des Tätigkeits- und Verantwortlichkeitsrahmens zur Schaffung eines gefügten, übergreifenden und verbundenen Systems, werden nur zu oft mittels großer Gremien mit dem entsprechenden Aufwand unternommen, aber sie enden oft in der Aufstellung von vagen, umfassenden Zielen, die wegen ihres geringen praktischen Wertes unbeachtet bleiben oder die so angelegt sind, daß sie die eingefahrene Praxis nicht bedeutsam stören (oder verbessern).

Andererseits wird eine Entscheidung zu treffen grundsätzlich als eine weitgehend nichttechnische Aufgabe angesehen, vielleicht aus der Auffassung heraus, daß die politische Wissenschaft eine nicht quantitative Wissenschaft ist, die durch "Erfahrung" und die Fähigkeit, eine Vielfalt von vielleicht widersprüchlichen taktischen und technischen Meinungen zu sammeln und zu vereinbaren, mit Erfolg ausgeübt werden kann. Es kann diesem hinzugefügt werden, daß auf einer politischen Ebene Entscheidungen zu treffen und Politik technisch zu formulieren notwendigerweise nicht die einzigen Aufgaben der dafür Verantwortlichen darstellen.

Die hier vorgelegte Arbeit stellt den klaren Versuch dar, in diese traditionellen Neigungen und Konzeptionen einzudringen und sie zu verbessern. Sie fordert den Infrastrukturplaner auf, seine spezifische Verantwortung als nur einen Teil des ganzen anzusehen und dies in allen seinen Aktivitäten als Leitgedanken festzuhalten. Der Entscheidungsträger erhält die Mitteilung, daß er keine Entscheidungen über Infrastrukturinvestitionen treffen kann, ohne sich mit einem weiten Bereich technischer Disziplinen und der Funktion eines zwar im Detail nicht sehr mathematischen, wohl aber logisch komplizierten Computermodells vertraut zu machen. Er erhält weiterhin die Mitteilung, daß er das Modell durch Anwendungserfahrung "lernen" sollte. Gewiß kann das Modell (oder ein beliebiges Modell) innerhalb eines ursprünglichen Forschungsrahmens praktisch angewendet werden, so daß es wenigstens teilweise die Beratung liefern kann, die der Entscheidungsträger braucht, und es ist zu hoffen, daß die vorliegende Arbeit anfänglich in dieser Weise getestet wird - aber dies soll nicht das Endziel sein. Dieses soll die Entwicklung der in der Arbeit vorgeschlagenen Konzepte in ein institutionalisiertes Planungs- und Entscheidungsinstrument sein. Die Anwendung in dieser Form würde die oben diskutierten Einstellungen aufdecken, die, soll die Entscheidungstätigkeit im Feld der Infrastruktur verbessert werden, als erstes erkannt und überwunden werden müssen.

Auf einem fast gleichen Schwierigkeitsniveau treten die institutionellen Probleme auf, die durch die Modellkonzeption in Erscheinung treten, die im Idealfall für eine gegebene Gruppe von räumlichen Einheiten das für alle Infrastruktursektoren verfügbare Budget entsprechend wohl definierten Zielen und der Effizienz der vorgeschlagenen Maßnahmen und Programme hinsichtlich dieser Ziele in <u>einen</u> "Topf" geworfen und verteilt sehen möchte. Sektoral gesehen, stellt diese Forderung einen Konflikt für die in Deutschland zumeist dreistufige (Bund, Land, Gemeinde) Struktur der Kompetenzen für die verschiedenen Sektoren oder infrastrukturelle Komponenten dar. Innerhalb dieser strukturierten Hierarchie der Kompetenzen kommt koordinierte Planung tatsächlich vor, z.B. innerhalb des Rahmens der Gemeinschaftsaufgaben des Bundes und der Länder ebenso wie bei der Tätigkeit der Regionalverbände (Koordinierung von Gemeinde-Gemeinde und Land-Gemeinde). Obgleich diese "Zwischenniveaus" hoffnungsvolle Rahmen der Anwendung für den Modelleinsatz liefern, bleiben sie jedoch hinsichtlich ihrer sektoralen Kompetenzen noch weit davon entfernt, komprehensiv zu sein. Räumlich gesehen sind die Konflikte sogar noch offensichtlicher, denn wenn die in der Arbeit als "Regionen" bezeichneten räumlichen Einheiten autonom hinsichtlich der betrachteten Infrastrukturkomponenten (-sektoren) sind (z.B. Länder oder Gemeinden), müßte ein grundlegendes gegenseitiges Verständnis auf politischer Ebene vorhanden sein, um die Aufteilung von Budget und die notwendige Kooperation bei der Setzung von Zielen und Prioritäten zu bewerkstelligen. Bezüglich beider Punkte könnte es den Anschein geben, daß die Arbeit einen gewissen Grad der institutionellen Veränderung im Planungsprozeß empfielt, und es könnte die Ernsthaftigkeit der Absicht einer methodischen Untersuchung in Frage gestellt werden, die auf der Hypothese einer institutionellen Veränderung ("Verbesserung") beruht. Nichtsdestoweniger wäre es als ein Verdienst dieser Arbeit anzusehen, wenn sie zur Einsicht beitrüge, daß ein Bedürfnis für Verbesserungen im Infrastrukturplanungsprozeß vorliegt, selbst wenn es aus praktischen, politischen oder wirtschaftlichen Gründen unmöglich ist, Veränderungen in einer kurzen Zeitperiode durchzuführen. Zumindest sollen die Planungs- und Entscheidungskompetenzen wenigstens einige Gedanken für ihre eigene künftige Entwicklung erhalten.

Wenn es anzunehmen ist, daß ein geeigneter Planungsrahmen erreicht werden kann, können die detaillierten technischen Schwierigkeiten der Infrastrukturquantifizierung, die Aufstellung von Zielsystemen und -größen und die nachfolgende Modellierungsarbeit relativ schnell erledigt werden. Alle diese drei Aspekte sind genügend diskutiert worden, so daß eine Wiederholung an dieser Stelle unnötig ist. Die notwendige Datenbasis für die Quantifizierungsstudien dürfte nicht ohne weiteres verfügbar sein, wie dies für jegliche Arbeit in der empirischen Regionalwissenschaft der Fall ist. Alle notwendigen Informationen sind jedoch, wenn auch nicht publiziert oder in den regionalen Datenbanken zugänglich, implizit verfügbar, wenn nicht in behördlichen Karteien, dann doch als letzte Zuflucht durch die unmittelbare Abschätzung der vorhandenen und funktionierenden Strukturen. Die Ergebnisse der Untersuchungen des §5 zeigen jedoch, daß Allokation relativ unempfindlich gegenüber großen Abweichungen bei der Quantifizierung sein kann, so daß wenigstens anfänglich ein arbeitsfähiges System möglich ist, das auf nicht vollständigen Statistiken beruht.

Die vorgeschlagene Methodik und überhaupt irgendein System mit den gleichen Zielen, das die gleiche Detailfülle handhabt wie das hier vorgeschlagene, erfordert einen großen und schnellen Computer und wird in Anbetracht der zahlreichen Läufe, die nötig sind, um ein umfassendes Bild der Austausch- und Gewichtungsbeziehungen zu erhalten, viel Zeit in Anspruch nehmen. Die Anlagen sind vorhanden (und werden fortlaufend entwickelt), und die auftretenden Untersuchungskosten müssen im Verhältnis zu dem Umfang der infrage stehenden Finanzmittel und zu dem Grad der Effizienz der erreichten Allokation (oder Planung) gesehen werden. Die Untersuchung und die Kommentare des §5.5 sind in dieser Hinsicht äußerst aufschlußreich.

Die verschiedenen Komponenten des Modells sind durch ein System von Gewichtsfaktoren miteinander verbunden, die als politisch (auch z.T. technisch) bestimmt angesehen werden.

Trotz aller oft gerechtfertigten Kritik, die auf die Anwendung solcher Faktoren (betr. eine gute, präzise Zusammenfassung vergl. z.B. Leydecker/Strassert [39]) gerichtet sein mag, sollte, wie zu erinnern ist, ihre Funktion in dieser Arbeit erstens die Festlegung von politischen Freiheitsgraden innerhalb des Modells und daraus folgend zweitens das Instrument sein, durch das der "Lernprozeß" der Modellanwendung zur Budgetallokation, Infrastrukturplanung oder Politikformulierung stattfinden kann. Es würde möglich sein, nach einer "idealen" Kombination von Gewichtungen zu suchen (um die Zielfunktion zu maximieren), aber es gibt keine Notwendigkeit anzunehmen, daß eine solche Gewichtkonstellation, sollte sie tatsächlich gefunden werden können, zur Anwendung in der Praxis politisch akzeptabel sein würde. Somit ist in einem praktischen Rahmen, und wenn die Ziele einmal festgelegt sind, das System von politischen "Gewichtungen" ein Mittel, mit dessen Hilfe politische Optionen und Investitionsstrategien entwickelt werden können. Von dieser Möglichkeit würde Gebrauch zu machen sein, denn in Wirklichkeit wird vom Modell nicht behauptet, daß es die Funktion hat, eine "ideale" oder "beste" Allokation von Budget hervorzubringen, nur, daß die daraus resultierende Mittelzuteilung entsprechend den Zielen konsequent ist. Die Förderung einer interaktiven Beziehung zwischen dem Modell und dem Planer und zwischen dem Modell und dem Entscheidungsträger ist daher ein grundlegender Bestandteil der effektiven Anwendung. Die Gewichtungen, die den Regionen und Sektoren gegeben werden, um eine Allokation hervorzubringen, die zur Durchführung akzeptiert und genehmigt werden kann, würden dann innerhalb des normalen demokratischen Prozesses zu interpretieren und rechtfertigen sein.

Das daraus folgende Problem der Verantwortung für die Organisation der Planungs- und Entscheidungsarbeit mit dem Modell ist dann das einzig verbleibende, bevor die möglichen Modi seiner Operation diskutiert werden können. Wenn die Vorstellung besteht, daß das Modell auf praktischer Basis auf einer räumlichen Ebene höher als der der Gemeinde angewendet werden kann, dann hat der implizierte Umfang der mit dem Modell verbundenen Aktivität eine unmittelbare Rückwirkung auf die Organisation der Planungs- und Entscheidungsprozesse selbst und insbesondere auf die zwischen diesen Ebenen bestehenden Koordinationsprozesse. Das für diese Arbeit verantwortliche "Büro" müßte feste institutionelle Verbindungen nach beiden Richtungen haben. Die Probleme der Abgrenzung zwischen der Freiheit des Zugangs zu der infrage kommenden Tätigkeit und den dafür benötigten Daten sowie deren häufig wahrscheinlich vertraulicher Natur müßten gelöst werden, um Mißbrauch zu verhindern.

Wird vorausgesetzt, daß diese Mehrzahl von politischen, technischen, institutionellen und organisatorischen Problemen befriedigende Kompromißlösungen finden kann, wie würde das Modell praktisch anzuwenden sein? Welche Modi des Betriebs und Nutzens sind auf der jetzigen Stufe seiner technischen und konzeptionellen Entwicklung denkbar?

Der erste in der vorliegenden Arbeit gut belegte und am deutlichsten auftretende Modus ist der der praktischen numerischen Hilfe für den (politischen) Budgetallokationsprozeß. Dies trifft jedoch nicht nur im engen technischen Sinne zu, sondern, und vielleicht ist dies wichtiger, die Entscheidung, ein solches Modell einzusetzen, würde auch die Setzung von Detailzielen und die Durchführung der bereits anerkannt notwendigen Quantifizierungsprozesse bedeuten (s. z.B. Schulze [40]); dies würde wiederum eine Steigerung der Kenntnisse der Implikationen von Infrastrukturinvestitionen auf der Entscheidungsebene mit sich bringen. Die detaillierten Vorteile der Anwendung (z.B. die Berücksichtigung der Wechselwirkungen, die Einbeziehung von mit der Allokation verbundenen Bevölkerungsprognosen, usw.) wurden bereits in ausreichendem Maß erklärt.

Zweitens besteht, sogar mit dem bereitgestellten primitiven Finanzrahmen, die deutliche Möglichkeit, die Zielsetzung mit einem mittel- oder langfristig geplanten Konzept für die Infrastrukturentwicklung und für die für ihre Durchführung erforderlichen Finanzmittel zu verknüpfen. Wenn ein Teil dieser Entwicklung durch Zweite (z.B. den Bund) bereitgestellte Finanzmittel gefordert wird, stellt das Modell einen Rahmen für die Demonstration der Effektivität des Einsatzes (Umfang und Timing) der angeforderten Mittel zu Verfügung.

Drittens können durch den Zugang der sektoralen Planungsstellen zu den allgemeinen Daten und zur Operation des Modells bedeutend effizientere Vorschläge aus der Planungstätigkeit resultieren. Es wird die Tendenz bestehen, daß Wechselwirkungen stark negativer Art vermieden werden, und im allgemeinen werden effektivere Vorschläge gemacht, um den Zielen zu dienen. Die Rückkopplung der Abb.3.2 zwischen Planung und Entscheidung würde automatisch etabliert (niemand arbeitet gern ohne einen Zweck) und der "Einkapselungstendenz" daher entgegen gewirkt.

Schließlich, und vielleicht als eine Kombination der obigen Bemerkungen, würde die Anwendung eines solchen Modells die Einrichtung von Planungs-Programmierungs-Budgetierungs-Systemen fördern oder, wenn sie bereits existiert, würde dies ein analytisches Werkzeug zur Förderung seiner Effizienz hinzufügen. Die "Nutzen" eines solchen Modells werden somit wahrscheinlich nicht nur in dem relativ engen Bereich der Infrastrukturplanung und ihrer Verwirklichung bleiben.

7. ENTWICKLUNGSMÖGLICHKEITEN FÜR DAS MODELL

Das konzipierte Modell wurde sowohl vom Gesichtspunkt der benötigten Daten als auch der erforderlichen Quantifizierungen und Submodelle nur auf einem "hypothetischen" Niveau in der vorliegenden Arbeit demonstriert. Daher sollte es in erster Vordringlichkeit auf einer faktischen Basis getestet werden, um endgültig seine tatsächliche Durchführbarkeit und Fähigkeiten festzustellen. Viele der Schwierigkeiten einer wirklichen Anwendung wurden bereits erkannt und ohne Zweifel gibt es andere, die dazu führen könnten, daß konzeptionelle oder methodische Änderungen vorgenommen würden. Einer der Gründe, einer wenn auch nur hypothetischen Anwendung so viel Aufmerksamkeit zu widmen, war tatsächlich die Erkennung der technischen Probleme, die, obgleich vielleicht theoretisch trivial, zu Schwierigkeiten bei der praktischen Anwendung führen könnten.

Obgleich die praktische Anwendung noch vor der ersten Erprobung als der Voraussetzung zu weiterer ernsthafter Entwicklung steht, können theoretische Überlegungen allgemeiner Art durchaus auf der Basis erfolgen, daß die praktische Verwendbarkeit nachgewiesen wird. Eine der interessantesten Überlegungen ist bezüglich der Möglichkeit, daß das Modell als Planungsinstrument gebraucht werden kann, um eine Auswahl zwischen vorgeschlagenen Alternativen zu treffen, sei es zwischen Investitionsprogrammen, oder zwischen Einzelmaßnahmen mit dem selben Ziel oder auch nur zwischen unterschiedlichen Merkmalen einer bestimmten Maßnahme. Als ein Beispiel könnte die alte Frage der Standortentscheidung für öffentliche Infrastrukturmaßnahmen in dieser Weise aufgegriffen werden und damit eine neue Dimension erhalten - die Standortqualität ist ein Merkmal, das in der numerischen Arbeit von §4 und §5 quantifiziert wurde, und deshalb könnte der Wert verschiedener Standorte für eine gegebene (materielle) Maßnahme sofort untersucht werden. Der Test, welcher der vorgeschlagenen Standorte der günstigste ist, würde nicht auf der sektoralen Quantifizierung des Merkmals "Standortqualität" allein beruhen, selbst wenn sie in sehr entwickelter Weise geschähe, sondern auf dem Niveau der Effizienz (Nutzen hinsichtlich der Zielfunktion je DM), das die Maßnahme an einem gegebenen Standort erreicht, wenn oder sofern sie unter Berücksichtigung aller im Modell vorhandenen Einflußgrößen (wie politische Gewichtungen, Attraktivitätsbetrachtungen, Bevölkerungsbewegungen, Wechselwirkungen usw.) genehmigt wurde. Tatsächlich gestattet das System der Projektbedingungen $\mathcal{S}P_k$ die Eingabe einer beliebigen Zahl von Alternativvorschlägen, wobei nur der beste, wenn überhaupt einer, auf der Liste der genehmigten Projekte wiedervorkommt. Es gibt zahlreiche Möglichkeiten dieser Art der Untersuchung. Sie könnten"optimale" Kapazität-Kosten-Beziehungen, Qualitätsniveaus, Projekttiming oder die Bauzeitdauer, oder zu welchem Zeitpunkt eine alte materielle Struktur durch eine neue ersetzt werden sollte, betreffen. Ähnliche Fragen - auf einer anderen Ebene - können gestellt werden, wenn vollständige Maßnahmen oder Programme als Alternativen betrachtet werden.

Das obige ist eine Anwendungsmöglichkeit innerhalb des Rahmens des gegenwärtig entwickelten Modells. Dieser Rahmen kann jedoch in zwei sofort erkennbare Richtungen ausgeweitet werden.

Erstens könnte unternommen werden, den durch eine voll koordinierte Infrastrukturplanung implizierten institutionellen Schwierigkeiten gerecht zu werden. Obgleich noch nicht von diesem Gesichtspunkt diskutiert, enthält das Konzept bereits Ansätze, die für diese Problematik zu Lösungen heranwachsen könnten. Es wurde z.B. gezeigt, daß gewisse Merkmale (Erreichbarkeit) oder ganze Sektoren (Vorortbahn) als allen räumlichen Einheiten gemeinsam in Verbindung mit den übrigen regionalspezifischen Quantifizierungen gehandhabt werden können. Die Möglichkeit, in dieser Hinsicht "Gemeinschaftsaufgaben" zu entwickeln, würde die Abneigung gegen eine volle interregionale Kooperation (und damit auch zwischen räumlichen Verwaltungseinheiten) bezüglich der Infrastrukturversorgung in dem in der vorliegenden Arbeit geforderten Sinn vermindern. Weiter könnten (in der Arbeit nicht numerisch demonstriert) durch die Anwendung der Randbedingungen $\mathbb{R}_u$ des §3.2.6, Garantien für bestimmte Investitionsniveaus auf sektoraler oder regionaler Basis gegeben werden, was wiederum zur Vereinheitlichung von Zielen und zur kooperativen Mitwirkung von autonomen Gebietseinheiten anreizen könnte. Die Auflösungen von Konflikten aufgrund der Tatsache, daß die Kompetenzen für verschiedene Infrastruktursektoren bzw. Komponenten davon auf verschiedenen Verwaltungsebenen (Bund, Land, Gemeinde) liegen, würde in Verbindung mit der zweiten unmittelbar erkennbaren Ergänzungsrichtung anzustreben sein, nämlich, der der Finanzbedingungen und des Finanzrahmens.

Bezüglich des Finanzrahmens, unter der Voraussetzung der offenbar notwendigen Voranalyse für eine bestimmte Gruppe von räumlichen Einheiten, sollte es möglich sein, nicht nur ein multiregionales und multisektorales Modell zu schaffen, sondern auch eine Version, die "multiressort" ist, d.h. eines, in dem Prognosen des Umfangs der Infrastrukturinvestitionen, die aus verschiedenen Quellen erwartet oder beantragt werden können (z.B. von eigenen Einnahmen, vom Bund oder Land oder von Sonderprogrammen usw.) zusammen mit ihren zeit- und typspezifischen Merkmalen und Bedingungen, die die in dieser Arbeit verwendete vereinfachte "obere Budgetgrenze" ersetzen würden. Zusätzlich dazu könnte der Finanzrahmen durch die Einbeziehung einer modellierten Analyse künftiger Verpflichtungen und Einnahmen wiederum viel realistischer gestaltet werden. Der Rahmen für die Berücksichtigung der Aufnahme künftiger Anleihen für Infrastrukturinvestitionszwecke würde dann auch hergestellt sein.

Auf einer mathematischeren Ebene könnten Untersuchungen vorgenommen werden, um Konstellationen von politischen Gewichtungen festzustellen, die die Zielfunktion maximieren. Die Implikationen einer solchen Arbeit sind sofort erkennbar entweder in der Rückkopplung zur etablierten Politik oder zu den aufgestellten sektoralen Quantifizierungen und Zielen. Gewiß brauchte ein so abgeleitetes "ideales" Gewichtungsschema keine politische Anerkennung zu finden, aber die Möglichkeit, eine präzise Aussage über die maximierenden Gewichtungen zu bekommen, würde sicherlich zur Fähigkeit des Modells beitragen, als Entscheidungshilfe zu dienen. Die Bedingungen, unter denen eine rapide Konvergenz bei der Berechnung dieser maximierenden Gewichtungen erreicht werden kann, sind gegenwärtig nicht bekannt.

Eine etwas hypothetischere Modellanwendung könnte die Analyse einer in der Vergangenheit getroffenen Allokation sein, um wenigstens innerhalb eines gewissen Genauigkeitsbereichs die Matrix der damals implizit angewendeten politischen Gewichte zu bestimmen. Wenn dies letztere mit einer vorgeschlagenen gegenwärtigen (oder künftigen) Anwendung kombiniert wird, würde wenigstens eine gewisse Orientierung für die anzuwendenden Gewichtungsfaktoren erreicht sein. In Verbindung miteinander könnten die beiden letzten Möglichkeiten der Analyse, wenn sie stark auseinandergehende Resultate ergeben, den Entscheidungsträgern eine ausreichende Motivation geben, um ein neues Durchdenken der Infrastrukturallokationspolitik zu stimulieren.

Sei es im Verlauf des Testens des Modells für eine reale Situation, indem es theoretisch erweitert wird, sei es in der Aufnahme von "Optimierungsuntersuchungen", es sollte nicht vergessen werden, daß wenn das Endziel die Übertragung des hier vorgetragenen Konzepts in die funktionelle Realität darstellt, die in §6 erhobenen Fragen bezüglich der organisatorischen Stellung des Prozesses im Entscheidungs-/Planungsprozeß nicht übersehen werden sollten. Dies bedeutet, daß ebenfalls eine pragmatische Erforschung der (Infrastruktur-) Planungsautonomien und -abhängigkeiten und ihrer Beziehungen zu den Entscheidungsmechanismen erforderlich ist. Es könnten nur dann feste Empfehlungen über die Anwendbarkeit des vorliegenden Konzepts und Modells dargestellt werden.

8. ZUSAMMENFASSUNG

Die von der öffentlichen Hand bereitgestellte Infrastruktur spielt eine wichtige Rolle bei der Entwicklung unserer Gesellschaft, indem sie die Lebensqualität der einzelnen Bürger zum großen Teil bestimmt und zur Entwicklung einiger allgemeinerer Teilaspekte (z.B. der Siedlungsstruktur und der Beschäftigungs- und Produktionsstruktur) in erheblichem Maße beiträgt. Diese Arbeit hat versucht, die wichtigsten Aspekte zusammenzutragen, die bei einem Entscheidungsprozeß zu berücksichtigen sind, wenn öffentliche Finanzmittel zum Zweck der Erweiterung oder Instandhaltung der Infrastruktur zugeteilt werden.

Durch die Quantifizierung von Infrastruktursektoren auf einer regionalisierten Basis, d.h. durch die Annahme eines multiregionalen und multisektoralen Rahmens, war es möglich, die "Nutzen" der für sehr verschiedene Zwecke und in verschiedenen Standorten lokalisierten infrastrukturellen Maßnahmen zu schätzen und ihre Effizienz (per DM der Gesamtkosten) zu vergleichen. Das Dilemma des Entscheidungsträgers, nämlich, das der Vergleichbarkeit zwischen Maßnahmen mit unterschiedlichen Zielen und Funktionen und ihren Kosten, ist dadurch formal gelöst. Die Einführung eines Effizienzkriteriums für die Mittelzuteilung setzt dann eine Betonung auf die "Resultate" einer Investition und auf die Erzielung des "besten" Ergebnisses für jede ausgegebene Geldeinheit.

Dieser Rahmen erlaubte zusätzlich die Einführung eines Systems für die volle Berücksichtigung von räumlichen und sektoralen Wechselwirkungen, die bei Infrastrukturmaßnahmen auftreten. Die Interaktion infrastruktureller Investitionen mit anderen wichtigen Planungs- und Entwicklungsbereichen (z.B. Umwelt, Wohnwert, Standortgunst, Beschäftigungsstruktur), die "außerhalb" des unmittelbaren Investitionseinflußbereichs liegen, wurde formal in die Betrachtung eingebracht, indem ein für diesen Zweck entwickeltes Submodell eingeführt wurde. Auf die vorgeschlagenen Projekte bezogene Bedingungsaussagen stellten zusätzlich sicher, daß das entwickelte Modell in der Lage ist, geplant aneinandergekettete und alternative Maßnahmen zu handhaben.

In Anbetracht der Tatsache, daß die meisten Infrastrukturausgaben auf die materielle oder administrative Struktur mit einer Lebensdauer von mehr als 10 Jahren abzielen, berücksichtigt das Modell bei der Bewertung der bestehenden infrastrukturellen Lage und dem Nutzen vorgeschlagener Ausgaben bezüglich dieser Lage Prognosen der Infrastrukturmerkmale und, auf einer mit der Infrastruktur verbundenen Basis, Prognosen der Bevölkerungsentwicklung, die sich über einen gewissen Betrachtungszeitraum erstrecken.

Daher übertrifft die Gründlichkeit der numerischen Behandlung (erzielt durch die Zusammenstellung, Koordination und Rückkopplung einzelner Bewertungen) erstens jede mögliche intuitive Beurteilung der vorgeschlagenen Ausgaben; d.h. das Modell liefert Entscheidungshilfe in einem wörtlichen Sinne. Wichtig zu diesem Punkt ist die Breite der berücksichtigten Investitionseffekte, welche ohne Modellansatz in der Praxis nicht möglich ist und die von keinem anderen in der Literatur bekannten unmittelbar anwendbaren Ansatz erreicht wird. Zweitens wird dadurch, daß die Bewertungen über einen Zeitraum stattfinden eine angemessene langfristige Betrachtung der Ausgaben sichergestellt, die sich wiederum (angenommen die notwendigen finanziellen Ergänzungsinformationen sind vorhanden) zur Basis einer (längeren als der mehrjährigen) infrastrukturellen Finanzplanung entwickeln lässt.

Als Grundinformationen benötigt das Modellsystem quantifizierte Zielsetzungen des Infrastrukturkomplexes und ihre Prioritäten. Dies stellt eine klare Anforderung an Planungs- und Entscheidungskompetenzen, welche - auch ohne diese Voraussetzung - die jeweiligen Ausgabenentscheidungen treffen. Solche Entscheidungen sind nicht nur positiver Art (Genehmigung), sie sind gleichseitig Ablehnungsentscheidungen, denn die öffentlichen Finanzen reichen nie aus, um alle an sie räumlich und sektoral gestellten (sogar gerechtfertigte) Anforderungen zu befriedigen. In Anbetracht des Anteils am Sozialprodukt, das für Infrastrukturausgaben nötig ist, ist eine "Objektivierung" (bezüglich bekannter Ziele und Prioritäten) und Effizienzsteigerung der Ausgabepolitik dringend erforderlich, auch wenn dies die vielleicht lästige Aufgabe der Ziel- und Prioritätensetzung und erhebliche Präzisierungen daran mit sich bringt.

Die modellerzeugten Entscheidungen werden bezüglich der gestellten Ziele und Prioritäten "optimal" innerhalb des eingegebenen Ausgabevorschlagsbereichs getroffen. Dies bedeutet nicht, daß die Prioritäten selbst "optimal" gestellt sind. Die Prioritäten (in der Form von Gewichtungsfaktoren) für Regionen, Sektoren und sektorale Komponenten bestimmen, in Übereinstimmung mit den herrschenden infrastrukturellen Bedingungen und den Zielen, die entsprechenden Verteilungen des vorhandenen Investitionspotentials. Die daraus resultierende räumliche und sektorale Zusammensetzung der Infrastruktur ist daher von den auch zeitlich festlegbaren Prioritäten abhängig. Die "Prioritäten" sind aber ein Mittel, wodurch die Modellergebnisse einer beliebigen Infrastrukturpolitik "angepasst" werden können und, umgekehrt, wodurch die Politik und Ziele der Infrastruktur entwickelt bzw. erforscht werden können. In diesem Sinne stellt das Modell den Planungs- und Entscheidungsträgern eine nicht unbeträchtliche Planungs- und Formulierungsfähigkeit zur Verfügung (damit erhöht sich auch ihre Verantwortung). Kurz ausgedrückt, die Kombination von durch das Modell zusammengestellten zeitlichen, räumlichen, sektoralen, externen (Attraktivitätsmerkmalen) und politischen Merkmalen gibt ihm die für die Allokation von Infrastrukturbudget notwendige Gründlichkeit.

Das Modell wurde für eine Liste von 57 vorgeschlagenen Maßnahmen getestet, die innerhalb eines Rahmens von 3 räumlichen Einheiten und 5 Sektoren unter Benutzung hypothetischer, aber durchaus realistischer, Daten, Quantifizierungen und Submodelle für "Attraktivität" und die Bevölkerungsentwicklung entworfen wurden. Die dadurch erhaltenen Allokationsinformationen waren bezüglich der im Modell subjektiv festgelegten Parameter sehr stabil, d.h. eine erhebliche Variation der "politischen" Gewichtungen (und der sektoralen Quantifizierungen) verursacht keine großen Schwankungen der räumlichen und sektoralen Budgetverteilungen. Die Sensitivität des Modells für Änderungen des Betrachtungszeitraums, der prognostizierten Bevölkerungsentwicklung und "externer" Faktoren der regionalen Attraktivität wurde untersucht und ihre Wichtigkeit festgestellt. Ein großer negativer Effekt bei der Gesamteffizienz der Allokation wurde deutlich, als sektoral bestimmte Vorprioritäten (wie sie von der meist isolierten Fachplanung gemacht werden) eingeführt wurden. Die Fähigkeit des Modells aus einer Vielfalt von verschiedenartigen Maßnahmen mit sehr unterschiedlichen Kosten effizient auszuwählen, konnte daher gut demonstriert werden.

Als Instrument das in der Praxis angewendet werden kann, ist das Modell noch nicht genügend weit entwickelt - der verwendete finanzielle Rahmen war stark vereinfacht und die angenommene institutionelle Situation, in der beliebige räumliche und sektorale Budgetverteilungen zustandekommen könnten, war gewiß idealistisch. Das Modell konnte jedoch zeigen, daß es eine auf Maßnahmeergebnisse und -effizienz gerichtete Beurteilungsfähigkeit (unter Berücksichtigung einer Mehrzahl von langfristigen infrastrukturellen Investitionseffekten) hat. Im übrigen wurde festgestellt, daß es darüberhinaus einige für die Praxis relevante Forschungsmöglichkeiten eröffnet. Der Verfasser ist der Ansicht, daß damit ein positiver Beitrag zur Infrastrukturproblematik geleistet wurde, und einige Anstöße in einer erweiterten Aufnahme der Diskussion und Forschung in diesem Bereich gegeben wurden.

ANHANG A

Numerische Datenbasis

Eine Zusammen- bzw. Kurzfassung der numerischen Testbasis (Anfangswerte) für den Lauf des §4.10

Verzeichnis der Tabellen
Verzeichnis der Abbildungen
Tabellen A1 - A22
Abbildungen A1, A2

VERZEICHNIS DER TABELLEN

Tabelle		Seite
A1	Regionale Merkmale	1a
A2	Sektorale Merkmale zu 16 Zeitpunkten - Sektor 1 - Sozialwohnungswesen - Region 1	3a
A3	Sektorale Merkmale zu 16 Zeitpunkten - Sektor 1 - Sozialwohnungswesen - Region 2	4a
A4	Sektorale Merkmale zu 16 Zeitpunkten - Sektor 1 - Sozialwohnungswesen - Region 3	5a
A5	Sektorale Merkmale zu 16 Zeitpunkten - Sektor 2 - Kindergärten und Krippen - Region 1	6a
A6	Sektorale Merkmale zu 16 Zeitpunkten - Sektor 2 - Kindergärten und Krippen - Region 2	7a
A7	Sektorale Merkmale zu 16 Zeitpunkten - Sektor 2 - Kindergärten und Krippen - Region 3	8a
A8	Sektorale Merkmale zu 16 Zeitpunkten - Sektor 3 - Straßennetz - Region 1	9a
A9	Sektorale Merkmale zu 16 Zeitpunkten - Sektor 3 - Straßennetz - Region 2	10a
A10	Sektorale Merkmale zu 16 Zeitpunkten - Sektor 3 - Straßennetz - Region 3	11a
A11	Sektorale Merkmale zu 16 Zeitpunkten - Sektor 4 - Vorortbahn - überregional	12a
A12	Sektorale Merkmale zu 16 Zeitpunkten - Sektor 5 - Ökologie und Freizeit - Region 1	13a
A13	Sektorale Merkmale zu 16 Zeitpunkten - Sektor 5 - Ökologie und Freizeit - Region 2	14a
A14	Sektorale Merkmale zu 16 Zeitpunkten - Sektor 5 - Ökologie und Freizeit - Region 3	15a
A15	Attraktivitäts- und sektorale Verknüpfungsdaten	16a
A16	Bevölkerungssubmodelldaten	17a
A17	Finanzrahmendaten	18a
A18	Beschreibung der vorgeschlagenen Projekte für Region 1	19a
A19	Beschreibung der vorgeschlagenen Projekte für Region 2	21a
A20	Beschreibung der vorgeschlagenen Projekte für Region 3	23a

Tabelle	Seite
A21 Beispiele der Projektdaten - Projekte 334 und 352	25a
A22 Beispiele der Wechselwirkungsdaten	26a

VERZEICHNIS DER ABBILDUNGEN

Abbildung	Seite
A1 Standorte der vorgeschlagenen Projekte	27a
A2 Straßenplan und vorgeschlagene Straßenprojekte	28a

Tabelle A1: Regionale Merkmale

Merkmale	Region 1	Region 2	Region 3
Bevölkerung zum Zeitpunkt 1 (t=1)	21.510	14.250	24.330
Sozialwohnungskapazität (t=1)	3.150	1.050	3.450
Gesamtfläche (ha)	520	894	602
Privatwohnungsgebiet - Fläche (ha)	153	110	174
Sozialwohnungsgebiet - Fläche (insgesamt - ha)	21	7	23
Geschäftszentrum - Fläche (ha)	18	9	13
Industriegebiet - Fläche (ha)	44	6	12
Park- und Sporteinrichtungsfläche (ha)	14	1	9
Landwirtschaftliche Fläche - ausschließl. Naturschutzgebiet (ha)	223,5	481,9	225,4
Forstwirtschaftliche Fläche - ausschließl. Naturschutzgebiet (ha)	25,3	251,3	27,7
Wasserfläche - ausschl. Fluß (ha)	-	-	5
Naturschutzgebietsfläche (ha)	9	-	101
Naturschutzgebietsrand (km)	0,71	-	3,55
Straßen der Klasse 2 - Länge in km	7,58	5,70	2,82
Straßen der Klasse 3 - Länge in km	8,54	6,92	11,06
Straßenfläche außerhalb der Siedlungen - Klasse 2 (ha)	3,7	8,9	3,0
Straßenfläche außerhalb der Siedlungen - Klasse 3 (ha)	3,0	4,6	3,2
Vorortbahn - Trassenlänge (km)	2,53	2,50	2,21
Trassenlänge - Vorortbahn - außerhalb der Siedlungen (ha)	0,7	1,9	0,8
Andere Verkehrsfläche (ha)	4,8	12,4	4,9
Grünfläche innerhalb der Siedlungen (ha)	47,2	26,4	44,4
Regenerationsfläche - insgesamt (ha)	319,0	760,7	412,5
Wasseruferlänge (km)	3,34	-	7,96
Bebaute Wasserufer (km)	0,36	-	1,90

--/2a

Anmerkungen

(i) Verkehrsfläche innerhalb der Siedlungen wird nicht getrennt geschätzt - sie wird, wie die Flächenansprüche der sekundären und tertiären Sektoren (Industriegebiete ausgenommen) in der "Wohngebietsfläche" einbezogen. Eine Schätzung wird jedoch für die Grünfläche innerhalb Siedlungen angegeben.

(ii) Wegen des Rastersystems (100m x 100m) sind größere Flächen mit Genauigkeiten zu einem Hektar angegeben - kleinere Flächen werden genauer geschätzt.

Tabelle A2: Sektorale Merkmale zu 16 Zeitpunkten - Sektor 1 - Sozialwohnungswesen - Region 1

(Symbole in §4.4.1 definiert)

ZEITPUNKT	1	2	3	4	5	6	7	8	9	10	11	12	13	14	15	16
DATEN FUER DIE BERECHNUNG VON A1																
SOZIALWOHNUNGSBEWOHNER I	3150	3150	3150	3150	3150	3150	3150	3150	3150	3150	3150	3150	3150	3150	3150	3150
ZIELPROZENTSATZ P	22.5	23.0	23.5	24.0	24.5	25.0	25.0	25.0	25.0	25.0	25.0	25.0	25.0	25.0	25.0	25.0
DATEN FUER DIE BERECHNUNG VON A2																
INDIKATOR I1 MAL 10E-4	3.09	3.41	3.72	4.04	4.35	4.67	3.86	4.17	4.49	4.80	5.12	3.18	3.50	3.81	4.13	4.44
INDIKATOR I2 MAL 10E-4	7.88	7.88	7.88	7.88	7.88	7.88	7.88	7.88	7.88	7.88	7.88	7.88	7.88	7.88	7.88	7.88
ZIELNIVEAU B1	.7	.7	.7	.7	.7	.7	.7	.7	.7	.7	.7	.7	.7	.7	.7	.7
DATEN FUER DIE BERECHNUNG VON A3																
ZIELENTFERNUNG D1 (KM)	1.0	1.0	1.0	1.0	1.0	1.0	1.0	1.0	1.0	1.0	1.0	1.0	1.0	1.0	1.0	1.0
ZIELENTFERNUNG D2 (KM)	1.0	1.0	1.0	1.0	1.0	1.0	1.0	1.0	1.0	1.0	1.0	1.0	1.0	1.0	1.0	1.0
SUMME I.DB**2	5256	5256	5256	5256	5256	5256	5256	5256	5256	5256	5256	5256	5256	5256	5256	5256
SUMME B1T.DB**2	21914	21914	21914	21914	21914	21914	21914	21914	21914	21914	21914	21914	21914	21914	21914	21914
SUMME I.DI**2	3472	3472	3472	3472	3472	3472	3472	3472	3472	3472	3472	3472	3472	3472	3472	3472
SUMME B1T.DI**2	28463	28463	28463	28463	28463	28463	28463	28463	28463	28463	28463	28463	28463	28463	28463	28463
GEWICHTUNG K1	1.0	1.0	1.0	1.0	1.0	1.0	1.0	1.0	1.0	1.0	1.0	1.0	1.0	1.0	1.0	1.0
GEWICHTUNG K2	1.0	1.0	1.0	1.0	1.0	1.0	1.0	1.0	1.0	1.0	1.0	1.0	1.0	1.0	1.0	1.0
GEWICHTUNG K4	2.0	2.0	2.0	2.0	2.0	2.0	2.0	2.0	2.0	2.0	2.0	2.0	2.0	2.0	2.0	2.0
GEWICHTUNG K3	1.0	1.0	1.0	1.0	1.0	1.0	1.0	1.0	1.0	1.0	1.0	1.0	1.0	1.0	1.0	1.0
DATEN FUER DIE BERECHNUNG VON A4																
SUMME I.N MAL 10E-6	3.15	3.15	3.15	3.15	3.15	3.15	3.15	3.15	3.15	3.15	3.15	3.15	3.15	3.15	3.15	3.15
SUMME I.M MAL 10E-6	1.97	1.95	1.94	1.92	1.91	1.89	1.90	1.88	1.87	1.85	1.83	1.86	1.85	1.83	1.82	1.80
ZIELNIVEAU B2	.8	.8	.8	.8	.8	.8	.8	.8	.8	.8	.8	.8	.8	.8	.8	.8
DATEN FUER DIE BERECHNUNG VON A5																
I3 MAL 10E-6	0.000	1.321	.323	.600	.345	.623	1.841	.345	.623	.300	.645	2.424	.300	.645	.323	.600
I4 MAL 10E-6	0.000	1.378	.380	.657	.402	.680	1.898	.402	.680	.357	.702	2.481	.357	.702	.380	.657
DATEN FUER DIE BERECHNUNG VON E11T																
GEWICHTUNG G1	2.0	2.0	2.0	2.0	2.0	2.0	2.0	2.0	2.0	2.0	2.0	2.0	2.0	2.0	2.0	2.0
GEWICHTUNG G2	3.0	3.0	3.0	3.0	3.0	3.0	3.0	3.0	3.0	3.0	3.0	3.0	3.0	3.0	3.0	3.0
GEWICHTUNG G3	2.0	2.0	2.0	2.0	2.0	2.0	2.0	2.0	2.0	2.0	2.0	2.0	2.0	2.0	2.0	2.0
GEWICHTUNG G4	4.0	4.0	4.0	4.0	4.0	4.0	4.0	4.0	4.0	4.0	4.0	4.0	4.0	4.0	4.0	4.0
GEWICHTUNG G5	1.0	1.0	1.0	1.0	1.0	1.0	1.0	1.0	1.0	1.0	1.0	1.0	1.0	1.0	1.0	1.0
EXPONENT P0	.25	.25	.25	.25	.25	.25	.25	.25	.25	.25	.25	.25	.25	.25	.25	.25

Tabelle A3: Sektorale Merkmale zu 16 Zeitpunkten - Sektor 1 - Sozialwohnungswesen - Region 2

(Symbole in §4.4.1 definiert)

ZEITPUNKT	1	2	3	4	5	6	7	8	9	10	11	12	13	14	15	16
DATEN FUER DIE BERECHNUNG VON A1																
SOZIALWOHNUNGSBEWOHNER I	1050	1050	1050	1050	1050	1050	1050	1050	1050	1050	1050	1050	1050	1050	1050	1050
ZIELPROZENTSATZ P	22.5	23.0	23.5	24.0	24.5	25.0	25.0	25.0	25.0	25.0	25.0	25.0	25.0	25.0	25.0	25.0
DATEN FUER DIE BERECHNUNG VON A2																
INDIKATOR I1 MAL 10E-4	1.31	1.41	1.52	1.62	1.73	1.83	1.94	2.04	2.15	2.25	2.36	.59	.69	.80	.80	.91
INDIKATOR I2 MAL 10E-4	2.63	2.63	2.63	2.63	2.63	2.63	2.63	2.63	2.63	2.63	2.63	2.63	2.63	2.63	2.63	2.63
ZIELNIVEAU B1	.7	.7	.7	.7	.7	.7	.7	.7	.7	.7	.7	.7	.7	.7	.7	.7
DATEN FUER DIE BERECHNUNG VON A3																
ZIELENTFERNUNG D1 (KM)	1.0	1.0	1.0	1.0	1.0	1.0	1.0	1.0	1.0	1.0	1.0	1.0	1.0	1.0	1.0	1.0
ZIELENTFERNUNG D2 (KM)	1.0	1.0	1.0	1.0	1.0	1.0	1.0	1.0	1.0	1.0	1.0	1.0	1.0	1.0	1.0	1.0
SUMME I.DB**2	675	675	675	675	675	675	675	675	675	675	675	675	675	675	675	675
SUMME B2T.DB**2	5655	5655	5655	5655	5655	5655	5655	5655	5655	5655	5655	5655	5655	5655	5655	5655
SUMME I.DI**2	7786	7786	7786	7786	7786	7786	7786	7786	7786	7786	7786	7786	7786	7786	7786	7786
SUMME B2T.DI**2	47440	47440	47440	47440	47440	47440	47440	47440	47440	47440	47440	47440	47440	47440	47440	47440
GEWICHTUNG K1	1.0	1.0	1.0	1.0	1.0	1.0	1.0	1.0	1.0	1.0	1.0	1.0	1.0	1.0	1.0	1.0
GEWICHTUNG K2	1.0	1.0	1.0	1.0	1.0	1.0	1.0	1.0	1.0	1.0	1.0	1.0	1.0	1.0	1.0	1.0
GEWICHTUNG K4	2.0	2.0	2.0	2.0	2.0	2.0	2.0	2.0	2.0	2.0	2.0	2.0	2.0	2.0	2.0	2.0
GEWICHTUNG K3	1.0	1.0	1.0	1.0	1.0	1.0	1.0	1.0	1.0	1.0	1.0	1.0	1.0	1.0	1.0	1.0
DATEN FUER DIE BERECHNUNG VON A4																
SUMME I.N MAL 10E-6	1.05	1.05	1.05	1.05	1.05	1.05	1.05	1.05	1.05	1.05	1.05	1.05	1.05	1.05	1.05	1.05
SUMME I.M MAL 10E-6	.70	.69	.69	.68	.68	.67	.67	.66	.66	.65	.65	.68	.68	.67	.67	.66
ZIELNIVEAU B2	.8	.8	.8	.8	.8	.8	.8	.8	.8	.8	.8	.8	.8	.8	.8	.8
DATEN FUER DIE BERECHNUNG VON A5																
I3 MAL 10E-6	0.000	.625	.196	.196	.249	.346	.572	.249	.196	.196	.399	1.512	.196	.211	.234	.346
I4 MAL 10E-6	0.000	.650	.221	.221	.274	.371	.597	.274	.221	.221	.424	1.537	.221	.236	.259	.371
DATEN FUER DIE BERECHNUNG VON E12T																
GEWICHTUNG G1	2.0	2.0	2.0	2.0	2.0	2.0	2.0	2.0	2.0	2.0	2.0	2.0	2.0	2.0	2.0	2.0
GEWICHTUNG G2	3.0	3.0	3.0	3.0	3.0	3.0	3.0	3.0	3.0	3.0	3.0	3.0	3.0	3.0	3.0	3.0
GEWICHTUNG G3	2.0	2.0	2.0	2.0	2.0	2.0	2.0	2.0	2.0	2.0	2.0	2.0	2.0	2.0	2.0	2.0
GEWICHTUNG G4	4.0	4.0	4.0	4.0	4.0	4.0	4.0	4.0	4.0	4.0	4.0	4.0	4.0	4.0	4.0	4.0
GEWICHTUNG G5	1.0	1.0	1.0	1.0	1.0	1.0	1.0	1.0	1.0	1.0	1.0	1.0	1.0	1.0	1.0	1.0
EXPONENT P0	.25	.25	.25	.25	.25	.25	.25	.25	.25	.25	.25	.25	.25	.25	.25	.25

Tabelle A4: Sektorale Merkmale zu 16 Zeitpunkten - Sektor 1 - Sozialwohnungswesen - Region 3
(Symbole in §4.4.1 definiert)

ZEITPUNKT	1	2	3	4	5	6	7	8	9	10	11	12	13	14	15	16
DATEN FUER DIE BERECHNUNG VON A1																
SOZIALWOHNUNGSBEWOHNER I	3450	3450	3450	3450	3450	3450	3450	3450	3450	3450	3450	3450	3450	3450	3450	3450
ZIELPROZENTSATZ P	22.5	23.0	23.5	24.0	24.5	25.0	25.0	25.0	25.0	25.0	25.0	25.0	25.0	25.0	25.0	25.0
DATEN FUER DIE BERECHNUNG VON A2																
INDIKATOR I1 MAL 10E-4	4.62	4.97	5.31	5.66	6.00	4.85	5.19	2.54	2.88	3.23	3.57	3.92	4.26	4.61	4.95	5.30
INDIKATOR I2 MAL 10E-4	8.63	8.63	8.63	8.63	8.63	8.63	8.63	8.63	8.63	8.63	8.63	8.63	8.63	8.63	8.63	8.63
ZIELNIVEAU B1	.7	.7	.7	.7	.7	.7	.7	.7	.7	.7	.7	.7	.7	.7	.7	.7
DATEN FUER DIE BERECHNUNG VON A3																
ZIELENTFERNUNG D1 (KM)	1.0	1.0	1.0	1.0	1.0	1.0	1.0	1.0	1.0	1.0	1.0	1.0	1.0	1.0	1.0	1.0
ZIELENTFERNUNG D2 (KM)	1.0	1.0	1.0	1.0	1.0	1.0	1.0	1.0	1.0	1.0	1.0	1.0	1.0	1.0	1.0	1.0
SUMME I.DB**2	3366	3366	3366	3366	3366	3366	3366	3366	3366	3366	3366	3366	3366	3366	3366	3366
SUMME B3T.DB**2	14176	14176	14176	14176	14176	14176	14176	14176	14176	14176	14176	14176	14176	14176	14176	14176
SUMME I.DT**2	5780	5780	5780	5780	5780	5780	5780	5780	5780	5780	5780	5780	5780	5780	5780	5780
SUMME B3T.DI**2	58108	58108	58108	58108	58108	58108	58108	58108	58108	58108	58108	58108	58108	58108	58108	58108
GEWICHTUNG K1	1.0	1.0	1.0	1.0	1.0	1.0	1.0	1.0	1.0	1.0	1.0	1.0	1.0	1.0	1.0	1.0
GEWICHTUNG K2	1.0	1.0	1.0	1.0	1.0	1.0	1.0	1.0	1.0	1.0	1.0	1.0	1.0	1.0	1.0	1.0
GEWICHTUNG K4	2.0	2.0	2.0	2.0	2.0	2.0	2.0	2.0	2.0	2.0	2.0	2.0	2.0	2.0	2.0	2.0
GEWICHTUNG K3	1.0	1.0	1.0	1.0	1.0	1.0	1.0	1.0	1.0	1.0	1.0	1.0	1.0	1.0	1.0	1.0
DATEN FUER DIE BERECHNUNG VON A4																
SUMME I.N MAL 10E-6	3.45	3.45	3.45	3.45	3.45	3.45	3.45	3.45	3.45	3.45	3.45	3.45	3.45	3.45	3.45	3.45
SUMME I.M MAL 10E-6	1.82	1.80	1.79	1.77	1.75	1.82	1.80	1.85	1.83	1.82	1.80	1.78	1.77	1.75	1.73	1.71
ZIELNIVEAU B2	.8	.8	.8	.8	.8	.8	.8	.8	.8	.8	.8	.8	.8	.8	.8	.8
DATEN FUER DIE BERECHNUNG VON A5																
I3 MAL 10E-6	0.000	.330	1.253	.390	.856	1.403	.390	2.700	.383	.856	.660	.383	1.230	.360	.909	.630
I4 MAL 10E-6	0.000	.550	1.293	.410	.866	1.408	.390	2.700	.383	.856	.660	.383	1.230	.360	.909	.630
DATEN FUER DIE BERECHNUNG VON E13T																
GEWICHTUNG G1	2.0	2.0	2.0	2.0	2.0	2.0	2.0	2.0	2.0	2.0	2.0	2.0	2.0	2.0	2.0	2.0
GEWICHTUNG G2	3.0	3.0	3.0	3.0	3.0	3.0	3.0	3.0	3.0	3.0	3.0	3.0	3.0	3.0	3.0	3.0
GEWICHTUNG G3	2.0	2.0	2.0	2.0	2.0	2.0	2.0	2.0	2.0	2.0	2.0	2.0	2.0	2.0	2.0	2.0
GEWICHTUNG G4	4.0	4.0	4.0	4.0	4.0	4.0	4.0	4.0	4.0	4.0	4.0	4.0	4.0	4.0	4.0	4.0
GEWICHTUNG G5	1.0	1.0	1.0	1.0	1.0	1.0	1.0	1.0	1.0	1.0	1.0	1.0	1.0	1.0	1.0	1.0
EXPONENT P0	.25	.25	.25	.25	.25	.25	.25	.25	.25	.25	.25	.25	.25	.25	.25	.25

Tabelle A5: Sektorale Merkmale zu 16 Zeitpunkten - Sektor 2 - Kindergärten und Krippen - Region 1

(Symbole in §4.4.2 definiert)

ZEITPUNKT	1	2	3	4	5	6	7	8	9	10	11	12	13	14	15	16
DATEN FUER DIE BERECHNUNG VON A1																
KAPAZITAET I	245	245	245	245	245	245	245	245	245	245	245	245	245	245	245	245
ZIELPROZENTSATZ P	3.0	3.1	3.2	3.3	3.4	3.5	3.6	3.7	3.8	3.9	4.0	4.0	4.0	4.0	4.0	4.0
DATEN FUER DIE BERECHNUNG VON A2																
INDIKATOR I1	1925	2170	2415	2660	2905	3150	3395	3640	3885	4130	4375	2820	3065	3310	3555	3800
INDIKATOR I2	7350	7350	7350	7350	7350	7350	7350	7350	7350	7350	7350	7350	7350	7350	7350	7350
ZIELNIVEAU B1	.75	.75	.75	.75	.75	.75	.75	.75	.75	.75	.75	.75	.75	.75	.75	.75
DATEN FUER DIE BERECHNUNG VON A3																
ZIELENTFERNUNG D (KM)	.5	.5	.5	.5	.5	.5	.5	.5	.5	.5	.5	.5	.5	.5	.5	.5
SUMME BEIT.DE	11434	11434	11434	11434	11434	11434	11434	11434	11434	11434	11434	11434	11434	11434	11434	11434
DATEN FUER DIE BERECHNUNG VON A4																
SUMME I.N MAL 10E-2	1702	1690	1678	1665	1653	1641	1629	1616	1604	1592	1580	1630	1618	1606	1594	1581
SUMME I.M MAL 10E-2	2450	2450	2450	2450	2450	2450	2450	2450	2450	2450	2450	2450	2450	2450	2450	2450
ZIELNIVEAU B2	.8	.8	.8	.8	.8	.8	.8	.8	.8	.8	.8	.8	.8	.8	.8	.8
DATEN FUER DIE BERECHNUNG VON A5																
INDIKATOR I3 MAL 10E-3	0	556	556	526	556	556	556	526	556	556	556	626	556	526	556	556
INDIKATOR I4 MAL 10E-3	0	556	556	526	556	556	556	526	556	556	556	626	556	526	556	556
DATEN FUER DIE BERECHNUNG VON E21T																
GEWICHTUNG G1	3.0	3.0	3.0	3.0	3.0	3.0	3.0	3.0	3.0	3.0	3.0	3.0	3.0	3.0	3.0	3.0
GEWICHTUNG G2	1.0	1.0	1.0	1.0	1.0	1.0	1.0	1.0	1.0	1.0	1.0	1.0	1.0	1.0	1.0	1.0
GEWICHTUNG G3	3.0	3.0	3.0	3.0	3.0	3.0	3.0	3.0	3.0	3.0	3.0	3.0	3.0	3.0	3.0	3.0
GEWICHTUNG G4	3.0	3.0	3.0	3.0	3.0	3.0	3.0	3.0	3.0	3.0	3.0	3.0	3.0	3.0	3.0	3.0
GEWICHTUNG G5	1.0	1.0	1.0	1.0	1.0	1.0	1.0	1.0	1.0	1.0	1.0	1.0	1.0	1.0	1.0	1.0
EXPONENT P0	.75	.75	.75	.75	.75	.75	.75	.75	.75	.75	.75	.75	.75	.75	.75	.75

Tabelle A6: Sektorale Merkmale zu 16 Zeitpunkten - Sektor 2 - Kindergärten und Krippen - Region 2

(Symbole in §4.4.2 definiert)

ZEITPUNKT	1	2	3	4	5	6	7	8	9	10	11	12	13	14	15	16
DATEN FUER DIE BERECHNUNG VON A1																
KAPAZITAET I	200	200	200	200	200	200	200	200	200	200	200	200	200	200	200	200
ZIELPROZENTSATZ P	3.0	3.1	3.2	3.3	3.4	3.5	3.6	3.7	3.8	3.9	4.0	4.0	4.0	4.0	4.0	4.0
DATEN FUER DIE BERECHNUNG VON A2																
INDIKATOR I1	2600	2800	3000	3200	3400	3600	3800	4000	4200	4400	4600	1800	2000	2200	2400	2600
INDIKATOR I2	6000	6000	6000	6000	6000	6000	6000	6000	6000	6000	6000	6000	6000	6000	6000	6000
ZIELNIVEAU B1	.75	.75	.75	.75	.75	.75	.75	.75	.75	.75	.75	.75	.75	.75	.75	.75
DATEN FUER DIE BERECHNUNG VON A3																
ZIELENTFERNUNG D (KM)	.5	.5	.5	.5	.5	.5	.5	.5	.5	.5	.5	.5	.5	.5	.5	.5
SUMME BE2T.DE	9480	9480	9480	9480	9480	9480	9480	9480	9480	9480	9480	9480	9480	9480	9480	9480
DATEN FUER DIE BERECHNUNG VON A4																
SUMME I.N MAL 10E-2	1208	1198	1188	1178	1168	1158	1148	1138	1128	1118	1108	1198	1188	1178	1168	1158
SUMME I.M MAL 10E-2	2000	2000	2000	2000	2000	2000	2000	2000	2000	2000	2000	2000	2000	2000	2000	2000
ZIELNIVEAU B2	.8	.8	.8	.8	.8	.8	.8	.8	.8	.8	.8	.8	.8	.8	.8	.8
DATEN FUER DIE BERECHNUNG VON A5																
INDIKATOR I3 MAL 10E-3	0	464	464	434	434	464	464	434	434	464	464	434	534	434	464	434
INDIKATOR I4 MAL 10E-3	0	509	464	434	434	464	464	434	434	464	464	434	534	434	464	434
DATEN FUER DIE BERECHNUNG VON E22I																
GEWICHTUNG G1	3.0	3.0	3.0	3.0	3.0	3.0	3.0	3.0	3.0	3.0	3.0	3.0	3.0	3.0	3.0	3.0
GEWICHTUNG G2	1.0	1.0	1.0	1.0	1.0	1.0	1.0	1.0	1.0	1.0	1.0	1.0	1.0	1.0	1.0	1.0
GEWICHTUNG G3	3.0	3.0	3.0	3.0	3.0	3.0	3.0	3.0	3.0	3.0	3.0	3.0	3.0	3.0	3.0	3.0
GEWICHTUNG G4	3.0	3.0	3.0	3.0	3.0	3.0	3.0	3.0	3.0	3.0	3.0	3.0	3.0	3.0	3.0	3.0
GEWICHTUNG G5	1.0	1.0	1.0	1.0	1.0	1.0	1.0	1.0	1.0	1.0	1.0	1.0	1.0	1.0	1.0	1.0
EXPONENT P0	.75	.75	.75	.75	.75	.75	.75	.75	.75	.75	.75	.75	.75	.75	.75	.75

Tabelle A7: Sektorale Merkmale zu 16 Zeitpunkten - Sektor 2 - Kindergärten und Krippen - Region 3

(Symbole in §4.4.2 definiert)

ZEITPUNKT	1	2	3	4	5	6	7	8	9	10	11	12	13	14	15	16
DATEN FUER DIE BERECHNUNG VON A1																
KAPAZITAET I	200	200	200	200	200	200	200	200	200	200	200	200	200	200	200	200
ZIELPROZENTSATZ P	3.0	3.1	3.2	3.3	3.4	3.5	3.6	3.7	3.8	3.9	4.0	4.0	4.0	4.0	4.0	4.0
DATEN FUER DIE BERECHNUNG VON A2																
INDIKATOR I1	1200	1400	1600	1800	2000	2200	2400	2600	2800	3000	3200	3400	3600	3800	4000	4200
INDIKATOR I2	6000	6000	6000	6000	6000	6000	6000	6000	6000	6000	6000	6000	6000	6000	6000	6000
ZIELNIVEAU B1	.75	.75	.75	.75	.75	.75	.75	.75	.75	.75	.75	.75	.75	.75	.75	.75
DATEN FUER DIE BERECHNUNG VON A3																
ZIELENTFERNUNG D (KM)	.5	.5	.5	.5	.5	.5	.5	.5	.5	.5	.5	.5	.5	.5	.5	.5
SUMME BE3T.DE	20058	20058	20058	20058	20058	20058	20058	20058	20058	20058	20058	20058	20058	20058	20058	20058
DATEN FUER DIE BERECHNUNG VON A4																
SUMME I.N MAL 10E-2	1478	1468	1458	1448	1438	1428	1418	1408	1398	1388	1378	1368	1358	1348	1338	1328
SUMME I.M MAL 10E-2	2000	2000	2000	2000	2000	2000	2000	2000	2000	2000	2000	2000	2000	2000	2000	2000
ZIELNIVEAU B2	.8	.8	.8	.8	.8	.8	.8	.8	.8	.8	.8	.8	.8	.8	.8	.8
DATEN FUER DIE BERECHNUNG VON A5																
INDIKATOR I3 MAL 10E-3	0	494	434	434	434	494	434	434	434	494	434	434	434	494	434	434
INDIKATOR I4 MAL 10E-3	0	558	434	434	434	494	434	434	434	494	434	434	434	494	434	434
DATEN FUER DIE BERECHNUNG VON E23T																
GEWICHTUNG G1	3.0	3.0	3.0	3.0	3.0	3.0	3.0	3.0	3.0	3.0	3.0	3.0	3.0	3.0	3.0	3.0
GEWICHTUNG G2	1.0	1.0	1.0	1.0	1.0	1.0	1.0	1.0	1.0	1.0	1.0	1.0	1.0	1.0	1.0	1.0
GEWICHTUNG G3	3.0	3.0	3.0	3.0	3.0	3.0	3.0	3.0	3.0	3.0	3.0	3.0	3.0	3.0	3.0	3.0
GEWICHTUNG G4	3.0	3.0	3.0	3.0	3.0	3.0	3.0	3.0	3.0	3.0	3.0	3.0	3.0	3.0	3.0	3.0
GEWICHTUNG G5	1.0	1.0	1.0	1.0	1.0	1.0	1.0	1.0	1.0	1.0	1.0	1.0	1.0	1.0	1.0	1.0
EXPONENT P0	.75	.75	.75	.75	.75	.75	.75	.75	.75	.75	.75	.75	.75	.75	.75	.75

Tabelle A8: Sektorale Merkmale zu 16 Zeitpunkten - Sektor 3 - Straßennetz - Region 1

(Symbole in §4.4.3 definiert)

ZEITPUNKT	1	2	3	4	5	6	7	8	9	10	11	12	13	14	15	16
DATEN FUER DIE BERECHNUNG VON A1																
INDIKATOR I1 (KM)	7.58	7.58	7.58	7.58	7.58	7.58	7.58	7.58	7.58	7.58	7.58	7.58	7.58	7.58	7.58	7.58
INDIKATOR I2 (KM)	11.84	11.84	11.84	11.84	11.84	11.84	11.84	11.84	11.84	11.84	11.84	11.84	11.84	11.84	11.84	11.84
INDIKATOR I3 (KM)	8.54	8.54	8.54	8.54	8.54	8.54	8.54	8.54	8.54	8.54	8.54	8.54	8.54	8.54	8.54	8.54
INDIKATOR I4 (KM)	7.38	7.38	7.38	7.38	7.38	7.38	7.38	7.38	7.38	7.38	7.38	7.38	7.38	7.38	7.38	7.38
INDIKATOR I5 (KM)	4.26	4.26	4.26	4.26	4.26	4.26	4.26	4.26	4.26	4.26	4.26	4.26	4.26	4.26	4.26	4.26
GEWICHTUNG K1	2.5	2.5	2.5	2.5	2.5	2.5	2.5	2.5	2.5	2.5	2.5	2.5	2.5	2.5	2.5	2.5
GEWICHTUNG K2	1.5	1.5	1.5	1.5	1.5	1.5	1.5	1.5	1.5	1.5	1.5	1.5	1.5	1.5	1.5	1.5
INDIKATOR I6 MAL 10E-6	4.50	4.50	4.50	4.50	4.50	4.50	4.50	4.50	4.50	4.50	4.50	4.50	4.50	4.50	4.50	4.50
INDIKATOR I7 MAL 10E-6	7.20	7.20	7.20	7.20	7.20	7.20	7.20	7.20	7.20	7.20	7.20	7.20	7.20	7.20	7.20	7.20
GEWICHTUNG K3	2.3	2.3	2.3	2.3	2.3	2.3	2.3	2.3	2.3	2.3	2.3	2.3	2.3	2.3	2.3	2.3
GEWICHTUNG K4	.9	.9	.9	.9	.9	.9	.9	.9	.9	.9	.9	.9	.9	.9	.9	.9
DATEN FUER DIE BERECHNUNG VON A2																
INDIKATOR I8	52.4	59.9	67.5	49.1	23.9	30.5	22.0	29.6	37.2	44.8	52.4	59.9	67.5	49.1	23.9	30.5
INDIKATOR I9	75.8	75.8	75.8	75.8	75.8	75.8	75.8	75.8	75.8	75.8	75.8	75.8	75.8	75.8	75.8	75.8
INDIKATOR I10	37.9	46.4	55.0	63.5	44.4	53.0	47.0	45.7	36.2	40.7	37.9	46.4	55.0	63.5	44.4	53.0
INDIKATOR I11	85.4	85.4	85.4	85.4	85.4	85.4	85.4	85.4	85.4	85.4	85.4	85.4	85.4	85.4	85.4	85.4
INDIKATOR I12	16.50	17.50	18.50	19.50	17.00	18.00	19.00	16.50	17.50	18.50	19.50	17.00	18.00	19.00	16.50	17.50
INDIKATOR I13	31.50	31.50	31.50	31.50	31.50	31.50	31.50	31.50	31.50	31.50	31.50	31.50	31.50	31.50	31.50	31.50
ZIELNIVEAU B11	.7	.7	.7	.7	.7	.7	.7	.7	.7	.7	.7	.7	.7	.7	.7	.7
ZIELNIVEAU B12	.6	.6	.6	.6	.6	.6	.6	.6	.6	.6	.6	.6	.6	.6	.6	.6
GEWICHTUNG K5	1.0	1.0	1.0	1.0	1.0	1.0	1.0	1.0	1.0	1.0	1.0	1.0	1.0	1.0	1.0	1.0
GEWICHTUNG K6	1.0	1.0	1.0	1.0	1.0	1.0	1.0	1.0	1.0	1.0	1.0	1.0	1.0	1.0	1.0	1.0
ZIELNIVEAU B2	.65	.65	.65	.65	.65	.65	.65	.65	.65	.65	.65	.65	.65	.65	.65	.65
GEWICHTUNG K7	1.2	1.2	1.2	1.2	1.2	1.2	1.2	1.2	1.2	1.2	1.2	1.2	1.2	1.2	1.2	1.2
GEWICHTUNG K8	1.0	1.0	1.0	1.0	1.0	1.0	1.0	1.0	1.0	1.0	1.0	1.0	1.0	1.0	1.0	1.0
DATEN FUER DIE BERECHNUNG VON A3																
INDIKATOR I14 MAL 10E-6	0.000	1.583	.969	.969	1.489	2.401	.989	1.434	1.568	1.149	1.009	1.083	1.469	.969	1.489	2.401
INDIKATOR I15 MAL 10E-6	0.000	1.623	.989	.979	1.494	2.401	.989	1.434	1.568	1.149	1.009	1.083	1.469	.969	1.489	2.401
DATEN FUER DIE BERECHNUNG VON E31T																
GEWICHTUNG G1	2.0	2.0	2.0	2.0	2.0	2.0	2.0	2.0	2.0	2.0	2.0	2.0	2.0	2.0	2.0	2.0
GEWICHTUNG G2	2.0	2.0	2.0	2.0	2.0	2.0	2.0	2.0	2.0	2.0	2.0	2.0	2.0	2.0	2.0	2.0
GEWICHTUNG G3	1.0	1.0	1.0	1.0	1.0	1.0	1.0	1.0	1.0	1.0	1.0	1.0	1.0	1.0	1.0	1.0
EXPONENT P0	.75	.75	.75	.75	.75	.75	.75	.75	.75	.75	.75	.75	.75	.75	.75	.75

Tabelle A9: Sektorale Merkmale zu 16 Zeitpunkten - Sektor 3 - Straßennetz - Region 2

(Symbole in §4.4.3 definiert)

ZEITPUNKT	1	2	3	4	5	6	7	8	9	10	11	12	13	14	15	16
DATEN FUER DIE BERECHNUNG VON A1																
INDIKATOR I1 (KM)	5.70	5.70	5.70	5.70	5.70	5.70	5.70	5.70	5.70	5.70	5.70	5.70	5.70	5.70	5.70	5.70
INDIKATOR I2 (KM)	7.62	7.62	7.62	7.62	7.62	7.62	7.62	7.62	7.62	7.62	7.62	7.62	7.62	7.62	7.62	7.62
INDIKATOR I3 (KM)	6.92	6.92	6.92	6.92	6.92	6.92	6.92	6.92	6.92	6.92	6.92	6.92	6.92	6.92	6.92	6.92
INDIKATOR I4 (KM)	11.00	11.00	11.00	11.00	11.00	11.00	11.00	11.00	11.00	11.00	11.00	11.00	11.00	11.00	11.00	11.00
INDIKATOR I5 (KM)	1.92	1.92	1.92	1.92	1.92	1.92	1.92	1.92	1.92	1.92	1.92	1.92	1.92	1.92	1.92	1.92
GEWICHTUNG K1	2.5	2.5	2.5	2.5	2.5	2.5	2.5	2.5	2.5	2.5	2.5	2.5	2.5	2.5	2.5	2.5
GEWICHTUNG K2	1.5	1.5	1.5	1.5	1.5	1.5	1.5	1.5	1.5	1.5	1.5	1.5	1.5	1.5	1.5	1.5
INDIKATOR I6 MAL 10E-6	3.86	3.86	3.86	3.86	3.86	3.86	3.86	3.86	3.86	3.86	3.86	3.86	3.86	3.86	3.86	3.86
INDIKATOR I7 MAL 10E-6	5.26	5.26	5.26	5.26	5.26	5.26	5.26	5.26	5.26	5.26	5.26	5.26	5.26	5.26	5.26	5.26
GEWICHTUNG K3	2.3	2.3	2.3	2.3	2.3	2.3	2.3	2.3	2.3	2.3	2.3	2.3	2.3	2.3	2.3	2.3
GEWICHTUNG K4	.9	.9	.9	.9	.9	.9	.9	.9	.9	.9	.9	.9	.9	.9	.9	.9
DATEN FUER DIE BERECHNUNG VON A2																
INDIKATOR I8	30.6	42.3	48.0	34.7	26.4	32.1	15.8	21.5	25.2	30.9	36.6	42.3	48.0	34.7	26.4	32.1
INDIKATOR I9	57.0	57.0	57.0	57.0	57.0	57.0	57.0	57.0	57.0	57.0	57.0	57.0	57.0	57.0	57.0	57.0
INDIKATOR I10	2[illegible].2	33.1	33.2	40.2	46.7	53.6	60.5	27.4	34.4	25.3	26.2	33.1	33.2	40.2	46.7	53.6
INDIKATOR I11	69.2	69.2	69.2	69.2	69.2	69.2	69.2	69.2	69.2	69.2	69.2	69.2	69.2	69.2	69.2	69.2
INDIKATOR I12	15.44	15.80	16.16	16.52	14.36	14.72	15.08	15.44	15.80	16.16	16.52	14.36	14.72	15.08	15.44	15.80
INDIKATOR I13	27.02	27.02	27.02	27.02	27.02	27.02	27.02	27.02	27.02	27.02	27.02	27.02	27.02	27.02	27.02	27.02
ZIELNIVEAU B11	.7	.7	.7	.7	.7	.7	.7	.7	.7	.7	.7	.7	.7	.7	.7	.7
ZIELNIVEAU B12	.6	.6	.6	.6	.6	.6	.6	.6	.6	.6	.6	.6	.6	.6	.6	.6
GEWICHTUNG K5	1.0	1.0	1.0	1.0	1.0	1.0	1.0	1.0	1.0	1.0	1.0	1.0	1.0	1.0	1.0	1.0
GEWICHTUNG K6	1.0	1.0	1.0	1.0	1.0	1.0	1.0	1.0	1.0	1.0	1.0	1.0	1.0	1.0	1.0	1.0
ZIELNIVEAU B2	.65	.65	.65	.65	.65	.65	.65	.65	.65	.65	.65	.65	.65	.65	.65	.65
GEWICHTUNG K7	1.2	1.2	1.2	1.2	1.2	1.2	1.2	1.2	1.2	1.2	1.2	1.2	1.2	1.2	1.2	1.2
GEWICHTUNG K8	1.0	1.0	1.0	1.0	1.0	1.0	1.0	1.0	1.0	1.0	1.0	1.0	1.0	1.0	1.0	1.0
DATEN FUER DIE BERECHNUNG VON A3																
INDIKATOR I14 MAL 10E-6	[illegible].000	.925	.993	1.305	1.453	.925	1.365	1.325	.965	1.085	.985	1.285	.993	.925	1.309	1.089
INDIKATOR I15 MAL 10E-6	[illegible].000	1.045	.993	1.305	1.453	.925	1.365	1.325	.965	1.085	.985	1.285	.993	.925	1.309	1.089
DATEN FUER DIE BERECHNUNG VON E32T																
GEWICHTUNG G1	2.0	2.0	2.0	2.0	2.0	2.0	2.0	2.0	2.0	2.0	2.0	2.0	2.0	2.0	2.0	2.0
GEWICHTUNG G2	2.0	2.0	2.0	2.0	2.0	2.0	2.0	2.0	2.0	2.0	2.0	2.0	2.0	2.0	2.0	2.0
GEWICHTUNG G3	1.0	1.0	1.0	1.0	1.0	1.0	1.0	1.0	1.0	1.0	1.0	1.0	1.0	1.0	1.0	1.0
EXPONENT PO	.75	.75	.75	.75	.75	.75	.75	.75	.75	.75	.75	.75	.75	.75	.75	.75

Tabelle A10: Sektorale Merkmale zu 16 Zeitpunkten - Sektor 3 - Straßennetz - Region 3

(Symbole in §4.4.3 definiert)

ZEITPUNKT	1	2	3	4	5	6	7	8	9	10	11	12	13	14	15	16
DATEN FUER DIE BERECHNUNG VON A1																
INDIKATOR I1 (KM)	2.82	2.82	2.82	2.82	2.82	2.82	2.82	2.82	2.82	2.82	2.82	2.82	2.82	2.82	2.82	2.82
INDIKATOR I2 (KM)	5.24	5.24	5.24	5.24	5.24	5.24	5.24	5.24	5.24	5.24	5.24	5.24	5.24	5.24	5.24	5.24
INDIKATOR I3 (KM)	11.06	11.06	11.06	11.06	11.06	11.06	11.06	11.06	11.06	11.06	11.06	11.06	11.06	11.06	11.06	11.06
INDIKATOR I4 (KM)	10.39	10.39	10.39	10.39	10.39	10.39	10.39	10.39	10.39	10.39	10.39	10.39	10.39	10.39	10.39	10.39
INDIKATOR I5 (KM)	2.42	2.42	2.42	2.42	2.42	2.42	2.42	2.42	2.42	2.42	2.42	2.42	2.42	2.42	2.42	2.42
GEWICHTUNG K1	2.5	2.5	2.5	2.5	2.5	2.5	2.5	2.5	2.5	2.5	2.5	2.5	2.5	2.5	2.5	2.5
GEWICHTUNG K2	1.5	1.5	1.5	1.5	1.5	1.5	1.5	1.5	1.5	1.5	1.5	1.5	1.5	1.5	1.5	1.5
INDIKATOR I6 MAL 10E-6	5.78	5.78	5.78	5.78	5.78	5.78	5.78	5.78	5.78	5.78	5.78	5.78	5.78	5.78	5.78	5.78
INDIKATOR I7 MAL 10E-6	7.05	7.05	7.05	7.05	7.05	7.05	7.05	7.05	7.05	7.05	7.05	7.05	7.05	7.05	7.05	7.05
GEWICHTUNG K3	2.3	2.3	2.3	2.3	2.3	2.3	2.3	2.3	2.3	2.3	2.3	2.3	2.3	2.3	2.3	2.3
GEWICHTUNG K4	.9	.9	.9	.9	.9	.9	.9	.9	.9	.9	.9	.9	.9	.9	.9	.9
DATEN FUER DIE BERECHNUNG VON A2																
INDIKATOR I8	19.7	22.6	25.4	28.2	2.8	5.6	8.5	11.3	14.1	16.9	19.7	22.6	25.4	28.2	2.8	5.6
INDIKATOR I9	28.2	28.2	28.2	28.2	28.2	28.2	28.2	28.2	28.2	28.2	28.2	28.2	28.2	28.2	28.2	28.2
INDIKATOR I10	59.9	71.0	56.9	59.9	69.0	66.0	74.1	60.8	41.8	48.9	59.9	71.0	56.9	59.9	69.0	66.0
INDIKATOR I11	110.6	110.6	110.6	110.6	110.6	110.6	110.6	110.6	110.6	110.6	110.6	110.6	110.6	110.6	110.6	110.6
INDIKATOR I12	22.78	21.56	20.34	26.12	24.90	23.68	22.46	22.78	21.56	20.34	26.12	24.90	23.68	22.46	22.78	21.56
INDIKATOR I13	40.46	40.46	40.46	40.46	40.46	40.46	40.46	40.46	40.46	40.46	40.46	40.46	40.46	40.46	40.46	40.46
ZIELNIVEAU B11	.7	.7	.7	.7	.7	.7	.7	.7	.7	.7	.7	.7	.7	.7	.7	.7
ZIELNIVEAU B12	.6	.6	.6	.6	.6	.6	.6	.6	.6	.6	.6	.6	.6	.6	.6	.6
GEWICHTUNG K5	1.0	1.0	1.0	1.0	1.0	1.0	1.0	1.0	1.0	1.0	1.0	1.0	1.0	1.0	1.0	1.0
GEWICHTUNG K6	1.0	1.0	1.0	1.0	1.0	1.0	1.0	1.0	1.0	1.0	1.0	1.0	1.0	1.0	1.0	1.0
ZIELNIVEAU B2	.65	.65	.65	.65	.65	.65	.65	.65	.65	.65	.65	.65	.65	.65	.65	.65
GEWICHTUNG K7	1.2	1.2	1.2	1.2	1.2	1.2	1.2	1.2	1.2	1.2	1.2	1.2	1.2	1.2	1.2	1.2
GEWICHTUNG K8	1.0	1.0	1.0	1.0	1.0	1.0	1.0	1.0	1.0	1.0	1.0	1.0	1.0	1.0	1.0	1.0
DATEN FUER DIE BERECHNUNG VON A3																
INDIKATOR I14 MAL 10E-6	0.000	1.488	1.740	.568	2.072	1.628	1.518	1.512	1.788	1.528	.488	1.488	1.740	1.568	1.852	1.628
INDIKATOR I15 MAL 10E-6	0.000	1.488	1.740	.568	2.072	1.628	1.518	1.512	1.788	1.528	.488	1.488	1.740	1.568	1.852	1.628
DATEN FUER DIE BERECHNUNG VON E33T																
GEWICHTUNG G1	2.0	2.0	2.0	2.0	2.0	2.0	2.0	2.0	2.0	2.0	2.0	2.0	2.0	2.0	2.0	2.0
GEWICHTUNG G2	2.0	2.0	2.0	2.0	2.0	2.0	2.0	2.0	2.0	2.0	2.0	2.0	2.0	2.0	2.0	2.0
GEWICHTUNG G3	1.0	1.0	1.0	1.0	1.0	1.0	1.0	1.0	1.0	1.0	1.0	1.0	1.0	1.0	1.0	1.0
EXPONENT P0	.75	.75	.75	.75	.75	.75	.75	.75	.75	.75	.75	.75	.75	.75	.75	.75

Tabelle A11: Sektorale Merkmale zu 16 Zeitpunkten - Sektor 4 - Vorortbahn - überregional

(Symbole in §4.4.4 definiert)

ZEITPUNKT	1	2	3	4	5	6	7	8	9	10	11	12	13	14	15	16
DATEN FUER DIE BERECHNUNG VON A1																
KAPAZITAET I1	2800	2800	2800	2800	2800	2800	2800	2800	2800	2800	2800	2800	2800	2800	2800	2800
ZIELPROZENTSATZ P	5.8	5.8	5.8	5.8	5.8	5.8	5.8	5.8	5.8	5.8	5.8	5.8	5.8	5.8	5.8	5.8
INDIKATOR I2 MAL 10E-6	54.0	54.0	54.0	54.0	54.0	54.0	54.0	54.0	54.0	54.0	54.0	54.0	54.0	54.0	54.0	54.0
INDIKATOR I3 MAL 10E-6	59.0	59.0	59.0	59.0	59.0	59.0	59.0	59.0	59.0	59.0	59.0	59.0	59.0	59.0	59.0	59.0
GEWICHTUNG K1	2.0	2.0	2.0	2.0	2.0	2.0	2.0	2.0	2.0	2.0	2.0	2.0	2.0	2.0	2.0	2.0
GEWICHTUNG K2	1.0	1.0	1.0	1.0	1.0	1.0	1.0	1.0	1.0	1.0	1.0	1.0	1.0	1.0	1.0	1.0
DATEN FUER DIE BERECHNUNG VON A2																
INDIKATOR I4	826.2	880.2	930.0	950.0	1000.0	1054.0	1108.0	1130.0	1184.0	1215.0	1269.0	1300.0	1250.0	1304.0	1358.0	1400.0
INDIKATOR I5	1620.0	1620.0	1620.0	1620.0	1620.0	1620.0	1620.0	1620.0	1620.0	1620.0	1620.0	1620.0	1620.0	1620.0	1620.0	1620.0
ZIELNIVEAU B2	.65	.65	.65	.65	.65	.65	.65	.65	.65	.65	.65	.65	.65	.65	.65	.65
DATEN FUER DIE BERECHNUNG VON A3																
INDIKATOR I6	68599	68599	68599	68599	68599	68599	68599	68599	68599	68599	68599	68599	68599	68599	68599	68599
INDIKATOR I7	41.4	41.4	41.4	41.4	41.4	41.4	41.4	41.4	41.4	41.4	41.4	41.4	41.4	41.4	41.4	41.4
INDIKATOR I8 (HA)	62	62	62	62	62	62	62	62	62	62	62	62	62	62	62	62
ZIELENTFERNUNG D1 (KM)	.7	.7	.7	.7	.7	.7	.7	.7	.7	.7	.7	.7	.7	.7	.7	.7
ZIELENTFERNUNG D2 (KM)	2.0	2.0	2.0	2.0	2.0	2.0	2.0	2.0	2.0	2.0	2.0	2.0	2.0	2.0	2.0	2.0
GEWICHTUNG K3	3.0	3.0	3.0	3.0	3.0	3.0	3.0	3.0	3.0	3.0	3.0	3.0	3.0	3.0	3.0	3.0
GEWICHTUNG K4	1.2	1.2	1.2	1.2	1.2	1.2	1.2	1.2	1.2	1.2	1.2	1.2	1.2	1.2	1.2	1.2
DATEN FUER DIE BERECHNUNG VON A4																
INDIKATOR I9	36450	35910	35400	35200	34800	34260	33720	33500	32960	32960	32420	32300	34000	33460	32920	32480
INDIKATOR I10	54000	54000	54000	54000	54000	54000	54000	54000	54000	54000	54000	54000	54000	54000	54000	54000
ZIELNIVEAU B4	.7	.7	.7	.7	.7	.7	.7	.7	.7	.7	.7	.7	.7	.7	.7	.7
DATEN FUER DIE BERECHNUNG VON A5																
INDIKATOR I11 MAL 10E-6	1.000	1.400	1.625	1.900	1.615	1.600	1.600	1.700	1.600	1.675	1.600	1.705	3.850	1.600	1.600	1.735
INDIKATOR I12 MAL 10E-6	0.000	1.600	1.625	1.900	1.615	1.600	1.600	1.700	1.600	1.675	1.600	1.705	3.850	1.600	1.600	1.735
DATEN FUER DIE BERECHNUNG VON E4RT																
GEWICHTUNG G1	3.7	3.7	3.7	3.7	3.7	3.7	3.7	3.7	3.7	3.7	3.7	3.7	3.7	3.7	3.7	3.7
GEWICHTUNG G2	1.8	1.8	1.8	1.8	1.8	1.8	1.8	1.8	1.8	1.8	1.8	1.8	1.8	1.8	1.8	1.8
GEWICHTUNG G3	3.2	3.2	3.2	3.2	3.2	3.2	3.2	3.2	3.2	3.2	3.2	3.2	3.2	3.2	3.2	3.2
GEWICHTUNG G4	1.6	1.6	1.6	1.6	1.6	1.6	1.6	1.6	1.6	1.6	1.6	1.6	1.6	1.6	1.6	1.6
GEWICHTUNG G5	1.0	1.0	1.0	1.0	1.0	1.0	1.0	1.0	1.0	1.0	1.0	1.0	1.0	1.0	1.0	1.0
EXPONENT PO	.25	.25	.25	.25	.25	.25	.25	.25	.25	.25	.25	.25	.25	.25	.25	.25

Tabelle A12: Sektorale Merkmale zu 16 Zeitpunkten - Sektor 5 - Ökologie und Freizeit - Region 1

(Symbole in §4.4.5 definiert)

ZEITPUNKT	1	2	3	4	5	6	7	8	9	10	11	12	13	14	15	16
DATEN FUER DIE BERECHNUNG VON A1																
INDIKATOR I1 (HA)	14.0	14.0	14.0	14.0	14.0	14.0	14.0	14.0	14.0	14.0	14.0	14.0	14.0	14.0	14.0	14.0
ZIELGROESSE I2 (M**2)	10.0	10.0	10.0	10.0	10.0	10.0	10.0	10.0	10.0	10.0	10.0	10.0	10.0	10.0	10.0	10.0
MINIMALNIVEAU M1	.2	.2	.2	.2	.2	.2	.2	.2	.2	.2	.2	.2	.2	.2	.2	.2
DATEN FUER DIE BERECHNUNG VON A2																
FLAECHE S (HA)	318.97	-	-	-	-	-	-	-	-	-	-	-	-	-	-	-
INDIKATOR I3 (HA)																
INDIKATOR I4 (HA)	520	520	520	520	520	520	520	520	520	520	520	520	520	520	520	520
MINIMALNIVEAU M2	.2	.2	.2	.2	.2	.2	.2	.2	.2	.2	.2	.2	.2	.2	.2	.2
DATEN FUER DIE BERECHNUNG VON A3																
INDIKATOR I5 (HA)	25.27	25.27	25.27	25.27	25.27	25.27	25.27	25.27	25.27	25.27	25.27	25.27	25.27	25.27	25.27	25.27
INDIKATOR I6 (HA)	32.15	32.15	32.15	32.15	32.15	32.15	32.15	32.15	32.15	32.15	32.15	32.15	32.15	32.15	32.15	32.15
MINIMALNIVEAU M3	.2	.2	.2	.2	.2	.2	.2	.2	.2	.2	.2	.2	.2	.2	.2	.2
DATEN FUER DIE BERECHNUNG VON A4																
INDIKATOR I7 MAL 10E-3	.0	260.0	260.0	260.0	260.0	260.0	260.0	260.0	260.0	260.0	260.0	260.0	260.0	260.0	260.0	260.0
INDIKATOR I8 MAL 10E-3	.0	280.0	280.0	280.0	280.0	280.0	280.0	280.0	280.0	280.0	280.0	280.0	280.0	280.0	280.0	280.0
DATEN FUER DIE BERECHNUNG VON A5																
INDIKATOR I9 (100M)	6.6	6.6	6.6	6.6	6.6	6.6	6.6	6.6	6.6	6.6	6.6	6.6	6.6	6.6	6.6	6.6
INDIKATOR I10 (100M)	9.0	9.0	9.0	9.0	9.0	9.0	9.0	9.0	9.0	9.0	9.0	9.0	9.0	9.0	9.0	9.0
MINIMALNIVEAU M5	.2	.2	.2	.2	.2	.2	.2	.2	.2	.2	.2	.2	.2	.2	.2	.2
DATEN FUER DIE BERECHNUNG VON A6																
INDIKATOR I11 (HA)	9.0	9.0	9.0	9.0	9.0	9.0	9.0	9.0	9.0	9.0	9.0	9.0	9.0	9.0	9.0	9.0
INDIKATOR I12 (HA)	9.0	9.0	9.0	9.0	9.0	9.0	9.0	9.0	9.0	9.0	9.0	9.0	9.0	9.0	9.0	9.0
MINIMALNIVEAU M6	.2	.2	.2	.2	.2	.2	.2	.2	.2	.2	.2	.2	.2	.2	.2	.2
DATEN FUER DIE BERECHNUNG VON A7																
INDIKATOR I13 (100M)	29.8	29.8	29.8	29.8	29.8	29.8	29.8	29.8	29.8	29.8	29.8	29.8	29.8	29.8	29.8	29.8
INDIKATOR I14 (100M)	33.4	33.4	33.4	33.4	33.4	33.4	33.4	33.4	33.4	33.4	33.4	33.4	33.4	33.4	33.4	33.4
MINIMALNIVEAU M7	.2	.2	.2	.2	.2	.2	.2	.2	.2	.2	.2	.2	.2	.2	.2	.2
DATEN FUER DIE BERECHNUNG VON E51T																
GEWICHTUNG G1	3.0	3.0	3.0	3.0	3.0	3.0	3.0	3.0	3.0	3.0	3.0	3.0	3.0	3.0	3.0	3.0
GEWICHTUNG G2	3.0	3.0	3.0	3.0	3.0	3.0	3.0	3.0	3.0	3.0	3.0	3.0	3.0	3.0	3.0	3.0
GEWICHTUNG G3	2.0	2.0	2.0	2.0	2.0	2.0	2.0	2.0	2.0	2.0	2.0	2.0	2.0	2.0	2.0	2.0
GEWICHTUNG G4	1.0	1.0	1.0	1.0	1.0	1.0	1.0	1.0	1.0	1.0	1.0	1.0	1.0	1.0	1.0	1.0
GEWICHTUNG G5	2.0	2.0	2.0	2.0	2.0	2.0	2.0	2.0	2.0	2.0	2.0	2.0	2.0	2.0	2.0	2.0
GEWICHTUNG G6	1.0	1.0	1.0	1.0	1.0	1.0	1.0	1.0	1.0	1.0	1.0	1.0	1.0	1.0	1.0	1.0
GEWICHTUNG G7	3.0	3.0	3.0	3.0	3.0	3.0	3.0	3.0	3.0	3.0	3.0	3.0	3.0	3.0	3.0	3.0

Tabelle A13: <u>Sektorale Merkmale zu 16 Zeitpunkten - Sektor 5 - Ökologie und Freizeit - Region 2</u>

(Symbole in §4.4.5 definiert)

ZEITPUNKT	1	2	3	4	5	6	7	8	9	10	11	12	13	14	15	16
DATEN FUER DIE BERECHNUNG VON A1																
INDIKATOR I1 (HA)	1.0	1.0	1.0	1.0	1.0	1.0	1.0	1.0	1.0	1.0	1.0	1.0	1.0	1.0	1.0	1.0
ZIELGROESSE I2 (M**2)	10.0	10.0	10.0	10.0	10.0	10.0	10.0	10.0	10.0	10.0	10.0	10.0	10.0	10.0	10.0	10.0
MINIMALNIVEAU M1	.2	.2	.2	.2	.2	.2	.2	.2	.2	.2	.2	.2	.2	.2	.2	.2
DATEN FUER DIE BERECHNUNG VON A2																
FLAECHE S (HA)	760.65	-	-	-	-	-	-	-	-	-	-	-	-	-	-	-
INDIKATOR I3 (HA)																
INDIKATOR I4 (HA)	894	894	894	894	894	894	894	894	894	894	894	894	894	894	894	894
MINIMALNIVEAU M2	.2	.2	.2	.2	.2	.2	.2	.2	.2	.2	.2	.2	.2	.2	.2	.2
DATEN FUER DIE BERECHNUNG VON A3																
INDIKATOR I5 (HA)	251.32	251.32	251.32	251.32	251.32	251.32	251.32	251.32	251.32	251.32	251.32	251.32	251.32	251.32	251.32	251.32
INDIKATOR I6 (HA)	305.70	305.70	305.70	305.70	305.70	305.70	305.70	305.70	305.70	305.70	305.70	305.70	305.70	305.70	305.70	305.70
MINIMALNIVEAU M3	.2	.2	.2	.2	.2	.2	.2	.2	.2	.2	.2	.2	.2	.2	.2	.2
DATEN FUER DIE BERECHNUNG VON A4																
INDIKATOR I7 MAL 10E-3	.0	210.0	210.0	210.0	210.0	210.0	210.0	210.0	210.0	210.0	210.0	210.0	210.0	210.0	210.0	210.0
INDIKATOR I8 MAL 10E-3	.0	230.0	230.0	230.0	230.0	230.0	230.0	230.0	230.0	230.0	230.0	230.0	230.0	230.0	230.0	230.0
DATEN FUER DIE BERECHNUNG VON E52T																
GEWICHTUNG G1	3.0	3.0	3.0	3.0	3.0	3.0	3.0	3.0	3.0	3.0	3.0	3.0	3.0	3.0	3.0	3.0
GEWICHTUNG G2	3.0	3.0	3.0	3.0	3.0	3.0	3.0	3.0	3.0	3.0	3.0	3.0	3.0	3.0	3.0	3.0
GEWICHTUNG G3	2.0	2.0	2.0	2.0	2.0	2.0	2.0	2.0	2.0	2.0	2.0	2.0	2.0	2.0	2.0	2.0
GEWICHTUNG G4	1.0	1.0	1.0	1.0	1.0	1.0	1.0	1.0	1.0	1.0	1.0	1.0	1.0	1.0	1.0	1.0

Tabelle A14: Sektorale Merkmale zu 16 Zeitpunkten - Sektor 5 - Ökologie und Freizeit - Region 3

(Symbole in §4.4.5 definiert)

ZEITPUNKT	1	2	3	4	5	6	7	8	9	10	11	12	13	14	15	16
DATEN FUER DIE BERECHNUNG VON A1																
INDIKATOR I1 (HA)	9.0	9.0	9.0	9.0	9.0	9.0	9.0	9.0	9.0	9.0	9.0	9.0	9.0	9.0	9.0	9.0
ZIELGROESSE I2 (M**2)	10.0	10.0	10.0	10.0	10.0	10.0	10.0	10.0	10.0	10.0	10.0	10.0	10.0	10.0	10.0	10.0
MINIMALNIVEAU M1	.2	.2	.2	.2	.2	.2	.2	.2	.2	.2	.2	.2	.2	.2	.2	.2
DATEN FUER DIE BERECHNUNG VON A2																
FLAECHE S (HA)	414.38	-	-	-	-	-	-	-	-	-	-	-	-	-	-	-
INDIKATOR I3 (HA)																
INDIKATOR I4 (HA)	602	602	602	602	602	602	602	602	602	602	602	602	602	602	602	602
MINIMALNIVEAU M2	.2	.2	.2	.2	.2	.2	.2	.2	.2	.2	.2	.2	.2	.2	.2	.2
DATEN FUER DIE BERECHNUNG VON A3																
INDIKATOR I5 (HA)	27.72	27.72	27.72	27.72	27.72	27.72	27.72	27.72	27.72	27.72	27.72	27.72	27.72	27.72	27.72	27.72
INDIKATOR I6 (HA)	34.00	34.00	34.00	34.00	34.00	34.00	34.00	34.00	34.00	34.00	34.00	34.00	34.00	34.00	34.00	34.00
MINIMALNIVEAU M3	.2	.2	.2	.2	.2	.2	.2	.2	.2	.2	.2	.2	.2	.2	.2	.2
DATEN FUER DIE BERECHNUNG VON A4																
INDIKATOR I7 MAL 10E-3	.0	300.0	300.0	300.0	300.0	300.0	300.0	300.0	300.0	300.0	300.0	300.0	300.0	300.0	300.0	300.0
INDIKATOR I8 MAL 10E-3	.0	340.0	340.0	340.0	340.0	340.0	340.0	340.0	340.0	340.0	340.0	340.0	340.0	340.0	340.0	340.0
DATEN FUER DIE BERECHNUNG VON A5																
INDIKATOR I9 (100M)	35.3	35.3	35.3	35.3	35.3	35.3	35.3	35.3	35.3	35.3	35.3	35.3	35.3	35.3	35.3	35.3
INDIKATOR I10 (100M)	35.5	35.5	35.5	35.5	35.5	35.5	35.5	35.5	35.5	35.5	35.5	35.5	35.5	35.5	35.5	35.5
MINIMALNIVEAU M5	.2	.2	.2	.2	.2	.2	.2	.2	.2	.2	.2	.2	.2	.2	.2	.2
DATEN FUER DIE BERECHNUNG VON A6																
INDIKATOR I11 (HA)	101.0	101.0	101.0	101.0	101.0	101.0	101.0	101.0	101.0	101.0	101.0	101.0	101.0	101.0	101.0	101.0
INDIKATOR I12 (HA)	101.0	101.0	101.0	101.0	101.0	101.0	101.0	101.0	101.0	101.0	101.0	101.0	101.0	101.0	101.0	101.0
MINIMALNIVEAU M6	.2	.2	.2	.2	.2	.2	.2	.2	.2	.2	.2	.2	.2	.2	.2	.2
DATEN FUER DIE BERECHNUNG VON A7																
INDIKATOR I13 (100M)	62.6	62.6	62.6	62.6	62.6	62.6	62.6	62.6	62.6	62.6	62.6	62.6	62.6	62.6	62.6	62.6
INDIKATOR I14 (100M)	79.6	79.6	79.6	79.6	79.6	79.6	79.6	79.6	79.6	79.6	79.6	79.6	79.6	79.6	79.6	79.6
MINIMALNIVEAU M7	.2	.2	.2	.2	.2	.2	.2	.2	.2	.2	.2	.2	.2	.2	.2	.2
DATEN FUER DIE BERECHNUNG VON E53T																
GEWICHTUNG G1	3.0	3.0	3.0	3.0	3.0	3.0	3.0	3.0	3.0	3.0	3.0	3.0	3.0	3.0	3.0	3.0
GEWICHTUNG G2	3.0	3.0	3.0	3.0	3.0	3.0	3.0	3.0	3.0	3.0	3.0	3.0	3.0	3.0	3.0	3.0
GEWICHTUNG G3	2.0	2.0	2.0	2.0	2.0	2.0	2.0	2.0	2.0	2.0	2.0	2.0	2.0	2.0	2.0	2.0
GEWICHTUNG G4	1.0	1.0	1.0	1.0	1.0	1.0	1.0	1.0	1.0	1.0	1.0	1.0	1.0	1.0	1.0	1.0
GEWICHTUNG G5	2.0	2.0	2.0	2.0	2.0	2.0	2.0	2.0	2.0	2.0	2.0	2.0	2.0	2.0	2.0	2.0
GEWICHTUNG G6	1.0	1.0	1.0	1.0	1.0	1.0	1.0	1.0	1.0	1.0	1.0	1.0	1.0	1.0	1.0	1.0
GEWICHTUNG G7	3.0	3.0	3.0	3.0	3.0	3.0	3.0	3.0	3.0	3.0	3.0	3.0	3.0	3.0	3.0	3.0

Tabelle A15: Attraktivitäts- und sektorale Verknüpfungsdaten
(Symbole sind in §4.4.6 definiert)

(i) Gewichtungen b_{irt}

Sektor i	1	2	3	4	5
b_{irt}	1,5	2,5	1,5	1,5	3,0

(ii) Leerstehende Wohnungen

Region r	1	2	3
Zum Zeitpunkt 1 M_{r81}	500	300	660
Zielgröße M_{rG}	400	250	450

Nachfolgende Werte für M_{r8t} (t = 2,3,...) werden durch das Bevölkerungsmodell berechnet

(iii) Nicht-bebaute Fläche (ha)

Region r	1	2	3
Zum Zeitpunkt 1 S_{r1}	319,0	760,7	412,5
Bezugsgröße S_{rREF}	319,0	760,7	412,5

Nachfolgende Werte für S_{rt} (t = 2,3,....) werden durch das Bevölkerungsmodell berechnet

(iv) Gewichtungen g

(a)

Sektor i	1	2	3	4	5
g_{irt}	3,0	3,8	2,5	1,0	4,0

(b)

Faktor v	1	2	3
g_{vrt}	3,5	1,0	5,0

Keine Variation von g mit r oder t wurde vorgenommen

Tabelle A16: Bevölkerungssubmodelldaten
(Symbole in §3.5.2 und §4.5 definiert)

(i) Natürliche Wachstumsraten M_{r1t} (%)

r	t = 1	2	3	4	5	6	7	8	9	1o	11	12	13	14	15
1	1,0	1,0	1,1	1,1	1,2	1,1	1,0	0,9	0,9	0,8	0,7	0,7	0,7	0,7	0,7
2	0,8	0,8	0,8	0,9	1,0	1,1	1,3	0,9	0,9	0,9	0,7	0,7	0,7	0,7	0,7
3	1,3	1,4	1,3	1,2	1,1	1,1	1,1	0,9	0,9	0,8	0,7	0,7	0,7	0,7	0,7

(ii) Zeitunabhängige Parameter

Region, r	1	2	3
B_{r1} §	21 51o	14 25o	24 33o
M_{2t} *+	1,5		
M_3+	1,o		
M_{4t} *+	o,5		
M_5+	1,o		
M_{r6}	o,5	o,5	o,5
M_{r7}	4,o	4,o	4,o
M_{r81} §	5oo	3oo	66o
M_{r1o}	12,o	12,o	14,o
M_{r11t} *	3oo	2oo	4oo
M_{r12}	3,o	3,o	3,o
M_{r13}	4,o	4,o	4,o

§ Entwicklung vom Submodell bestimmt
* keine Variation mit t vorgenommen
+ keine räumliche Abhängigkeit

Anmerkung: M_{r9t} ist projektabhängig

Tabelle A17: Finanzrahmendaten

(i) Gesamtbudgetprognosen (U_t) und "Reserven" (R_t) - $DM.10^{-6}$

t	1	2	3	4	5	6	7	8	9	1o	11	12	13	14	15
U_t	74,5	79,5	85	90	90	90	92	92	92	95	95	95	100	100	100
R_t	44,5	50	50	50	50	50	52	52	52	55	55	55	60	60	60

(ii) Instandhaltung der bestehenden Infrastruktur M'_{irt} - $DM.10^{-6}$

a) Sektor 1 - Sozialwohnungswesen

t	1	2	3	4	5	6	7	8	9	10	11	12	13	14	15
r = 1	1,321	0,323	0,600	0,345	0,623	1,841	0,345	0,623	0,300	0,645	2,424	0,300	0,645	0,324	0,6
r = 2	0,625	0,196	0,196	0,249	0,346	0,572	0,249	0,196	0,196	0,399	1,512	0,196	0,211	0,234	0,3
r = 3	0,330	1,253	0,390	0,856	1,403	0,390	2,700	0,383	0,856	0,660	0,383	1,230	0,360	0,909	0,6

b) Sektor 2 - Kindergärten

t	1	2	3	4	5	6	7	8	9	10	11	12	13	14	15
r = 1	0,556	0,556	0,526	0,556	0,556	0,556	0,526	0,556	0,556	0,556	0,626	0,556	0,526	0,556	0,55
r = 2	0,464	0,464	0,434	0,434	0,464	0,464	0,434	0,434	0,464	0,464	0,434	0,534	0,434	0,464	0,43
r = 3	0,494	0,434	0,434	0,434	0,494	0,434	0,434	0,434	0,494	0,434	0,434	0,434	0,494	0,434	0,43

c) Sektor 3 - Straßennetz

t	1	2	3	4	5	6	7	8	9	10	11	12	13	14	15
r = 1	1,583	0,969	0,969	1,489	2,401	0,989	1,434	1,568	1,149	1,009	1,083	1,469	0,969	1,489	2,40
r = 2	0,925	0,993	1,305	1,453	0,925	1,365	1,325	0,965	1,085	0,985	1,285	0,993	0,925	1,309	1,08
r = 3	1,488	1,740	0,568	2,072	1,628	1,518	1,512	1,788	1,528	0,488	1,488	1,740	1,568	1,852	1,62

d) Sektor 4 - Vorortbahn (überregional)

t	1	2	3	4	5	6	7	8	9	10	11	12	13	14	15
all r	1,6	1,625	1,9	1,615	1,6	1,6	1,7	1,6	1,675	1,6	1,705	3,85	1,6	1,6	1,735

e) Sektor 5 - Ökologie und Freizeit

Unsystematisch geschätzte Instandhaltungskosten von DM Mill. 0,26, 0,21 und 0,30 werden für die Regionen 1,2 bzw. 3 angesetzt.

Tabelle A18: Beschreibung der vorgeschlagenen Projekte für Region 1

Projektnr.*	Beschreibung (s. Abbildungen 4.1, A1 und A2)
111	Auf 4 ha in SW-Standort zu bauende Sozialwohnungen. Unterbringung von 400 Menschen, d.h. 100 Wohneinheiten. Vorzusehende Grünflächen 60% der Gesamtfläche. Fertigstellung des Projekts in 3 Jahren, Baukosten je Einheit DM 135 000. Hausmeister erforderlich.
112	Auf 1 ha in O-Standort zu bauende Sozialwohnungen. Unterbringung von 100 Menschen, d.h. 25 Wohneinheiten. Vorzusehende Grünflächen 60% der Gesamtfläche. Fertigstellungszeit 1 Jahr. Baukosten je Wohneinheit DM 155 000 mit Kostenabtragung über 2 Jahre. Höhere Qualitätsanforderungen.
113	Überholung von 113 20 Jahre alten Sozialwohnungseinheiten (NW-Standort). Dadurch verbesserte Qualität, vorzusehender Instandhaltungszyklus um 10 Jahre verschoben. Kosten je Wohneinheit DM 15 000.
114	Auf 2 ha in S-Standort zu bauende Sozialwohnungen. Unterbringung von 200 Menschen, d.h. 50 Wohneinheiten. Bauzeit 3 Jahre. Kosten je Wohneinheit DM 135 000.
115	Erweiterung des Instandhaltungspersonals um 3 gelernte Arbeiter zur Verbesserung des Leistungs- und Qualitätsniveaus. Lohnkosten z.T. kompensiert durch Einsparungen bei Reparaturaufträgen. Es bestehen hier Wechselwirkungen mit allen Qualitätsmerkmalen.
121	Der Kindergarten im NW-Standort ist auf die Kapazität 100 Plätze zu erweitern. Die Qualität der ganzen Einrichtung ist zu verbessern; der neue Flügel erhält einen gesonderten Instandhaltungszyklus. Gesamtbaukosten DM 600 000. Bauzeit 1 Jahr.
122	Der Kindergarten in N-Standort ist (um eine Gruppe) auf die Kapazität 100 zu erweitern. Die Gesamtqualität ist zu verbessern. Gesamtkosten DM 100 000, Bauzeit weniger als 1 Jahr.
123	Erweiterung des Kindergartens in S-Standort um 40 Plätze. Anbau mit hoher Qualität erfordert Grundstückskauf. Gesamtkosten DM 350 000, die neue Kapazität soll während des zweiten Jahres verfügbar werden.
124	Ein neuer Kindergarten mit der Kapazität 100 ist in O-Standort zu bauen. Bauzeit 2 Jahre, Gesamtkosten (Grundstück und Bau) DM 950 000.
125	Daueranstellung eines Kinderarztes, jährliche Kosten DM 50 000.
126	Einmalige Instandhaltungsarbeiten beim NW-Kindergarten mit starker Wechselwirkung mit Projekt 121. Verbesserung der Qualität und Verschiebung des Instandhaltungszyklus.
131	Vergrößerung der Straßeninstandhaltungstrupps. Einsparungen bei Reparaturaufträgen.
132	Aufwertung von 0,9 km Straße Klasse 3 zu Klasse 2. Fertigstellung während der nächsten Budgetperiode. Gesamtbaukosten DM 1,7 Mill. Verbindungsstück in der neuen N-S-Durchgangsstraße.
133	300 m Straße Klasse 3 im SO-Standort zur Grenze von Region 3 zu bauen - Verbindung mit Haupt-NS-Durchgangsstraße. Bei Genehmigung ist dieses Projekt verbunden mit der (Wechselwirkungs-)Übernahme von Projekt 331 (s. Tabelle A20). Gesamtbau- und Einrichtungskosten DM 590 000.

* die erste Ziffer gibt die Region an, die zweite den Sektor

Tabelle A18 (Fortsetzung): Projekte für Region 1

Projektnr.	Beschreibung (s. Abbildungen 4.1, A1 und A2)
134	Aufwertung von 0,8 km Straße Klasse 3 durch die Industriezone zu Klasse 2. Dieses Projekt ist kostspielig, da Land zu kauren und eine partielle Sanierung der Industriezone durchzuführen ist. Die dann geteilte Industriezone erfordert besondere Vorkehrungen für den Verkehr und die Fußgänger. Gesamtkosten DM 2,45 Mill. Bauzeit 3 Jahre.
135	0,8 km Verbindungsstraße im W. Land ist zu erwerben. Fertigstellung innerhalb von 2 Jahren. Gesamtkosten DM 1,57 Mill.
136	Ankauf eines Allzweckfahrzeugs (Schneeräumung usw.) mit Hilfsausrüstung. Kosten DM 45 000.
641	Dieses als überregional betrachtete Projekt betrifft den Betrieb mit dichterer Zugfolge zu den Hauptverkehrsstunden auf der Vorortbahn. Die Kosten werden in pragmatischer Weise auf DM 40 000 im Jahr geschätzt, die auf die 3 Regionen entfallen, zusätzlich die jeweils anfallenden Kosten für Instandhaltung.
642	Dieses als überregional betrachtete Projekt betrifft die Erneuerung oder den Einbau von Signal- und Sicherheitseinrichtungen im Werte von DM 1 Mill. auf der Vorortbahntrasse durch die 3 Regionen.
151	Die Schaffung eines Parks von 1 ha in einem SW-Standort. Gesamtkosten DM 530 000.
152	Sonderinstandhaltungsbudget (wiederkehrend) von DM 20 000, für den Sektor "Ökologie und Freizeit" beantragt.

Tabelle A19: Beschreibung der vorgeschlagenen Projekte für Region 2

Projektnr.*	Beschreibung (s. Abbildungen 4.1, A1 und A2)
211	Erneuerung von 112 Wohneinheiten in NW-Standort. 28 Einheiten sind in jedem Jahr zu überholen, um die Qualität zu verbessern und einen neuen 25-jährigen Instandhaltungskostenzyklus zu beginnen. Kosten je Einheit DM 10 000.
212	Sozialwohnungen in der Nähe des Vorortbahnhofs für 200 Menschen zu bauen, d.h. 50 Wohneinheiten, Grünflächen 60% mit einer Fertigstellungszeit von 2 Jahren. Kosten je Einheit DM 135 000.
213	38 Sozialwohneinheiten in einem zentral gelegenen Standort im laufenden Jahr fertigzustellen. Grünfläche 40%. Kosten je Einheit ohne Bauland DM 135 000.
214	Einstellung eines zusätzlichen Arbeiters im Gärtnereitrupp. Die Kosten schließen zusätzliches Gerät und notwendige Materialien ein.
215	Bau eines Spielplatzes für die (geographisch) zentral gelegenen Sozialwohnungen. Ankauf von Bauland nicht erforderlich.
221	Zu bauen ist ein neuer Kindergarten mit Kapazität 100 in einem zentral gelegenen Standort. Inbetriebnahme am Ende des zweiten Jahres. Gesamtkosten DM 675 000.
222	Zu bauen ist ein neuer Kindergarten mit Kapazität 60 in einem W-Standort auf Bauland bereits in städtischem Besitz. Bauzeit 1 Jahr, Gesamtkosten DM 228 000.
223	Dringende Instandsetzung (keine weiteren Implikationen) vorhandenen Kindergartens im zentral gelegenen Standort. Kosten DM 45 000.
224	Erweiterung des Kindergartens im W um eine Kapazität 20. Ankauf von Bauland nicht erforderlich. Gesamtkosten DM 95 000.
225	Neuplanung und Umbau der Außeneinrichtungen des alten Kindergartens im zentral gelegenen Standort mit entsprechend vergrößerter Qualitätswirkung. Kosten DM 50 000.
231	Umbau des 9 Jahre alten 0,68 km langen Straßenabschnitts durch die Stadtmitte in eine vierspurige Straße Klasse 2. Fertigstellung in zwei Jahren. Gesamtkosten ca. DM 2 Mill. einschl. sekundärer Einrichtungen.
232	Bau eines 0,54 km langen Straßenabschnitts der Klasse 3, der die kleine zentrale Siedlung mit der Haupt-OW-Straße verbindet (es tritt eine zwangsläufige Wechselwirkung mit der Region 3 auf). Kosten angenähert DM 0,8 Mill.
233	Bau von 1,3 km Verbindungsstraße Klasse 3. Soll in der zweiten Budgetperiode zur Verfügung stehen. Land muß gekauft werden. Kosten angenähert DM 1,5 Mill.
234	Bau von 1,05 km Verbindungsstraße Klasse 3 durch Umbau einer vorhandenen nicht klassifizierten Straße. Fertigstellung in der dritten Budgetperiode. Kosten DM 1,05 Mill.
235	Beschaffung von neuem Transport- und anderem Straßenunterhaltungsgerät für DM 200 000.

* die erste Ziffer gibt die Region an, die zweite den Sektor

Tabelle A19 (Fortsetzung): Projekte für Region 2

Projektnr.	Beschreibung (s. Abbildungen 4.1, A1 und A2)
236	Dringende einmalige Instandhaltungsarbeit. Keine weiteren Implikationen. Kosten DM 120 000.
641	Wie in Tabelle A18
642	Wie in Tabelle A18
251	Ein Sonderinstandhaltungsbudget von DM 20 000 im Jahr für den Sektor 5.
252	Schaffung eines Waldspielplatzes auf gepachtetem Waldgelände in einem zentral gelegenen Standort. Baukosten DM 80 000.

Tabelle A20: Beschreibung der vorgeschlagenen Projekte für Region 3

Projektnr.*	Beschreibung (s. Abbildungen 4.1, A1 und A2)
311	Neue Sozialwohnungen in N-Standort für 300 Menschen, d.h. 75 Einheiten. Grünflächen sollen 40% der Gesamtfläche von 3 ha einnehmen. Bezugsfertig während des dritten Baujahrs. Kosten je Einheit ohne Bauland DM 140 000.
312	Umfassende Überholung von 150 der zentralgelegenen Sozialwohnungen zu Kosten von DM 25 000 je Einheit. Erhebliche Störungswechselwirkungen (Qualität). Nachher starke Steigerung der Qualität; Verursachung eines neuen Instandhaltungszyklus. Im Jahr sind 50 Einheiten fertigzustellen.
313	Zu erstellen 30 Sozialwohneinheiten auf 1 ha in einem S-Standort - Grünfläche 50% - in 12 Monaten verfügbar. Kosten je Einheit DM 147 000 ohne Bauland.
314	Sofern Allokation für 311 erfolgt, Erstellung von weiteren 30 Wohneinheiten in N-Standort auf 1 ha - 50% Grünfläche - bezugsfertig am Ende des 3. Jahres. Dies Projekt ist als Erweiterung von 311 anzusehen. Kosten je Einheit DM 120 000.
315	Wiedereinrichtung und Verstärkung des Personals eines zentralen Instandhaltungslagers.
316	Eine einmalige Instandhaltungsarbeit an 75 Einheiten des N-Wohngebiets. Dringend erforderlich - keine anderen Konsequenzen. Gesamtkosten (zeitlich verteilt) DM 275 000.
321	Neuer Kindergarten im Sozialwohngebiet des N-Standorts. Kapazität 80 Plätze, Gesamtkosten DM 380 000 - keine Baulandkosten.
322	Ein neuer Kindergarten, Kapazität 80, in W-Standort, im 3. Jahr betriebsbereit. Gesamtkosten DM 360 000, kein Baulanderwerb nötig.
323	Einmalige Instandhaltungsarbeit im vorhandenen Kindergarten, Kosten DM 64 000.
324	Subvention eines privaten Kindergartens mit z.Zt. 30 Kindern in der Höhe von DM 200,- je Kind. Dies ergibt nur einen Kapazitätseffekt.
331	Umbau eines 0,5 km langen Abschnitts nicht eingestufter Straße zur Straße Klasse 3. In der laufenden Budgetperiode fertiggestellt. Bei Genehmigung ist das Projekt verbunden mit der (Wechselwirkungs)Übernahme von Projekt 133 (Tabelle 18A). Dies stellt eine südliche Straßenverbindung zwischen den Regionen 1 und 3 her. Kosten DM 0,845 Mill.
332	Umbau einer 300 m langen städtischen Nebenstraße in eine Straße Klasse 3. Sehr kurze Bauzeit. Kosten DM 240 000.
333	Umbau einer 200 m langen städtischen Nebenstraße in eine Straße Klasse 3 (für erhebliche Verkehrskapazität bestimmt). Kurze Bauzeit. Kosten DM 420 000.
334	Umbau von 100 m Straße Klasse 3 in vierspurige Verbindungsstraße (Klasse 2), die NS- und OW-Verkehr zwischen den "Projekten" 335 und 333 trägt. Dieser Bau soll im zweiten Jahr stattfinden und zum Ende des dritten beendet sein. Der Bau betrifft auch anteilsmäßig die Stadtsanierung. Gesamtkosten DM 0,9 Mill.

--/2

* die erste Ziffer gibt die Region an, die zweite den Sektor

Tabelle A20 (Fortsetzung): Projekte für Region 3

Projektnr.	Beschreibung (s. Abbildungen 4.1, A1 und A2)
335	Umbau einer 400 m langen städtischen Nebenstraße in eine Straße Klasse 3 (für erhebliche Verkehrskapazität bestimmt). Kurze Bauzeit. Gesamtkosten DM 0,325 Mill.
336	Umbau von 0,52 km Verbindungsstraße (Klasse 3) zur Region 2 in eine Straße Klasse 2. Bauzeit etwa 2 Jahre. Kosten ca. DM 2 Mill.
641	Wie in Tabelle 18A.
642	Wie in Tabelle 18A.
351	Sonderinstandhaltungsbudget (wiederkehrend) von DM 40 000 für den Sektor "Ökologie und Freizeit" beantragt.
352	Erweiterung des Flußuferparks im Stadtzentrum über einen Zeitraum von 4 Jahren mit jährlichen Investitionskosten von DM 63 000.

Tabelle A21: Beispiele der Projektdaten - Projekte 334 und 352

(i) Projekt 334 (für Symbole s. §4.4.3 - t ≡ Budgetzeitperiode)

Parameter-inkrement	t=1	2	3	4	5	6	7	8	9	1o	11	12	13	14	15
I_1 (km)	o	o	o,1	o,1	o,1	o,1	o,1	o,1	o,1	o,1	o,1	o,1	o,1	o,1	o,1
I_3 (km)	o	o	-o,1	-o,1	-o,1	-o,1	-o,1	-o,1	-o,1	-o,1	-o,1	-o,1	-o,1	-o,1	-o,1
I_5 (km)	o	o	-o,1	-o,1	-o,1	-o,1	-o,1	-o,1	-o,1	-o,1	-o,1	-o,1	-o,1	-o,1	-o,1
I_6 (Mill.DM)	o	o	o,16	o,16	o,16	o,16	o,16	o,16	o,16	o,16	o,16	o,16	o,16	o,16	o,16
I_8	o	o	o	o,1	o,2	o,3	o,4	o,5	o,6	o,7	o,8	o,9	1,o	o,1	o,2
I_9	o	o	1,o	1,o	1,o	1,o	1,o	1,o	1,o	1,o	1,o	1,o	1,o	1,o	1,o
I_{1o}	o	o	-o.7	-o,8	-o,9	-1,o	-o,1	-o,2	-o,3	-o,4	-o,5	-o,6	-o,7	-o,8	-o,9
I_{11}	o	o	-1,o	-1,o	-1,o	-1,o	-1,o	-1,o	-1,o	-1,o	-1,o	-1,o	-1,o	-1,o	-1,o
I_{12}	o	o	-o,24	-o,o8	o,36	o,52	o,68	o,84	1,o	1,16	-o,o8	o,36	o,52	o,68	o,84
I_{13}	o	o	1,12	1,12	1,12	1,12	1,12	1,12	1,12	1,12	1,12	1,12	1,12	1,12	1,12
Kosten DM 1000,-	5o	699	149	o,5	-39,5	o,5	-9,5	o,5	o,5	2oo,5	o,5	-39,5	o,5	2o,5	o,5

(ii) Projekt 352 (für Symbole s. §4.4.5)

Parameter-inkrement	t=1	2	3	4	5	6	7	8	9	1o	11	12	13	14	15
I_1 (ha)	o,5	1,o	1,5	2,o	2,o	2,o	2,o	2,o	2,o	2,o	2,o	2,o	2,o	2,o	2,o
Kosten DM 1ooo,--	63	78	93	1o8	6o	6o	6o	6o	6o	6o	6o	6o	6o	6o	6o

Tabelle A22: Beispiele der Wechselwirkungsdaten

(i) Eine notwendige Folge der Genehmigung von Projekt 232 (s. Tabelle A19 und Abb.A2) ist der Bau der 0,16 km Verlängerung in die Region 3 sowie der Ausbau der entstehenden Kreuzung mit der O-W Verkehrsverbindung. Die unten dargestellten Wechselwirkungsdaten sind daher nötig.

Wechselwirkung 776, Sektor 3, Region 3, Bedingung: 232 genehmigt (für Symbole s. §4.4.3)

Parameter-inkrement	t=1	2	3	4	5	6	7	8	9	1o	11	. . .	15
I_3 (km)	0	0,16	0,16	0,16	0,16	0,16	0,16	0,16	0,16	0,16	0,16		0,16
I_6 (DM.Mill)	0	0,05	0,05	0,05	0,05	0,05	0,05	0,05	0,05	0,05	0,05		0,05
I_{1o}	0	0	0,16	0,32	0,48	0,64	0,80	0,96	1,12	1,28	1,44		0,48
I_{11}	0	1,6	1,6	1,6	1,6	1,6	1,6	1,6	1,6	1,6	1,6		1,6
I_{12}	0	0	0,05	0,10	0,15	0,20	0,25	0,30	0,35	0,05	0,10		0,30
I_{13}	0	0,35	0,35	0,35	0,35	0,35	0,35	0,35	0,35	0,35	0,35		0,35
Kosten DM 1000,-	100	150	1,6	1,6	1,6	1,6	1,6	1,6	51,6	1,6	1,6		1,6

(ii) Der Park des Projekts 151 (s. Tabelle A18 und Abb.A2) ergänzt die Sozialwohnungen des vorgeschlagenen Projektes 111, wenn dieses genehmigt würde. Die folgende Wechselwirkung (ohne Kostenimplikationen) ist daher nötig:

Wechselwirkung 794, Sektor 1, Region 1, Bedingung: 151 und 111 genehmigt (für Symbole s. §4.4.1)

Parameter-inkrement	t=1	2	3	4	5	6	7	8	9	1o	11	. . .	15
$\sum$ I.m	0	1.200	1.200	1.200	1.200	1.200	1.200	1.200	1.200	1.200	1.200		1.200

(iii) Die Sozialwohnungen des Projekts 111 (s. Tabelle A18 und Abb.A1) ändert das Erreichbarkeitsmerkmal der Vorortbahn. Folgende Wechselwirkung (ohne Kosten) ist daher nötig.

Wechselwirkung 823, Sektor 4, überregional, Bedingung: 111 genehmigt. (für Symbole s. §4.4.4)

Parameter-inkrement	t=1	2	3	4	5	6	7	8	9	1o	11	. . .	15
I_6	128	332	712	712	712	712	712	712	712	712	712		712

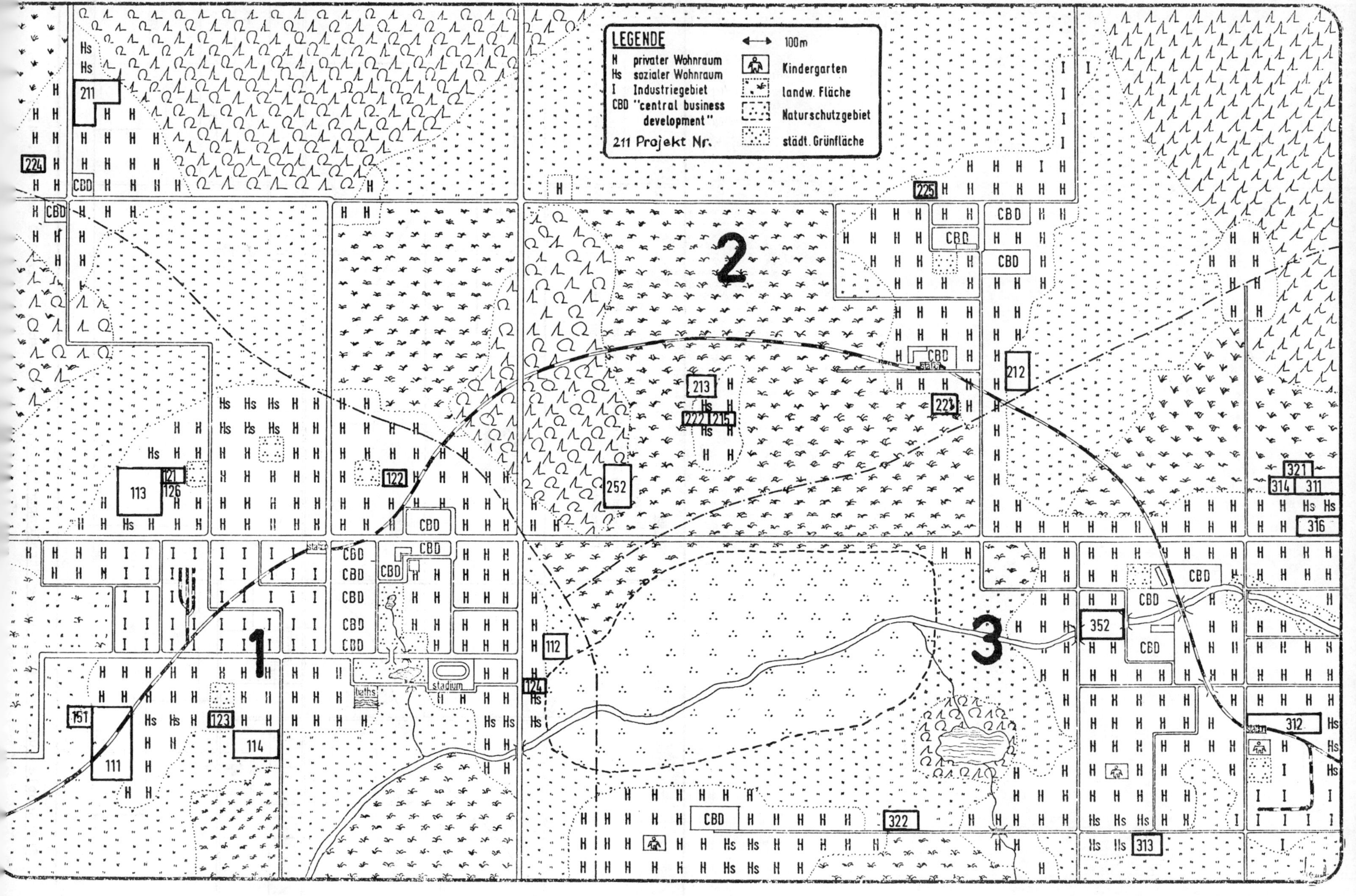

Abb. A1 STANDORTE DER VORGESCHLAGENEN PROJEKTE (s. Tabellen A18 bis A20)

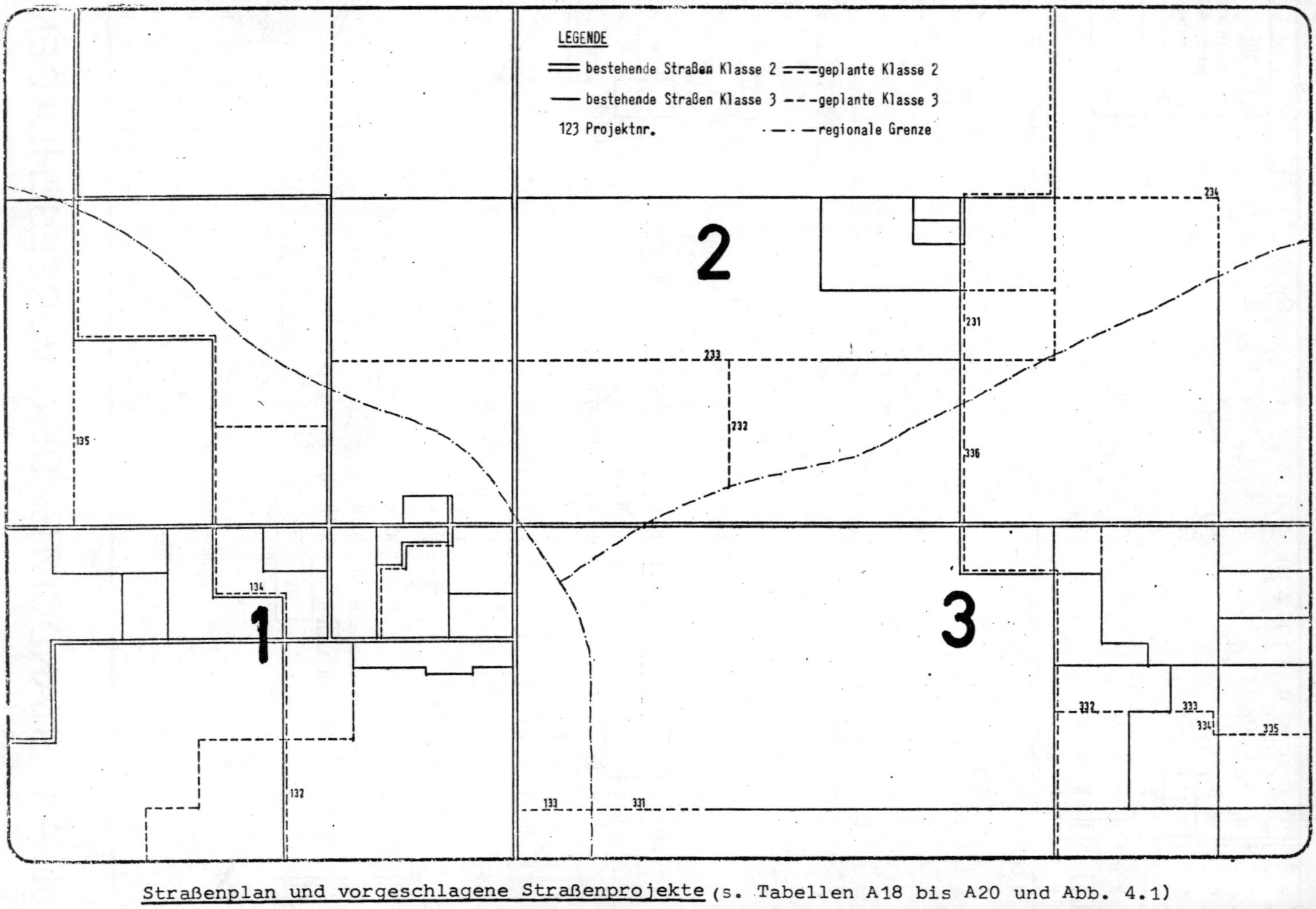

Abbildung A2

Straßenplan und vorgeschlagene Straßenprojekte (s. Tabellen A18 bis A20 und Abb. 4.1)

LITERATURVERZEICHNIS

[1] Peter Treuner, "Kriterien und Methoden für die Bewertung von Infrastrukturinvestitionsprogrammen", in: Grundfragen der Infrastrukturplanung für wachsende Wirtschaften, hrsg. von H. Arndt und D. Swatek (Schriften des Vereins für Socialpolitik, neue Folge, Bd. 58), Berlin, 1971, S. 319 ff.

[2] C. Gee, P. Treuner, "Ein Modell zur Allokation von Infrastrukturbudgets", Seminarberichte der Gesellschaft für Regionalforschung, Band 11, Heidelberg, Dez. 1975, S. 97 ff.

[3] Reimut Jochimsen, "Theorie der Infrastruktur. Grundlagen der marktwirtschaftlichen Entwicklung", Tübingen 1966, S. 145.

[4] Egon Tuchtfeldt, "Infrastrukturinvestitionen als Mittel der Strukturpolitik", in: Theorie und Praxis der Infrastrukturpolitik, hrsg. von Reimut Jochimsen und Udo E. Simonis (Schriften des Vereins für Socialpolitik, neue Folge, Bd.54), Berlin, 197o, S. 126 f.

[5] A. Emanuel, "Issues of Regional Policies", hrsg. von der Organisation for Economic Co-operation and Development. Paris, 1973, S. 18o f.

[6] Reimut Jochimsen, "Zur Philosophy staatlicher Planung", Bulletin Nr. 133 (Z 1988 B), Presse- und Informationsamt der Bundesregierung, Bonn, 18. Okt. 1973, S. 131o.

[7] A. Emanuel, "Issues of Regional ...", a.a.O., S. 195.

[8] Statistisches Jahrbuch 1975 für die Bundesrepublik Deutschland, hrsg. vom Statistischen Bundesamt, Wiesbaden, S. 398 ff.

[9] Walter Buhr, "Die Abhängigkeit der räumlichen Entwicklung von der Infrastrukturausstattung", in: Grundfragen ..., a.a.O., S. 1o6 ff.

[1o] s. z.B. Herwig Birg, "Analyse und Prognose der Bevölkerungsentwicklung in der Bundesrepublik Deutschland und in ihren Regionen bis zum Jahr 199o", Deutsches Institut für Wirtschaftsforschung, Beiträge zur Strukturforschung, Heft 35, Berlin 1975, S. 65 ff.

[11] Vgl. hierzu Tabelle 35, "Funktionelle Erfordernisse zentraler Einrichtungen", Schriftenreihe Städtebauliche Forschung, des BMSt, Band o3.oo3.

[12] wie nachgewiesen in: Uwe Spanger und Peter Treuner, "Die Standortwahl der Industriebetriebe in Nordrhein-Westfalen 1955-71", Untersuchung im Auftrag der Staatskanzlei des Landes Nordrhein-Westfalen, Stuttgart 1974, S. 89 ff.

[13] Reimut Jochimsen und Udo E. Simonis (Hrsg. und Autoren), "Vorwort", in: Theorie und Praxis der Infrastrukturpolitik (Schriften des Vereins für Socialpolitik, neue Folge, Band 54), Bern, 197o, S. XIII.

[14] Ulrich Brösse, "Ziele in der Regionalpolitik und in der Raumordnungspolitik - Zielforschung und Probleme der Realisierung von Zielen", Berlin, 1972, S. 18 f.

[15] L.H. Klaassen, "Social Amenities in Area Economic Growth", OECD Developing Job Opportunities Series, No. 5, Paris, 1968, S. 14o.

[16] Peter Treuner, "Kriterien und Methoden ...", a.a.O., S. 324 ff.

[17] Charles L. Schultze, "The Policies and Economics of Public Spending", Brookings Institution, 1968, S.

[18] Bundesministerium der Finanzen, "Finanzbericht 1965", Bonn, Sept. 1964, S. 525.

[19] Walter Grund, "Die mehrjährige Finanzplanung des Bundes", in: J.H. Kaiser (Hrsg.), Planung III, Baden-Baden, 1968, S. 49 f.

[2o] Reimut Jochimsen, "Zum Aufbau und Ausbau eines integrierten Aufgabenplanungssystems und Koordinationssystems der Bundesregierung", in: J.H. Kaiser (Hrsg.), Planung IV, Baden-Baden, 1972, S. 49.

[21] Herbert Weichmann, "Wandel der Staatsaufgaben im modernen Staat", in: J.H. Kaiser (Hrsg.), Planung III, Baden-Baden, 1968, S. 39 ff.

[22] Walter Grund, "Die mehrjährige ..., a.a.O., S. 61 f.

[23] Bundeshaushaltsordnung vom 19. August 1969, § 7, in: Ministerialblatt des Bundesministers der Finanzen und des Bundesministers für Wirtschaft, Nr. 13, 1973, S. 193 f.

[24] Bundesminister der Finanzen, "Erläuterungen zur Durchführung von Nutzen-Kosten-Untersuchungen", Rundschreiben vom 21. Mai 1973 - II A3 - H 1o12/1o-15/73- (MinBlFin 1973, S.293 ff.)

[25] Horst Claus Recktenwald, "Die Nutzen-Kosten-Analyse, Entscheidungshilfe der Politischen Ökonomie", in der Sammlung Recht und Staat 394/395, Tübingen, 1971.

[26] Thomas A. Goldman (Editor), "Cost-Effectiveness Analysis - New Approaches in Decision Making", Washington Operations Research Council (Hrsg.), New York, 1971, S. 7.

[27] Gerd Turowski, "Bewertung und Auswahl von Freizeitregionen", Schriftenreihe des Instituts für Städtebau und Landesplanung der Universität Karlsruhe, Heft 3, Karlsruhe, 1972.

[28] Pierre Massé, "Optimal Investment Decisions - Rules for Action and Criteria for Choice", Englewood Cliffs - New Jersey, 1962, S. 249 ff.

[29] Yrjö Seppälä und Veikko Tervola, "Eine mathematische Methode zur Erleichterung der Bodennutzungsrationalisierung", Maanjakoteknillinen laboratorio, tiedonanto Nr. 3, Helsinki, 1971.

[3o] Gerhard Seiler, "Optimierungsprobleme der kommunalen Investitionsplanung", Schriften zur Wirtschaftswissenschaftlichen Forschung, Band 66, Meisenheim am Glan, 1973.

[31] W. Popp - Forschungsbeauftrager des Bundesministeriums für Raumordnung, Bauwesen und Städtebau, "Forschungsbericht zur Entwicklung des Planungsmodelles SIARSSY", Erlangen, Freiburg, Mannheim, Stuttgart, Zürich, März, 1973.

[32] O. Stradal und K. Sorgo, "Ein Modell der regionalen Allokation von Aktivitäten", Institut für Orts-, Regional- und Landesplanung der ETH Zürich, 1971.

[33] Ira S. Lowry, "A Model of a Metropolis", RM-4o35-Rc, Rand Corporation, Santa Monica, 1965.

[34] "Initial Memorandum to Planning-Programming Budgeting", vorbereitet vom Subcommittee on National Security and International Operations of the Committee on Government Operations, U.S. Senate, 9oth Congress, Washington D.C., 1967, S. 11.

[35] Carl Böhret, "Entscheidungshilfen für die Regierung - Modelle, Instrumente, Probleme", Opladen, 197o, S. 181.

[36] Günter Strassert und Gérd Turowski, "Nutzwertanalyse: ein Verfahren zur Beurteilung regionalpolitischer Projekte" Informationen des Instituts für Raumordnung, 21. Jahrgang Nr. 2, Bonn-Bad Godesberg, 29.1.1971, S. 37 f.

[37] Dieter Schröder, "Strukturwandel, Standortwahl und regionales Wachstum", Prognos-Studien 3, hrsg. von der Prognos AG, Basel, 1968, S. 68ff.

[38] Klaus Borchard, "Orientierungswerte für die städtebauliche Planung - Flächenbedarf, Einzugsgebiete, Folgekosten", Institut für Städtebau und Wohnungswesen der Deutschen Akademie für Städtebau und Landesplanung, München, 1974.

[39] Klaus Leydecker und Günter Strassert, "Naherholungsplanung Saarland", Forschungsbericht des Instituts für empirische Wirtschaftsforschung an der Universität des Saarlandes, Heft 35, Saarbrücken, 1975, S. 93 f.

[40] Harald Schulze, "Integration von flächenbezogener und finanzieller Planung", in: J.H. Kaiser (Hrsg.), Planung IV, Baden-Baden, 1972, S. 86.

[28] Pierre Kaech: Regional [illegible] des [illegible] Region und Conflicts [illegible], [illegible] 1967, S. 240 ff.

[29] Tilo Sarg [illegible] und [illegible]: "Eine [illegible] Methode zur [illegible] der Bevölkerung [illegible] der [illegible] Planung", [illegible], Heft 3, Helsinki, 1971.

[30] [illegible]: "[illegible] der Kommunalen Investitionsplanung", [illegible] Informationsschrift [illegible]

[31] [illegible]: "Forschungsbericht [illegible]" [illegible] STARS [illegible]

[32] [illegible] Nutzwertanalyse [illegible] Raumforschung und Landesplanung [illegible] 1974.

[33] [illegible] Model of [illegible] Rand Corporation, Santa Monica, 196[illegible].

[34] [illegible]: "[illegible] Budgetierung" [illegible]

[35] [illegible] Planning [illegible] 197[illegible].

[36] [illegible] Informationsplanung [illegible] Raumordnung [illegible] Band [illegible], Bonn-Bad Godesberg, [illegible] 197[illegible]

[37] [illegible] der Forschung [illegible] 197[illegible]

[38] Klaus [illegible]: "[illegible]" [illegible] Planung [illegible] Stadt- und [illegible] Wohnungswesen [illegible] und Landesplanung [illegible]

[39] [illegible] Forschungsaufgaben [illegible] Band [illegible] 1976 [illegible]

[40] Harald [illegible]: "Integration von Flächennutzungsplanung [illegible] Planung" in: [illegible] (Hrsg.): Planung [illegible] Baden-Baden, 197[illegible], S. 86 [illegible]